U0570141

总 主 编　李红权　朱宪
本卷主编　李红权　朱宪

近代蒙古文献大系

政 治 卷

◇ 第 十 四 册 ◇

中华书局

目　录

蒙古危机发生的原因及挽救的方法

杨润霖　撰

一　危机发生的原因

一　经济生产的原因

我蒙古人民生活，素称充裕，身受饥馁者，百不得一，数年以来，俱窘枯异常，上则各盟旗王公，属员薪俸，不能按月发给，下则许多贫民，待哺哀音，时常袭耳，经济破产，莫过此时矣！每当午夜头脑清爽之际，常究其所以致此之因，实贫乏有自，非偶而发生也。今别述之，以见症结。

1. 牧地日蹙及牲畜死亡

蒙古人民，依游牧为生，如有一望无边，青苍草原，牛羊所得，生机乃畅，盖牛羊生殖甚繁，有千只之羊，经岁生羔统计，可得二千，因此故也，蒙人虽不善治生，然衣食可称无缺，所以蒙人生活有赖于宽阔牧场。自民国成立，政府当局，提倡移民实边，设局开垦于前，划省设县于后，汉人云集，开我草原，青青牧场，渐渐削蹙，因而牲畜食不得饱，生殖率骤然减低，夏日瘟疫流行，病死盈野，冬日无食，饿死尤多，蒙古人民生计，本诸牛羊，今牛羊生殖不繁，多有死亡，于是衣食缺乏，冻馁立至，日常用物，亦莫有由来，破产现象，故而生矣！

2. 外货倾销及奸商欺诈

游牧人民，不习商业，只求身体饱暖，便无所事。所以蒙古包内，一切陈列器具，以及每人周身所穿衣履，除从牛羊身上得来以外，无一不仰赖于外货，以备所需，需外货既多，金钱外溢亦巨，其总数吾人虽不得而知，想亦必惊人矣！况又有一些奸商，欺我蒙人忠实，不辨真伪，事事为灾，毫厘廉价之物，售以百金昂〔昂〕贵之值，一囊清风而去，莫不满载以归。如东北各省汉人，有"欲发财，蒙古去"之谚语，宜乎比年以来，我蒙古地方，金融吃紧，而贫乏无以自给也。

3. 租税丧失及省府剥夺

蒙古未开垦地方，一切收入，向由盟旗自理，其已开垦地方，盟旗亦有征收租税权利，向为惯例，未可言非。乃数年来，汉人抗不交税，足使盟旗经费，日见崩溃，一切政令，陷于停顿，同时省政府剥夺亦至，于设县地方，各种租税，不但强夺征收，即盟旗所在地，所有收入，亦被侵夺。如是以来，赖此收益维持现状之盟旗，后将无以自存！依游牧为生，不事其他生产之蒙人，以后又将无以自养！蒙古经费破产，恐此亦以为一巨因也。

4. 军匪蹂躏及金融外操

自民国以降，已二十四年于兹，各省军阀，互争雄长，烽烟遍地，何时有止？若直奉之战、若阎冯之战，莫不以我蒙古为驰驱之地，惨杀之场，我同胞除惨死以外，物质损失，岂可胜计！战争一事，本为胜负，一方败北，将士无依，流为盗贼，动辄千百，掠抢人民，横行漠土，二十年来，无时蔑有，其有害于蒙人生计者，又岂可胜计！且我蒙古地方，向无自制货币，与外商交易，非以货易货，即用省政府所发行之纸币，北〔此〕种纸币，不能兑换现金，故时常跌落，往往百元纸币，不能抵现金一元，其操纵蒙古金融，吸收蒙人膏脂，可胜言哉！

我蒙古经济破产，其所以致然者，原因复杂，绝非上述四端，所能尽包，但其为最大因也，任何人不能加以否认，读者幸勿以狭隘小见而忽之。

二　政治腐败的原因

今日蒙古，已危机四伏，观其情形，将朝不保夕，盟旗无能，莫可讳言。各种事业，任其败坏，一再敷衍，不求革新，外侮来侵，不能抵御，敌人戕害，若不自觉，无论朝野，休言尊卑，莫不醉生梦死，过其麻木不仁生活，官府暮气沉沉，毫无活跃之色，属员精神萎靡，鲜有振作之容，政治腐败，于今已极，其故为何，请言所以。

1. 组织不严

蒙古行政，原极简单，观其形状，类似酋长制度，每盟设盟长，管理各项事务，下又设旗，每旗置札萨克，管理旗政，其组织本意，以盟为最高行政机关，旗为地方行政单位，勿用详言，即可自明。及后安于享乐，忽于政治，盟旗渐离，若不相关，久之盟令即不能下行，旗亦各自为政，是以旗政良否，盟长不得过问，彼此情形，亦各不得而知，相沿日久，盟长既不能行使惩奖之令，仅由札萨克之任所欲为，求旗政进步得乎？彼此情形，各旗既不得而知，联络之谊，必付缺如，故政治日非，团结无由，蒙古民族其不衰弱可乎？组织不严，显然可见，政治不修，此因独多。

2. 用人不慎

有良骥始可以致千里，有奇才始可以建伟功，故行政事业，有关人民，必选贤任能，乃克有济，绝非庸碌之辈，滥竽充救〔数〕，所能成功也。今我盟旗，政治不良，恐所用官吏，缺乏慎审，以致无能者在职，老朽者居位，不但有时遇事，缺乏应付方策，即所任职务，亦难免处置失当，如此官吏，使久于其位，欲其政绩卓著，岂可得乎？况有许多官吏，世袭罔替，父死子继，子死孙承，代代相传，世世于位，其善恶与否，贤与不肖，举所不计，欲求政绩卓著，又岂可得乎？一言以蔽之，盟旗政治腐败，因其所用官吏不良，绝非虚构，诚言之中肯也。

3. 司法不振

国之有法，为匡正官邪，惩戒刁民也。故国法严，官必清于上，民必善于下，此乃定理，勿待预卜，否则官吏不贪污曲法，群民不营利趋盗，我敢断言，未之有也。我蒙古各盟旗，既不相管辖，所属官吏，又无法以绳之，善者不见奖励下加，恶者不见惩罚政令，是以良莠不分，善者无意向善，恶者愈肆其恶，群趋于邪，无恶不作，因之盟旗之政治黑暗矣！蒙民之虐遇亦良苦矣。蒙古之前途，岂可设想耶？

4. 教育不兴

纵观古今国家之盛衰，横考中外民族之强弱，莫不系于教育之发达与否，以断其命运之如何也。未有教育不兴，而其政治得以修明，民族得以强盛者也。亦未有教育发达，而其政治致于腐败，民族致于衰弱者也。是教育者，乃造就人才之工具，政治进步之发端，民族强盛之保母也，教育关于民族，如此其重，请看蒙古教育程度如何，学校几所，诚令人痛首万分，难于有言。教育不兴，再莫可过，欲求政治优良，实难矣哉！故各盟旗，无人才佐治一切，政治日离正轨，整个民族陷于今日地位。

要而言之，盟旗政治腐败，今已达于极点，对于现代社会，实不足以相应，况世界各国，互争雄长，莫不尽力以求内政组织之严密，铲除一切腐败之政情，期与世界列强林中，获一优位，我蒙古民族，处现代情势之下，若不急起直追，将难生存于今世矣！

三　土地削弱的原因

我蒙古壤地延袤，计有土地一百三十七万方英里，北界西伯利亚；南界河北、山西、陕西、甘肃；西界新疆天山南路；东界黑龙江之东兴安领〔岭〕与辽宁之柳条边，幅员辽阔，颇可有为。何为土地日见削弱，危机日趋于深，必有其发端之点，而使之然也。

1. 强邻的侵占

俄以若大国家，因地处寒带，无有优良海口，得垄断海上霸权，屡欲求出路于西欧，奈大国制〔掣〕肘，均遭碰壁〔壁〕，受创颇深。起视远东，有机可乘，遂弃西欧，努力东侵，方有海参崴海口之获得，西伯利亚铁路之筑成，但欲永久保有西伯利亚，必须夺我外蒙以做屏藩，故进兵漠北，迫订条约，一至于再，卒占有我外蒙。日欲实现其大陆政策，九一八以前竭力经营南满，做为西进之准备，席卷大陆之根基，后乃有东北事变发生，为开始进攻先鞭，甫及一载，内蒙半壁山河，又以沦亡闻矣。

2. 军阀的割据

从满清逊位，民国肇造，无有巩固势力之政府，以安渡新旧交替之局势，致使封建残余坐大，割地自雄，始则蹂躏我蒙民，继则惨戮我同胞，终则划地建省，将我蒙古土地任意割据，实行武力压迫，视总理民族自决遗教，等于虚文，中央法令，不若废纸。呜乎！外蒙既失，东蒙亦丧，今所存者，仅西蒙一隅，凡我蒙古同胞，宜沉静头脑，详考蒙古内部之情形，熟察四周之强敌，犹如措火于积薪之下，而寝其上，岂可安卧而不自觉耶？

四　人口减少的原因

闲读历史，考蒙古状况，以中国历代言之，自夏时即称雄漠土，周文王事之于前，秦始皇筑长城御之于后，南侵中国，何代无之？

迨有宋季世，我太祖成吉思汗，崛起漠土，吞并四邻，亡金灭宋，入主中国。复征西欧，统一二洲，民族之历史，不谓不悠远，民族之强悍，亦不谓不达于极点！按我蒙古历史，如是其久，民族又如是其强，何以至现在人口不加多，仅有三四百万人耶？详考无他，不外下列二端。

1. 宗教的羁縻

自元世祖忽必烈即位以后，有西藏喇嘛八思巴来谒，听其说法，大为所惑，封为国师，定喇嘛教为国教。蒙人自此以后，信者日多，及太祖十七世孙，阿勒担〔坦〕汗与达赖三世消朗嘉穆错，结善缘于青海祭布哈勒庙，故黄教乃得盛行于蒙古。不幸满清入主中国，恐我蒙古民族，难永慑服，知我人民，崇信喇嘛教颇笃，思因习俗，加以羁縻〔縻〕。清皇帝顺治，召达赖五世阿旺布藏嘉穆错至北京，封为西天大善自在佛，总理全国喇嘛教，设置喇嘛印务处，直隶于理藩部，以住京呼图克图组织之，办理总理喇嘛教事务。为达赖喇嘛，建西黄寺于北京，为班禅额尔德尼，建札什伦布寺于热河，为哲布尊丹巴，建惠远寺于多伦诺尔，为章嘉呼图克图，建嵩祝寺于北京，并于五台山、热河及内外蒙，广建庄严宏大寺庙，收罗喇嘛，按时奉〔唪〕经。北京、热河各寺庙，归喇嘛印务管辖，内外蒙古各寺庙，归所在之旗管辖。各寺庙均设置僧官，总揽庙务，管理僧徒，规定喇嘛阶级，按日支给薪粮，于是蒙古人民，信仰喇嘛教，日趋虔诚，不劳而食，身居高位，被人尊崇，人多以当喇嘛为荣，喇嘛与民间发生密切关系，人民多依附之。因喇嘛势力，建筑于民众心理之上，喇嘛教遂愈加巩固，濡染既久，蒙人因宗教之醉麻，早已失其尚武之精神，习惯于清磬红鱼，不知生产，禁止娶妻，人口生殖大减。如是以来，我蒙古民族，日见衰弱，人口数目，亦日少矣！

2. 卫生的忽视

卫生一事，大有关于人生，人易生疾病与否，悉视其卫生如何以为断，我蒙古人，习于游牧生活，逐水草而居，行止无有定向，所以对于卫生，很易忽视，而各种疾病，亦随之俱来，人口死亡，乃有增无已。在蒙古地方，所易见之疾病，儿童方面，以肠胃各病，则为数甚夥，每年儿童死于此症者，不知凡几。虽无有数字之证明，而此病为儿童致命之巨害，凡稍知蒙情者，绝不加以否认也。成人方面，以梅毒、疮疖等病，则为最多，毒极丧命，鼻梁陷落，极易得见，令人目睹心栗。有普遍性者，如砂眼一疾，凡居蒙地，无论蒙汉，几乎无人无之，次则如痘疹，为害亦巨，因无医生得延请医治，惟有喇嘛医生，不谙痘术，乱投药剂，牺牲于痘疹者，亦人不在少。是以蒙古人口减少，因忽于卫生，想此一因，实最大矣。

现在世界列强，人口增加率，实在惊人。我蒙古人口，若常此以往，即使不日见减少，数十百年后，亦将被人消灭矣。况人口死〈亡〉率，增加不已耶。若宗教之破除，卫生之设备，实不可稍缓，乃当务之急也。

二　挽救的方法

一　解决民生

1. 划定畜牧区

蒙古地方，近于寒带，多数土质，又不宜于农，人民习于游牧生活，不惯其他事业，所以应顺其自然趋势，因其习惯，派人到各旗，调查地质，于每旗宜于畜牧之地，划定畜牧之区，做为永久牧场，禁止开垦，使牛羊食得其所，无饥毙之虞，生殖乃能渐趋繁盛，民食可得充矣。

2. 设牲畜防疫所

近数年来，蒙古牛羊，每到春夏，多有死亡，实因兽医缺乏，瘟疫流行，不能预防，加以扑灭耳。今宜于各畜牧区，设牲畜防疫所，于每瘟疫将生之时，先施以预防之术，有病之畜，再加以治疗之工，各种疾病，不易发生，牲畜死亡，亦必减少。此外应选各国优良畜种，从事改良工作，将病弱畜种，予以淘汰，使优良者交配，牲畜体质，庶可强健，蒙人食物，可告无缺。此诚繁殖牲畜最要之图也。

3. 开辟农场

蒙古地方，固宜畜牧，但宜农工地，亦不谓少，况农田生产，倍于畜牧，何必重小利，而弃大利也。各旗土地，有宜于农者，可以辟为农场，播五谷，种菜蔬，以佐肉食，实为两得，以免他人常想移民。开垦草原，同时自己食粮略备，菜蔬亦有，稍可抵御内地食粮，大批输入，对于节流亦有小补。至开辟办法，最好由蒙政会办理，作为公共农场，以免食量不均，奸商垄断，再则由各旗办理，亦无不可也。

4. 设消费合作社

经济破产，最大原因，为外货倾销，数目巨大，金钱外溢，有如流水，致蒙地经济窘枯，今若欲挽回，必须设法制止。但我蒙古，工业不兴，各种货物，不能自做，又非用外货，势不能也。寻思久之，以设消费合作社为宜，自己大批购买货物，而价值低廉，再消售于蒙古各地，免去奸商渔利，亦挽回利权不少也。

5. 收回租税

蒙古地方，税收权利，惟有蒙人享受，任何人不能侵犯，此理至明，勿特〔待〕繁言。于各旗所在地，设立税卡，实行征收，以充财库，如是财政能充，蒙古前途方有办法。

6. 设储蓄贷款所

蒙古人民，向汉人借款，受重利盘剥，不数年间，典尽家产，尚不能偿清微数借款，斯此事也，时有所闻。蒙政会于所在地，宜设储蓄贷款所，专办储蓄巨资，贷出巨款，再于各旗分别设立储蓄贷款所，从事少数储蓄与贷款，调和蒙地金融，使有钱者，有存款之所，且可稍得利息，俾贷款者，不致受重利之害，洵良法也。

二　修明政治

1. 制度的改良

社会之潮流，直前不已，而应付之工具，亦必同时求进，方能处置裕如。我盟旗制度，其最不良之处，乃在无整个组织之系统，不能使力量集中于一点，工作有计划而进行，相互鞭笞，以求事业之振兴。今若求改良，必也严密组织，政令集中，上发一令，群下莫不景从，庶几可免精神涣散，各自为政，群龙无首，一国三公。

2. 举行考试

我蒙古因教育不兴，人才缺乏，将所有人才，悉数录用，恐尚不足，若举行考试，岂不更不敷用。但若取鉴"一言可以兴邦，一言可以丧邦"，宁用一庸人，不若暂虚其位，以一言之微，尚关事若此之重，用人焉可不慎。蒙政会宜设立考试委员会，办理考取真正人才，是求政治修明，所应注意者，有下列各点：

（1）考试范围应扩大，凡各机关供职人员，除政务员外，一切事务官，都应考试，选拔贤能，任充官职，可免以官吏作报酬之品，虚设机关耗费公帑之币。

（2）政务官与事务官区别，应极显明，各盟旗首长外，其余一切公务员都为事务官，以免政局变动，摇动行政全局。

（3）考试录取人员，须试用半年，考察其办事能力、道德，尽职与否。其成绩优良者，可常〔长〕期任用，否则撤职，以免偾事。

（4）一切供职人员，除犯大过外，不得任意免职，地方官须规定常〔长〕久任期，对于地方情形，以及建设计划既资热〔熟〕手，以竟其功，且免贪污害民，心存五月京兆之念。

（5）除管紧要文件、会计人员，可用私人外，其余一切人员，均不得滥用私人。

（6）考试委员会应有独立精神，不受其他政治影响，关于委员会舞弊，应有极严厉之制裁。

（7）事务官平日成绩，应有考核统计，再举特别考试，以奖励各人进步。

（8）上级公务人员，应由中下级优秀者升任。

3. 励行法治

我蒙古人民，享优裕生活，已垂数百年，受喇嘛教羁縻〔縻〕，尤为久远，人民精神，实不若于往古，团结能力，亦渐消失。况民主政治，乃是一种空想，已为欧洲近情，明白指示，大都趋于一党专政，或一人独裁；而法治主义，可以盛行，已于东洋日本，遥做南针，以短促时间，可臻国家于富强，为蒙古迎头赶上计，为合蒙古情形计，必要以法组织涣散之蒙民，匡正贪污之官吏，蒙古前途，乃有望也。

4. 培养专才

今日社会，各种事业，渐趋于科学化，未有专门人才，欲求事业进步，实在难矣！况蒙古危亡，非有优秀人才，不能有以济事，故蒙政会于所在地，为救燃眉之急，应设专门之学校，培植专门人才，以供任用，如设政治学校，以造就政治、法律、经济、教育等人材，设军事学校，以造就军官、军需、测量、建设、防空等人才，总要按现时所需，以培养人才，复兴民族，抵抗外侮。

三　自卫的准备

1. 先决问题

（1）外寻友邦——四周之敌人，既进攻不已，我们之准备，亦不能没有，所以当此之时，要以敏锐之目光，认识与我有益，能为友者为谁；与我有损，不能为友者为谁，认识清楚以后，斟酌损益，以定应付之方策。

（2）内求团结——处民族危难日深之今日，不抵抗不足以图幸存，不团结不足以言御寇，所以精诚团结，实为首要，大家只知有大我之存在，不知有小我之于前，整个民族，团结一致，决心御寇，不惜背城借一，则精神所至，将无所惧也。

2. 整顿军队

（1）军制的改良——我蒙古军队，大都编制仍旧，对于现代战事，指挥恐不便当，宜将军队编制，加以改良，实为整顿军事，当务之急。

（2）军纪的整饬——整饬军纪，先决条件，在改良士兵生活，如提高待遇等，然后务求下列几点，切实做到：

甲、为士兵长官，定要赏罚严明，有功必赏，有过必罚，使士兵心悦诚服，方能养成严明纪律。

乙、风纪为军队仪表，故要养成整齐严肃风纪。

丙、行军纪律，最要者不扰害当地之人民，要做到饿死不取民物，冻死不入民宅之纪律。

丁、令重如山岳，一切动作，都要唯命是听，绝对服从，全军纪律才能维持。

（3）军教的重视——军队教育，关系至重，视军教良否，即可知其军事胜负，国民军之北伐，以很少之兵力，能以短促时间，完成统一，其功绩不在将帅之指挥，乃在重视军队教育之结果。应注意之点有四：

甲、决定军队教育方针。

乙、注重精神教育。

丙、实施战争学术教育。

丁、统一士兵信仰。

（4）统一指挥——将全蒙军队，集中一处，由一人统辖，严加训练，不要各自为谋，勿使微小军势，再归分散，有误大局。盖军事不统一，不但不能抵御强敌，且亦不能安定内部也。

3. 充实财力

无充实之财力，不足以言作战，故抵抗力之久暂，与战争之胜负，每视财力之准备如何以为定也。所以蒙政委会及各旗，对于财政，要设法开源节流，用于军事，以壮军气，不徒保我民族，卫我土地，有利于己，诚莫过之矣。

4. 组织民众

民族既达危极〔急〕存亡之时，千钧一发之秋，欲得长期抵抗，以获最后胜利，不仅所有军队，具有牺牲身命之勇气，抱有抵抗之决心；而我民众，亦应一致奋起，抱救民族之宏愿，不顾一切，或毁家抒〔纾〕难，或奋勇争先，而后方克有济也。故组织民众，又为急需，接济前方士卒，维持后方秩序，使军士有前进之勇，无后顾之忧，其有利于军事，实非浅鲜。

四　厉兴教育

1. 实行普及教育

我蒙古人民，从事游牧生活，其他事业，鲜有顾及，对于教育一事，更属茫然，其中虽有一二受教育者，亦不过供盟旗笔札之用，文盲众多，不知几许。处于今世，危险莫极。况近年以来，读汉文者日多，若不加禁止，恐被同化，此等情形，更足使人心惊。因人民无知，生活不知改进，对于卫生一事，尤为不晓，人因疾病，颇多死亡，蒙古前途，尤堪战栗。是以为扫除文盲计，为防止被人同化计，为提倡卫生计，急应实行普及教育，提倡人民生活，最低限度，于最短期间，在每一旗，设立初级小学五所，高等小学一所，俱用蒙文，仿照内地教本编制教科书，实施普教，想不数年间，蒙族必臻强盛，此乃根本大计也。

2. 破除人民迷信

（1）取缔庙会——在蒙古地方，每逢一庙会；而庙中之主持者，于半月以前，即筹备庙会事宜，任意铺张，夜不暇息。赴庙之人，于一月以前，即有往者，男女赴庙，络绎不绝于途，较小庙会，人即动以千数，而大庙会，人又不知几许也。费去之金钱，与浪费之人工，吾人无从调查，想亦必数不在少。无论其在哪方面讲，都是有害，应力予禁止。

（2）重征香火捐——人民敬佛，惟一物品，厥为香火，所以消耗金钱，亦香火居多，且此香火，俱来自内地，禁止入境，势所不能，最得之计，为重征捐税，一则可以减少其输入；二则减少其倾销。盖捐税若重，贩商恐怕拆〔折〕本，自不敢多运；人民因价格昂贵，亦必较少购买率矣。

（3）没收庙产——蒙古人民，多愿当喇嘛，因为庙中有丰富财产，一当喇嘛，非但享安逸之生活，又得人民之尊崇也。设将庙中财产收归公有，使其生活感觉困难，不若昔日之舒适，自均裹足不前。而庙中财产，用做公益事业，取之于民，用之于民，衡情度理，宜若然也。

（4）禁止当喇嘛——现在所有之喇嘛，宜加以限制，四十岁以下之人，令其还俗，余者任其自便，务使勤于正业。同时规定，以后蒙人，不准再当喇嘛，制定法规，明令公布，如有违犯，不予宽贷，严厉执行，不数年间，当喇嘛者，自可绝迹，而我人口增加率，亦必日见增高矣！

（5）开辟交通——交通一事，似与破除迷信，毫不相关，殊不知我蒙古社会，现在犹处游牧时代，大多因交通不便使然，异地文化，不易输入，本地人民，亦不愿外出，故保守性成，不思进取，而迷信喇嘛教心理，亦确定不移，以致今日，民族一蹶而不振也。如交通便利，民知亦开，蒙古情形，绝不似今日也。

《新蒙古》（月刊）
北平新蒙古月刊社
1936 年 5 卷 1 期
（李红权　整理）

谜样的内蒙

李茂 撰

一 引言

一月十八日上海《大美晚报》登载：

（国民社北平十八日电）据今日此间所得可靠消息，努力于蒙古独立运动之蒙政委员会秘书长德王，已在内蒙古东部宣布"自治"。此项消息由归化传出，仅为美联社所得，据称此次德王成立"自治政府"，系得蒙察领袖卓世海与李守信等之助。李为"满洲国"军队司令，近曾率军占领察东六县，此事现为目前中日天津会议所欲解决争端之一。闻内蒙"自治政府"首都设于张北，在张家口北面，相距约三十哩，位于察省境内。美联社并称：张北现已竖起一红、黄、蓝、白四色之新国旗，此即为新国之标帜。德王近曾至长春数次，每次均系由日军领袖派飞机迎接。据称德王为欲得"满洲国"军火接济与援助之故，今日已与"满洲国"康德王签订条约，又李守信部队现已改编为第一军，改隶内蒙"自治"政府管辖云。

（本报北平十八日电）张垣来人谈，蒙古骑警队二千余人，十日左右由滂江开出，现已到距绥境平地泉七十里地方，晋绥当局已戒备。

十九日登载：

（本报北平十九日电）内蒙德王宣布独立事，今虽未有新发展，但其含有重大背景，则固为一般人所习知。现堪注意者，厥为内蒙与伪满军队之联合行动。伪军李守信部已编为第一军，改隶内蒙"自治政府"，同时内蒙骑警队二千会合李部伪军正向绥远东部移动，企图越长城向平地泉，目的在压迫绥晋当局。张口至库伦大道因伪军进占大清〔境〕门已被遮断。据外国观察家谈，内蒙此次行动，当系由长春方面所指使，其目的显为完成一种重要军事策略，俾可南窥绥、晋，北御苏俄，故其前途殊可注视。

二十一日登载：

（本报北平特约通讯）据归绥十六日来讯：德王曾召集东蒙各旗会议多次，最近将百灵庙蒙政会之人员均迁至滂江德王府；同时蒙政会之军用大汽车等亦一并迁去。十七日归绥来电：德王已在察省宣布"自治政府"成立，政府设张北，谓为元朝之继续，因德王系成吉思汗之唯一有力之苗裔。"自治政府"之旗帜为红、黄、蓝、白四色。最近德王曾乘去夏日方所赠之飞机，飞往"满洲国"之"新京"数次，据闻曾与溥仪成立协定，由"满洲国"供给蒙古新政府之〔以〕军火，而侵入察省之李守信部则改称内蒙"自治政府"之第一军云。

又闻蒙古保安队队长卓世海，拥护德王统制一切，并于十七日自张北发出通电，内容系说明此项组织系适应环境需要，电末署成吉思汗七百三十余年等字样。至于此"蒙古政府"之版图及组织等均尚未详。目前所传李守信部占领丰镇之说，系据日方之中文报之消息，尚未证实，但蒙古保安队及李守信部两千余人向绥东推进则为事实，惟目的地尚不明。

自伪李守信部及蒙古保安队占领察北后，张家口已常有蒙古保安队往来，彼等所用之纸币，均为"满洲国"纸币，故商民不得不行使此项纸币，惟一元"满洲国"纸币均按六扣行使云。

又据十九日晚蒙政会官方之蒙古通讯社社长谈："内蒙成立自治政府说，纯属无稽，已电蒙政会报告，大约日内即可得覆电辟谣。德王确曾赴长春，但仅系私人游历性质，与溥仪成立军火协定，全属误传，百灵庙之载重车及人员移往溽江，亦无根据，仅实业科苏宝丰曾于日前来平，采购载重车六辆为创办实业之用，德王仍在溽江，并未赴张北云。"

（路透社北平二十日电）内蒙独立消息，迄今未能征实，据此间与德王接近之各界声称，德王决不致出此云。

（中央社南京二十日电）内蒙德王宣布独立说，外传不一，政院暨蒙藏会截至二十日下午止，尚未接正式官报，仅于报章见之。惟政院对此项消息，极为关切，已定有应付办法。又蒙古各盟旗驻京代表，尚有半数在京，惟吴鹤龄则于月初北返。

廿三日南京《新民报》登载：

（北平二十二日电）据接近蒙古者谈："近传张北有异动说不确，各盟旗王公皆富有国家思想，绝不受任何利用，德王现在百灵庙主持蒙政会改组事宜，废年或赴溽江度岁，包悦卿尚在张垣。"

（张家口二十二日电）吴鹤龄二十二日晨由平抵张垣，当日偕包悦卿赴张北晤卓世海，再转赴溽江谒德王，有所商谈。

（本京消息）日前外间盛传内蒙德王宣布独立之说，惟政府方面迄未接得正式官报。顷据蒙古各盟旗驻京代表戴清廉谈："自于报章阅悉此项奇特消息后，即经分电各方询问，据覆并无此事。德王昨（二十一）且致电驻京办事处，请代向报纸更正，并谓新制国旗事，恐系伪军李守信部所持旗号之误传。"云云。戴氏特于昨（二十二）日上午四时赴行政院晋谒秘书长翁文灏，报告上项情形，谈半小时始辞出。

在上面这几项电讯中，对于内蒙独立的问题，扑杀〔朔〕迷离，莫衷一是，美联社和国民社的消息，好像煞有介事，但是蒙政委会和蒙古通讯社，却提出否认，请求更正，我们的政府当局，亦因为未得官报，不能证实。所以内蒙独立的问题，现在仍是一个疑团，一个玄谜。

"空谷来风，不无原因。"这是古人告诉我们找求事由的原则。"宁信其有，不信其无。"这亦是古人告诉我们判别事件的方法。我们对于这次内蒙独立的问题，不妨多费一番功夫来探求，来判别，大胆的来解除这个疑团，来猜破这个玄谜。

二　"欲征服中国必先征服满蒙"

日本帝国主义者，自从明治维新以后，因为内在危机的爆发和国防形势的突变，不得不设法在海外掠夺殖民地、消费地和原料供给地。本来这是一般帝国主义者向外发展的必然途径，日本帝国主义者亦不能例外，但是日本的四周，东有富盛的美利坚，北有强大的俄罗斯，英吉利亦老早把南方的广大区域施行占领。而西邻的中国，地域广大，物产丰富，人民的思想能力又很薄弱，列强的蚕食鲸吞又在角逐，实在是理想中绝好的殖民地、消费地和原料供给地。明治为满足自己的欲望，扩大日本的领土，所以定下了所谓"力图自强"的大陆政策。

大陆政策的主要策略，在田中的奏折中已经讲得非常详细，他说：

　　欲征服中国，必先征服满蒙；欲征服世界，必先征服中国。

在上面这二句简单的语言，已经充分地表现日本帝国主义者并吞中国的雄心，征服世界的壮志。

当然，日本帝国主义者对于万世不易的大陆政策，是推行不遗余力的。在一八九四年冒险和中国开战，占领了朝鲜和台湾。一九〇三〔四〕年又与俄国开战，得到南满铁路的经营权和旅顺、大连的租借地，结果提高日本国际地位，成为世界一等强国。一九一五年世界大战正酣的时候，日本又乘列强无力东顾的机会，来侵略中国。亡国灭种的二十一条件，亦在这个时候提出。一九三一年，又复破坏国际公约，甘冒世界不韪，而出兵占领东北，造成九一八的事变，并于一九三二年成立"满洲国"伪组织，实现并吞满蒙的政策。

日本在并吞满洲实现以后，便再进一步来并吞蒙古。日本并吞蒙古的计划，先着手分化内蒙，把内蒙分为东蒙和西蒙。东蒙是指哲里木盟、卓索图盟、昭乌达盟等处，西盟就是指察哈尔部的锡林果勒盟、乌兰察布盟、伊克昭盟等处。自从九一八事变发生以后，辽宁省所属的哲里木盟的科理〔尔〕沁部六旗，吉林省所属的哲里木盟的郭尔罗斯前旗，热河省所属的卓索图盟喀喇沁部二旗、土默特部二旗、牧〔外〕喀尔喀部一旗，昭乌达盟的敖汗部二旗、奈爱〔曼〕部一旗、巴林部一旗、翁中〔牛〕特部二旗、扎鲁特部二旗、克什克腾部一旗、阿鲁科尔沁部一旗、哈〔喀〕尔喀部一旗，均被敌人侵占，并且改设兴安省，以郭尔罗斯后旗的辅国公齐莫特散坡勒—哲里木盟长担任兴安局总长。现在所存的蒙古，不但是内蒙，而且是内蒙的西蒙，在内蒙的版图中，已最经是〔经是最〕小的一部分了。

三　日本为什么要并吞内蒙

上面已经把日本为贯彻大陆政策起见，着手于并吞满蒙和并吞中国的详细情形说过了。现在再进一步来检讨日本并吞内蒙的原因。

我们欲明了日本并吞内蒙的原因，必然要明了内蒙的现状。蒙古原来是一大平原，西至新疆，南临长城，西和辽宁、黑龙江相接，北与西伯利亚交界。地域虽然广泛，而人口甚为稀少。据调查：热河省面积为六七，一六六平方哩，人口约六，五九三，四四〇人；绥远省面积为一一七，三九六平方哩，人口为二，一二三，九一五人；察哈尔省面积为九八，九二八平方哩，人口为一，九九七，二三四人。内蒙的总面积为二八四，四九〇平方哩，而人口的总数为一〇，七一四，五八七人，平均每平方哩约占三十七人，可见内蒙人口的稀少。至于物产方面，亦极丰富，在阴山脉系一带，乃系塞外草原，为最广大而最适宜的天然牧场，每年出产以牧畜为大宗，其数量约如下表：

种类 头数 省别	牛产量	马产量	骡驴产量	羊产量
热河	二〇二，〇〇〇	一四四，五〇〇	一一四，五〇〇	五九四，八〇〇
绥远	一〇五，〇〇〇	六一，六〇〇	二三，三〇〇	四九八，八〇〇
察哈尔	一〇三，〇〇〇	一五二，三〇〇	一一，七〇〇	五九四，〇〇〇

上面这些产量中，已经表现了内蒙牧畜产量的丰富，其他如豆、麦、高粮〔粱〕、油菜、胡麻等农产品，为数亦多。盐湖和矿山，亦是内蒙重要的富源。前者出盐甚多，时常运销东北及华北等地；后者尚未开发。因为内蒙人口这样稀少，物产这样丰富，的确是以引起帝国主义的觊觎，是毫无疑义的。

其次，日俄的冲突亦与并吞内蒙有密切的关系。这几年来日本和苏俄，是忽张忽弛，忽寒忽热，在中东路问题，便引起了很大的纠纷，虽然经过苏俄方面的一再退让，讨价还价，日本帝国主义仍然是希望用武力夺路的。后来因为法苏不侵犯条约的缔结，伦敦多边条约的成立，美俄复交的成功，加入国联的实现，使苏俄在外交上得到相当的后盾，以及军事上实力的增加，使日本帝国主义不敢轻于尝试，而将中东路成交。但是中东路问题结束后，国境问题又继之而起，日伪军时常和俄国军队冲突，发生武装越境和逮捕俄侨等事件，好像家常便饭一样。同时，日本承租的北库页岛油井试采权，在现在已经满期了，叫他轻易的交还苏俄，自然是不大愿意。所以日本积极在北库页岛增加军备，预备以武力做后盾而来廉价收买。这一问题至今还未解决。此外还有北洋渔业问题，亦和北库页岛油井问题同样重要。日本的渔业和苏俄的渔业，向来是八比二占胜，及至一九三一年，已经平分秋色，因为日本资本主义的竞卖，敌不足〔过〕苏俄社会主义的国营，所以日本屡次主张"废止竞卖制度"，"渔区数量相等"，但终为苏俄所反对。所以日本又有"改订日苏渔业协定"的要求，现在谈判已经停顿。在上面这三种悬案中，便表现日本和苏俄利益的冲突，在日本方面因为本身利益的冲突，和苏俄在日本本部及其殖民地的赤色恐怖，使他感到非常不安，加之以英国之纵拥〔容〕，德国的帮助，使日本更以东亚反赤先锋自居。这种日俄的冲突，在政治上是白色帝国主义和赤色帝国主义的火并，在经济上是资本主义和社会主义的角逐，这种冲突已经是不能避免的。日本帝国主义为侵略苏俄起见，除一方面须得到其他白色帝国主义的谅解与协助外，另一方面须征服中国以为对俄备战的根据地，使粮食原料的给养，交通器具的运输，以及战地工兵的征募，都能利用中国人来担任，并且以中国人民的血肉，来当苏俄的炮火。现在日本帝国主义者，对于这种策略，业已着手进行，诸如援助马仲英在企图〔企图在〕新疆建立傀儡组织，指使汉奸酝酿华北自治运动，都是为着完成这种任务。同时，更诱惑内蒙王公，来加入这反对苏俄而又分离中国的阵线。

上面是从国际局势中来说明日本并吞内蒙的阴谋，现在更应了解日方指使内蒙独立，乃是分裂中国的一贯政策。日本帝国主义者，觉得并吞中国，并不是容易消化的，于是采用蚕食的政策，实行分化的办法，在九一八之后，并利用傀儡溥仪等组织"满洲国"，在民国二十二年，又有利用闽南著匪吴天赐组织华南国的企图，民国二十四年，又有利用华北将领宋哲元组织华北国的酝酿，在新疆方面，又复计划利用马仲英一顾〔类〕人物组织第二傀儡组织，在冀东方面，已经实行指使股汝耕这些叛逆成立所谓自治政府，可见他们分裂破坏，无微不至，指示德王宣布自治，在日方已经是求之不暇的。

四　日人并吞内蒙的策略

日人对于内蒙的侵略，在上面已经说了很多，现在再把侵略的策略，分作下列几方面来说明：

第一，拢络内蒙的政治当局。内蒙的政治组织，多以盟长负责统率，虽然规定当地外交、军事、国家行政由中央政府处理，但内蒙僻处边疆，鞭长莫及，民国二十三年七月十六日内蒙王公因受人引诱，主张高度自治，在乌盟百灵庙召集内蒙王公会议，决定组织内蒙政府，并由德王领衔发表通电，其自治策略在：

1. 主张与日亲善，以谋枪械的进口，但在外交形式上不订立任何条约；

2. 实行政教分离，允可人民信仰自由，不许班禅参加自治，并反对章嘉入蒙；

3. 允许青年组党，并以德王为领袖，积极健全平民革命党的组织；

4. 占据百灵庙一切捐税，因为这里是口外甘肃、青海、宁夏、新疆、绥远、河北、热河、察哈尔八省的骆〔骆〕驼交通孔道，每月收入约八百万元；

5. 实行货币使用，原有金银不能流通，致失其交换价值。

6. 实行全蒙皆兵主义，加紧军事训练，强制喇嘛结婚，实行生聚政策；

7. 于必要时行使现有力量，征服不服从自治政府的部落，以巩固基础。

后来因为政府方面极力斡旋，内蒙人士深明大义，故能消弭未然，而以成立内蒙政务委员会来做接〔折〕冲。但是日人的野心，并未稍杀，现在还想极力拉拢德王。我有一个朋友，新从内蒙回来，他说："德王是一个精明能干的人物，懂英、俄、日三国的语言，日人对他极力拉拢，并派几个日本顾问跟随他。德王感觉到交通不便，日方便送他几架汽车，日人并协助蒙政会在内蒙计划设立电灯厂，电灯厂的机器已经由日本送来了。"在上面这一段话中，便可窥见日人拉拢内蒙王公的一般了。

第二，移民政策的实施，亦是一件十分严重的事。"人口的侵略，比政治、经济的侵略更为厉害。"这一点总理已经深刻教训我们。因为政治、经济的侵略，只是亡国，尚未灭种，而人口的侵略，不但使人亡国，而且灭种。日本帝国主义者，为并吞内蒙起见，故对于人口侵略的移民政策，着手实施，在热河未亡以前，日本移民的数量，计全省为二，一四三户，共七，五八三人，单就承德一地而论，便有五一九户，一，三七六人，现役军人尚且不在内，不久熟〔热〕河便为日人所占。现在这种政策已经在绥远、察哈尔等地实行了，恐怕不久的将来，整个的内蒙亦非我之所有。

第三，实施奴化教育，麻醉内蒙青年。日本自占领热河之后，即注重实施奴化教育，在各地方均有日本的完全小学并且积极提倡所谓"王道教育"来麻醉青年，主要是内蒙青年。并且把内蒙各盟的青年，设法引诱到热河来训练，使他们将来替日本努力，替日本尽忠，同时，复利用内蒙青年纷纷失业的机会，设法罗致，给以小利，能够得其死力，乐为之用。

总而言之，日本并吞内蒙的策略，主要的是从威迫和利诱两方面着手，使内蒙王公和人民，忘却国难，受其利用，这实在是一件最痛心的事。

五　内蒙是谁家天下?

我们照目前的形势看来,每每生出"试看今日之内蒙,究是谁家之天下"的感想。每论他已经独立也好,名存实亡亦好,总希望政府方面能有适当的办法,灵活的处置,对于各地边疆的政治、经济、军事、文化、外交各项问题,均应有周密计划,并应严密边地与中央的关系,加紧边地与中央的结合,协助边疆当局克服环境困难,从事地方建设。如果不幸内蒙确系独立,亦希望政府作有力处置,不能以不承认伪组织的方式,即为了事。

同时,希望蒙政委员会的委员们,并该明晰中华民族目前的危机,和中央应付现状的苦衷,始终如一,支撑边局。听说这一次的独立运动是发扬成吉思汗的精神,据传说,成吉思汗一日问博尔术说:"什么是人生的乐处?"博尔术说:"春日携名鹰,跨骏马,穿华丽的衣服去狩猎,看搏落的飞禽,是最好的乐事。"成吉思汗说:"不是,歼灭仇敌,掠夺他的骏马,收纳他的妻女,是人生的最大乐事。"现在强敌迫境,国将不国,惟有复仇杀敌,才是我们国人第一任务,不应该再使国内发生分崩离析的局面。

最后,我们再忠告内蒙的学生们,一九三六年是世界危机年,亦是中国危机年,而内蒙的环境,比较更为恶劣,希望你们能够改正萎靡不振的余习,造成坚苦卓绝的精神,撤〔彻〕底觉悟,发奋图强,参加救亡图存的阵线,努力复兴民族的工作。

《学生生活》(月刊)

南京学生生活社

1936 年 5 卷 1、2 期合刊

(李红权　整理)

最近蒙古的动静

日月 撰

　　蒙古问题，由来既久，并极复杂。远自外蒙"赤化"，中经九一八事变，以迄西蒙要求自治，无日不在蜕化转变之中，迨至最近绥东五县告警，更趋于扑朔迷离，不可究诘之境地。凡关心蒙事者，对之莫不发生无限感慨，而予以深切之注意！良以蒙古之所以成为问题也，一方面，固由于在地理环境上，犬牙相错，环抱中国西、北两部，形成天然的大好之藩篱；与在历史关系上，数千年来，两个民族不断的街〔冲〕突和斗争，给予中国整个社会，一个广大的进步和发展；因而在政治与经济上，脉脉相通，尔我与共的具有了辅车相依、唇亡齿寒之密切关联。他方面，则因一九一七年苏俄发生共产革命之后，据外蒙为其"赤化"中国之根据地以来，内蒙古亦即成为防止"赤化"，或进行"赤化"之竞争区域。嗣因日本国势之膨胀，积极的经营满洲以来，蒙古问题，尤形复杂，顿增其严重性。及至东北事变，"满洲国"成立，则蒙古问题，更成为中、日、俄三国角逐之场，而入于新的阶段矣。

　　所谓新的阶段者何？即日本势力伸入蒙古，使蒙古日向分离中国统治方向迈进是也。溯自蒙古地方自治政务委员会成立之始，外间即有诸多传言，但在彼时，蒙会诸公，心地纯洁，操守自持，从未有如外间传言之行为。嗣经蒙会改组，察北六县失守，绥境蒙会固可偏安一时，而百灵庙之旧政委员会，则格于情势，自非旧日之景象矣。

　　吾人详考中央颁布之察境蒙会组织大纲，除管辖区域相当缩小外，余无若何更改，因亦无何恣议之处。惟觉不能抑于言者，则实事问题耳，良以绥境蒙会之成立，实具有釜底抽薪，保全一隅蒙古之意义。而欲保全此残缺不完之蒙古，对于察境蒙会，尤不能不计出万全，妥为设法也。兹者伪军进窥绥东之消息频传，德王期图异动之说纷起，虽曰〔日〕空谷足音，要亦不能不加考虑。吾人素谂德王系蒙古王公中富于民族思想，具有时代学识之人物。关于利害，自能权衡轻重。同时百灵庙蒙会中，搜罗之各项人才甚多，不分籍别，不稍歧视，确能做到融洽协合之地步。设国家不弃蒙古，大可利用机会，使之有所发展，用负国防之重任。乃近来竟以察蒙会会址，定为加卜寺，旧日百灵庙蒙政会，令即改组迁移见闻。

　　所谓加卜寺者，即以前之化德县治，据张北不过百余里。现张北据报载，乃为李守信屯集大军，进窥绥东之大本营。设蒙会一旦迁移，处此三面包围之环境，其进一步的结果，当可预知。吾人为国家计，为蒙古前途计，不敢遽于苟同也。

　　再者，德王扩张军队之说，近来亦甚嚣尘上。吾人对此虽不加以否认，但对其编练军队之意义与目的，殊不能予以漠视焉。百灵庙蒙政会，在过去与绥远地方当局，未能作到融洽协合之地步，乃是明显之事实。绥远蒙政会之成立，其主动者为何人，更为人所共知之事件。以德王之富于民族思想，勇于作事之人物，当必耿耿于心，不愿常此抑郁也。明乎此，则其编练军队之用意，当可了然于怀矣。至于目前正在策动中之王英与王道一等匪众，据报载亦与德王有关系。但吾人不作如是观。良以德王无此维持力量，用以资助，且匪众谅亦不能为彼所用也。

　　因此，最切实际之说法，于〔与〕其谓与德王有关系，勿宁说是听命某方之驱使而活动。良以日本对于西蒙，积忧〔虑〕已深，虽自察北陷落之后，察境蒙旗，大部归入掌握，而其欲望，尚未满足，积极经营，从未稍懈。故不独在政治上，时有安排，即在军事上，谅亦有所策划。因是吾人不应对于此问题，舍其本而求其末，以作如上之肤浅的观察也。

吾人深知，蒙古前途，日趋严重。欲求合理的解决，当非短期内所能得以实现者。不过虽不能遽得彻底合理之解决，为求釜底抽薪，减少未来的困难起见，似亦不无相当途径之可寻。其道维何？即各方当局，皆以整个的国家前途、民族将来为信念，顾全大局，慎重从事，即在外交上求解决，不可专在私人方面求是非，只图一时之快，贻害民族千百年发展之机会，斯可耳。

《新蒙古》（月刊）
北平新蒙古月刊社
1936 年 5 卷 2 期
（朱宪　整理）

外蒙古对外关系

作者不详

外蒙古国民政府，宣言废弃一九二一年以前蒙古与其他国所缔结的一切条约。外蒙古民国虽自称独立，然因为没有得到苏联以外国家的承认，当然与苏联以外的国家交涉，都是限于地方关系，谈不到国际交涉。

一 俄蒙关系

苏维埃联邦与外蒙古的交涉，始于一九一八年八月，由莫斯科外蒙古人民及自治蒙古政府所发表的声明。此年苏联红军，对白军东方战线成功，第一次召开国际共产党大会，规定东方民族"赤化"方针，且同年十一月东方各国共产党团体开大会于莫斯科，苏联东方政策此时已就绪，发表其开会全文如左：

> 劳农政府红军，击破次安努提督所领之寇鲁卡次克，越乌拉尔连战连胜，进入西伯利亚平原；解放西伯利亚一切被压迫之劳动者及农民，启里盖斯及布利亚特人。

当此时苏联政府对于外蒙古人民，发出下列之言论：

> 一九二七年十月二十六日，俄国劳动者及农民从次安努将军及宪兵、资本家之手，夺回权力，并提议对于全世界的劳动者，亦如何以强大的国家及力量，并合弱小民族于一国；且如

何设立斯制度。同时劳农政府，对于一般在蒙古自治名目下，设置顾问于库伦，意图夺取蒙古人民的利益的俄国商人及其他人民的压迫者，不能与之甘休，对于日本为从中国夺取蒙古的中日密约均一律废弃。但去年五月因捷克斯拉伐克人的蜂起，与日本人的侵入，为实现我之计划夺取自次安〈努〉政府者，不必奉还于蒙古人民。常胜之红军，现在一面正追击科尔卡次克、塞卖雅诺夫及其他掠夺者。现改称苏维埃政府，再郑重声明——俄国人民关于蒙古与日本及中国政府一切条约，应予以否认。而蒙古是自由国家，俄国顾问擦尔领事、银行家及富豪等，从蒙古人民手中榨取其最后的血液者，应驱逐出蒙古国境。国内一切权利及司法权，均操于蒙古人民之手。一切外国人绝不能干涉蒙古的政治，废弃一九一三年之协约，蒙古及独立国，不受北京政府或彼得格勒之任何保护，一切事务，蒙古国民有直接交涉之权力。

苏维埃政府将此高声告知于蒙古人民，提醒蒙古人民应与俄国人民提携，且为迎接红军，特建议从自由之蒙古人民中派遣使节。

以上的声明，苏维埃的政权，在西伯利亚奠下稳固的基础。在俄国境内，蒙古青年受苏维埃政府、共产党及第三国际的援助，组织国民党及国民革命军预备侵入外蒙古。

其后一九二〇年秋，温盖伦将军的军队，由满洲里方面迫近库伦，驱逐中国兵，于一九二一年二月一日，占领库伦，推立活佛为元首。建设外蒙古政府。

此时苏爱巴多尔等，受苏维埃政府及第三国际之援助，从俄国归来，一九二一年二月二十一日，在恰克图开第一次国民党大会；三月十三日，组织临时政府，次组织蒙古国民革命军，于一九二四年向库伦进击，包围温盖伦军，得红军（第三十五师团之一部）之后援，遂攻破库伦。七月十一日，国民政府正式握外蒙古的政权。且同年冬季外蒙古国民政府，派遣全权大使驻于莫斯科，与苏维埃缔结修好条约。十一月五日，两个方面全权代表签字。从此蒙俄的新关系遂益加显明。其协定的前文上，认为"俄帝国政府依其阴险之侵略政策，与旧自从蒙古政府缔结之一切条约及其前文，对于以后所发生之新事态，丧失其效力"为新协定的本旨。且本前文中规定："两个政府互相承认各为正当政府，在两国版图内禁止有抗敌及其他含有敌意之行为"等。

一九二四年十月三日，驻库伦的苏联全权代表华西利埃夫与外蒙古外务大臣阿穆尔缔结电信连络协定，及蒙俄间或经过俄蒙与西欧其他各国的电信交换条约。

先此同年三月，俄国在外蒙古所有的权利虽宣言完全废弃，但不论外蒙古对于中国承认其有宗主权与否，俄蒙修好条约依然不能取消，而两国的关系，依此遂愈趋有效的进展。且苏联于一九二五年春，驻库伦保护全权代表军队仅留一大队（二百五十人），其余全部撤退。

苏联领事馆设于买卖城、乌里雅苏台及科布多，现今在参拜斯亦有副领事馆，外蒙古仅于莫斯科设有公使馆。

一九二六年六月六日，库伦苏联全权代表尼古露夫与外蒙外务大臣多鲁利克加布，缔结塞莱河间，国营汽船航行契约。从此俄国汽船在外蒙古内河自由航行。

满洲事变后，苏联对于远东非常注意，尤其对于外蒙古的防备，抱着慎重的态度，以期彻底笼络外蒙，对于外蒙政府更担负其三分之一的军事费，在外蒙古一带作大规模之军事设备。此种措置，曾引起外蒙古国民党中央执行委员会的猛烈反对，因之各地军队的暴动，及苏联官吏的暗杀事件，遂不断的发生。此时青年革命同盟始终站在拥护苏联的立场，与国民党的对立渐次趋于激烈化。一九三三年十二月以来，两派完全进展至冰炭不相容的地步。

外蒙古共和国，在一九三四年七月十一日，举行开国十周年纪念的庆祝典礼。驻托洛克的苏联大使，代表俄政府参加典礼。其祝辞谓："外蒙古共和国政府、党及人民的团结，全然完成。文教艺术异常发达，近代军事技术，业已具备。国防及文化中心势力的蒙古赤军组织，已奏成功。"尚在其席上青年革命同盟，宣言清党，将国民党之分子，一律驱逐，实行外蒙古共和国共产党的改组。改"外蒙古共和国"为"外蒙古苏维埃共和国"，国民党领袖喀盖鲁夫以至逮捕监禁。次于同年七月十三日，发表左列的宣言：

一、取消国民党的资产制度政策。

二、须迅速将劳动者从压迫的制度下，解放出来。

三、纳税不论各阶级一律平等。

四、应解散由资产议员而组成的议会。

五、使劳动者与政府接近，按其力量应参加国政，速召集小议会或大议会。

六、应速实行苏维埃政权运动。

七、在本年十月革命纪念日以前，应使苏维埃政府全部组织终了。

八、以共产党治国，且人民应加入共产党尽力参加政治工作。

且革命党与苏联共产党之间据传说，所协定的密约，大要如左：

一、外蒙古共和国以苏联政府斡旋，许加入第三国际。

二、加入苏联及第三国际的国家，应一律承认外蒙古改组后的新国家。

三、两国内不许有对于两国持敌对的团体存在。

四、两国共同设立军事防备线，若发生军事行动的场合，两国应一致行动。

五、外蒙古苏维埃政府承认苏联政府的邮电事业建设，且由两国共同组织之。

六、外蒙古必须援助远东军事设施。

七、外蒙古的铁道敷设权，尤其是张库铁道敷设权，苏联得占有之。

八、两国间输入税率，不能超过其他的协定税率。

九、以上的条约于一九三三年七月十日批准后，发生效力。

苏联代表　喀拉汉恩

外蒙古代表　吉他儿

此时外蒙古国民党重要分子虽受革命同盟之强压，然尚继续其活动，国民党军二万五千余人，集中西库伦霍达森一带，推荐巴冷布达为国民革命军总司令，于该地组织外蒙古国民政府，讨伐共产党，声明反对苏联的侵略。

且克仑巴伊尔南部国境相邻接的哈鲁瓦地方，所居住的蒙古人民，因对于苏联政府的压迫甚多不满，该地人咒咀苏联虐政，人心大动。最近夜间逃亡者层出不穷。

一般外蒙古人民逃亡者，一九三三年数目渐增，民国二十年六月，由外蒙古逃难而来的人民甚多，以三音诺汗的活佛的斡旋，向察哈尔、绥远的各旗交涉后，始允许房〔居〕住。其数目一九三三年至一九三四年六月如左：

锡林郭勒盟	
东西浩济特两旗	一,五〇〇人
东西阿巴哈那尔两旗	六〇〇人
东西苏尼特两旗	二,〇〇〇人
其他〈旗〉	七〇〇人
乌兰察布盟	
四子部落旗	三,二〇〇人

续表

喀尔喀旗	二〇〇人
其他旗	三,六〇〇人
伊克昭盟	八,〇〇〇人

苏联占据外蒙古，对于外蒙施行文化诸设备，确属事实。例如军队近代化的设备，主要都市轻工业的勃兴，然而外蒙完全立于隶属的地位，苏联为榨取其富源的动力，如此对于蒙人全体恐亦无若何利益可言。外蒙古人口，游牧民占百分之九十。所谓中产阶级，完全脱离蒙古革命青年同盟，而归属于王公派。以奴隶而擢升为蒙古革命青年同盟，因牧夫群的脱离同盟而实力消失，残留于外蒙古者，不过红军之炮口，与弹压而已！苏联对于外蒙古政策所以能如此失败者，其原因可以作归为下列诸点：

一、苏联当局忽视外蒙古人对于家畜的热爱心，每年征发家畜。

二、苏联当局排击蒙古人唯一安慰的源泉——宗教。

三、以游牧为生的蒙古人，要强制使其定住而实行集团农制，与蒙人的天性不相容。

四、对于与资本主义血缘很远之外蒙古，苏联想一举而适合于统制经济，自属勉强。

二　蒙中关系

一九三四年三月十六日，外蒙古代表迪立瓦，访行政院长汪兆铭，报告外蒙古穷民的情状，请求中央给以救恤金，同时恳求设工场及开垦荒地，以谋生存的安定。外蒙古亦有一部分的人民，竭〔渴〕望中国政府的救济，而中国中央政府，与外蒙古的关系是如何呢？

外蒙古国民政府组织以来，不承认在外蒙古有中国的权力。依外蒙古国民政府外务大臣，于一九二四年的议会上报告："中蒙间的亲善修好，要依苏联的介绍而加以考虑"，一九二二年秋送呈苏联政府，其内容如左：

　　最近自治蒙古政府，既未侵害三国条约，又无损中国及中国人民之事实。然中国政府不顾三国条约，于一九一九年，设西北筹边使，对蒙古制定特别法律。筹边使徐树铮率领多数军队，进迫库伦，以兵力颠覆"保瓦多汗"（大汗）及蒙古政府。没收全国收入，夺取蒙古富源。其后俄国白贼温盖伦侵入库伦，中国军队及官宪，不能抵抗而溃走。当此时也，蒙古独当其冲。蒙古人受中国人之惨虐，已达极点，想外国政府及人民所知悉也。现时蒙古勤劳大众，从中国而独立，已建设自己的政府。蒙古国民政府从独立后，即希望设立与中国之亲善关系，维持安宁秩序，使两国的勤劳民众，能得到平和的劳动。且中国政府若能欲〔预〕先承认左列事项，则蒙古政府对于中国派遣代表事，立予同意。

　　一、蒙古的独立。

　　二、从中国土匪所受的损失倍偿。

　　三、内蒙古自治之许与。

　　四、中蒙交涉苏联代表可以列席。

　　五、以库伦为交涉地。

　　右列条件如中国政府承认时，中、俄、蒙三国新的交涉即可开始进行。

一九三五年及翌年经过二次的榷商，遂缔结外蒙古为中心的《中俄密约》。密条的内容如左，于此可见赤俄对于外蒙古独立的援助如何用尽心力：

　　喀拉汉冯玉祥密约（一九二五年六月顷缔结）

　　一、中俄间敷设外蒙古铁道二线。

二、中国西北军区，作为苏维埃联邦缓冲制度施行区之用，在五年之内，施行联邦制度，但聘用苏维埃联邦的武官、教习限定六十人。

三、苏维埃联邦政府每月协助西北军十万卢布。

四、一九二五年二月十三日，在北京购买契约兵器之代金，从一九三〇年起，十年间完全付清，若不履行时，从援助金中扣除。

五、俄人在西北军区内，有宣传、居住之自由，但不得有集团讲演。

六、苏维埃宣传员，批评西北军区的政治，不得加以反对的言动。

七、若帝国主义者与苏维埃联邦开战时，西北军须出三分之一援助之，若帝国主义者与中国开战时，苏联政府得出兵四万援助之。

八、西北军不得侵入库伦苏维埃共和国国境。

九、对于日、英夺取内蒙及新疆政治势力，中、俄、蒙互相提携对抗之，至主权夺回完成之日为止。

附

一、兵器（价值一百万卢布）。

二、西北区域地（包括陕西、甘肃、新疆、河南等）。

三、由双方派联络员常驻张家口及莫斯科。

四、关于广东政府之主义实行，得给西北军以相当援助。但不依兵力及物质，若西北军受中国反对派军队攻击，苏维埃政府依西北军之请求，出兵援助，但其兵力限于两万人。

冯俄协定（一九二六年八月于莫斯科）

阿拉洛夫以中央执行委员会干部的名义发表如次的声明：

一、苏维埃政府对于为中国自由与独立而奋斗的国民军，继续保持以前之一切亲善关系。

二、苏维埃政府不与各国及中国政府缔结任何有防〔妨〕害国民军之行动的条约或协定。

三、苏维埃政府虽不能依直接军事行动援助国民军，但对国民军亦由蒙古、广东或其他手段补给兵器、弹药及军需品，以达到与本协定之同程度。

四、派遣军事教官、政治指导者及军事各方面的专门家于国民军，目前仍继续实现。

五、苏维埃政府对于冯玉祥将军〈以〉无期限借款形式提供英币七万磅〔镑〕。

六、苏维埃政府不许中国任何武装兵力侵入蒙古共和国，其侵入时则以武力对抗。

七、冯玉祥以国民军司令官之名发表如下之声明：

（一）中国国民军对于苏维埃联邦国民，及莫斯〈科〉政府表示热诚亲睦与深甚感谢之意。

（二）中国国民军运动，其目的欲将中国从外国人及国内保守的势力压迫之下解放出来，且常〔当〕忠实努力废除列强与中国所缔结的一切不平等条约。

（三）国民军司令及国民党的大部分，承认蒙古共和国〔国〕的完全独立，且俟中国国民中央政权确立后，立即正式声明承认蒙古政府。

（四）将来之中国国民政府，须自发的而且单独的回复苏维埃联邦在中东铁路特别区域内之一切权利，及优先权。

（五）将来之中国共和国国民政府，须以承认苏维埃联邦之优越权为基础，与苏维埃联邦缔结特别的通商条约。

（六）将来之中国共和国国民政府，对于中国陆军及警察之改革，应委任莫斯科政府所推荐之苏维埃联邦国民为顾问。

（七）将来之中国共和国国民政府，采用外国人为官吏时，莫斯科所推荐之苏维埃联邦共和国〈国〉民有优先权。

（八）将来之中国共和国国民政府于制定关税率之际，必以第五项之规定为根据。

（九）将来之中国共和国国民政府向苏维埃政府借款，无论有可能性与否，在未与苏维埃政府交涉之先，不得与其他国缔结借款契约。

本协定乃预备协定，俟将来中央国民政权确立之际，作为苏维埃联邦与中国共和国交涉之基础。

本协定分为二部，互相交换。

　　　　　　　　　　　　　一九二六年八月十八日

　　　中国国民军司令官　　冯玉祥　署名

　　联邦中央执行委员会干部会代表者　阿拉洛夫　署名

　　　　革命军事会议员　温西利夫特　署名

此协定当时给反共派一种异常的感觉。但冯之国民军与张作霖战败后，协定自然归于消灭，今日亦无何等效果。然据某地情报，一九三三年夏，中俄缔结《西北军事协定》，其内容〈为〉新疆省设置红军及张家口、库伦间汽车路共同的保护。若果系事实，则预期日苏战争为期不远，同时中国的边疆领土宗主权已名存实亡，这是极应注意的协定。

中俄西北军事协定

第一条　俄国军队除中国新疆省外，其他各地不许有军事行动。

第二条　中国政府对新疆省内南北部设置常备军，以保护留该地俄国人民之生命财产。

第三条　张库汽车路不许第三者的占领，或破坏。若有如斯危险时，两国各派遣军队，依一致行动驱逐第三者的势力。

第四条　第三者破坏行动驱逐的一切军费用，由双方折半负担。

第五条：略。

外蒙古新政府成立后，限制中国人入国，施行使居住者退去的政策，外务部已命令各地实行。

最近居住在外蒙古中国劳动者，因不耐苏联政府之压迫，以库伦为中心，结合为劳动团体，向当局要求改善待遇，最近该团体组合员达七千六百余名之多。人数既多，态度随之而强硬。几酿成大暴发，当局忧虑事态扩大，为缓和情势，遂提示左列之条件而成立妥协，对于中国人的压迫从此有几分和缓的模样：

一、撤废中国劳动者在外蒙古内劳动地区的限制。

二、承认商业自由。

三、承认一人由库伦官业银行每月可汇寄本国洋十元。

三　满蒙关系

"满洲国"中，蒙古民族正确的人口，今尚不明。但只〔至〕少亦有二百万左右，"满洲国"内蒙古人口的重大性，使已往"汉人的要素"的强调亦不能不为之减低。满洲的蒙地，在战略上非常重要，其主轴向阿穆尔河畔的低地，迄热河省绵绵南下的地带，横迤兴安岭东部的蒙地，即日本所谓的东部内蒙古；他一方在兴安岭的西面，包含现今兴安省的巴尔格地，在历史上是一个独立的蒙地，当未与内外蒙古完全融合。满洲的蒙地与西部内蒙古及外蒙古相接壤，最容易作为旧蒙古领土的两地域间的交通路。

外蒙古在屈伏于苏联权力下之今日，与"满洲国"的关系微妙而且复杂，而居住于满洲的蒙古人的地位，更带着非常的重要性。何以呢？盖因"满洲国"独立后，苏俄东方进出满洲的路不通，不得不先求外蒙古及察哈尔方面之蒙古人的"赤化"扩大起来，再伸其魔手于"满洲国"内蒙古人的"赤化"。

翻过来说，即由住满蒙古人的自觉，而引起"赤化"的外蒙古人的自觉，使反苏运动强化，从外蒙古驱逐出苏联的势力，亦属可能。最近脱离苏联压政而逃亡满洲来的外蒙古人，屡见不鲜，这是最应该注意的现象。

四　与内蒙古的关系

蒙古民国，企图内蒙古的自治，及国民党与内蒙小〔古〕的有志者通谋，已在一九二六年一同〔月〕召开内蒙国民党大会于张家口时——开始进行。蒙古国民政府于一九二四年的会议上，与内蒙古无正式的关系，但声明内蒙古人民如请入外蒙古籍者，则立予许可。达里冈埃问题的处理，亦含此旨趣。达里岗埃在蒙古东南境，占交通、军事上的要地。从中国的地图上看，分明包括在内蒙古之中。

然该地在外蒙古自治时代，合并于喀尔喀。依据恰克图三国条约，又复归于中国，一九二一年独立前，又自动的归入哈尔哈〔喀尔喀〕版图。外蒙古与内蒙古的关系，今尚无实际的形态。

《新蒙古》（月刊）

北平新蒙古月刊社

1936 年 5 卷 2、3 期

（马语谦　整理）

绥远与大局

后圣　撰

我国首都方有中日两国之正式外交交涉，此交涉且尚未结束，而绥东绥北，军事紧张之情报，乃如雪片飞来。约略分析，则：

（一）侵绥之前线主力，为王英所率之蒙军与李守信所率之伪军，两部兵力，步骑合计，报载约近三万。

（二）侵绥之总发动期，估量为十一月二十日左右。

（三）侵绥军之前线根据地，为绥北之百灵庙，与绥东之商都。

（四）侵绥军之后方策应地，为多伦，某方飞机队在焉。

（五）侵绥军之总策应地，为关东军。

据九日华联社长春电，关东军对绥战略如次：

（一）中国冀察军与绥晋军同时迎击之场合，则华北日驻屯军即为作战之主力，以伪匪军为辅，则战时中心在察、冀，平、津成为决死场。

（二）若仅有晋绥军迎战之场合，则华北驻屯军坐镇察、冀，取监视宋哲元军之态度，以伪军匪军攻绥北、绥东，取包围之游击式作战方略，使晋绥军疲于应付，兵力散开，再集中猛攻。

（三）目前作战，以不引起冀察战争为主，俟两月后形势顺利，再图发动。但今绥远之进击，仍为侦察性质，伪匪军作战以严冬为得占时利，以充厚之给养，伪匪军之北方耐寒性，取得军事供给上之优势。

在以上各情报中，关东军对绥战略一项，尤关重要。由此我人可以得到左列之想像。即：

（一）日本政府，似已不复能控制其关东军，关东军亦绝不以中日两国间之正式交涉，认为问题，否则断不应在中日正在外交谈判时期，而有如此无视我国领土与主权之军事计划。

（二）由此判断，无论两国交涉如何顺利进行，绥察间、绥蒙间甚至平津间之军事行动，已成无可避免之形势。

（三）此项军事行动，在短期间内，日本必推诿为局部问题，而两国间之形式的国交，必尚维持，有如一二八之淞沪战，以及攻取热河，进犯平、津之战是。

（四）此项局部战争，如我国抵御有方，使彼无可逞志，则将成为今后长期间之局部战，有如明季之对辽东。

（五）如我国抵御无方，绥远不保，则将扣关而南，胁制山西，形成包括北方五省区之第二伪国，欲求如今日冀察政委会形式上仍依国民政府之命令以组织活动者，且不可得。

（六）如我国应付有方，不独绥远无恙，且能设法使今日效忠于彼方之王英、李守信所部，一转而效忠于本国，则即可于相当时机，采取积极行动，以局部战之形式，为我前锋，以对关东军，而东北问题，或可发见一根本解决之途径。

以上各项，我国如能出于第六项，则不独我国国运，可转危为安，即中日两国之永久和平，可以从兹大定。然如此重大责任，断非绥远一区之力所能胜，亦断非绥远后方之山西一省之力所能胜。运用全国之兵力、财力、交通力、科学力，以集注于晋绥，乃至冀察，信之而勿疑，任之而无挠，与以极大之自由，俾得临机而活用，其责尤在我形式上保持两国国交之中央。此为我国兴亡安危之一大关键。我爱国人士今已有种种表示矣，如宋哲元氏对《大公报》记者之表示，言决不甘心为亡国奴，决不做洪承畴、吴三桂。如二十九军，继天津日本驻屯军之后而举行大操。如傅作义氏之召集军事会议，誓死抵抗，并派员与宋氏联络。如平、津各大学教授、学生之表示。如燕京、清华两大学学生之遣派代表慰问傅作义氏。如绥远旅平同乡之绝食一日，集资以助傅氏士兵。要皆为爱国心风起云涌之证。然重大关键，尤在我国能造成一针对关东军之总策动机关。我全国人士，亦曾注意及此否。（此事为我国今后应确定国策中之一大部，容另为专文论述。）

《复兴月刊》

上海新中国建设协会

1936 年 5 卷 3 期

（李红菊　整理）

国防第一线的绥东

警华　撰

也许，在南方的中秋节过得很热闹吧？我不知道那些嘴里嚼着圆圆的月饼，眼睛看着圆圆的明月的人们，心中是否想到"明月依旧，河山已非"的情况？更是否想到"友邦"并吞我们国土，正像他吃月饼一样，直到吃完才止？

当南方的人们在深夜里，背脊上稍微有点感到寒凛凛的时候，我们身上已老早的披上大棉袄了。是的，我们这里的气候与南方相差几十度哩！微带肃杀声的金风，已在大地上徘徊了很久，它不仅将富有的人们赶进了高楼大厦——当然，穷苦的人们只能将他们瘦骨嶙峋的身体更蜷缩紧一点——它并且吹发了敌人侵略的火焰，这火焰，自伪蒙自治傀儡政府成立后，更蓬蓬勃勃地包围着绥东燃烧着，燃烧着。

敌人所以集中全力贯注着绥东，自然不是无原因的，只要不是近视眼，谁都知道自察哈尔长城以北的重镇——商都、沽源、宝昌、多伦、张北、康保六县，被伪匪军侵占以后，绥东便成为我们国防的第一线，华北各省的重要门户了！因为敌人占领了绥东，不但可以包围外蒙，进攻苏联，并且还要囊括华北五省，控制黄河流域，而策马南向，实现其大陆政策。

虽然凛凛的金风屡次送过来了侵略的火焰，但它没有吹凉前线上战士们的热血，相反的，战士们的热血却为侵略的火焰煎熬得沸腾起来。所以，他们在民众的有力后援之下，屡次的以沸腾的热血浇退了侵略之火！

但是，敌人侵占绥东的企图是否会因此而打消了呢？不，绝对不！它们却再接再厉的准备着，准备以更张狂的火焰来熬干我们战士的热血。

我们的战士呢？他们也准备了更充分的热血，来浇退——不，扑灭敌人的毒焰，像一个伟大的救火机扑灭一堆微弱的火堆一样！英勇的斗争正随着"友邦"日益"亲善"的态度，而渐渐地将要展开了哩！

在这里，我将敌人所准备燃烧的"柴片"——军力——约略的记载于后，使我们的战士看了，做"知己知彼"的准备，而收"百战百胜"的效果。

就绥远以及包围绥远的察哈尔与热河说，日军在丰宁的约一联队，在承德的约一联队，在赤峰的约一小队，在多伦的约一，七〇〇人，在沽源的约二〇〇人，兵额虽然不多，但在河北境内的驻屯军是随时可以调动的。现在河北的日军，在北平有九〇〇人，在通县有七〇〇人，在丰台有二，〇〇〇人，在天津有二，六五〇人，在塘沽有七〇〇人，在唐山有四〇〇人，在滦县有二〇〇人，在昌黎有二〇〇人，在留守营有八〇人，在秦皇岛有五〇〇人，在榆关有五〇〇人。把这些加起来，就是很可惊的数字。

然而日人制我们死命的，还有所谓"特务机关"。姑且把河北境内的不谈，专就热、察、绥这一带而论，如林西，如西乌珠穆沁旗，如苏尼特王府（特长松井），如多伦（特长植山），如张家口（特长大本），如张北（特长桑原），如德化（特长田中久），如百灵庙（特长盛岛），如绥远（特长羽山），如包头（特长樋川），所有这些地方，都有敌人的侵略网。

我们再看在日人指挥下的伪军吧！在这里，也把冀东一部分撤开。在苏尼特王府的有八〇〇人（西北内蒙古防共自治第二军军部，军长德王）；在宝昌的有七〇〇人（西北内蒙古防共自治第一军第三师，师长王振华）；在张北的计有六起：（一）属于西北内蒙古防共自治第一军军部的有二〇〇人（军长李守信），（二）属于西北内蒙古防共自治第一军第一师的有一，〇〇〇人（师长刘继广），（三）属于西北内蒙古防共自治第一军炮兵团的有六〇〇人（团长丁其昌），（四）属于西北内蒙古防共自治第一军干部训练处的有四〇〇人（处长李守信），（五）属于西北内蒙古防共自治第三军的有一，四〇〇人（军长卓什海），（六）属于边防自治军的有五〇〇人（军长于志谦）。此外，在公会镇的有二，〇〇〇人，西北内蒙古防共自治第一军第四师（师长宝贵廷）与西北内蒙古防共自治第二军第六师（师长宝音道尔已佛爷）各占一半，在德化的有一，〇〇〇人（师长伊绍先），在尚义的有七〇〇人（西北内蒙古防共自治第一军第二师师长伊〔尹〕宝山），在商都的有西北内蒙古防共自治第二军第七师一，〇〇〇人（师长牟总管），有伪满热河第五军区五，〇〇〇人（司令王静麻）。而分驻在尚义、商都两处的另有两起：一是西北蒙汉防共自治军三，〇〇〇人（军长王英），一是西北边防自治军一，五〇〇人（军长王道一被枪决，现归王英指挥），再加上在百灵庙的四〇〇人（西北内蒙古防共自治第二军，系德王卫队），总数在二〇，〇〇〇人以上。

很明显的，看了这些，我们可以知道"友邦"对我们的战略，比从前直接用武力侵占东北等地的手段，是改变多了。它进攻绥东的部队是以伪军为先锋，自己的"皇军"在后面督促伪军，以收"手使臂，臂使指"之效。换句话说，就是避免以自己的实力与我们的战士接触，而驱使伪军向前。这就是它日常所说的"以华制华"的战略！

在伟大的民族战争将要展开的前夜，我们"友邦"的外交官已经替我们决定了两条路——"不是作战，就是投降"！明白一点说，就是一条是求生，一条是找死！我们究竟走哪条路呢？请大家自己决定决定吧！

十月一日于绥东兴和县中

《世界知识》（半月刊）
上海生活书店
1936 年 5 卷 3 期
（朱宪　整理）

俄蒙现状之溯源

立言 撰

昔时满清以武力威协〔胁〕于俄，今日苏联以阴柔还加于蒙，贞下起元，岂物极必反欤？比年以来，蒙疆多故，今日形成每况愈下之现状，一则由于民国初年，中政府听任蒙民自然之演变，一则缘于苏俄于一九一八年，对蒙民威逼利诱之画〔播〕弄，我外蒙之脱离中国中央，自树外蒙古共和国独立政府，其操纵者，固为俄人，而俄人之以水深火热一予我蒙古同胞者，又安知夫其远因，如在一六六年之前后欤，今之俄人，加诸残暴于我外蒙者，不啻报复当年我国之施威胁于彼之意云尔。

当一九一一年，满清钦派大臣三多，驻节库伦，专司蒙务处理事宜，盖不啻外蒙政务之监督官也。时哲布尊丹巴活佛，以嗣位问题，致与清廷扞格，终于宣布独立，察其背景，俄实立于挑拨教唆地位，彼时外蒙未即附俄者，良以中央方面，尚能措置允协也。今试述中俄间之往史，足可想见我之昔日之概略也。

欧罗巴人之沟通中国商务也，远在明万历朝，但满清之对外交际，则自俄罗斯为开端。清圣祖仁皇帝（康熙），在位之时正俄国彼得帝新立之日，先是天聪、崇德年间，俄人每有扰我东北边境（黑龙江省东北力〔方〕），清帝正苦中原多事（三藩演乱），未暇顾及。迨康熙中叶，俄人以我无意边陲，益经营雅克萨，建筑防卫工事于精奇黑〔里〕河之上游，意在攫得黑龙江省数千方里之地盘，以为己有。清帝以其密近发祥地，未便听其滋漫，廿一年，圣祖钦派萨布素为黑龙江将军，冶〔治〕兵管理，同时并派尚书伊桑阿，制造战船于宁古塔，以谋彻底讨俄。二十四年四月，都统彭春，乘冰初融之际，命水陆两军，同时并进，攻雅克萨城，旋克之，掳其民，复纵使〈之〉尼布楚。次年俄将后来雅克萨故址，为严防清兵计，更筑土垒，清军侦悉，复引兵八千人，载大炮四百门，往歼俄寇，俄军死守，其帅图布青中炮亡，余数俄兵，坚守尤力，清师乃筑长围以困之，俄兵不死于战，即死于疾病，生存者仅数十人耳。朝夕将下，而清俄两国媾和之议遂成，清军解围，退师墨尔根，计战争需时，于兹已两年矣。其时俄皇彼得即位，素受制于其姊，以战地去国都绝远，不能值时而至，在军事动作上，极感不便，因亟拟与清请和。圣祖仁皇帝，以南征甫息，所有百官将士，佥应于〔与〕以休息之暇，故亦不乐劳师动众，趁俄遣使乞和，遂径许之。二十七年五月，命内大臣索额图、佟国伟，出使议约，并派兵部理事官张鹏翼，从戎参赞，时有耶苏教师某为译员，派精骑万余，扈之使往，军容备盛，俄人畏威，使者抵喀尔喀界，而噶尔丹构兵，因路之不得进，俄使更请以尼布楚为议场，帝亦允之，命使臣往就。索额图之行也，奏请尼布楚以在黑龙江上下游，悉划于清版图内，帝谓索曰，如此则俄人东通途板，俄人必不敢，无已，则以额尔古纳河为界亦可。索既抵议场，俄使以清师势盛，气颇沮，既开议，使臣权初言，耶苏教师，邮译其间，往返数次，清使乃允北以格尔必齐河，及外兴安岭为界，南以额尔古纳河为界，河南岸俄人所筑之堡寨，应移诸河北。俄人不可，索额图剧辍议，示以决裂后，立时诉诸我〔武〕，俄使于威协〔胁〕逼迫之下，始允议，平和之绪方就。越三日我使臣致书俄使，附以地图，则北之分界线，非内兴安岭，乃外兴安岭也，俄使大恚，置不答，教师亦云中国要求过当，俄

人无由承诺，似宜予以迁就，俾示清廷〔中〕之宽大，久之额索
〔索额〕图乃允之。是年九月九日，两国使臣，各以国文约书相交
换，约凡六条，是为中国最早对外首次条约，俄人虽苦之，终怵
武力所逼，不得不尔也，俄之对清，从兹亦不寇边矣。于斯，足
证弱国素无公理可讲，今日俄之对蒙，渠不若是者几稀也。

《新蒙古》（月刊）

北平新蒙古月刊社

1936 年 5 卷 3 期

（李红权　整理）

目前蒙古青年应有之认识

张培钰 撰

前承暴社长嘱予为文，予已唯唯应命，嗣经催索，尚无题脑。良以本刊乃蒙古专刊，以研究蒙古及边疆问题为宗旨，命题务宜切合实际，以资研究讨论，可收借鉴之益。值兹绥东战起，烽火狼烟，使我蒙地顿成燎原，战讯遍传，全国情绪为之紧张。尤以我关怀桑梓徒手无措之蒙古青年为最，焦忧恨闷，无从〔所〕适从，于国家，于个人，均觉前途暗淡，于是即抱悲观。殊不察此次战争实际上并非局部问题，目前虽极严重，亦不过为爆发初期应有之现象。凡我蒙古青年，在目前应有正确之认识，以见其背景；冷静之头脑，以权其利害；镇静之态度，以筹应付之对策；率能如此，则终必奠我蒙古于磐石也。予今即以《目前蒙古青年应有之认识》为题，较之漫谈阔论，似属可尔。

溯自九一八以还，五年于兹，失土未复，国步日艰，强邻压境，鲸吞虎视，我蒙古适当其冲，半衔半吐，任其咀嚼。此中苦况，度情已知。幸我当轴诸公，深明大义，以国家为前提，以守土为己任，苦撑艰局，委屈求全。乃某方贪求无厌，必欲完成其大陆政策之满蒙政策，威胁利诱，无微不至。近更利用土匪，犯我绥蒙。而我绥蒙将士，以守土有责，矢志抗敌，战幕始揭，此启战之主因也。今就事实为之分析，以见其重要性，而证其非局部问题。夫绥蒙以地势言，有险可据，当我国内地之北境，唇齿相依，此必守者一。以物产言，较内蒙各地为优，贸易与内地声息相通，此必守者二。以交通言，平绥铁路为开发西北唯一之要路，命脉相关，此必守者三。综上所述，我对绥蒙将尽全力以守者必矣。然某方觊觎满蒙，已非一日，今得此机会，势必得之而后快。察其侵夺绥蒙之动机，非但因该地收入较丰，实欲联成内蒙至新疆之防线，以便北防俄而西防共，同时切断平绥路交通，影响我开发西北，更得其西进转南取侧面包围我国之形势也。故此战争在双方坚持之局面下，势必扩大，决非局部问题。按国内情势言，某方此举，适造成我奋起收复失土之决心。此所谓"无外患不能止内乱，无宠辱不能兴义愤"也。按国际情势言，某方与德、义等数侵略国，同立一战线上，甘与世界为敌。一旦大战爆发，彼等必遭失败。此所谓公理必战胜强权，强梁者不得其死也。揆上所论，我辈青年应抱乐观，努力奋斗，屡仆屡起，再接再厉，终必得最后之胜利，目前绥东之战，特其发端耳。

"人为刀俎，我为鱼肉"，此我国近数十年来之实况，无他，实力不足而已。但国家强弱，系多方面问题，非仅战争所能解决者。我国民族号称"黄祸"，实非弱者。元时雄占欧亚，版图之大，古所仅有，实我国蒙古民族之光乐〔荣〕历史；何至今国势竟致一蹶不振，蒙古民族反更落伍耶？想我蒙古青年早已注意及此。蒙古衰弱之原因甚多，一般青年率能知之，勿庸赘述。为今之计，我蒙古青年务须认清两点：

（一）破坏方面 除封建思想，宗教思想，此种思想影响青年前途实大。即以封建思想而论，一般青年因蒙古地方教育落后，虽欲求学而不可得，其能外出求学者，多为王公贵族及富家之子弟。此辈青年往往恃有爵位可袭，将来生活不成问题，以是颇不积极，故学无成就，或学方有所成，即安于小就，致少有从事研究高深专门学术以图深造者。此诚应加注意之一大缺陷，受封建思想之遗毒也。宗教思想，误人更深。我蒙人敬佛，笃信其教，主静修无为，于是英勇之古风尽失，丁壮青年出家为喇嘛者尤多，精锐既去，实力已减，实我蒙古民族衰弱之致命伤也。处于目前世界，我即不杀人，人岂不杀我，非有实力不能策安全，印度非前车之鉴乎？

（二）建设方面　从事教育与学习军事。我蒙古衰微，教育落后实为一大原因。青年为国家元气，教育所以培植青年，世界先进各国，莫不以教育为前题，今为补救计，必须迎头追上。就青年本身言，目前惟有努力所学，以求深造，研究专门学术，如开发交通，提倡垦植，改良牧畜及制造工业等，均为当前要务。更进一步言，我辈青年既得求学之机会，必须推己及人，以广普及，或创办学校，或从事翻译著作，以便转输文化，使全蒙青年皆有受教育之机会，使全蒙民族皆有中心信仰及国家观念，以排外力而保国土，将来蒙古复兴，端赖此举也。目前我国之国防，尚未强固，将来非扩充军备，不能立足于世界。我蒙人自古尚武，体格壮健，饶〔骁〕勇善战，且精于驰聘〔骋〕射击之术，若编成劲旅，小可保地方，大可卫国家。但目前之战争，非有新式之武器与近代化之战术，不足以制胜。故我蒙古青年目前应学习军事，以尽所长，且蒙古士兵以语言文字关系，外人不能教练，以责任之负起，惟持〔恃〕我蒙古青年矣。以上两点既已认清，尤须知求人不如求己。国家多难，正是刺激青年，使我辈发奋有为，各学所需，各尽所长，以冀学而致用。将来集中力量，领导全蒙民众复兴民族者，胥赖我辈青年。然后乘此目前之危机，及时兴起，认定目标，脚踏实地，努力苦干，破坏不良之思想，振作精神，建设首要之事业，为国储才。诚如是，则失土可复，民族可兴，未有不成功者也。

当今廿世纪之世界，非竞争不能生存，况我国已沦为次殖民地位。列强或以政治侵略剥夺我政权，或以经济侵略拢〔垄〕断我市场，或以武力侵略强占我土地，得陇望蜀，蚕食殆尽，苟延残喘，国亡无日。此后一线生机，惟视我代表民气之青年努力如何耳。我蒙古青年同属国民，必当爱国以诚，不为利所诱，不为势所屈，认清敌人，抱定"楚虽三户，亡秦必楚"之状〔壮〕志，破釜沉舟，坚特〔持〕到底，为蒙民造福利，为国家争光荣，方不负我政府优渥待遇、培植人才之至意也。我蒙古青年所负之责任既然如此重大，目前惟有专心向学，勿为浮言所动，读书即是救国，他日学有成就，一展所长，即是社会中坚，一伸紧〔坚〕志，便为国家柱石。顾前途迢迢，欲速不达，目前之计，惟有整齐步阀〔伐〕，迈上前程而已。甚望我蒙古青年以此勉之。

《新蒙古》（月刊）

北平新蒙古月刊社

1936 年 5 卷 3 期

（李倩　整理）

西公旗事变真相

作者不详

乌盟西公旗变乱事件，自八月六日再度发动后，时战时停，迄至十二日愈演愈烈。叛兵在距石王府十余里之加格齐庙及划子补隆地方进攻，毫无纪律，恣意扰害民众。绥主席傅作义为免其为害地方，并为息事宁人计，特令驻包田树梅部开往两营，实行武装调解，同时并派保安司令部王参谋前往调停。惟田氏曾授意王氏勿令部队开枪，只虚张声势冀其就范而已。石王方面，则已于十二日调集旗兵数百人，彻底定乱，当即总动员实行包剿，惟石王本人恐遭不测，于旗兵调集授以机宜后，即起身赴包避难。据石王之副官某谈此次事变真相如次：

石王于上月间奉中央令返旗复职，不料伊锡大喇嘛、额宝斋等，谋乱之心犹未泯，突于本月六日发动变乱，与王为难，伊等分为两股进攻王府。

（一）六日晚，伊大喇嘛由其所在地公庙子（距王府百余里）率众百余人，进袭色登胡芦头乡（距王府西十余里）。该乡驻有骑兵四十余名，奋力抗御，激战至翌日（七日）上午，始稍停止，然终因众寡悬殊，管旗章京蒙海，被伊部掳去，生死未明，并夺去马十二匹，步枪一枝。斯时，石王在府闻报，急调附近旗兵往援，计共增至百余人。伊部见旗兵大集，乃复于是晚九时许驱众猛攻，旗兵奋勇抵御，因人数相当，故战斗颇为剧烈，直至八日上午十时许，始各停战。

是役，旗兵伤亡共三四名，伊部亦略有伤亡，惟伊部仍积极整理队伍，企图再犯，延至代日晚十一时许，遂又猛扑，旗兵于深夜间仓惶迎战，卒以戒备不严，翌日拂晓退至色登胡芦头西方之划子补隆地方，此后即时战时停，截至余（土官自称）等八月（十日）由旗启程时，尚在继续战斗中。

（二）当十日晚间，划子补隆方面伊部猛攻之际，而伊之同党额宝齐〔斋〕、格格喇嘛等，亦率众百余名，由其所在地梅力更召（距石王府亦约百余里），于夜半进袭加格齐庙（距王府十余里），该庙原驻旗兵仅三四十人，因众寡不敌，均隐避射击，然该庙所驻之营长土默巴米尔，指挥若定，终未被侵入。

所可惜者，该庙所驻保安第四队长宫布，适于是夜返其家中（在附近尔居沟山口），为额部侦悉，分派部众多名，前往宫布家，将宫布夫妇杀害毙命，并死一弁兵，其幼子亦被掳去。石王闻报，急调附近旗兵四十名，往加格齐庙增援，遂又起激战，至余等由旗启程时，尚未停止，总计本旗兵力，不下七八百人，惟均在各处驻防，一时不易全部调集，石王已于前日下令调集，日内即可调到四五百人，由石王返旗包剿，决予肃清乱党而后已。

按加格齐庙及色登胡芦头，位于王府之东、西两方，均距王府仅十余里，伊、额两部分两面夹攻，王府颇感威胁，故石王特来包暂避。伊等此次变乱，其械弹为较去年变乱时为充足，然余等决不畏惧，始终拥护石王保卫地方安宁云。

《蒙藏月报》
南京蒙藏委员会
1936 年 5 卷 5 期
（李红权　整理）

日本觊觎下外蒙问题之分析

〔美〕Edgar Snow 著　杜长 译

最近日俄紧张关系在外蒙问题之幕后的发展，值得我们细察。她此后的遭际，究将如何，是并不十分简单。

日本所认为必须获得的是什么，实在是非常显明的。任何个人，只要模拟他自己是一个日本军人，怀着称霸亚洲的野心，他便会下意识的觉得，有蒙古这块土地，恰在明治计划中的帝国之内生存着，是如何一件罪恶陷〔滔〕天的事！依日本军阀看来，这块土地，乃是他们梦想中的帝国版图上的一颗痘疮。在他们眼中，她的存在，简直是极端的不道德。

为了在亚洲大陆占据战略上的优势起见，日本的军事家，一向就把满蒙视为一体的。因此，征服满洲，不过是实现他们北进计划的第一步而已。日本军界，多作此种论调，最明显的例子，是少壮派军人名义领袖藤佑的言论。远在一九三一年"满洲事变"之前，在他著的《满蒙问题与大陆政策》中便说："（日本）假若想亲自经营满洲、蒙古与西伯利亚，先必得到中东铁路始可。故与中、俄政府开始谈判购买此路，应愈早愈好。"

这部工作，自中东路买卖成功后，已可告一段落了；然而最滑稽的，正如藤佑所逆料，苏俄尽管退出在满洲物质上的利益，日俄关系，决不会因此而改善。相反的，苏俄势力之退出满洲，包括二万二千名赤俄的归国，已使日人向整部的西伯利亚与蒙古边境前进。此等矛盾，在我（作者自称）最近往游满洲时，曾给我一深刻的印象。这里惹起我们对藤佑计划作更进一步的检讨："为开发蒙古起见，建筑沈阳与库伦间的铁道，是起码的要求……更进而使此路在伊尔库次克与西伯利亚大铁道相衔接，俾库伦西部阿尔泰高原的矿藏得以尽量开发……（而且）蒙古全部与西伯利亚之一部必须切实的划入日本势力范围之内。"同时，我们要注意，该路现已筑至近蒙边的索伦（在黑龙江西南——译者），正装〔架〕着向库伦伸展的姿势。

这种野心，实是为了战略上的需要。日本能占据外蒙，即取得第二次日俄战争的优势，使她可以迅速的冲进伊尔库次克区域，遮断并包围俄国在东方的红军。这样，胜负也许可以就早判定，那是与日本最有利的。

此外，尚有许多理由使日本夺取蒙古，或者至少使蒙古保持中立，显得非常迫要的。日本的谋士，深知蒙族在历代亚洲大陆政治上大转变的时期，都当任过重要的角色。在明治的时候，即以一个由日本为盟主的蒙旗大联合，是他们的中心需要。自外蒙独立后，此事更加明显，因为她的地位已更重要。

日本确已因为其自身势力的插足内蒙，将此走廊加上相当的阻塞。由表面上看来，大多数的蒙人都进了她的圈套；不过日本进步的军事家，却深切的感到，那最有毅力能自动的蒙人，依然不受他们约束。他们最重要的，就是住在外蒙的一部分，但在唐纳士芬（Tannu Tuvan）、雅库次克（Yakutian）与布利亚特（Buriat）三共和国里面的亦复不少。这不仅是政治的而且是经济的"失常态"。因为就种族、文化、习惯与地理各方面而言，日人都以为蒙古自然应与满洲打成一片，亦即应为日本的附庸，而无投进他国怀抱之理。

最后，还有一种心理要素，亦不可忽视。日本侵略行为内部的支撑，就是一种帝国主义的信念，使她敢于向世界挑战，误认其自身之一切行为为庄严正直。此种原理，对于外蒙，尤其适用。因为在这里，日本碰到了她的死冤家——在日本军人的脑际，外蒙犹如沿着他们神圣的"边境"，很危险地燃烧着的火焰。更令人不快的，就是外蒙要受一个西方国家的征服。因此，日本奋力"解救"蒙古的宏愿，似乎是建立在十字军东征一般的热情上的。

此种见解，日本今日骑虎难下的侵略形势的发动者，前陆相荒木贞夫即已表明，在今日，已成为军界领袖的共同意向了。他说："日本决不能容许在她附近有像外蒙这样一块暧昧的领土存在。没有一个有思想的日人，认为使满蒙在经济上变为日本的殖民地即已满足的。"他又说："蒙古无论如何，必须是和平而安静的东方土地。她不应居于供他国传播侵略政策的地位。让蒙古永久的混乱下去，无异为东方保持纠纷的策源地。坦白地说，任何反对帝国政策的敌人，必须遭受毁灭。"

最值到〔得〕注意的，在日本军人的心目中，蒙古的重要性，决不能与日本整个的战略分开。这是极易明了的，它的目的在就西、北两翼围攻苏联，在中国与苏俄各邦间建立由日本人控制的隔绝地带；同时，维持日本在太平洋上的霸权，逐出了一切的欧美势力。

这样伟大的计划，只能日积月累的去完成它，而其最重要的工作，则为（一）使华北在军事上对日无所妨害，政治、文化、经济方面，能完全适合日人之要求；（二）占据蒙古南部通中央亚细亚之诸陆路，以便控制该方的经济，并使之与"满洲国"相连结，在蒙古，则结合其各部，再造一傀儡国。

此等工作，当然不能各自独立，而是有不可分开的关系的。今日日本帝国主义的阴谋，已由海参威〔崴〕沿着雪径而蒙古、而新疆地伸展。重心有时虽或转移，手段虽或激或缓，而根本的策略，扩大武力侵占之范围，则并无少异。

今日的重心，恰在外蒙，未来的数月，此处更会显得重要。因为政治的"去势"，与日本大陆政策所要做的事太多之故，华北已不复是日人的当前问题。因为察哈尔省武装的解除，日人得在当地设立机场，在百灵庙暨其他内蒙诸地设置顾问，此方面的工作，亦将告一段落。目下只有外蒙问题，是日本最迫切的问题了。然而很奇妙的，某种的潜势力，确曾使冒险的日人不得不谨慎将事。那庞然屹立于"满洲国"境外，有三倍于满洲大的土地，比西藏还富有排他性的外蒙，实已使日人销魂，迷惑，而至怒视。现在日本终于走近蒙古的门槛了。只须注意最近日本经由傀儡国而迫外蒙承认其要求的手段，便可知其所含之危险性是如何的大。然而这是日本在战略上的中心问题，已不容她作任何退缩的举动。

此处分别去解释边境所发生的每件纠纷，似乎是不必要的；然而有几种可以表示日本必令外蒙开放而后快者，实有注意之必要。第一件是去年一月发生的严重事件，当时一队由日人统率的"满"军，在波衣尔湖（Lake Boi）附近与外蒙的逻卒相遇，冲突的结果，死蒙人军官与士兵各一，"满"兵亦有伤亡，经双方互换抗议了事。

接着，在六月二十三日，忽有关东军属员犬养所领之测量队，在外蒙的前哨位置出现，当由蒙境边防长官加以逮捕。除犬养外，尚有白俄与满人各二，拘留几日后，签字承认系越界就捕，始被解往边境释放。此事似乎是先于日人的严重抗议而行的。

先是"满"蒙划界会议，在六月三日于满洲里举行，一直到七月初始停止。出席代表，外蒙方面，有陆军次长塞波瓦（Sambowa）及其他几个高级官吏，"满洲国"方面，则有在关东军代表斋藤等三人"帮助"下的兴安区蒙务官。然而自始至终，都未发见谅解的可能。塞波瓦固执着单纯的划界问题，尤注意于波衣尔湖附近的界线，因为该处常为日"满"军所侵入。但经过三星期的会议之后，蒙古代理内阁总理澈波尔逊（Choybolsan）卒在库伦宣言日"满"代表拒绝讨论此问题，反斤斤于扩大讨论范围，包括外蒙承认"满洲国"，与"满"蒙经济、政治、文化的合作等等事。

在七月四日，关东军出席该会之代表，忽向蒙方提出惊人的要求：（一）对犬养测量队事件表示歉意，并开始"新京"、库伦间之外交关系；（二）准"满洲国"在库伦驻一特务队；（三）准设"满"蒙间之电线。词句间并暗示着，倘不同意此项要求，东部蒙古必须解除武装。

不久，蒙方代表卒毅然退出会议，在散场之前，谣传蒙代表曾斥兴安蒙务官为日人的傀儡，后者亦反唇相讥，呼蒙代表为苏俄的奴隶。遣回库伦后，塞波瓦即在报纸上痛诋日本无诚意及其并吞蒙古的野心。他断然的说，各种边境纠纷，皆为日人有计划的行动，目的在强迫蒙政府与傀儡国举行交涉，关东军可因此提出要求，以便插足外蒙；倘使野心未遂，即借口发动武装侵略。

此等论调，证以日人过去的举动，并非完全无据的。但无论他对或不对，外蒙现在确已从事提防，将来即有会议，日本想达到她在满洲里会议中所定之目的，决无可能。很显明的，关东军亦已坚决地欲一试外蒙的实力以及苏俄在那边究竟负的是什么责任。南次郎已一再声明蒙古问题之重要。日本军界，亦已把此问题作为"九一八"时的满洲问题讨论。关于此事，作者曾与"满洲国"外务次官大桥有一番最感兴趣的谈话。他的才知与成绩，已使他成为"解放"满洲工作中的要角。

大桥很坦白的说，"满"蒙的边境纠纷，不过是复杂问题中偶然发生的一部分。他又生动地描述蒙人的罪恶说："那个黑暗的国家，不时伸出她的魔手，夺攫我们一两个满人以去。"他说了外蒙所加于爱好和平的"满洲国"之恶意，更质问我说，假使墨西哥不承认美国，不准美人入境，将要发生何等样的结果？美国是否将向墨京进兵呢？当时满洲里会议尚在进行。他的意见是"那仅仅是为世界利益使外蒙开放的初步工作。外蒙必须开放，因为她与我们有太多的共通利害了"。

自然的，各种使蒙人入壳〔彀〕的政治阴谋，是与武力的恐吓同时并进的。他们的成就，至今似乎尚不大，但可以刺激未来更大而激烈的秘密工作。在某种有利条件之下，日本人便可鼓起勇气进行的。

原来在外蒙内部，便有许多机会可利用的。在贵族、地主、有牲口的蒙民及富有的喇嘛僧人间，都藏着各种的矛盾。不少的蒙古王公，逃进了"满洲国"预备作未来事变的先锋。同时，他们许多的党羽，都在兴安区居留，由日人委以特种任务。据说反现政体的工作，都由他们担任。

最重要的，也许是日本对喇嘛僧的扶助：收容他们自外蒙逃出的徒犯，设立内蒙的喇嘛庙，及谣传中的资助库伦的反赤教士。数百万日金的寺庙建筑费，日本佛教谋与喇嘛教的结合，当然都含有深刻的政治意义的。说日本的僧侣，现正担任着侵略的前锋，决不会是夸张之词。

想像关东军与外蒙及革命派没有秘密的来往，当然是无知；但忽略了日本要进一步去利用此辈，在蒙人中做反俄的工作，也是无知。

外蒙所最失策的，是在没有马克斯所说的资本家与劳工之存在的条件下，实行苏维埃政体，一九三二年因为极端政策的推行，致引起变乱，据内阁总理庚登（Premiei Gendum）估计，蒙人当时曾因躲避没收，杀死七兆牲口。它的总数，约为二十一兆。仅仅靠着苏俄的帮助，与极右派的反而加入政府方面，始得戡平叛乱。

假使日本的计划，当时即已成熟，那么成功一定是属于她的。但是她正忙于"解放"满洲的工作，未暇兼顾。待日本真的集中注意于蒙古时，机会早已消失了。然而那积不能平之气；蒙人对经济、政治现状保有的反感；大蒙古主义对成吉思汗后裔心理的迎合；以及苏俄决不愿因维持其在外蒙之地位而出战的信念，都足以使日本的野心燃烧。

日人还有一种信念，就是征蒙利于速战。正像日本在满洲的侵略行为，使苏俄于西伯利亚筑成坚固之防御工事一样，她在外蒙所受的反响，也是经济、政治与军事的加紧准备。当日本津贴喇嘛僧徒，优遇蒙古贵族，武装亲"满"蒙人，赶设飞机场、公路、铁路、电线及海拉尔的军事根据地时，库伦政府并不是一事不干的。

很坦白地承认过去左倾太急的失败，外蒙政府在一九三二年，即采取缓进政策。许多原为寺院的牲畜与土地，都已发还。对喇嘛教的取缔，已不若以前严厉。私人企业，拟加以奖励。运输事业，已取消垄断制度。商人复业，恢复选举权，许多的集体事业，已被废止了。牲口重新分配给中产阶级的人们。不过究竟还是苏维埃政制，重要的集体事业，至〈今〉未取消。大体上，他们的组织，还是酷肖苏俄的。最重要的改革，也许都偏重于技术方面，即预备诱导蒙人渐信社会主义，却放弃了以前所用的大刀阔斧的办法。

此事唤起一个新的历史观念，正像庚登总理所说的："我们还未造成一个真正的社会主义国家，但正在准备着那种国家的实现。我们反对封建主义、帝国主义，只图用中等阶级的民主政治为基础，渐跨入非资本主义的社会。"

除开内部的反动，现行政策还受着外来的威胁。日本浪人的挑拨作用，实足为蒙古的隐忧。但我们可以说，因为表面上的让步，政府的势力，已见增加。在今日，也许还有一部分蒙人反对或不关心他们的当局，然而那正得势的受过教育的青年，始终是拥护政府、准备抗日的。在过去，政府确有许多错误，但他的功绩，亦不可一概抹杀。谁也公认，即使政府毫无其他善举可称，他〈对宗〉教与［对宗］不良风俗的取缔，确是值得赞扬的。

就在这缓进政策被采纳的时候，苏俄在外蒙取得较以前更坚固的地位。她正在努力使外蒙的经济与自己的连成一气。库伦已成一现代都市，小工业已开办，金矿与其他矿藏正从事开发，许多的新式医院与学校都已建立起来。不过最近各方的注意力，当然都集中于军事的准备。在数百位俄国顾问中，那最有权威的，要算是军事专门家。

蒙古军队，现有六万到十万之间的人数，据说各方面的设备，不较亚洲任何他国军队逊色。公路达到前线的各处；电报、电话亦已发达；各地要塞，亦大部建筑完竣了。据日人报告，库伦与外西伯利亚浮克纳丁克（Verkneudnsk）间的铁道，亦正在敷设。此外，空军方面，据说有飞机三百架，驾驶员多为俄人，各要地都有新式的机场。

由蒙古的积极准备及她对关东军的态度而观，日人进攻蒙古，抵抗当然是要碰到的，但倘苏俄不假外蒙一臂之助，加入作战，则胜利仍旧是日本的。所以问题就在这里，究竟苏俄肯否不惜牺牲，不怕艰难，冒着政体崩溃的大险，与日本一较短长？在这里发生了纷歧的意见。

直到最近，俄蒙并未缔结像日"满"间那样的互保条约，苏俄似乎不负保护外蒙的直接责任。苏俄在外蒙的投资，一九三〇年共计为十二兆二十五万卢布，在一九三五年末，也许已达此数的两倍或三倍。但她决不会单为保护这笔投资而与日本作战；只看她在满洲慨然放弃较大的利益，便可佐证。

　　然而问题有更重要的，本文已经尽量的提示过了。苏俄放弃外蒙，无异于放弃四百年来传统的东进政策；及待苏俄实业发展后即可取得的东方市场。并且使中俄的交通，只有经过新疆的一路可由；至其利用价值，尚不得而知。反之，日本则可因此得意洋洋沿着边界横跨整部的西伯利亚。

《中央时事周报》

南京中央日报社

1936 年 5 卷 5 期

（朱宪　整理）

日俄备战声中的蒙古风云

刘震世　撰

一

自从"单独一国实行社会主义，决不能永续存在，必须全世界共同实行，方可保证成功"底马克斯主义一种铁的原则，成了苏俄布尔塞维克党（共产党）一种传统的信念后，世界资本主义和非资本主义这两种赤白势力，是不能并立。欧洲的德国和亚洲的日本，为因讨好反赤阵线主干的英国，使德国复兴欧战前地方和日本默许在某一范围侵略中国东北，德日两国便向世界宣示做"反俄的前卫"，亚洲的局面，形成了日俄的对立了。

"九一八"事件发生以后，苏俄东方政策受了极大的打击。日本国防强化的积极，使苏俄更感觉到备战的问题，含有可能性的日俄战争爆发底问题，于是苏俄第二次五年计划的重工业计划，便有侧重西伯利亚方面的趋势，它虽说谋安全区的保障，实际上专门对待日本的军事战略问题，在满洲给日本先下手为强的夺去良好的根据地后，对日备战仅存的外蒙古底苏俄战略右翼，不能迟缓地又失去既有的地盘了。最近三月十二日在库伦漠视中国主权签订《苏蒙互助议定书》，这是苏俄实行占据外蒙做日俄战争准备的信号吧（《苏蒙互助议定书》虽经我国外交部抗议，未来的结果，恐怕不免徒费唇舌，最多也不过根据条约和国际法，夺回空名上的中国宗主权罢了）。

日本当热河事变的发生，那是表明日本所谓"满蒙政策"的夺取蒙古计划已经开始。在日本参谋本部授命给关东军侵蒙的计划，是想从东蒙（热河）的政治形熊〔态〕改变旧有组织，来发展西蒙（绥远、察哈尔）的现有组织，利用威迫利诱的手段，来使东蒙、西蒙（内蒙）镕成一体，实现满蒙一贯的计划，然后进取外蒙的统治。外蒙是苏俄贝加尔盆地的后卫，日本想取外蒙的统治，不能不要充实国防军力，必定达到可以制裁苏蒙的军事合作底日本优点才止。东京政变的结果，"彻底的国防强化"激成《苏蒙互助议定书》的反响，日本政府虽说"对此事暂持静观态度"，而以为"中国必须打破俄蒙协定的态度"底理论。但俄"满"边境的冲突，在苏蒙军事协定同唱一致步骤调子的当中，渐趋严重性尖刻化，日本目光移集防俄，比较所谓"华北防共"更为重视，格洛台科伏冲突事件的发生，虽说内蒙关系紧张，似已弛缓，可是内蒙的风云，还没有趋到明朗化啊。

二

亚洲日本的海洋气候和苏俄的大陆气候，据一般气象学家的观察底意见："海洋气候的风，向西北吹，风势渐大；大陆气候的风，向东南吹，风势更大；这种风势在戈壁大沙漠里吹动，将来好像排山倒海的威力消沉远东陆地，因为狂飙卷入沙漠，造成地塌天崩，山撼海啸呢；这种气象测量，在一九三六年是会出现的。"

这两种不同方向的狂飙，现在已开始把帝国主义底愁云吹动，忧黯惨淡地笼罩着蒙古了！蒙古是中国西北的屏藩，也是中国边防的要塞，这种狂飙吹动戈壁大沙漠，就是中国西北部给它撼动起来，日本的大陆政策和苏俄的东方政策，便是狂飙发动的因素，造成塞漠的风云吧。

蒙古本来是中国领土的一部分，气魄雄伟，有绵延不下五千里的地域，那蒙古族经成吉斯汗的开疆辟土，在元时曾有多么荣耀的武功史迹。十三世纪的时候，曾把俄国征服，建立钦察汗国，凡二百年，俄国才脱离羁縻。俄国彼得大帝崛起，从一六二八年以来，为因东略西伯利亚求海口的原故，便成了东方政策的侵略满蒙底计划。但是恰值日本明治维新出现了崭新底雄姿，又因人口问题产生了大陆政策。满蒙积极侵略，在田中内阁时代的"东方会议"后实现；这时候苏俄"赤化"蒙满的计划，也在民国十二年莫斯科订结《苏蒙密约》后实现。于是这种计划对立的局面，当"九一八"事变后，造成蒙古险恶的风云了。

满蒙是日俄力争的地方，也是日俄第二次战争爆发的地方，因为满蒙边界亘长千余英里，在军事上，在战略上，都有必争的优点，当这个俄"伪"关系日益紧张底日俄备战中，北蒙边境目前有大批日军云集，这无疑地是对俄作战的准备，也是最近《苏蒙互助议定书》日本对俄严重的反响。苏俄也同样不顾中国领土完整的主权，在外蒙境界目前有重兵开驻，如临大敌，情势那么险恶，一九二六年远东西线——蒙古，恐怕是不会"西线无战事"吧！

蒙古是中国的领土，这样的狂飙，这样的黯云，中国是忍置身度外吗？不过中国在目前的地位和环境关系，日俄分割满蒙，除抗议外，恐怕没有其他有效的办法，足以恢复金瓯半缺的满蒙，阻止日俄间发生各种关系了。因为中国本身还没有产生可能东南拒日、西北御俄的自力更新政策底实力，所以不能不要忍辱瓦全底暂采取消极抵抗主义，这样便使蒙古继满洲的给日俄有积极侵略的机会，在军事上、战略上必争的蒙古，中国只有被动罢了。

三

　　环绕辽东问题来斗争的，中心是日本，在海洋上它须排除英美系的势力，在大陆上它还要击破苏俄的东方壁垒。不过日本的国策，在从前因为国内政治的见解不同，而有海洋派和大陆派的主张。海洋派是主张先排除英美势力在西太平洋外，然后在〔才〕能稳定日本在远东的霸权；大陆派是主张先击破俄国的势力在贝加尔湖东，然后才能确立日本在中国统治。现在是大陆派得势，于是中俄同样〈的〉感到〔的〕威迫。苏俄明白了英美默许日本在中国东北侵略行为来促使日本做反俄前卫的用意，同时感觉到远东军备的弱点，便用种种外交谈判，不惜退出北满和非法出卖东路，在可能缓和形势里，完成它在远东红军的军备；又在欧洲和法国订结《法俄互助协定》来减轻防德的军备，可以均衡国力来对待日本。日本"二二六"东京暴动后的动向，大陆派厉行"彻底的国防强化"底伸展侵略手段在蒙古问题上，这是日本因"华北问题"太过刺激了英美的神经，日本军部使〔为〕缓和英美这种神经刺激，所以把狂飙暗云从华北吹向戈壁大沙漠去。苏俄眼看见买好日本军部的感情是空想的，又看见现在的国防军备已达到备战的程度，就是日本用武力来进攻，给它一个迎头痛击，所以悍然地先下手获去〔取〕在外蒙的地盘，完成对日作战战略上的准备，破坏我国领土完整的原则，竟答覆我国外交部的抗议，自认做外蒙的保护者。这点又和日本的谬认伪国做它邻邦的订定防守同盟，那侵害我国领土的完整，又有什么差别呢？苏俄当局未尝不知到〔道〕这种举动，是揭破列宁国策"任何民族均有自由脱离本国并〔不〕随意建设独立国家的权利"底狰狞面目，但因远东战争的危机，迫在眉睫，也不能因"苏维埃政府认为列强对于弱小民族的宰割瓜分，是一种违反人道莫大的耻辱"底宣言，而失却对日作战略上的完成准备了。

日俄对于蒙古这样的积极侵略，不单独在战略上的关系，其它的关系，主要点是广拓殖民地的地盘关系。因为日本和苏俄站在不两立的体制上，苏俄的赤色底世界革命主义，它的存在是会招致资本主义制度底死灭。世界革命主义成功，就是苏俄殖民地的地盘遍布天下。蒙古是东亚革命主义底共产机关的动力，也是消灭日本帝国资本主义底发源地。它看见"敌敌利用"的战略不能有诚意合作的实力打倒日本，便从本国本身的实力做起，实力虽然充足，还要赖地盘的根据来发展。蒙古的形势，和苏俄远东区成了天然包围满洲的阵势，这样怎不使苏俄急速地先行夺去外蒙的军事地盘呢。反转来说，日本要实现大亚细亚主义，做亚洲底独占的主人，在帝国主义矛盾互相谅解的当中，先采行大陆政策，大陆政策的目标，是把中国全部和东部西伯利亚并入日本版图，苏俄是大陆政策的敌人，也是亚洲底一最大势力。因此日本谋大陆政策的实现起见，便要大下决心，把苏俄势力驱逐至乌拉岭脉以西；外蒙是苏俄共产机关对日作战的右翼，所以日本对俄作战的战略，消灭苏俄在蒙古殖民地的地盘，就是第一步骤驱逐苏俄在亚洲势力底发动，激成两国积极备战的蒙古风云了。

四

日俄对于蒙古的正面冲突，在去年七月十九日，伪国外交部政务司长神吉正一，向外蒙代表、国主席托布卡扪的第二次要求失败后，已发生满蒙纠纷的激化。到了九月满洲里重开的时候，从满蒙纠纷成了日俄敌视的尖刻化，发生日俄对于蒙古的正面冲突了。"满蒙会议"有了这种后台背景，满洲里会议（即是折冲哈尔哈庙和海拉尔事件）底争执，到了十二月间，成了完全僵硬的局面，这是意料中时间问题所必有的事，不足诧异的。日俄因为积极备战的原故，分割内外蒙古做炮火的牺牲品，这也是意料中所必有的事，现在苏俄已经发动了，我想不久的将来，日本也会做一出拿手好戏的"内蒙自治政府"底傀儡活剧，不过有没有像殷汝耕等丧心狂病的汉奸，却是另一问题吧。

我们要知道三十二年以前的日俄战争，结果虽然庞大的帝国俄〔俄帝国〕给蕞尔三岛的日本惨败，时至今日，苏俄决不愿日本伸足西进，正和帝俄时代尼古拉二世御前议会〔会议〕的决策相同；所不同的，昔日俄军进占东北，它的势〔动〕力是想东窥朝鲜，求朝鲜海湾的海口，现在俄军占据外蒙，它的劳〔动〕力是想包围满洲，图剪除日本资本主义的羽翼吧。不过日本军阀目无旁人的蛮干横行，使苏俄不能不要戒除帝俄时代谬然宣战，因没有准备而遭惨败的教训，在那备战时期而有苏蒙军事同盟底举动，这是"事所必至"罢了。

日本大陆派经东京政变后，政权是给它用暴力夺取底目的达到了。有些人说："日本国内初定，经济困穷，必不愿战。"这不知道日本正在它的国力不能战，军阀气焰高张，急于侵略，就不能不求速战来解决驱逐苏俄势力在乌拉岭脉外了。外蒙是满洲的屏障，也是日本军部所谓"苏俄为外蒙武装，是'满洲国'前途最大的威胁"。这是日本反俄前卫的重心，决计移转在攻击外蒙的目标了。因为它有攻击外蒙的动机，内蒙的察哈尔和绥远，是一个最好借口侵略的宣传，最近的《苏蒙互助议定书》的公布，更给它企图侵略内蒙的机会。将来日本军阀必定籍〔借〕口完成满蒙抗俄作战计划，毫不客气地并吞内蒙，又毫不客气地进攻外蒙，这样便和俄国成了直接的冲突。

　　过去三十二年前的日俄战争，所毁坏的，是我国的疆土，所荼毒的，是我里〔国〕的人民；那时的清廷，还觍然发表宣言，守局外的中立。现在日俄的狂飙卷入沙漠，布满着战争的风云，也许是会向西南力〔方〕面移动，弥漫中国整个领土的部分。漠北的炮声，就是远东战争爆发的信号；漠南的军号，就是世界大战序幕的前奏曲了。这样，我们还不谋充实自力来应付目前的蒙古风云吗？前清在日俄战争决胜地点的东北，还可以发表中立的照会，现在东北是傀儡伪国，早已断送中国主权，这个危象岌岌的蒙古，恐怕将来在满蒙发生战争，中立的照会也做不到了！我们想转化这种风云，只有群策群力，一心一德来巩固国防吧！

二五，四，一三十写于首都

《国防论坛》（半月刊）

上海国防周刊社

1936 年 5 卷 9 期

（李红权　整理）

绥远乡村工作简述

绍源　撰

一　前言

绥远僻处边陲，地广人稀，文化晚开，凡百事业，均待开发，且农村破产，亦与全国农村同样严重，故当局：

甲、憧憬于各地新兴的乡村运动；

乙、与本省环境的刻不及待。

于是派人赴各地考查、酝酿、筹备，而终于在二十四年春乡村工作人员训练所正式成立了。

二　组织

乡村工作人员训练所是直属于省政府，设所长与副所长各一人，省主席兼所长。所务会议为最高权力组织，下分设教务、训育、事务等三处，其组织系统表如左：

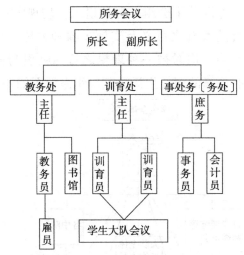

绥远乡村工作人员训练所组织系统图

三　宗旨

乡训所是要把社会中坚有力的青年分子，加以短期的训练，作为改造推进农村社会的急先锋，以达到增加人民生产，改进人民生活为两大目的。

四　招生

二十四年二月开始招生，凡缓〔绥〕省籍贯，具有初中毕业程度，及曾任过乡村小学教员一年以上，或具同等学力者，均有投考资格。结果，招得学生二百名，三月十五日正式开始训练。

五　学生编制

学生编制，系按大队组织法，将全体学生编为一大队，下分若干中队及小队，并设若干会组。每种组织，均规定一种具体活动，每种活动，均有其教育之意义及实施步骤和方法，使每个学生之生活、思想、行动，均时被一种理想之目标吸引与同学们之勤奋刺激着，实现有规律的团体生活。其组织系统图如左：

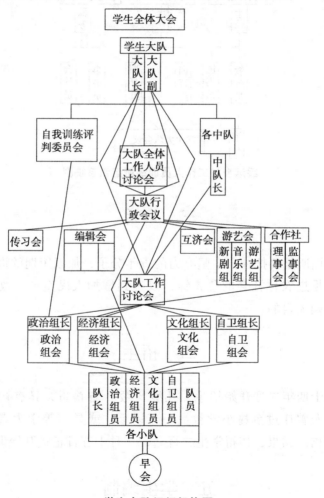

学生大队组织机构图

六　课程

所讲授各种课程，主要分为教育、自卫、政治、经济、卫生等五大类，此外尚有乡村建设理论、农牧等科，其详细名称，不及一一列举。

七　训练

学生训练，多偏重在军事一方面，一切组织活动，直与军队相等。因绥省向系土匪渊薮，又处西北边防的要冲，故自卫一科，为整个训练的核心。它另外尚有五个训练的目标：

1.必须具有组织及领导乡村工作之能力；

2.必须具有坚忍不拔之意志；

3.必须具有吃苦耐劳之精神；

4.必须具有谦恭和蔼之态度；

5.必须具有浅近易晓之语言。

八　学生结业后分发各县服务情形

第一期学生由三月半开始训练，期限定为六个月，到九月半受训期满结业，随即分发各县乡村服务。

绥省共有十六县、二设治局，除东胜、沃野二县局外，其余各县局均派有乡训所结业学生，人数多寡不等，以较近省会的归绥县为集中实验县，所分配学生亦较他县为多。该县将原有乡村缩编为八十余中心乡与联合乡，每乡均派有学生一名，常川在乡指导乡中一切应兴应革事宜。所任职务为乡村工作指导员、乡村小学校长或教员，乡公所书记及劳动服务团团长与短期义务小学教员。

九　续招学生

第二期招生时，当局有见于环境需要，将乡训所全部改组，扩大为乡村建设委员会，省府主席兼委员长，各厅（建、教、民、财）长，省府秘书长，高等法院院长，地政、县政两研究会委员长及地方士绅若干人为委员，下设指导、训练两处：

甲、指导处　专管指导结业学生分发各县局乡村工作人员之实际乡村建设工作，并考查其成绩及个人行为；

乙、训练处　专办乡村工作人员训练事项，其组织系统图如左：

第二期共招学生二百五十八名，训练期限由六个月缩短为四个月，一切课程、编制、训练，均与一期同，故不再为详赘。去年十月开始训练，到本年二月受训期满结业，亦已分发各县乡村服务。

第三期又招得学生三百名，内有抽调业经教育厅审查合格之短期义务教员一百名，训练期限更缩短为三个月，现在正在开始训练中。

十　尾语

绥远的乡村工作，在此略略的介绍了个大概，读者可由此挂一漏万的简略叙述中，得知缓〔绥〕远乡村工作的组织内容与任何一地的乡村工作不同，它是完全由政府来推动、策划，政府为发号施令的总机关。目前政府用全副精力作这一件繁难的乡村工作，绥省破败的农村，能否由此好转，实不敢预卜，亦不愿妄下批判，姑拭目以瞻来兹。

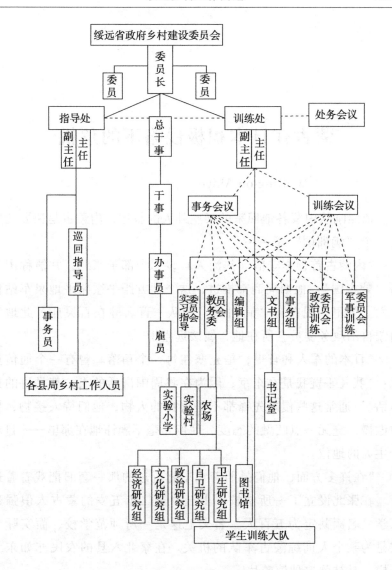

《乡村建设》（半月刊）

山东邹平山东乡村建设研究院

1936 年 5 卷 20 期

（李红权　整理）

蒙古在日本积极侵略下的危机

Wellington Maye　撰　左人　译

依照刚从内蒙各地回来的某些外人的叙述，内蒙古是快要变成第二个"满洲国"了……

"内蒙古首领李守信（热河人）设司令部于张北，并僭称国号为'蒙古国'。他西向商都推进，这个地方距平绥路平地泉车站仅五六十公里，现在有'满洲国'军队一百名驻在百灵庙；此地为内蒙自治政务委员会所在地，属绥远省境。

"日本的军人和官吏，是充塞在每一个角落。曾有一个通信员说：'我几乎疑我是在东京；因为在我周围讲话的人，都是讲的日本话。'通常这些侵略先锋都不是善良的人物，他们待人接物，异常傲慢，毫无一点圆融的态度。他们是毫不隐讳地在那里——自居于主人的地位。

"在许多方面，他们是照着在东北玩过的那一套旧把戏着着进行。在张北设立了一所学校，十五岁至二十五岁的蒙古人俱强迫入学，名额共定为五百人。名义上这是一所师范学校，而实际上它是为某个人训练蒙古军队的机关。在察北六县的农民亦如东北一样，是被强迫种植鸦片……

"日本在这个区域所采取的第一步工作，特别是统制关税；他们运用这些手段，企图将这个区域与伪满洲国密切地连系起来。货物如由多伦向东输出，则完全免税，向南由张家口输出，则课以百分之百的关税，例如畜皮，每张就要纳税三元。从大连和多伦输入的载重货车，因完全免税的关系，比较从天津输入的每辆要廉售四五百元。

"汽车运输事业，以前完全操在中国人的手里，现在快要被日本独占了！第一，中国人的运输公司，是课以很重的营业税，日本人的则完全免纳。第二，日本公司购买免税的汽油，只要七元一箱；反之，中国公司，就要出十一元一箱才能买着。

"在多伦、张北、百灵庙和德王府所在地滂江，都建有飞机场和大油池。由承德到多伦的铁路，据说已开始建筑，并且还计划将此线向西延展，经过察哈尔西部与平绥路平地泉站接轨……

"德王的处境很困难，实际上是等于一个囚犯！他的王府在滂江（属察哈尔），日本的间谍和顾问是布满在他的周围，强迫他遵照他们的计划做去。"

上面的一段，是叙述日本在察哈尔活动的情形，由新近从内蒙回来的某外人所撰述，载于五月四日的《字林西报》。

从地理方面看来，内蒙是包括吉林、辽宁、黑龙江、热河、察哈尔、绥远、宁夏七省的土地。它原来是卓索图、昭乌达、哲里木、锡林郭勒、乌兰察布、伊克昭六盟；察哈尔、土默特两部，和阿拉善、额济纳两旗（在一九三四年，中国政府在日本胁迫之下，将察哈尔部改为一盟）。卓索图、哲里木、昭乌达三盟，是在一九三一——九三二年日本占据东北四省时被抢去了。他们把东北四省的蒙古盟旗，分成东兴安、南兴安、西兴安、北兴安四省，设立兴安司令部以统辖之。于是一个小型的"蒙古国"是组成了；他们以此作为基础，企图扩张到外蒙全部，造成一个南至长城，北至西伯利亚，东至满洲里，西至新疆的"大蒙古国"；再以伪满洲国和伪蒙古国为基础，进而征服全亚。

征服"满洲"和蒙古，是日本帝国主义直接的目的。随着东北占领之后，日本帝国主义又西向侵入锡林郭勒、察哈尔、土默特、乌兰察布、伊克昭，和其他河套以西的各盟旗。在各盟旗内，日本设立许多特务机关，作为侦探和其他秘密活动的中心。许多从内蒙旅行回来的中国新闻记者，曾有如下的报告："北路（到伊青果尔）自多伦至乌里乌苏，南路至包头以西之五原（距包头约一百余哩），日本特务队实际已布满了！"（二月五日《大陆报》载）

实在的，依照本年三月十六日《申报》的报告：日本的特务机关，甚至伸展到宁夏［的］、五原城和阿拉善。日本的调查队，不断的在察哈尔、绥远、宁夏各地进行调查。沿平绥路各地，甚至有大批的日本人居住，作为驻地调查员。在内蒙各处，东自多伦、张北、滂江、百灵庙，西至归化、包头、五原、宁夏、阿拉善，皆有日本的无线电台和飞机场。日本的飞机可以飞到内蒙任何地方，日本驻天津的武官，每礼拜都要飞到包头一次。

同时，内蒙各盟旗的王公，就是日本威胁利诱的对象。日本的官吏和警察，逐渐的被派到各王公那里去。王公中最有力和最有野心的是德王，他是锡林郭勒盟的〈副〉盟长。日本对于德王用着很大的力量，并屡次送他军火和飞机。关东军特务部曾以私人（？）资格拜访他好多次。无论什么时候，德王要离开滂江到百灵庙或其他地方，总是一个日本人为他驾驶飞机。为了要监视他的行动，日本人和受着日本雇用的哲里木、卓索图及其他盟旗的蒙古青年，对于他的私生活，如他的家庭和饮食准备等，都是监视得非常仔细。德王的行动自由，完全是被剥夺了！

另一方面，日人又以一些小惠给予蒙古人民，如医药皆完全免费，在察哈尔各地，设立"善邻合作社"，以低廉的货物卖给蒙古人。喇嘛也是日人利用的对象，日本曾经派出许多和尚到内蒙；甚至在新疆吐鲁番这样遥远的地方，由山本和町井率领的日本和尚，公开地担任宣传员。而且在某种掩蔽之下，他们正进行组织当地的匪徒和流氓。

日本帝国主义第二步的计划是武力征服！多伦和沽源是被首先征服了！并且经过李守信和卓什海军队之手，察北六县已被完全占领了！这六县的县长，都是委任当地的地主和政客充当；地方政府的行政权，完全同东北一样，都在日本顾问的手里！德王直辖下的锡林郭勒盟，毫无疑义的也是在日人势力之下！李守信的军队，现驻百灵庙任警卫，蒙古军队沿乌兰察布盟西公旗边境一带驻扎，直属于蒙政会，是确切代表日本利益的！

日本帝国主义，目前正利用百灵庙蒙政会进行组织"内蒙自治政府"。在察哈尔现正进行聚集大批的粮食，建筑军用公路，征募体格强壮的军队；曾经有二千蒙古人被征募到张北去受训练，预备从西南侵入平绥路和河套区域，"内蒙是快要变成第二个'满洲国'了！"

我们必须了解日本帝国主义绝不是单方面的仅从内蒙西向侵略，他是从多方面并进的。当一九三三年他占领热河的时候，他是马不停蹄地又来攻掠河北。现在李守信和卓什海的军队，在多伦日本特务机关长松室孝良（现已调任华北驻屯军特务机关长——译者）的指挥之下，已占领了察北六县，日本帝国主义并命令他们建筑自天津至石家庄和平遥（在山西）至柳林镇（近陕西）的铁路。此外，他们更计划扩张胶济铁路到聊城（在山东），和道清铁路到内黄（在河北）。经过这些路线，再与北宁路联络，日本军队将很容易的达到陕西、山西与河南；这样在内蒙全部变成第二个"满洲国"的时候，黄河流域亦将随之变成第三个"满洲国"了！

日本现在主要的目的是征服中国！中国许多报纸和杂志对于日本之征服内蒙，认为不过是他侵略苏联的一个准备而已。某些作者，且故意强持这样的口吻，企图转移读者〈视线〉和掩饰汉奸们的叛逆行为。他们的意见，以为日本征服内蒙，是加强日苏的冲突，与中国没有关系，甚至于他们还说："我们应该欢迎这一种冲突，以促成日苏战争，好给我们一个收复失地的机会。"这种无耻的卖国论调，本来是不值一说的。

同时，在有些爱国的作家中，他们的意见亦未见没有错误；例如，有人说日本不会侵略苏联，因为他对于苏联没有存着什么想望；或者是他以进攻苏联为号召，作为他侵略中国的烟幕弹。又如说日本与苏联之间，没有存着社会的基本矛盾的因素，或以为日本与苏联社会体制的不同，不是远东存在的一切矛盾的基本因素。

我们不否认日本之侵占中国，对于他进攻苏联的准备是有绝大意义的。我的意见，认为侵占中国和消灭苏联，都是日本帝国主义渴想的鱼和熊掌，他以苏联为他最大的敌人，自然希望把他消灭；但在目前这一阶段，他是亟需征服中国，独占中国的市场、原料与投资，以解决他极端恶化的自国经济。自然独占中国的市场、原料与投资，对于日本侵略苏联是最重要的；可是如认为日本侵占中国是企图完成他侵略苏联的目的的唯一手段，那又是大错而特错了。

以内蒙地方比较硗瘠来解说日本之侵略内蒙的观点，也是不适当的。在人力和资源没有集中的时候，占领内蒙当然不能马上给予日本帝国主义以多大的帮助。或许又有人说日本之占领内蒙，完全是为了战略的目的，使日本能够进攻外蒙，和经过新疆以进攻苏联的中亚细亚共和国，这是真实的，从战略上说来，日本占领内蒙对于进攻苏联和外蒙是重要的。但是，假如日本惟一的企图，是在进攻外蒙，那末他在很久以前，就可从黑龙江动手，为什么他还要耗费这样多的时间，等着把内蒙占据以后，然后才慢慢的发动，使外蒙社会经济的建设逐渐完成，而结果能够有力地抵抗侵略者，这对于日本恐怕无需吧？此外，还有戈壁大沙漠，把内蒙与外蒙分开，这也是对于日本的进兵不利的。同时，如日本企图经过内蒙和新疆以进攻苏联的中亚细亚共和国，像这样六千哩的距离，那也只有在他完全占领中国大部分的领土和攫了外蒙古以后才有可能；否则他绝不会冒这样大的危险——深入这样遥远的地方。即使为了这个理由，我们承认外蒙古不是中国的领土，内蒙不是中国主要的土地；但我们必须承认日本侵占内蒙，对于征服中国是有他最大的意义。

日本帝国主义是特别崇拜侵略的，他抱着侵略中国和苏联的野心是很久了。但他觉得侵略苏联是很危险而且有绝大的损失，所以他首先就开始征服"不抵抗"的中国！

日本军人和资本家自始就抢劫他的邻邦和较为弱小的国土，并从这些国家获得主要的资源以完成资本的积累。现在他们正加紧对中国内部和蒙古的夺取与开发，他们把在东北施行的手段又在内蒙使用起来！如增加赋税、压迫劳工、独占市场与专卖农品等，大批的工农被他从关内拐去，强迫他们建筑热河和察哈尔境内的铁路和公路。从赤峰到多伦的铁路预定在今年八月完成。从承德到多伦的公路，是已经完成了；张家口至多伦的张多铁路正添加多数工人催促完成。察北六县的公路，已铺好砂石。察哈尔省境各蒙旗出产的盐，被强迫归伪满洲国财政部专卖，牲畜归日人经营的福摩公司专卖。该公司在多伦和沽源两处设有事务所，凡蒙古人民豢养的马、牛、羊等牲畜，是被强迫登记和纳税。

内蒙六盟两部两旗，东四盟是已为日人所统治，察哈尔部东四旗与西二盟暨察哈尔部西四旗与土默特部，目下已陷于危险的地步！

内蒙人口百分之八十皆系汉人，蒙古人仅占百分之二十。内蒙人民，随东北人民之后，正逐渐地降为日本帝国主义的奴隶！同时日本更向华北侵入，企图巩固他在内蒙古〈的〉地位，将"满蒙"与中国本部分开，使东北义勇军和中国抗日势力不能取得联络以反抗他的侵略。如内蒙马上变成日本的第二傀儡国，日本又必然垂涎黄河流域，企图造成另外的"独立国"。所以日本之征服内蒙，不仅仅是减少了在中国主权之下的领土，而且使中国本部有胜利把握的抗战的范围亦相对地缩小了！

（左人译自《中国呼声》）

《东望》（周刊）

西安陆军第六十七军参谋处

1936 年 5 卷 21、22 期

（李红权　整理）

伪组织中蒙人之地位

禄诚 撰

一

自从四个蒙古领袖人物被伪组织秘密法庭暗中判决有背叛嫌疑，悄悄地置之死地以后，各阶级人民都深深地受了一种感触。第一，这表示在一般人民与伪组织之间，确实有极深的鸿沟存在；第二，伪组织是独立国，乃是某方常常执以炫人的口头禅，经过这件事证明，他的伪饰处不攻自破。尤其使一般人愤慨的，是伪当局对这件事，始终未曾公开，从审讯到判决再到执行，一毫没有让外人参加；一般人民所知道的只是这几位领袖被判决了，被执行了。对于这种武断，这种强人人罪的地方，人心最为不平。

蒙古人在伪组织里面的，经过这件事以后，与伪当局乃至某国人遂发生深刻的仇恨，是不可讳言的事。他们以前对伪当局本不心服，此后只能加重他们不服的程度。据满洲西部哈拉尔传来的消息，这四位被害的蒙古人，都是居住伪组织的蒙人所公认的领袖，对于巴革区域（Barga District）及与外蒙古接界一带的族人，有很大的潜势力。不只在政治上，这四个人是他族众的领导者，就是在宗教与文化方面，他们的修养也为一般族人所爱戴、遵守。所以对这四位领袖的被害，在伪组织的蒙人，全认为是最可痛心的事，对某方于是怀下深深的怨毒。

俄伪边界近来常常发生事端，外蒙一带尤其剑拔弩张，双方冲突的人数常常达数百人，一切科学战具，都曾引用，俨然和大规模的战争相仿。这件事一发生，双方的关系愈形严重。这件事发生的原因是这样的。外蒙古人本来是很勇敢的斗士，伪国乃至某方的士卒，常常受他们的摧折，因以引起某方对于伪境蒙人的怀疑。搜寻的结果，便发现所谓"北兴安省"的四位领袖，犯有勾结外兵的嫌疑。照这种情形看来，俄伪的冲突一天不解决，蒙古人的地位便时刻在动摇之中，而随时有因嫌被捕、秘密处决的可能。

二

关于这件事发生的详细情形，各方的传说很不一致。官方硬指这四位蒙古人是俄方的密探，与近顷发生的边境事件有密切的关系；但是设这个陷阱的人，却是伪组织的民众。

我们知道某方派有无数的侦探、报告员，分布在伪组织的各地，随时把他们所闻所见有关于伪组织的事件，报告给当地的军警当局。这般侦探员大半都是就地征用，取其消息灵通。不过照近顷各方的情形看来，他们在报告之前，似乎胸中抱有一种成算，即如何离间人民与伪组织和某方的感情。要达到这个目的，当然最适当的办法，是指某某和俄方勾结。他们的希望是伪当局会因此而大兴党狱，闹得天怒人怨。

在伪组织境内，同时密布着俄国的侦探网，已经成为伪当局所最关心的问题。所以一般好事之徒——俄人、韩人、某国人——纷纷向当局告密，乘机污〔诬〕陷，不一而足。到了后来，伪当局也感觉到究不胜究，而训令再来告密的人，务必谨慎从事，不能

任意诬栽。记得有一次松花江区域的修道士菲利靡诺夫牧师
（Rev. A. Philimonov 牧师），也因被人诬攀被捕，伪当局旋发见错
误，把他就释放了，并且发表说明书，指苏俄的密探，近来常布
设种种疑云，迫使他们（伪当局）采取制止的步骤，因以散播不
满的种子于民间。

　　以上这种种传说，到底我们应该相信哪一说呢？但这四位蒙古
领袖，毕竟在这种疑神疑鬼的局面下牺牲了。假使真如前节所说
这是预定的苦肉计，那对伪组织，确是一个重大的打击。因为蒙
古人与某国人之间，从此发生了一个深不可越的鸿沟，没有方法
可以弥补。

　　未来的日俄战争，据各方推测，一定是在蒙古演出；而巴革区
域（Barga District），必为主力战发动的地方。所以由此等事件来
分离该地蒙人与某方的感情，对将来作战策略上，实在有很大
的意味。而伪组织之轻率地残杀这四位蒙人，也可说是最愚笨的
行为，中了他人预定的计画而不自觉。

　　不过据我们知道的事实，自从伪组织成立以来，某方对于蒙
人，可说是极优遇之能事。假使此次伪组织所宣布的罪状，可以
成立——按伪当局指这四位领袖"阴谋反对国家，与苏俄勾
结"——不啻反映出一般蒙人，不满意于其现在所有的独立，而
认为有改造的必要，那么某方所日夕宣传的"独立"，其价值与真
相，可见一班〔斑〕了。

三

　　总而言之，这四位蒙古领袖的被害，不啻为蒙古民族血战史上
另一页的展开。照现在的情形，蒙古成为三个主权国家的目的物，
外加蒙古民族主义的勃兴，局面更复杂化。他们的地位，与一八

一五年维也纳会议后的波兰相仿佛。那时波兰为俄、德、奥匈帝国瓜分，波兰人不满意这种武断的判决，屡屡奋起抗争自由，不幸都失败了。一直到一百年后大战结束，俄、德、奥匈帝国都告瓦解，他们才恢复自由。

蒙古人的情形，恰巧与此相同。这四位领袖的被害，也可说是蒙古人民族主义所产生的第一个血花。他们是民族主义者，就是某方也公开承认的。据某方宣布的罪状，有下列的几句话："该犯蓄意联络内外蒙古，复借外援，以实现其独立的计划。"由此看来，他们被害的真正原因，还是在谋独立，因为罪状中并没有指他们为苏俄的密探。他们所努力的，是为更高尚、更理想的目标——全蒙的统一与独立。所以他们的牺牲是有意义的，他们是殉道的烈士，这在伪组织，也是如此看法。

当我们看见一种帝国主义开始侵凌他族的时候，有一个问题，不期然而然的发生：世界上果然有这样一个文明的民族，可以统治他人而无愧色么？对于某方，我们尤其要提出这个问题；因为他们最蔑视他人的权利。他们只会用"亚洲人的亚洲"口号来做护身符。记得去年有位松井大将——他本人唱"亚洲人的亚洲"说，最为热心——在东京日苏协会的招待宴上，向苏俄大使裕芮尼夫提议，解放一切亚细亚民族，使脱离苏联而得到独立，并且说：让各民族都得到自由、独立，是与社会主义的理想相合的。

苏俄大使的答覆内容若何，我们无从知道。料想苏俄当局，一定认为假使她放了手，这一般亚洲民族所得到的一定不是独立，而是为日本所吸收。

现在我们应注视的，是住在满洲乃至东西比利亚那般少数民族的动向。这个问题，目前似乎并不重要，但在战时，他们的帮助与反对，却有很大的价值。像某方对少数民族如此的漠视与摧残，将来战事发生，一定会由此受到很大的打击的。

《中央时事周报》

南京中央日报社

1936 年 5 卷 22 期

（李红权　整理）

内蒙的危机

王履康　撰

一、内蒙在哪里？

中国地图上，找不到内蒙的名词，内蒙在哪里？

蒙古原来是一个民族的名字，大元太祖崛起漠北，迅速地统一了漠南，征服了中国，又征服了全亚和欧、非二洲的一部，于是蒙古的名词为世界各处所知道，以后便变成了地域的名词。蒙古在地理上，往往依它中央部的大沙漠为界，而分成几个，漠北的叫做漠北蒙古，漠南的叫做漠南蒙古，漠西的叫做漠西蒙古，此外还有青海蒙古。漠北蒙古，便是外蒙古，漠南蒙古便是内蒙古。漠西蒙古因为它是尼〔厄〕鲁特蒙古民族的住居地，所以又叫做尼〔厄〕鲁特蒙古，又因为它的位置在河套之西，所以也叫做西套蒙古。狭义的内蒙古，固然只限于漠南蒙古一部，但是广义的内蒙却应包括西套蒙古和青海蒙古。现在的内蒙通常是指广义的内蒙而说的，所以范围很大。内蒙古有六盟，在东边是东四盟，在西边是西二盟。所谓东四盟是哲里木盟、卓索图盟、昭乌达盟和锡林郭勒盟，所谓西二盟是伊克昭盟和乌兰察布盟。此外还有呼伦贝尔的八旗、察哈尔部的八旗四群、归化土默特旗、伊克明安旗。西套蒙古中有阿拉善额鲁特旗和额济纳土尔扈特西〔两〕

旗，青海蒙古有青海二十九旗和玉树二十五旗。

但是所谓内蒙古，是历史的旧名字，在现在地图是没有了。远在满清末年，逊清政府已经开始在内蒙地方设置县治了，以后陆续将呼伦贝尔八旗和伊克明安旗划进了黑龙江省，哲里木盟划入了辽宁省。民国初年卓索图盟和乌昭〔昭乌〕达盟是热河都统所统辖的地方，锡林郭勒盟和察哈尔部是察哈尔都统的辖地，乌兰察布盟、伊克昭盟和归化土默特旗是绥远都统的管地，西套蒙古的二旗归甘边宁夏镇守使管辖，青海蒙古五十四旗，归甘边宁海镇守使管辖。民国十七年国民政府升热河、察哈尔、绥远、辽〔宁〕夏、青海为省，以上各盟旗也随着为各该省区的地域。所以所谓内蒙古、热、察、绥、宁、青各省的境地，在上述各省区之外，更找不到内蒙古这个地方。因为内蒙的境地，已经包含在各省区中，所以地图上便没有内蒙这个名词，既然没有内蒙的名字，所以蒙古更没有分内外的必要，所以中国现行地图，称以前的外蒙古为蒙古地方了。

九一八事变以后，东北三省沦亡了，以后热河亦随着沦亡了，于是黑龙江省内的呼伦贝尔八旗和伊克明安旗，辽宁境内的哲里木盟，热河省内的乌昭〔昭乌〕达和卓索图两盟多沦入到日本的手里。日本一手制造成满洲伪国后，即在长春伪政府下，成立了一个所谓兴安总署，把哲里木盟盟长蒙王齐默特色木丕勒做总长，把日本人菊竹突〔实〕藏做次长，伪兴安总署之下，设立了四个分省：（一）兴安东分省，把呼伦贝尔八旗中的布里雅特旗做中心，为黑龙江的要镇，日本为事实上的便利，派布里雅特王鄂伦春做省长。（二）兴安南分省，以哲里木盟的中部为省境，派该盟图什业图旗王延喜海顺做省长。（三）兴安北分省，地当海拉尔，为东北蒙古重埠，派前呼伦贝尔都统贵福的长子凌陞做省长，凌陞即是最近被日本发觉通苏联、外蒙，而被处死刑的。（四）占领热河之后，又把卓索图盟锡拉木伦河以北划为兴安中分省，设新公署于林西附近蒙旗，把卓盟盟长巴林王札咯尔做省长。各分省均归兴安总署统辖。去年日伪军占领多伦，年底侵占察北六县，使锡伦〔林〕郭勒盟和内地又有了阻隔了。所以现在的内蒙，范围远不如以前的大了，纵使把锡盟和察北六县算入，所剩的亦不过锡林郭勒盟、乌兰察布盟、伊克昭盟、察哈尔十二旗群、归化土默特旗和西套蒙古和青海蒙古而已。

二、日本对内蒙之积极

日本之于内蒙，是它整个大陆政策的一部分，是用大陆政策来达到独霸东亚的终极目〔一〕的的〈一〉个阶段。近年来内蒙的风云便是这种政策的产物，而二十二年十月九日百灵庙的自治运动，便应运而生了。

百灵庙蒙政会的成立，虽有离心的倾向，但是对于侵略者的政策，不能不算是一种阻力，一种障碍。因为彼等所要求的是内蒙的无条件的独立，无条件的脱离中国中央政府，而百灵庙蒙政会所做到的仅是〈有〉条件的自治，而且所有自治政务的主管人员都是中央政府所任命的。但是彼等并没有因为百灵庙蒙政会的成立而停止它西侵政策，相反地对蒙侵略，更形紧张。

在二十三年十一月间，伪满的英文报已经大吹大擂说"满洲国"对察哈尔要实行其"保护政策"了。二十四年开场，彼方便以已经占领的多伦做基点，分向察哈尔北部设立善邻合作社，把价廉的货品赊售给蒙古民众，一方强迫他们加入合作社为社员，一方面时时派飞机飞到察北侦察示威，其海军亦常常出没察北①。

---

① 原文如此。——整理者注

以后便将蒙盟〔盐〕的产地乌珠穆沁（锡盟的一旗）盐地占领了，一方面派兵分守要害，强迫征税。且曾一度威胁锡盟盟长索王到"满洲国"去，但是没有成功。在这里我们可以知道锡盟是已经在彼方的掌中了。

在努力侵略锡盟的同时，日本造成了"沽源事件"。事实是这样的：在热河沦陷之后，热省的丰宁县和察省的沽源县相邻接，在彼方军队的挑衅政策下，时时发生纷争。二十四年一月彼军宣布沽源县的第二、第四两区属于丰宁县，同时借口察省当局派兵越境，于是在十八日宣布了军事行动，以后中日间便有所谓"大滩会议"（大滩是丰宁县的一镇）。大滩会议我方代表三十七师参谋长张樾亭，代表沽源县长郭育恺，日方首席代表长谷实夫，代表为二十五联队长永见。二月二日大滩会议结束，成立了《大滩协定》，我方损失土地七百里，此外还履行了惩凶、道歉等条件。

离《大滩协定》不到半年，又发生了"张北事件"。原来在多伦失陷以后，多伦、张家口间日人往来频繁，但是还由日领事发一个护照，由省政府盖印的。廿三年六月间，日本三菱会社职员三人，及多伦日本特务机关职员一人，赴张北旅行，未携护照，即由驻军劝阻，一面电省府请示。省府得电，着即放行。哪里知道这四个日人到张家口即电关东军说在张北受种种的虐待，关东军即借压迫，提出种种无理要求，再后经当时察省民政厅长秦德纯和日军交涉，在下列的诸条件下，和平解决：（一）热、察边境防务，不得派驻军队，改由保安队负责。（二）中国国民党察哈尔省党部撤销。（三）道歉。（四）停止鲁省向察省的移民运动。（五）予日人在察省经商和旅行种种便利。这样这幕所谓"张北事件"算闭幕了。

彼方在大滩会议后，加紧煽惑察哈尔部牛羊群总管卓特巴札普起来，与某方联名宣布改察哈〈尔〉部为盟，一方面多伦及沽源一带设立伪特别行政区，设立特区行政长官公署于多伦，委李守信为伪长官。二十四年十二月九日起至二十四日止，李守信部伪军占领察北六县——沽源、宝昌、康保、化德、商都和张北当地驻军曾加抵抗，但因华北局面的紧张，短时间后被迫中止。察北六县是察省富裕的地方，其中张北因位于张家口和库伦间的大道上，尤是中外通商的中心。彼方侵占这个区域有两重意义，第一这区域是通西蒙的"走廊"，从商都到平绥线只数十里路，是到绥远去的捷径；第二它是指向外蒙的"箭头"，以此为基点，对外蒙的侵略，已处于优势的地位。

彼方占领察北六县后，察省境内的内蒙，已完全在它的把握中了，因为张家口以南的十县，原系旧直隶省的口北道，在民十七察哈尔升省时划给察省的，但是它并不因而满足。绥东五县——集宁（平地泉）、兴和、陶林、丰镇、凉城——却原系察省地境，是在民十七划归绥省的。彼方看到这点，就借口绥东五县是察属（其实真不知道怎样可以借口），一时颇有侵略绥东的传闻。其侵略绥东，自然还是它大陆政策责成它的本然的任务，但是在其侵略的现阶段上亦具有两个意义：（一）集宁（即平地泉）处平绥线的中心，扼晋、绥的咽喉，如能夺得集宁，即可切断平绥交通，打破造成晋、绥一体的军事上、交通上的联络筋脉；（一）绥东五县是粮食生产地，平地泉是集散场，得到绥东五县便可以资其粮食以为军粮，再借为作南侵、西侵的基点。彼等的侵略绥远，无疑是具有决心的，但是卒因绥远当局的忠勇谋国，誓固疆圉，中止了它的侵略。

三、绥境蒙政会成立了

去年以后，北方局势紧张了，察境蒙古如上述，亦在万分紧张的状态中。去年年底，察北六县沦陷，局势更形紧张。绥远蒙古民众鉴于这种状态，觉得与其被卷入漩涡，不如别立堡垒，赖以自固，西蒙的王公亦觉得长此以往，自己的地位，将趋崩塌，于是绥境蒙古就向中央呼吁，要求为"自保保国"，另立自治机关，中央允许了，本年一月廿五日，有《绥境蒙政会组织大纲》的颁布，于是绥境蒙政会成立了。

上面的一小段，只能说出绥境蒙政会成立的近因，绥境蒙政〈会〉的设立另有它的远因。远在百灵庙自治会议发动之初，中央派黄绍雄、赵丕廉到内蒙去宣慰，去和蒙古王公磋商一个完善的方法，当时就有类似绥蒙政会的机关的拟议了。当时德王和其他青年派人物，主张蒙政会应是处理全蒙自治政务的机关，辖境应普及于察、绥省境内的蒙古和青海蒙古和西套蒙古。但是西二盟的王公的意见则不然。他们基于自己的利益，他们认定将来蒙政会的主要领袖定是发动自治运动的人物，自己并不会得有利益，所以主张与其合治不如分治，把察省的锡盟和察哈尔部组为一个自治区，把绥境的乌、伊二盟和归化土默特旗另组一个自治区。但是使他们失望的，他们的"分治"主张没有被当局采用，百灵庙的在名义上拥有庞大的虚权的蒙政会终于出现了。所以西二盟王公对于庙蒙政会始终站在反对的地位，至少是不合作的地位，除掉少数王公参加庙政会和乌盟盟长云王任庙蒙政会委员长外，大多数的王公始终未积极参加，或竟未曾参加。他们等待着机会，要再伸自己的主张。所以察北六县事出，他们就向中央要求另设蒙政会，而终于绥境蒙政会在本年二月四日在绥远成立了。

绥蒙政会的成立，对彼方大陆政策不失为一个打击。因为：（一）它是出于旧式王公的自保保国政策，所以它是向心的，自动的团结运动；（二）它可以使外人知道蒙汉两族，依旧非常融和，蒙汉两族的相依为命，精诚团结，更因国难的严重而更表面化、具体化。因为如此，所以绥蒙政会的成立，无异中国新加筑了一条长城，而使外人的侵略政策，遇到了一个暗礁。绥蒙政会委员长沙王，虽是旧式王公，但是他有着清新的脑筋，他认识蒙古民族的最大危机，在于人口的减衰，而蒙古人口的减衰却由于人民的多当喇嘛，因此他很想从教育入手，使民智开通，以期减少喇嘛。这种思想，是很值得我们赞许的呵。

四、内蒙的危机

但是我们不要太乐观了，绥蒙政会的成立，虽然可以给外人侵略装上层障碍物，但是并不能根本解决内蒙问题，照最近情形看来，彼等一方仍旧施用迫胁利诱的故技，一方面似乎已在拔剑张弩，预备自己直接行动了。五月二十日上海《申报》，竟传内蒙不久有伪政府出现，其下分为六部，每部下设二厅或三厅，每厅下设三科。六部部长人选为：总务部长羽山次郎，军事部长掘〔崛〕井明，财政部长村田松，教育部长广岛四郎，交通部长亚里三郎，司法部长包拉达利夫，只有最后是蒙人，其余多是日人。则内蒙事态之恶化，可以想见。

再看五月二十一号《大公报》载有：伪军张海鹏部从热属丰宁开往沽源者在两万人以上。而同月十四日《大光报》载："归化电：察北伪军李守信部陈开源团十三日上午九时，由察北乘载重汽车二十五辆，开抵百灵庙，驻庙西南高地，离庙约十五里。又有军用汽车五辆，满载军用品甚多，并有日军官清水太郎、藤原等随行，即强募民夫，架设军用电线。"又好像彼方将抛弃威胁利诱的故技，而谋直接行动了。最近张垣日侨人口特然激增，而平绥快车中，日、鲜人又居绝对多数，似乎亦是一个旁证。

无论彼方出于威胁利诱或是采取直接行动，内蒙在严重的危险情况中，总是一个事实。察北六县，不特驻有李守信部的伪军，而且驻了张海鹏部的伪军。百灵庙是属于乌兰察布盟，乌盟是在绥远境内，然而百灵庙是驻有伪军了，则绥远已部分的遭日本人的侵占。所以现在的内蒙，不特已没有了它在辽、黑、热河的部分，不特没有了在察省的部分，即绥境的蒙古也受到侵略了。日本的大陆政策的成功，是中华民国的灭亡，而内蒙的危机，是大陆政策的一个阶段。我们要挽救灭亡，就得要打破对方的大陆政策，亦得挽救内蒙的危机。

五月二十九日于政校

《中央时事周报》
南京中央日报社
1936 年 5 卷 22 期
（朱岩　整理）

绥东事件

作者不详

酝酿已久的匪伪军的侵入绥东，终于在本月十四日开始发动了，这一个发动是否会开展成为中日正式大规模对垒的局面，抑或仍保持数数见于过去的局部抵抗，抑或暂不扩大仍保持数月来暧昧的状况，我们不能冒昧决定，须待将来的事实才可以见分晓。但无论前途的演变将趋于哪一条路径，总之中日关系又会有一次新的紧张，这是毫无疑义的事。这一种紧张可以作为进而解决几十年来中日纠纷的发端，也可以作为中华民族的一种新的危机，危机的内容将不只是向外来的侵略，而且也是内讧□张本，其归束究竟孰去孰从，问题全在于我们自己的抉择。局面已经到了一个严重关头了。我们认为把期望投寄于南京中日的外交谈判，毋宁寄托于目前爆发的绥东抗战的事实；外交家的词令，只是极鸥张变幻之至的遮掩现实的烟幕，我们要看清烟幕后的真相。

明白了中日间经济的、政治的以至情绪的对立的人，就不会相信中日关系可以用外交谈判方式所解决，一方面日本资本主义是靠了剥削中国人民来维持和滋长它的，它以中国市场的独占作为帝国发展的先决条件，而另一方面在民族主义已经抬起头来了的中国，决不能不抵抗的受无尽期的剥削和宰割，自甘于次殖民地的地位。这里的涵义，完全不是意气或情感的问题，而有关着两个民族的根本利益，除非两国的经济制度有剧烈的改变，存在其间的矛盾即无法消除，目前中日民族间的仇隙、怨恨，都是因缘此种经济的政治的根本对立以生。新式政论家的最大错误，便是动辄把中日的积恶的根由，推诸于日本少数军阀的黩武倾向上面。诚然黩武的倾向可以促进对外关系的恶化，而事实正复如此，但此种黩武倾向，决不仅是浪漫的武士道精神，它是寄托在日本资本主义的先天的贫乏性之上的。我们必须认清了这一点，才能明了中日关系的真正性质，一则可以知道，在保持资本主义的经济形态之下，中日之间有不可调和的经济矛盾，最后只有诉诸战争，作一时的解决，因之所谓国交调整、中日亲善、经济合作等等的名词，如果不是有意的欺罔，便是无知的愚昧；再则可以知道中日间的斗争，在目前局面之下是不可避免的，无论斗争的牺牲如何巨大，为民族的自由解放，也不得不付下这一笔血的代价。

所以匪伪军绥东的侵入，还只是中日长期斗争的序幕，绥东事件的重要性，乃在于其为全局的一角。今日用王英、李守信、张海鹏等名目来发动侵略的幕后导演人物，迟早会扯开面幕，露出真正的狰狞面目，开演成中日间正规的作战。匪伪如不得所谓特务人员的支配或督促，决无向绥东进犯的勇气，也没有向绥东进犯的力量。日本所最希望的，自然是局部作战，各个击破，然后再在占压倒的优势时，再加以全面的摧毁。军事力量较为雄厚的国家，对于政治组织没有十分现代化的国家，常采取这样的战略，过去长城口之战及淞沪之战，日本就用了这样的战略，收到不少的效果。它的对绥东的军事行动，大概仍会依照这个旧的窠臼，先以大演习的姿态威胁冀察的当局，同时恫吓中央政府，不让中央政府大规模的派兵北上，然后用全力击破晋、绥的军队，以实现南下囊括华北五省，西向新疆隔断中俄的仅存的联络的野心。问题乃在于我们是否仍一如过去容忍这种局部作战的局面，坐看各个被敌人击破；是否政府仍站在缩衣节食誓为后盾的民众之后，无所动作，一待在各个击破以后，然后再仓皇失措，不顾牺牲再来订立一个屈辱的停战协定。我们希望不至于如此，由于张群外长向日本提出的对案中，有废止《淞沪协定》及《塘沽协定》的要求，可见政府已有放弃过去所抱政策的表示。如果这一番推测为不错，则今番我们便应该用全国的力量，不分畛域，从守住这全局的一角起，再进至作正面的民族解放战。政府与人民不止要为后盾，应该积极参与前线的作战，把我们的军队、飞机开到华北去，守住了绥东，就守住了华北，也就是守住了整个的中国，在守住了整个的中国，收复失地才不至仅成为令人堕泪的口号！

《华年》（周刊）

上海华年周刊社

1936 年 5 卷 45 期

（丁冉　整理）

《苏蒙互助公约》的意义

郭真如　撰

一

　　蒙、伪国境纷争问题，如大家所周知的是一九三五年一月，在哈尔哈庙之外蒙兵与日伪军武力冲突发端的。

　　为了这个事件的解决，当于去年六月在满洲召开双方代表会议，但又因犬养测量队事件而一时停滞。后于十月间再开第二次会议，终以双方主张的悬隔，遂于十一月宣告决裂。

满洲里会议决裂之对立点何在呢？

一、国境纷争处理委员会设置的争执。

二、外交代表常驻之交通、通信自由的问题。

三、边境地带主权的各执一词。

当满洲里会议决裂之时，苏联《真理报》的论调是极力代外蒙侧辩解的。它说：

　　此次的交涉，其使命原是为了国境事件的解决，而伪国侧在关东军示意之下，则拟照华北、内蒙一样地在外蒙各地于伪国代表之名义下，设立特务机关，企图破坏外蒙工作的合法化。

　　伪国外交部所发表关于决裂经过文书的末段，是意味深长地带着了威吓的口气的。外蒙古国民革命党及其人民是必须准备防御新的侵略计划了。（录自日本《什志国际评论》一月号）

　　满洲里会议既经决裂以后，伪、蒙国境纷争的问题更是激化了。在国境上，外蒙兵与日伪兵的冲突是不断地发生了。双方的抗议是公说公理，婆说婆理，相互的不断提出。冲突事件规范颇大，机械部队以及飞机都动员了。

　　据关东军所发表：三月十一日达乌拉东北地区的冲突，拥有轻爆击机十二架，装甲汽车十三台，骑兵约三百，步、炮、汽车约一中队的外蒙古军与日本的涩谷部队及空军激战。这样，伪、蒙边境简直是战线化了。

二

　　他方面，自满洲里会议决裂以后，即去年十二月，蒙古人民共和总理喀润、陆军部长基米特访问莫斯科，与苏联首脑部会谈协议苏蒙提携及强化对日共同阵营等问题。十二月三十日，关于这点，曾发表如下的声明：

　　　　日本现在想把外蒙当做伪国第二。外蒙如一旦归日本之掌握，便容易于对苏联之攻略，更进而便可对中国实行第二步的工作。

　　　　因此苏联政府乃不得已援助外蒙古人民共和政府，以备日本之大陆侵略政策。（录自日本《什志国际评论》一月号）

　　其后，伪、蒙边境之冲突与东部伪、苏国境武力纠纷的尖锐化，这应该不能是偶然的吧？这乃是苏蒙统一战线的表现。

　　苏联共党首领斯达林在三月一日对美国某新闻社长哈瓦特的谈

话，谓日本如将进攻外蒙古人民共和国，必欲毁灭其独立的话，则苏联亦必积极军事行动，加以最有效的援助。这样公开的声明，更证明了苏蒙互助关系的确实性，尤其是出于斯达林之口，更应重视。

又者，每次苏联外交部当局与日本驻苏大田大使会见，亦几经声称苏联自一九二一年以来与外蒙人民共和国的亲善关系，即暗示苏联如遇同一的事变，将如一九二一年的举动一样援助蒙古人民共和国以御外侮。

这是不必再解释了，苏联与外蒙的密切关系是千真万确的，四月七日苏蒙正式议定书的发表，更是秘密公开了。苏蒙双方的确都未曾掩饰双方的军事攻守同盟关系。

这个议定书，实质上已经在一九三四年十一月二十七日存在了。"如有第三国攻击苏联或蒙古人民共和国，应互相援助。"这是绅士协定的形式，迨本年三月十二日苏蒙代表乃正式调印。

这一苏蒙条约的公表，名义上就不能说是伪、蒙的对立，而是日、苏两国的对立了。所以伪、蒙，伪、苏边境的纷争，实则就是日、苏两国的纷争。于是我们不能不认为目前伪、蒙边境的多事，是突进了新的阶段了。

三

那末这样国境纷争发生的基本原因，究竟在什么地方呢？

一般地说，都以为是国境线的不明确才惹起纷争的事件。在伪、蒙的边境是一片荒凉大平原，没有自然地势的明确界线。要明白确定，只有在冲要之处设置关卡或其他标识之类，才能够办到，否则边界是永远弄不清的。

现在既未做到边境线的确定，则相互"不法越境"的纷争事件，自然免不了的，这实是无可奈何的！但这样皮毛的解释，自亦不当。蒙、伪边境纷争的勃发及其激化，其根因不待说是很深而如一般所指摘的，沿着伪、蒙国境线是以世界"赤化"为目标的苏联远东政策，而日本却是为了避免"赤化"的危机，这不是绝对对立了吗？这不是正面冲突了吗？

换句话说，伪、蒙边境的内外蒙古地带，是日本大陆政策及苏联远东政策在战略上最重要的处所。关于这个意义，拉基莫亚氏说得很对：

> 苏联与日本开战的场合，两国间全面决定行动之唯一地域是西伯利亚的外蒙古方面及满洲的内蒙古方面。海参崴、乌苏里、黑龙江边境的作战是局部的，战术的；其重要点是在于蒙古问题。

> 地域的辽阔，西伯利亚横断铁路蜿蜒满洲边境数百里，为保障这一地域的安全，蒙古的要冲实不待言。蒙古是决定全远东地区的关键。

四

美国某著名新闻记者，对于日本大陆政策的遂行，亦曾详论蒙古之战略意义。他说如果占有了西伯利亚侧面的蒙古，就给予伊尔克东部及西部以致命的打击，就可以切断远东红军的联络，日本的胜利是必然的是可能的了。的确，这是日苏战争最要紧的地带。

日本必须在中国与苏联的中间地带建造安全的防垒，同时为要在太平洋上排除欧美干涉之绝对的优越性——制海权，亦须在北方及西方去包围苏联的侧面。

现在的重点是赤色的外蒙古。日本对苏联之军事的、政治的、经济的斗争只有剩下外蒙古是唯一的障害。

这种论断，不能说是过敏吧？但蒙古在日本的重要性是如此，在苏联方面的重要性亦如彼。斯诺氏关于此层亦曾有所阐明：

> 苏联如果放弃了蒙古，不久它就不得不放弃整个的西伯利亚，整个的远东利权。苏联既已不欲在中国与日本角逐，则苏联最近将来的产业发展，远东、亚细亚是一个最丰富的市场了，所以放弃了远东，不是前此的荒凉区域，乃是最有价值的市场意义了。所以保护蒙古正欲保持远东的安全。

因此，许多评论家认为外国军队之驻扎伪、蒙边境一带，是对于苏联秩序与安全的威胁。外蒙古是苏联国防上的外围线，最近乃不得不注视伪、蒙边境纷争事件。这些话，就在苏联外交当局本身也是常常公开说过的。

那末苏联的远东政策第一要义，就是要保持外蒙古的现况，以作为西伯利亚南部的坚固防壁，以卫护苏联远东社会主义的建设，而阻止日伪势力的北上与西进，并以此作为苏联解放远东弱小民族口号的大本营。这些企图是无可疑义的。

苏联自身对于远东的重视，就在其第二次五年计划中也可以知道。在第二次五年计划的重点，就是远东地带的社会主义建设。

还有第三次五年计划呢！即强化远东与中央部的联络，把东部西伯利亚形成政治的、经济的、战略的重镇，企图普遍大工业化及交通网的加强。

总之，伪、蒙国境纷争诸事件的频发，绝不是为了草原地带尺寸之掠夺。在这儿的深刻的道理，上面已经说过很多了。那末在这时的苏蒙互助条约的发表，怎样可以不重视呢？

我们说，苏蒙条约绝不是订约双方自身的问题，它是严重地影响了远东甚至整个世界的形势。蒙古自来为神秘之区，世人均不屑谈及。但此后，它的最重要的战略地点，将成为世界人人注视的焦点了。

《大道》（月刊）
南京大道月刊社
1936 年 6 卷 1 期
（李红权　整理）

蒙旗宣化使章嘉呼图克图来京

问潮　撰

久驻边疆为国宣勤之蒙旗宣化使章嘉呼图克图，最近因奉中央电召，不辞劳瘁、不远千里而来，当此西北风云日趋紧迫之际，此行意义，颇为重大，吾人除表示热烈欢迎、深致佩慰外，敬愿向政府当局及章嘉宣化使略作刍荛之献。

本党总理孙中山先生有言，"宗教教义，含有舍身救世之仁，在民族分合上，具有雄大力量"，洵为不朽之名言。夷考宗教力量，有时因地域关系，确能超越一切自然界之力量，良以宗教教义，以舍身救世为基础，故能深入人心，牢不可拔。章嘉综持内蒙黄教，远在元朝初年，其时章嘉第八世，尚在西藏青海唐克托原藉〔籍〕，经元世祖迎入燕京，授以总理黄教之命，掌管内蒙僧众，中间除章嘉第九世一度由蒙回藏，明初，章嘉第十世，复奉旨到燕荣受大国师之封赠，并改授金印，给予各项荣典，终明、清两朝，章嘉隐然为内蒙黄教教长。不惟历代君王，对之尊崇备至，而数百年以还，内蒙人民，对章嘉之崇拜信仰，几已成为生活中之必要条件。降至现代，蒙疆人民即一婚丧冠祭之仪，饮食起居之微，亦几无一不与黄教有关，质言之，亦即无一不与章嘉佛发生关系。蒙人除信仰宗教及活佛外，甚至不知有其他权力，章嘉佛在蒙疆力量之大，及人民信仰之坚，显然可见。

年来外侮频仍，蒙疆危机，日形深刻，章嘉佛原负有政府宣化蒙疆之特命，蒙民对于宗教之信仰，既如上述之坚定，无形中章嘉已握有全部蒙人之心灵，在消极方面，章嘉行动，固可左右蒙人，使之情坚内向，然在另一方面，吾人尤殷望章嘉此后对于宣化工作，益出之以积极，换言之，宣化蒙疆之任务，因察东失陷，锡盟情况混沌更形加重，要知西蒙人民目前所处之环境，因外力凌逼，大非昔比，如依旧消极的保持不受威胁利诱之态度，迥不若及时奋起，积极的联合起来共同抵抗外来的侵略为有效，所谓有形的国防建设，政府当局自必有通盘之筹画，而无形之心理国防建设，较之有形者，尤为重要，此种重任，则不能不有待于我章嘉佛之慨予肩荷。

　　吾人再次之希望，则为章嘉佛应乘此次来京之便，尽以年来在蒙疆宣化之经验，供献政府，在政府暨蒙藏当局，对于章嘉宣化使之报告或建议，自应予以诚恳之接受，俾作建设边疆国防之借镜，此在章嘉直接可谓尽责宣化工作，间接亦即造福于蒙疆，造福于整个大中华国族，庶乎不虚此一行。

一九三六，十，二九

《蒙藏月报》
南京蒙藏委员会
1936 年 6 卷 1 期
（刘哲　整理）

绥东问题之检讨

扬美　撰

　　察北匪伪军于本年七月杪进犯绥东，被我驻军痛击溃败后，即退集张北，从事整理，企图再举。据最近消息，匪伪军自热河方面输入机化军火甚夥，且广招游匪，麇集于张北、商都一带，统计已不下二万人。闻其侵略方策，系以匪军作先锋，伪军居中，而以某方军队殿后。故张北、康保之间，某方军队传已增至一师团。我方在绥远方面任捍卫之责者，系以傅作义、王靖国、赵承绶等部为主力，绥东正黄旗总管达密凌苏龙等部副之，士气甚旺，防务巩固。匪伪以我戒备森严，不敢轻于进犯，故月来绥东形势虽几度紧张，而前线迄今尚无正式接触。匪方仅时以小股进扰，遇击即退，忽弛忽张，情势闪烁，不可捉摸。窥其用心，原欲乘我不备，进占绥东，遮断晋、绥交通，俾造成特殊状态，以为蚕食我西蒙之根据地。嗣见我防备周密，而蒙汉之合作，精诚坚固，无隙可乘，乃故作骚乱之势，以探我虚实，伺机大举。

　　考绥东四旗，即察哈尔右翼四旗之别称，原属察哈尔十二旗群范围，其旧有牧地，即现在之兴和、陶林、丰镇、凉城、集宁等五县，北接乌盟四子王旗，东接察北之商都、康保两县，南界山西大同边城，旧隶察哈尔都统治下，自清末放垦，人口增繁，遂设县治，汉蒙杂居，感情向即融洽。清廷以其毗连晋北，为便于治理起见，曾将县政划归山西管辖。民国成立，察、绥分设特别区，丰、凉、兴、陶诸县始划入绥远。北伐完成，改建行省，一仍其旧。惟关于旗政，则仍由蒙旗处理。去岁察北六县陷于伪军，察哈尔旗群感受迫胁，亦成为特殊状态。绥东右翼四旗人民，既久受绥省保护，惕怀国难，知非精诚团结不足以御侮图存，且绥东各旗蒙民文化程度较高，有识青年向能与绥省当局合作，因之有与乌、伊二盟同请中央改移管辖之举，中央尊重民意，遂于本年一月二十五日明令发表《绥省境内蒙古各盟旗地方自治政务委员会暂行组织大纲》，开会成立之日，蒙汉腾欢，为绥远数十年所未有。此次绥东防务，卒赖蒙汉融洽团结之精神，暂维现状。惟绥远缩毂西北，山河险要，为内外蒙疆之咽喉、华北各省之屏藩，自东北四省沦陷，其在国防上之地位，尤形重要，某方之于绥远，久为侵略之焦点。为贯彻其大陆政策，近更变本加厉，积极谋置内蒙于其势力之下，期达截断中俄交通并在蒙古树立军事的边界之企图。故绥远设有疏虞，不惟西北宁、青诸省立感威胁，即华北各地，亦将陷于藩篱尽撤、随时随地均可以动摇根本，关系之巨，不容忽视。目前绥东相持之局，虽因我汉蒙之团结，万众一心，矢志御侮，使匪伪侧目，不敢轻于尝试，然彼发纵指使者，大欲所在，是否能知难而退，殊属疑问，设彼一旦竟悍然不顾，则其演变之严重，将令人不堪设想矣。

　　总之，绥东危局演变如何，虽难逆睹，但敌人不肯轻易放弃其侵略主张，则可断言。绥远当局，近屡以守土保民勉尽天职自矢，故吾人目前亟盼绥境汉蒙继续以往之精神，加紧团结，巩固我前线防务，并进而设法唤醒热、察境内蒙汉同胞，勿为敌人利用，乘机奋起，共固边圉。尤望我中央政府一面对地方立作有效之处置，一面在外交上为严正之防止，以免事态扩大，如此则绥东危机可望稍纾，国家民族实利赖匪浅矣。

（二十五、十、三十）

《蒙藏月报》

南京蒙藏委员会

1936 年 6 卷 1 期

（李红菊　整理）

绥东的最近情形

译自《新中国》周报

吼 译

从归化沙尔冈最近得来的消息，非正规的满蒙军队和股匪，已经完全集中，准备新的发展。表面上虽似安静；但实在比以前更为紧张与严重，将来所为的祸害，亦将更为厉害！所有这些军队的指导者，全系日本军官，他们的企图，想乘我国之不意，一举而侵入绥远，以达其无止境的侵略野心；同时还有许多失意的政客也聚于绥边，准备乘火打劫！

所谓绥东包含五县，即集宁、丰镇、陶林、凉城和兴河〔和〕，以上五县位置于绥远与察哈尔的边境上，自从"满蒙军队保安队"占据张北以后，此地已变为军事、政治的活跃区域；日人以张北为活动中心，指挥"满蒙联军"及各股匪屡次欲占领此五县；但是皆为空幻的结果，从上月大规模侵略而无结果以后，日本遂尽量收容土匪和盗贼，现已完全集结于五县边境上，待机发动。按现在的情形观察，恐不久此五县又化为乌有了！

察、绥边境有几个匪首，第一个为王道一，王道一侵犯绥东的目的，在隔断平绥铁路的交通，使宁夏、绥远与沙尔冈、北平间失去连络，但是王匪因为侵绥失败，便为日本人杀了。还有一个为王英，王英在德王庇护之下，亦积极作扰乱的工具，好在都是小丑跳梁，势力非常涣散。至于李守信匪部，李守信倚仗日人的势力，也跃马绥东，为这些土匪做声援；但是他们人数虽众，然皆乌合之徒，不堪一战；是以一遇山西的军队，尽皆遁去，不过他们仍在重整旗鼓，决不以此罢休；如果下次来临，决非上次可比，我们应当注意及之。

当这些丑类进犯绥境时，傅主席不慌不忙的将彼等击退，而维持中华民国的土地主权。但以现在的情形来讲，绥远的现况是非常的险恶。日本之侵略绥远不是现时的冲动，而是有历史性的野心，它为达成满蒙政策以对付苏联，故不惜任何牺牲，积极进行宰割中国；尤其是在最近二十年来，更显出它的凶恶面孔。另一方面，日本的积极增兵华北，和侵略绥远，它的意思，完全在暗中破坏我国统一和减弱中央军的势力，因为它要使中国永远不能平静，和牵制中央军对于共产党的包围，所以到处骚动起来。

按照内蒙长者的传说，日本人伪装喇嘛，现已得到成功，他们也能参加政治上的活动，并且非常得势，可以支配内蒙军事、政治一切事宜。日本人从小的时候，即教以秘密活动的任务，来到内蒙做喇嘛，一个人得着地位，至少需二十年以上的活动。因为蒙古人的政权，完全操之喇嘛手里，所以日本人要做喇嘛。现在可以说在内蒙的势力，中国也远不如日本，其他各国更谈不到了。不过傅主席决不消极，也决不管四围环境如何险恶和困难，仍然埋头苦干，从事经济、文化、交通各种事业的发展；所以绥远的政治情形，已有显著的进步，腐败而恶劣的政治障碍，亦渐渐的消灭，社会的安定，可以说已有相当的根基；至于提倡固有的实业，尤为特殊的治绩。除此而外，如平绥路修至包头，完成甘、宁、绥间汽车路，开设飞机场等，这都是绥远助成的实际工作。

绥远是接连山西，任何变化可直接影响山西，并且绥、晋两省又同在阎主任领导之下，故绥远有事，山西应积极援助，乃是刻不能缓的事；同时山西还有中央军驻防，一旦有事，亦必为国防上之防卫。

《东望》（周刊）

西安陆军第六十七军参谋处

1936 年 6 卷 2 期

（朱宪　整理）

我县三害

三害不除，固阳之发展无望

一方　撰

固阳这个地方，从县治以来迄今也不过十几年的样子。因为它历史既不久，又无特殊的产物与名胜，交通亦不便利，所以游人绝迹，不为人所知闻。在前几年说起固阳这个名字，人家尚不知何所指。一直到现在说起来，才知道是绥远的一县，而详细的地址究竟在何处，又难具体的指出来。但现在所以能为人多少加以注意者，尚归功于一般旅外学生。这话有人听了一定在否认，不过我们要拿出事实的证明，须知言之不谬了。

在民十五年以前，固阳不但无旅外学生，就是在本地私塾式的学堂里求学的亦属凤毛麟角。所以彼时谈起固阳来，人多不知。至民国十八九年以后，不特本地学校学生满座，即远至平、津者亦不乏其人，所以由他们的传播，固阳始被人注目了。

固阳因为县治较晚，文化又不发达，工商业更无从论了。所以它的一切均幼稚不堪：耕种悉守旧法，无丝毫之改进，人民生活几近乎原始人，他如疾病死伤，刮风下雨，惟神是尊是赖，不知此自然现象，人力决能左右。现虽有几所小学，而就学之儿童亦寥若晨星，因家长率皆无知之辈，故不知子女求学之利益，且自思己身并未求学，亦可务农养畜，求学又有何用？所以子弟稍长，宁使在家工作，不令读书。因此其幼稚盲目之事俱由此而生。对于官庭〔厅〕之苛捐杂税，绅士之无故敲榨，皆附〔俯〕首帖耳不敢反抗，事后思之虽不免痛心，但亦不思设法应付，惟怨天尤人，自叹命运之不佳。此所以稍懂世故者，则纵横乡里，备极侮辱，实奇祸临来，亦无法避免，坐以待毙。子女生病，亦不延医诊治，非听其自然，即召巫者治疗。当一医生须经数年之苦心研究及屡医之经验，有时尚不免于不药无效，而充鬼巫者，多为无知之乡民，平日既无医药之经验，临时又未学习，而今忽然装腔作势与人治病，岂非猾〔滑〕天下之大稽？而愚民之不想这些，尚信仰太甚无可侨〔矫〕正，更且颠倒是非，好坏莫辨。若长此以往，不加改善，前途何堪设想？再延数年，恐无一良民，均将为废人。故说者假期归里，耳闻目见，都出乎常情，顾念桑梓，遂如鲠在喉，不得不说。兹择其要者三点录于左：

第一：鸦片——鸦片之来源，非产自我国，系为英国之毒物，由印度输入我国。其来时甚早，而最盛行时则在清。清帝曾派遣林则徐查办，结果因焚烧鸦片而引起中英之战。是役我国大败，丧权辱国、祸国殃民皆由此而生。此后不但鸦片不能禁绝，且更流行益畅，因此弥漫全国，祸及于穹〔穷〕乡僻壤。本县人民无论男女老幼，百分之七八十皆染鸦片嗜好，无知农民，头脑简单，蠢愚至极，不知鸦片为害之深，只顾目前一时爽快，不想将来家产一空如洗，妻离子散，亲朋远避，最后不免行乞，行乞更无法生活时，则不免于冻馁而死。一部分人固然如此，而目前另一部系〔分〕人则萎靡懈怠，不欲以劳力换取衣食，多谋不劳而获。一般梦生醉死的人民，终日除吞云吐雾外再无所事事，所以近年来，产量日减，百业不兴，人民面黄肌瘦，死气沉沉，不思发展，惟苟安偷生，诚非良好现象。数量上来说，虽有几百万民众，而实质上与无何异？当此生死存亡之关头，强邻压境，得机而侵占我土地，灭止〔亡〕我民族，我民众值此之时，虽个个精神奋发，雄纠纠气昂昂准备至善，尚不足为外人畏惧，难保不亡，若此衰弱情形，更有何希望呢！恐不久将来，无待企而自必亡。此所以急待禁绝，不稍容缓。

现本省拟定分期禁烟办法，深为赞同。且已实行二年，成绩尚佳，但恐不长久，最后收效甚微，此已往事实告诉我们，非自抱悲观。不过往者不及，来者可追，我们希望政府当局对于此事如生命般的严重，认真实行。将来于四年期满后而罂〔罂〕苗不复再见，继而多用严厉办法，处罚烟民，务期收到不种不吸之效果。我想此事当地政府与各乡导员会同办理，或较易为。因各乡导员居住乡村，与人民最为接近，相处最执，故可用劝谏与执行两法，以收其效。

第二：兵灾——所谓兵灾，这里也包含着匪患。固阳之匪患，由来已久。自民国以来，即有土匪出现，但那时的土匪，不与一般贫民为难，虽不免受其搅扰，但为害究轻。至民十五年，忽然满布全县，无处不有土匪驻扎。所以在那年除少数狡猾分子得利外，其他全县人民皆损失殆尽，食粮既无所收获，牲畜又一掳罄尽。于是次年即无法生活，更加天旱无雨，人民遂多流离他乡，以谋生存。此后各乡村中皆十室九空，破屋颓垣，荆棘丛生，不复闻鸡鸣犬吠之声，由是一蹶不振，无法复兴，可谓受匪之害莫此为甚。自此以后，屡年皆有土匪成群集队，为害乡里，人民胼手胝足，勤劳终岁，稍有余润，即为之抢掠一空，因此人民无法振家立业，只苟度余生。所以当兹政府设法复兴农村之时，与〔于〕此请加注意。

兵之为害乡里，此亦尽人皆知。一般无知识的丘八，不明己身职责，只知惟我独尊，狐假虎威，仗势欺人。人民因无知关系，亦不明兵之真象，一见即附首帖耳，惟命是尊。因此更为丘八造机，横行无忌，每至乡村不但饮食特佳，犹吓诈良民。奇怪！我不知此为平日纪律不严或者训练无方？竟使兵士如狼似虎般的可恶。倘不改善，农民受害亦非浅鲜！

第三：卫生——我县人民因孤陋寡闻，茅塞不开，致使一切奇怪现象皆由此而生；对于一切应兴应革之事，亦障碍难行，所以知识之有无，与人民日常关系极其密切。人民无此，如航海之失去南针，一切皆无准绳。

人民因无知识，所以对于卫生一事，更无从讲究。常见各乡村中，都无一定厕所，随处便溺，随处倾倒垃圾。所以每到夏天，则多时疫流行，死之〔亡〕甚巨。此固穸〔穷〕乡僻壤，情犹可原，但所谓文人荟萃之地的县城，尤使人不忍触目，大街小巷无往而非垃圾堆，臭水坑，野厕所，每至热天，人皆无法行走，溴〔臭〕气熏天。且有时正当行人过街，而一般无耻妇女却在厕所里便溺。但所谓厕所，仅粗具其形，用土坯砌成，高不过三尺，简陋不堪。似此不卫生之甚，不但为时疫发祥之源，而且妨碍风化，颇不雅观。可是一般警士，对此竟不与过问，似乎非其职责。今既有〔欲〕复兴农村，对于农民种种利益方面，都应顾虑及周到，尤其卫生方面，更应特别改善。

上述三事，仅荦荦大者，且仅管见所及而为赘述。至其他要而待改善者自多，务期在"复兴农村"口号之下，一一进行。不过这些工作，固然要政府当局有实行的决心，且尤须一般乡导员负起全权责任，认真实行，或可收效。荒芜的农村，穷困无知的农民，或可由此而入佳境，灿然可观！勉之！

一九三六，七，十，于绥师

《固阳》（不定期）

北平绥远固阳旅平绥同学会

1936 年 6 卷 2 期

（李红菊　整理）

百灵庙收复后之希望

作者不详

　　酝酿经年、经久准备之蒙匪伪军，果于上月中旬以进犯绥北闻矣。而我秣马厉兵、严阵以待之晋绥国军，当即迎头予以痛击。最初一般人尚以为匪伪准备已久，且有某国人为之撑腰，甚至出面指挥，不可小觑。孰料战局展开，未及旬日，国军所至，竟如摧枯拉朽，迅将匪伪侵绥根据地百灵庙完全收复。捷报传来，吾人于欢忭之余，愿就此次大捷原因，一加检讨，告我国人。

　　绥北大捷，意义深远，种因结果，势理使然。夷考其致胜之因，远之如一：我国自"九一八"、"一二八"事变以还，幸得贤明领袖之领导，埋头苦干，努力建设。届至目前，国力已至相当充实之境。西南问题解决，统一完成，尤开吾国历史未有之纪录。举国目标，一致移转向外。近之如二：汉蒙民众同仇敌忾〔忾〕，合力应敌。红格尔图一役，民团助守，蒙员导攻，故能以少数之兵，摧毁强敌。及百灵庙传出收复之讯，达尔罕旗官民腾欢，争前慰劳，绥境蒙政会更发通电，拥护中央。凡此种种，均足以表示凡我同胞，咸立于一条战线之上。三为晋绥国军之以少胜众，吾国军人，刻已一致觉悟，深知当前所负任务之艰巨。不杀贼，即不能图存；不牺牲，则不能救国救民族。盖吾国年来，备受外力压迫，民族情绪，紧张达于极度。所谓哀军必胜，积忿必纾。匪伪之进攻，背景显然，我军于积愤之余，士气百倍，故能长驱直入，迅建奇功。反之匪伪多为裹胁而来，平日骚扰地方，苟图衣食。人民痛恨，久思与之偕亡，势无合作之理，而兵士本身，生于中国，长于中国，又何尝不知受人利用。自残同胞，乃违心之举，良心谴责，斗志毫无。何况以素乏训练乌合之众，驱之为无意义无代价之牺牲，自难满其欲望也。

综上论结，国力充实，固足致胜，且可持久。而汉蒙协力，一德一心，尤为此次绥北告捷之最大原因。吾人于此，愿对前方艰苦奋斗之汉蒙同胞，暨军事当局，敬致希望数点：

一、五族一家，为吾国建国基本因素。各族一致协力拥护国家，乃新时代国民应具之信念，沧桑可改，而此信念则不可移，且须持之以恒毅，经久勿懈。敌垒虽坚，敌谋虽狡，终有被我完全摧毁之一日，最后胜利，定可属诸吾人。

二、此次绥北之战，乃吾中华民族复兴之初步表现，来日方长，尚未至最后决斗时期，吾人应尽之责，亦至艰且巨，国难一日未除，失地一日未复，即须奋斗一日，挣扎一日。此次绥北大捷，民族精神固已表现无遗。但发挥光大，完成复兴大业，尚有待于举国一致之努力，切不可因此而骄，授敌以隙。

三、被敌利用之匪伪，除二三无识无耻之汉奸，暨少数盲目希图满足一己私欲之头目外，同为中国人，断无甘心自相残杀之理。且匪伪官兵，多数为热、察、绥三省穷苦无告之民众，只以迫于生计，横被胁从。其大部分，则为匪伪由民间征调而来，慑于淫威，任其摆弄。谁无父母，谁无兄弟妻子，但有一分办法，谁肯抛却祖宗庐墓，以血肉之驱〔躯〕，来当〔挡〕炮火，胜固无义意，战死更无意义。迫于环境，断非情甘为虎作伥，其衷心苦闷，可怜亦复可哀。最近匪伪纷纷反正，即其明证，足见人同此心，同为中国人，孰无国家民族观念。吾人颇殷望前方军事当局，对于来犯之匪伪，自应予以痛击，而同时尤须利用机会，设法向匪伪官兵普遍宣传，晓以民族大义，悬以奖赏，促其自拔来归，予以自新之机。若能因势利导，激发忠义，俾共御外侮，尤为策之上者。

　　总之，绥远之战，关系整个民族存亡，决不应视为局部战争。谓之为复兴民族之先声固可，谓之为安定东亚之初步，亦无不可。诚如蒋委员长所言：百灵庙之收复，实为吾民族复兴之起点，亦即为我国家安危最大之关键。所望全国一致，不屈不挠，决心奋斗到底，则挽救国难，收复失地，均将于此举基之矣。

《蒙藏月报》

南京蒙藏委员会

1936 年 6 卷 2 期

（张煜珩　整理）

蒙古为日本黩武之目标乎？抑烟幕乎？

［苏联］ Victor A. Yakhontoff　撰　　李诗作　译

本文作者，俄人 Victor A. Yakhontoff，对于远东问题，素有研究，著有《Russia and the Soviet Union in the Far East》等书，且曾任俄国某一关于远东问题杂志之编辑。本文译自《太平洋》杂志（Pacific Affairs）三月号，对于日俄势力在蒙古之冲突，及日本进占蒙古之企图，有深刻之解剖，殊值留意一读也。

编者

历史推移之巨力，造成蒙古为目前世界和平危机之焦点，因其所处地位渐见重要，吾人益感缺乏其正确近理之见解。此宁静之蒙古，原为成吉思汗之遗业，自十四世纪末叶，其对中国之光荣统治斩祚之后，便入于静止状态。迨十八世纪至二十世纪间，蒙人犹保持其原始之游牧生活。其后游牧生活稍有变迁，盖以俄、"满"两帝国各自坚壁清野后，殊不易作远途之移民也。以大体言之，欧美十九世纪间飞黄腾达之机器文明，迄未与蒙古相接触也。蒙古之西北境密接苏俄，中亘一广袤之西伯利亚平原。外蒙与中国内蒙间则隔一难于越渡之戈壁沙漠。内蒙与中国本部，虽相接更迩，而其气候实迥然有别也。蒙古北部，环境不宜华人移殖，惟铁路交通增设、商业繁荣后，或较适宜耳。十九世纪间，各国皆竞谋陆海交通发展，惟蒙人不然，即昔曾横跨蒙古以至中亚，沟通东西之骆驼路线，亦无存焉。

　　挽近蒙人渐为觉醒，其主因由于俄人东进。蒙人前曾绥服俄人，自十六世纪后，俄人始东来。是时俄蒙关系纯建于对华蒙之贸易基础，故俄蒙友好关系能维持至百年而不衰。蒙族之在西伯利亚者，如布里雅特人，其语言、宗教，虽迄无稍变，但久已作俄之顺民矣。俄之对华贸易，初以西伯利亚与外蒙边界之恰克图为互市地点。俄人用骆驼驮载各种货品，在蒙人保护之下，仆仆于俄蒙途中。俄人之商业利益，皆翔〔详〕载于一八八一年所订之《伊黎〔犁〕条约》，其时外蒙王公间，曾有一共同意见，均不满于当时对清廷之关系，力主蒙人自行与俄直接谈判。此乃内外蒙古不同之点，亦即所以清廷统治外蒙，迄未如对内蒙之正常状态也。

　　蒙古与中国之关系，为时甚久，彼此均有互为征服之史实，但中国对此扩〔犷〕悍之蒙古部落及其辽阔之土地，迄未作有效之殖民。早自一八七〇年间，华人在外蒙北境，近西伯利亚边境之地，从事垦殖，意欲遮断俄人南侵之路，但无成效。迨一九〇四——九〇五年，日俄战争将爆发前，清廷致力于满洲之垦殖，而殖边外蒙运动亦随之盛倡。但开垦之地，只有内蒙东、南两地，盖当地各盟旗尚能与满洲及中国各边省通力合作，结果蒙族大为衰退，遂为弱小民族矣。内蒙之西、北各旗，即今察哈尔、绥远、宁夏等省所辖诸地，因垦殖时间较晚，受铁路影响亦微，其人民仍为纯粹之蒙族。其南境等地，以平绥路之故，外来移殖者较众。

　　华人之赴蒙古经商者，以营高利贷者为多，官吏次之，均深入蒙境，远越垦殖诸地，外蒙王公咸认为对其政权有重大威胁，外蒙抗华之态度，以是较内蒙为著。外蒙前归化清廷，但始终认清廷与中国为截然两物，迄未谓为中国领土之一部，因此之故，遂有一九一一年八月遣使赴圣被〔彼〕得堡，请赞助抗华之举。同年秋间，适值中国革命，无暇顾此，蒙人以是悍然宣布独立，俄人即予以正式承认。翌年，俄蒙于库伦订一协定（即《俄蒙协定》），俨然以独立主权国视之。

十九世纪下半期，乃俄人积极在亚发展之时。一九一二年所订之《俄蒙协定》，可谓为俄势伸张之第二峰。俄人初欲经满洲，伸其势于大连，卒召一九〇四——一九〇五年日俄战争之败绩。俄之侵满侵蒙计划，原出一辙，毫无轩轾，因于一八九七年特设华俄道胜银行，经营中东铁路建筑，同时该银行资助一公司在蒙开发矿产，迄于一九〇〇年公司改组，终未以涓滴之利益供其协助者，只为帝俄留一令人嫌恶之污点而已。

日本于一九〇五年败俄之后，对蒙古利权即思染指。日人为谋其利权要求作一范围，并为避免与俄再生纠葛计，乃于一九〇七年邀同俄方缔订两约，其一为公开，其一则秘密。日本在两约中均承认俄国在外蒙及满洲西北部巴尔虎旗（Barga）诸部落地带享有特权。此等权利亦经英国于一八九九年《英俄协约》中承认。日俄为谋谅解计，再于一九一〇年续订两约，约中声明"互相尊重两国势力范围之特权"，彼此互相承认在各势力范围内之权利，"如此之规定，盖以保障两国利权也"。

按该两约，其划为日本势力范围者，计有满洲之西部、南部，但满蒙相接密迩，疆界实难划分。迨一九一二年六月间，中国革命告成，俄国承认外蒙独立之后，东京与圣彼得堡间又订一约，伸展两国之势力范围于外蒙及满洲东部，并划定两国在内蒙之势力范围。旋于北京进行折衷，结果将内蒙划为东西二部，西蒙归俄，东蒙属日。

俄人东侵之计，一挫于一九〇四——一九〇五年日俄战争，再挫于一九一四年之欧战，因是日本便占优势。一九一四年中国改组蒙古，具有防止日人侵蒙之意，其第一步撤消外蒙独立，次将蒙古改成正常之行省，首先于内蒙实行，以行省代原有之部落、旗、盟制，是以破除各部落之结合，一面与邻近行省发生直接联系，一面使之自成一"特别行政区域"，待后徐图改成完全省治。

新制推行之后，往内蒙移殖者陡增，惟外蒙则依然如故。旋俄国革命兴起，而对此所谓外蒙独立政府之赞助，因之解体，以是中国于一九一九年派徐树铮为专使赴库伦，意为绥靖外蒙并促其归政中央，改成省治。徐氏率兵入蒙，似已得日人默许，盖此举乃正合日人反苏俄之计也。故徐氏入蒙，了无困难，于入蒙之际，曾宣言：彼因俄国革命，特来此镇守边圉云。嗣徐氏捕其宗教领袖库伦活佛为质，并肆行恐怖政策，厥后白俄余孽之"疯男爵"恩琴氏（Ungern Sternberg）为俄革命军驱逐逃蒙，又演流血惨剧。

"疯男爵"对蒙人之横暴，远甚于华军，后为俄革命军捕杀，而赤色干涉又随之而至，外蒙人民迎苏俄红军入蒙维持秩序，原有之外蒙政府即行崩溃，随有重建革命政府之议。蒙人于一九一九年，在西伯利亚边境举行全蒙革命大会，关于组设新政府之议，概由此会解决之。惟卒未采极端之革命政策，仍以库伦活佛（即哲布导〔尊〕丹巴呼图克图）为首领，只拥虚名而已，下层阶级均予解放。苏俄旋将驻军撤退，以示纯为助蒙独立而来，非为作新帝国主义之举，自是蒙民信任新政府更坚，只有一曾任军政部长之丹尊（Danzan）阴谋倾覆新政府，卒失败。

库伦活佛死后无人嗣位，蒙古即谋革命政府之完成。一九二四年颁布宪法，于蒙人视之，此乃蒙古独立之保证。同年《中俄协定》成，其第五条规定："苏联政府承认外蒙为完全中华民国一部分，及尊重在该领土内中国之主权。"惟外蒙政府迄未如条约规定为中华民国一部之地位自处。为其本身目的之企求，始终为一独立国，亦为苏联之一员。外蒙与苏联之同盟关系，实甚密切，以致他国，尤以日本为甚，每谣传外蒙已并入苏联，此种传说业经苏联与外蒙双方否认之。

　　泊〔洎〕乎满洲被占，伪国成立之后，局势又为一变，大有利于日本自一九〇三年即〔既〕定之侵蒙政策。自一九一六年后，日本大肆挑唆，内蒙亦居然倡言独立，日人不惟供给军需品等，且派军事教练，但独立政府卒归失败。日人对蒙政策纯取法于沙皇（Tsar）。日人时而派遣教练，时而撤回，甚或助华攻蒙，反覆无常，不一而足，蒙古纠纷因此时起时伏。例如一九二八年巴尔虎旗反华事件之起，日人谓与苏联有关，惟俄方传说，则系日人挑拨而起，旋又因日之中止援助，叛乱即归平息。

　　华人对蒙时加讨剿，有时且得日人协助，益以华人商贩及垦殖营业者，时而与当地喇嘛、王公勾结盘剥，时或互为竞争，蒙人之平民阶级，因此日趋贫困，蒙族在此夹攻之下，大形衰落，纷纷向西迁避。华人殖边运动于一九二八—三〇年间为最盛，旋为日人阻止，故蒙人自是忽觉华人进逼，顿形缓和。最后日人又与东三省当局合作。

　　日人之研究蒙古问题者，数年来均致力于对蒙古之准备，如研究蒙古种族、土地、地图绘制等工作。田中大将竟公然宣称，此辈乃将来征蒙时之皇军耳目（其著名之奏折，想已全行采纳）。当满洲事变未久，蒙古即有分裂运动，据俄方调查，其首领居于大连，并组设总机关，租借地政府特为保护。此神秘之"满洲国"成立时，其保姆等即献议在"满"设蒙古自治省，后居然实现，果设所谓兴安省。其主旨纯在吸引蒙人归顺日人，并借作侵外蒙之急先锋。

　　日人对其侵蒙目标之迈进，已于历史上表现矣。一九一五年提出"二十一条件"，迨一九二一—二二年华府会议时，曾放弃其一部，但至一九三一年国际局势改变后，日人又依前计划急谋实现，乘世界经济不景气之一九三一年而发，列强均无法干涉，东京于是遂其夙愿矣，甚或有超出愿望之处，日人对蒙计划迄未收效者，今已踌躇满志矣。

日人侵蒙计划，每用双管齐下之法，一由王公或贵族，一由喇嘛僧侣之最高阶级，其手段固不一而足，但要言之，不外贿赂、威胁而已，或以军械、金钱结纳之，或以民族独立之巧言动之，使其嫉视华人，然后再助其分裂运动。此外尚有一法，即嗾使日人走狗，蛊惑在蒙之中国军阀，起而活动。最后乃于一九三一年以日"满"军占取满洲毗连之内蒙各地，次入热河、察哈尔二省。此种类似和平之侵略政策，殆非占内蒙全境，决不罢休。或另造如"满洲国"之独立国，或归溥仪节制，而受东京之指挥。

一九三一年满洲事变发生，其时内蒙独立运动尚未为日人操纵，因满洲西境之内蒙首领德王尚把持其间。德王正与南京当局协商条件，至一九三四年订成，内蒙自治政务委员会因而成立，会址设于中日两国权力不及之百灵庙。该委员会经南京当局承认，并予津贴经费。但该会力量薄弱，必易为日人诡计所驾御，而达其斩断内蒙对中国之宗主关系。传闻德王自伪满成立后，曾访长春，德王此行，或为与日谈判而来。近且日人建议将内蒙自治委员会迁贝子庙，该地密接察哈尔东境，距满洲更迩，幸蒙人尚无接纳之意。蒙古与伪满间虽有合作成分，甚或时有此等建议，但终未见蒙古必致并入伪满。一般王公对日颇示友好，至少无意抗日，然而一般人民不如前之愚昧，徒事默息以听王公、喇嘛处置矣。王公有出卖蒙古之意，蒙民颇多不利于亲日之举。

蒙古封建制度中之各阶级层及种族上之机构，亦应予逐一研究。此等问题较前为重要。例如外蒙社会分成 Arat 与 Shabinar 二阶级。前者有普通平民之意，即一般无世袭名衔、官职及宗教阶级。后者即圣徒之意，乃世居于喇嘛繁〔聚〕居之地，不纳赋税，只纳少数税额于其所属宗教机关。此外有一阶级曰 Khamijilgha，即扈从者，为部落贵族之当然奴隶，世袭仆役。此阶级对外人馈赠，如中国官吏或日本使臣所徕〔赉〕之物品，均无权染指。大概言之，此阶级在日人统治下之满洲境内，受地主之榨取，当甚于前时，因满洲社会秩序乃日人所支持缔造者也。

再以蒙古所处情势论，吾人不解日人何故以蒙古为其利害之关键？其原因显在经济上之利益。蒙古产牲畜、羊毛等，为日本所缺乏之物，并巨额之矿藏（其产额虽未详确，但据查产量甚多，种类亦繁），将来且可成为日人之重要市场。当此市场争夺潮日趋尖锐之现代，日人对此较狭小之市场，亦未愿放弃也。尝有人言，蒙古乃日本战略至要之地，为攻俄之要道，甚至有谓蒙古可左右日俄战争之胜负。被〔彼〕辈以为日俄战争即将爆发，此说果可信乎？

蒙古及日人所控利〔制〕之满洲，并华北一部等地，均为日人之良好市场，且为日人战时取给原料之地。但谓战争者，究为对何国之战争乎？如谓与苏联作战，日本所需军用品可由海上运输，或无困难，惟于太平洋方面之战，则殊不易耳。由是可知日本在满蒙及中国本部取给原料之意义，已甚了然矣。

蒙古于日人战略上，殊占重要，此乃不可否认之事实。田中奏折中之名言曰"欲征服中国，须先征服满蒙"，即谓田中奏折确为赝〔赝〕造，而此语亦非出无因。田中之部将荒木贞夫曾于所著《昭和时代日本问题（problems of Japan in the Erea of Showa）》一书中言：日本倘不于满蒙树立势力，必不能实现其最大之理想。如此项沐化蒙古之工作，其障碍较满洲为多。氏又言："凡与帝国理想障碍之处，必以全力扫除之。"

间有批评家谓日人越外蒙而攻苏联，较之由满洲经西伯利亚沿海各省进兵，其危险较大。彼等预测日俄决战之地乃在贝加尔湖一带。诚然，日人占外蒙，日军得接近苏联交通大动脉之西伯利亚铁路。但俄之重要地点，如赤塔、尼布楚至贝加尔湖之东，或伊尔库次克及其西境等地出兵，均可截击入蒙之敌军，所可异者，日人未决定对俄作战之前，胡亟谋占领外蒙？

满洲已为日人之土地，从满洲西境入外蒙亦属易事，由此进兵，虽蒙人抵抗，亦必可于最短期间绥服之。蒙人军备，近固有相当进步，但以此区区军力，当难挡日军也。日军由满洲西境入外蒙，易于由内蒙渡沙漠而进。南进之路，不惟路险而阻，且将无功而返。

日人近谋蒙益急，在外蒙捕获之日牒〔谍〕日有所闻，且日军屡有犯蒙境之事实（例如克鲁伦河事件），日人借言两地边界不明之故，最后日人竟声称外蒙人民共和国应许日人自由入境及自由居住权，此固不能认作日人欲攻击外蒙，或有据其土地之意。

日人在内蒙近有新活动，直接受威胁者当为外蒙。内蒙借日人为背景以拒正在中国西境向蒙边移动之中国革命部队，日人则利用一般愿为驱使之内蒙王公，以谋推倒外蒙革命的人民共和政府。日人甚望由内蒙至中国西部及西南部等省迎击正入晋、甘二省之中国红军。如红军能入据晋、甘，日人遂不易顺势深入中国腹地，是时日军北有苏联及外蒙准共产苏维埃，西南及南则有内蒙、晋、甘、川等省之红军，自是中国虽欲进剿，红军均能固守。

假如日人统制内蒙，或即外蒙亦为并吞，当系对俄作战之准备，但其准备对俄，非即挑战。日人控制内蒙，已达全境之半，且有深入外蒙之势。其果为对俄作战而占外蒙乎？实无从断定，除非日人已下此决心，而有所表露。故换言之，外蒙纠纷之起，乃日人发展政策片面之事，与其谓为日本目的，毋宁谓为日人之烟幕。

四月二十日译竣

《外交评论》（月刊）

南京外交评论社

1936 年 6 卷 4 期

（李红权　整理）

《苏蒙协定》与中国

撮自东京《朝日新闻》四月十一日社论

启英 撰

苏联政府于本年四月七日，突然发表关于苏蒙相互援助的议定书。太田大使于上次会晤外交委员会副委员长斯特莫尼亚科夫时，曾询问苏联与外蒙的关系，斯氏当即表明苏联与外蒙自一九二一年以来之友谊关系，而且表明对外蒙有特别的关心。此次成立苏蒙协定，完全为满蒙国境问题的严重化所刺激：拟以相互援助的形式，将历年来在事实上的同盟关系，再加以公式化。

苏蒙双方于一九二一年便缔结了修好条约。到一九二四年春，中苏二国成立《北京协定》，在该协定中第五条规定，苏联承认外蒙是中华民国的构成部分，同时誓言尊重中国在外蒙的主权。而关于该协定的细目，则规定在该协定签字后一个月内，召开中苏会议，并于六个月内办理完竣。但细目方面，其后为中国国内情势的剧变，一直延至今日，尚无确切规定。而且其中有一时期，因中国热中于联俄容共政策，对于外蒙问题并不讲求对策。外蒙在过去，或依苏联而自立，或取消自主而复归中国，常随二国情势的变迁而决定。待至民国八年，因徐树铮进兵库伦，曾经一度归于中国，但自一九二一年缔结《苏蒙协定》以后，在苏联的庇护下，外蒙完全以新兴独立国的姿态而出现了。名为"外蒙共和国"，但事实上，是构成苏维埃俄罗斯外圈的一种重要元素。中国至今仍未采取恢复主权的处置。现在苏联发表《苏蒙互助协定》，中国才大叫苏联侵犯主权，诉诸各国，可谓时机已晚。然而已有《中俄协定》，中国以此为根据，极力攻击苏联的行动，在中国方面自为当然的态度。苏联政府于四月八日的回答，拒绝中国的抗议，其全文措词，可谓狡滑到极点了。其中最难忽视的，就是虽然声明《苏蒙协定》没有侵犯第三国利益之意；但只为了苏联的利益，就把外蒙与外部的关系绝断，使其成为世界的秘密国了。而且上面说承认外蒙是中华民国的一部分，尊重中国在外蒙的主权；但另一方面却完全拒绝中国对外蒙的利益。因为《苏蒙协定》带有军事的意义，使中国对外蒙的关系，可以说是受到了最后的打击了。中国将如何对付苏联的拒绝抗议呢？最近盛传南京政府内部，有人为欲挽救退婴的势力，主张重行采取联俄政策，以求出路。但正在静候日苏关系之恶化，而徐图善后的南京政府，现在是否会对苏联采取更强硬的态度呢？据我们的推测，今后南京政府纵然一再抗议，恐亦不能得到实质上的效果，结果只好忍气吞声无所表示了。

　　《苏蒙互助条约》的发表，对于世界各国有什么影响呢？这个颇有疑问。不过，多年来在烟幕下的暧昧的苏蒙关系，经这次协定的形表，已在光天化日之下显出真相了。这个苏蒙协定的成立，在日本方面，是十分值得加以重视的。

《外交评论》（月刊）

南京外交评论社

1936 年 6 卷 4 期

（朱宪　整理）

苏联眼中的外蒙古

撮自莫斯科四月八日《真理报》

萧力　撰

俄国社会主义的十月革命，帮助了蒙古民族从最残酷的殖民地的束缚中解放出来。在十五年的独立生活中，在天才的领导者和组织者的推进之下，蒙古民族已保证了他们的胜利，丰富了他们的生活内容，并且提高了他们的文化水平。

蒙古民族好几世纪以来，都是逐水草而居的游牧群，但是这个贫穷的、差不多全是文盲的民族，现在已经扫除了沉重的旧的传统，成为一个文化之邦。这种对外来压迫，对内扫除旧势力奋斗的成功，表示出来蒙古民族是有多么伟大的力量。

从前，蒙古的喇嘛教对群众还有很大的影响，这可以从政府的组织上看得出来。蒙古喇嘛教的最高支配者是活佛。这当然不是说，一个活佛，一个残废的盲目老年人，可以成为生气虎虎的蒙古政府的危险敌人。不过政府本身应该是多方面的。这里面不仅应该包含从前受压迫群众的代表，而且也要包含少数封建分子，因为他们也开始愿意在民族统一战线之下，求国家的自由，求民族的解放。

在这个环境之下，蒙古人民革命党于是很合理地宣布蒙古为活佛统治的王国。但这仅仅是一个名义上的王国。一九二一年十一月一日，政府与活佛签订了一个《约言》，确切地规定各自的职权，其要点如左：

第一款：活佛为黄教的首领，不问国事。但关于宗教的事情，亦不受政府的限制。

第二款：蒙古为君主立宪国，以活佛为元首，但一切国家事务均由内阁总理掌管。……

第四款：凡重要法律，须经过活佛签字之后始发生效力。但已发生效力之法律，活佛不得否认或撤销。一般法律，活佛得要求立法机关重新审议，但只能要求一次。重新审议之法案，由活佛宣布后，即成为法律。

一九二四年五月活佛逝世。同年十一月国民会议遂宣布成立蒙古人民共和国，同时颁布宪法。从一九二一到一九二四三年中，国内领导权的斗争异常剧烈。因为民众与较前进封建分子及喇嘛的全民统一战线，目的虽在求民族的解放，反对日本帝国主义的压迫，但是这种斗争，却增长了蒙古民族反封建的斗争。用血换来革命胜利的群众，开始要求自己生活的改善，要求从王公和僧侣的压迫下解放出来。

人民政府的第一批政策，便是取消封建势力的一切特权——禁止他们对老百姓征税；所有国民都有放牧的权利；用民选的地方政府来代替王公及官宪之残暴的统治；禁止僧侣向人民勒索维持宗教的费用；废除宗教的领地。于是封建势力不断地反对政府，他们从外国军阀或者日本那里得到帮助。

蒙古人民政府的第二批政策，便是在一九二六年颁布否认喇嘛教为合法宗教的法律，并颁布许多法律，进一步限制僧侣与封建势力的剥削。最后，在一九二九年通过法律，没收封建分子的财产，分给贫苦的国民。这些都是很重要的政策，保障了反封建革命的胜利。

一九二一年蒙古的革命，由反帝国主义的任务开始，经过长期的斗争，变为反封建的革命。不过蒙古革命中的反封建问题，还没有完全解决。蒙古的封建主义和封建关系虽然是被毁坏了，但并没有完全肃清。封建表征之一的喇嘛，在蒙古，差不多还有八万人。革命前，僧侣所有的羊群，占全蒙古百分之二十，但现在也还有百分之一。喇嘛对蒙古人民的影响还大大地阻碍着一般文化的提高。但是反帝国主义的工作，也不是说完全可以放弃，尤其是当日本现在想直接夺取外蒙古，奴役整个蒙古民族的时候。

当第一次宣布宪法的时候，宪法将蒙古人民共和国的性质规定如下："宪法第二条：蒙古共和国的根本问题，乃在如何将生活于封建的神权社会制度中的旧秩序的残余，从根地消灭；如何将共和国在完全民主政府的基础上，奠定一个新的秩序。"

宪法废除了王公及贵族的尊号，又否认了革命前的不平等条约和不合理的外债。在宪法上有这样的规定："一九二一年革命前，蒙古政府缔结的国际条约与借款，对于蒙古民族是个很重的负担，均取消之。"

蒙古共和国的最高统治机关是国民会议（大库拉尔），每三年召集一次。在国民会议闭幕期间，最高的统治机关为国民会议选举之执行委员会（小库拉尔），执行委员会每年召集两次。在这两次召集执行委员会以外的期间，共和国的最高统治机关为常务委员会（委员三人），政府主席及各部部长。地方政府的负责人，也是用选举的方法产生的。

最近一次执行委员会所选举的政府主席兼外交部长为阿莫尔；副主席兼内政部长巴尔山，副主席兼军事部长季米德，执行委员会的主席则为多克索。

一九二四年的宪法规定，所有蒙古公民在十八岁以上者均有选举权，但以下几种人除外：（一）剥削他人以获得利润为目的者；（二）封建分子及喇嘛。

就它的特性来看，蒙古共和国是一个资产阶级民主的共和国。她的经济基础还是畜牧。除了没有多大比例的一部分牧畜业由国家经营外，所有的畜群，还在私人的手里。因为私有财产的存在，一部分人剥削别人因而致富的事情就必然存在。蒙古人民共和国的政府于是用累进税的办法，来帮助穷苦者与中产阶级，来限制富有者的剥削。日益巩固的蒙古共和国，为国家生产力之最大的发展而斗争，努力去提高群众的文化水平，肃清封建主义的残余，永远限制资本主义成分的剥削，并且保护国家不受外来的攻击。这样，蒙古人民共和国已经走上非资本主义的道路。所以就她的使命说，蒙古人民共和国是资产阶级民主共和国的新形态。

外蒙古的政党是蒙古国民革命党。这个政党是在一九二〇年组织起来的，当时国外的威胁日趋严重，所以这个政党的目的，就在组织群众为民族的解放而斗争。党员最初包含了一些进步的牧者、知识分子，甚至还有一些带有自由主义色彩的喇嘛和小王公。党的创始者和领袖叫作苏赫·巴托尔，已在一九二三年死去了。

在由反帝国主义过渡到反封建残余的过程中，党里面的封建分子和喇嘛都退出去，党也变成大多数劳动牧人的政党了。至于青年党则是蒙古青年革命的组织。

蒙古政府和国民革命党，在文化建设方面的功绩很伟大。在革命前，蒙古就没有什么学校，唯一的"文化"中心就是僧侣。在革命后，才开始建立国有学校网。现在，在蒙古，有七十个小学、五个中学、三个技术学校，还有一些专门学校。许多成年人都加入扫除文盲的学校。有些蒙古青年在苏联各种学校，甚至于高等学校中受教育。近年来，蒙古还产生了许多专门人材如电影演员、教师、技术人员等。在外蒙古的首都——库伦——发行有五种报纸，九种杂志，登载翻译的或原著的科学、艺术及通俗的文字，几年以前，又有了国家剧院。

　　在革命前，蒙古人民没有享受过新的医学。喇嘛就是蒙古人民的医生。一九二三年外蒙古才有了苏联的医士，而蒙古政府也才开始建立医院网。现在，在蒙古有六十多个医院和流动医诊团。

　　所有这些新的建设之所以可能，就因为在一九二一年，蒙古人民得到了苏联红军的帮助，赶走了日本的军队。三月十二日蒙古人民共和国和苏联在库伦签订《互助协定》，这个协定将更会保证蒙古的独立，及蒙古民族经济、文化的发展。

《外交评论》（月刊）

南京外交评论社

1936 年 6 卷 4 期

（陈静　整理）

苏联违约擅与外蒙订立互助协定

行健 撰

当此日俄关系风声鹤唳之时，苏联政府忽与外蒙当局于三月十二日在库伦签订《蒙俄互助协定》。此举不特破坏我国主权，抑且违反民国十三年五月三十一日所订之《中俄解决悬案大纲协定》。我外交部于消息证实后，即于四月七日向苏联政府提出抗议，苏联政府于九日答覆，惟对我所提领土主权各点，措辞甚为闪烁，我外交部乃于十一日再提抗议，严予驳斥，并声明我国政府所持之态度。苏联政府对第二次所提抗议，现在尚未答覆，兹记其经过如下。

蒙俄签订互助协定

日俄冲突紧张声中，苏联突于三月十二日与外蒙当局订立《蒙俄互助协定》，进行非常秘密，至三月二十八日，始有消息外露。四月八日，苏联政府正式将该协定内容公布，签字者为苏联全权代表泰洛夫（Tairov），及所谓蒙古人民共和国"小库拉尔"主席阿穆尔（Amor），总理兼外长赓登（Guenden），协定全文如下：

> 苏联政府与蒙古人民共和国，现因两国友谊，自一九二一年蒙古人民共和国得红军之助，将与侵占苏联领土军队互相联

络之白卫军队逐出蒙古领土以来，始终不渝；且因两国俱愿维持远东和平，继续巩固两国现存友好关系，故已决定将一九三四年十一月二十七日即已存在之绅士协定，正式改订此项协定，规定以全力互相援助，以避免及防止武装攻击威胁，并于任何第三国攻击苏联或蒙古人民共和国时，彼此援助。为此目的，余等签订此项协定。

第一条　苏联或蒙古人民共和国之领土，如受第三国家或政府之攻击威胁，则苏联及蒙古人民共和国应立即共同考虑发生情形，并采用防卫及保全两国领土所必需之各种方法。

第二条　苏联及蒙古人民共和国政府，承认在缔约国之一国受军事攻击时，相互予各种援助，包括军事在内。

第三条　苏联及蒙古人民共和国政府，认为缔约国中一国军队根据《互助公约》，为完成第一条或第二条之义务起见，屯驻另一缔约国内，至无此必要时，应立即退出，有如一九二五年苏联军队之退出蒙古人民共和国领土，此乃不言自明。

第四条　此项协定共有两份，一用俄文，一用蒙古文，两份俱有同等效力。

此项协定，将于签字后发生效力，于此后十年内继续有效。

我国政府首次抗议

关于苏联与外蒙签订《互助协定》事，我国外交部得讯后，极端重视，多方查询，始经证实，苏联确已与外蒙于三月十二日在库伦签订一种《议定书》，大致规定遇有第三者袭击时，双方实行互助防卫。外部以外蒙系我国之一部，而在民国十三年五月三十一日签订之《中俄解决悬案大纲协定》第五条中，苏联政府亦明白承认外蒙为完全中华民国之一部，及尊重在该领土内中国之主权。现苏联擅与外蒙签订《议定书》，显系侵害中国主权，违反民国十三年《中苏协定》。外部乃于四月七日向苏联方面提出严重抗议，并声明中国政府断难承认该《议定书》。照会全文于四月十二日发表，其文曰：

> 为照会事，本月前，准贵大使面交一种文件抄本，称系苏联与外蒙签订之《议定书》，查民国十三年五月三十一日签订之《中俄解决悬〈案〉大纲协定》第五条，规定"苏联政府承认外蒙为完全中华民国之一部分，为尊重在该领土内中国之主权"。外蒙系中华民国之一部，任何国家自不能与之缔结任何条约或协定。兹苏联政府不顾其对于中国政府所为之诺言，而擅与外蒙签订上述《议定书》，此种行为，侵害中国之主权，违反民国十三年《中苏协定》之规定，实无疑义。本部长兹特向贵大使提出严重抗议，并声明苏联政府与外蒙签订《议定书》系属违法，中国政府断难承认，并不受其拘束。相应照请贵大使查照，转达贵国政府，予以满意之答覆为荷。

苏联覆文闪烁其辞

苏联政府接到我国抗议后，即于四月九日由外长李维诺夫（Maxim Litvinoff）向我国驻苏联代办吴南如提出答覆，惟对于领土、主权各点，措辞殊属闪烁，而谓民国十三年《奉俄协定》订立之际，中国政府，未有任何抗议，尤于事实不符。兹录其照会全文如下：

> 本月七日贵代办遵奉贵国政府训令，送交本委员长照会抄件，该照会贵方已于同日面交驻华苏联大使鲍格莫洛夫（M. Dimitri Bogomoloff）。该照会理由，因苏联政府与"蒙古人

民共和国"于本年三月十二日签订《议定书》，认为侵害中国主权，并抵触一九二四年五月三十一日《中苏协定》，为此南京政府认为得以提起抗议，兹对于该照会答覆如下：

　　苏维埃政府对于该照会所载，对《苏蒙议定书》之解释不能同意，且对于中国政府所提抗议，亦不能认为有根据。《议定书》之签订，与《议定书》内各条款，均无丝毫损害中国主权处，该《议定书》并不容许，亦不包含苏联共和国对于中国及"蒙古人民共和国"有任何领土之要求。《议定书》之签订，于中国及苏联共和国间，及苏联共和国与"蒙古人民共和国"间至今存在之形式的或实际的关系，绝无变更。苏联于签订《互助议定书》，认为一九二四年在北京签订之《中苏协定》，并无损害，且仍保持其效力。苏维埃政府兹特重行确证上述协定，就苏联方面言，仍保持其效力，以及于将来。至于形式上是否有权与中华民国自治部分签订协定问题，兹仅须提及苏维埃政府曾与东三省政府于一九二四年八月二十日在奉天签订协定，此事并未引起中华民国政府之任何抗议，且经其承认该《奉俄协定》与《北京协定》有完全同等之效力。同时应予以注意者，《苏蒙议定书》，并不反对第三国之利益，因其仅于苏联或"蒙古人民共和国"成为侵略者之牺牲，并不得不防卫自己之领土时，始发生效力。基于上述理由，苏维埃政府以为不得不拒绝中国政府之抗议，认为并无根据；同时并表示深信中华民国政府必能确信《苏蒙议定书》并不违反《北京协定》，且适合于中国人民及蒙古人民之利益也云云。

我国政府再提抗议

我国外交部接得苏联政府答覆后，即起草第二次抗议，于十一日送交驻中国苏联大使馆。除对于苏联确证《中俄协定》仍属有效之一点表示阅悉外，更复层予驳斥，指明其事实上之错误，并郑重申明我国方面仍维持第一次去照内所表明之态度。照会文曰：

为照会事，关于苏联共和国与外蒙签订《互助议定书》事，本部长业于四月七日向贵大使递送抗议照会，声明该《议定书》之签订，侵犯中国主权，违反民国十三年《中苏协定》，中国政府断难承认。本月九日准贵大使递到贵国外交委员长致中华民国驻苏联代办照会钞件一份，答覆本部长上述去照。来照谓："苏维埃政府兹特重行确证上述协定（民国十三年《中苏协定》）就苏联方面言，仍保持其效力，以及于将来"，苏联政府于此重行确认外蒙为完全中华民国之一部分，及尊重在该领土内中国之主权。本部长对于苏联政府此项保证，业已阅悉。惟查苏联政府对于此次苏联与外蒙签订《议定书》之事项解释，本部长认为并无充分理由，所引民国十三年在奉天所订之《奉俄协定》，尤不能作为先例。

来照谓《奉俄协定》之签订，并未引起中华民国政府之抗议一节，适与事实相反。查该协定未经该处地方当局呈经中央核准作为《中苏协定》之附件以前，送经前北京外交部，于民国十三年八月二十五日及九月十一日，先后向彼时贵国驻华大使提出抗议，并经中国驻莫斯科之外交代表向苏联政府抗议各在案。嗣该协定经中央政府核准，完成法律手续后，始于民国十四年三月间通知苏联政府，作为民国十三年《中苏协定》之附件。此项事件，原为贵方违反国际惯例之不合法行为，经中国政府予以纠正，固不得援引为贵方有权向中国地方政府签订任何协定之先例。此次苏联政府与外蒙签订之《议定书》，侵及中华民国之主权，与民国十三年《中苏协定》，根本抵触，中国政府对于该《议定书》，不得不重申抗议，并维持上次照会内所表明之态度。相应照请贵大使查照，转达贵国政府为荷。

日本重视《蒙俄协定》

日本政府以《蒙俄互助协定》内容与日本国防有重要关系，故以慎重态度，研究其对日影响。据日政府一般意见，《蒙俄互助协定》目的在于合法的确定苏联在外蒙军事的支配权，颇为明显。尤其第一条中"发生受第三国或政府攻击威胁"，苏联及蒙古人民共和国政府"应立即考虑所必要之一切手段"字句，系公然表明苏联未受攻击之前，先行攻击敌人，所谓"为防守攻击敌人"之意者，系露骨的表示苏联军进攻的意图之一节也。苏联政府又于其第二条确保外蒙为第三国受军事的攻击时，实行军事的及其他一切援助之权利，其用意在对日战争等时，企图在外蒙领土内使用红军，俾得由日军侧面及后方加以攻击。故该协定之第二条，显然以日本为目标，置红军于进攻的态势。苏联以该协定之订立，更加其积极的攻势之度，将来公然命其优势部队，驻扎外蒙境内，因此结果，警备力薄弱之"满洲国"，将受不断之威胁。总之，苏联以该协定获得对于外蒙之军事支配权，日、"满"不得不取对付手段云。

《外交评论》（月刊）

南京外交评论社

1936 年 6 卷 4 期

（朱宪　整理）

绥远与我们

卢阎　撰

这一个月来，绥远战事，已经打得很激烈了！日军和匪军（并伪军在内）不断的开到前方，大批的飞机、坦克车也参加了作战，还有大批的械弹、粮秣正在源源的输送，猛烈的大战，重来即在目前了！事实告诉我们，日人侵略绥远，已经下了最大的决心，绥远的命运，已经到"最后关头"了！

日人侵略的计划，以后不但要西入宁夏，并且要南下山西。它们的目的，一面要把外蒙在其控制之下，一面还要尽把华北五省置其囊括之中。这样一来，我们的外蒙固不成问题了，我们的华北五省也完全失去了！剩下的中原之地，岂不又在危亡震撼之中？那么，这尚在给我流亡的人们寄足的西北，还有给我们苟延残喘的日子没有？

在地理上，绥远与山西是毗连，绥远与甘、陕亦是邻接，日人现在进攻的兴和、集宁、丰镇，就是与山西大同最靠近的地方，而我们刚收复的百灵庙，则正对着陕西的北角。我们既知日人并不以夺取华北为满足，绥、晋两省若失，敌人的铁蹄踏入陕、甘来，还有什么问题？

东北军是日人的眼中钉，这是世界上任何一个人也能知道的，在日人攻绥的时候，东北军的势力，哪天不在其估计之列？日人在得到绥、晋两省以后，又与我们正面发生冲突了，试问日人夺绥、晋的目的既达，会不会来攻击我们，会不会与我们作殊死战？

现在绥远已在万万紧急的时候了，百灵庙虽经收复，要保证永久的胜利，必须全国大众共起维护的，也必须全国大众共起斗争的！绥远既是我国同胞共有的地方，失了绥远又与我们有直接的利害关系，与其坐以待敌人的屠戮，又何如速与之抗战起来，与其任绥远将士苦战于冰天雪地之中，又何如一同冲杀上去，去收复一切失地？

"覆巢之下，焉有完卵"，万一绥远不守，岂独收复东北更多一层障碍，即任我流离西北亦将无托足之所，失了东北，我们既有切肤之痛，失了绥远，我们亦有心腹之忧。救绥远，我国大众要负起责任来，尤其是我们东北军和我们绥、晋、冀、察、鲁诸省军队，都应该站在最前线上去，那才可以良好的解决绥远问题，保全华北，收复东北！

现在已不是独善其身的时候了，隔岸观火，在事实上既不可能，在情理上尤为下策！东北失了，我们蒙上了亡省的羞辱，绥远失了，华北五省同胞，亦将继我们之后而为亡命之人了。到了那个时候，环顾全国，哪里可作我中华民族苟安的地方，又哪里是我中华民族生存的处所？必欲身入死境才知利害，天下之不知死活者，又何过于我们四万万的中华人民？

我们决不能以绥远问题又是局部的问题，更不能以攻绥的日军、匪军只在单独的夺取绥远，尤不能以为守绥远的责任，只在我驻绥远的将士。我们希望自己马上赶到前线去，更希望冀、察、鲁诸省将领醒来，全国大众一同醒来！

救了绥远，即可以救华北和西北，救了华北和西北，即有收复东北的根基。如果冀、察、鲁三省立即出兵，敌人腹背受敌，以救绥远，诚如探囊取物，敌人的力量并不怎样凶顽，现在只觉我们的胆量太小了，苟安的惰性太深了！收复百灵庙正是一声警钟，前途的胜利，只待我们努力，并没有什么艰难！

东北的将士们！华北的将士们！全国的大众们！我们快救绥远去！

《东望》（周刊）

西安陆军第六十七军参谋处

1936 年 6 卷 5 期

（李红权　整理）

外蒙交涉之回顾

步青　撰

作者研究外蒙问题有年，本文为其精心之作，内容充实，见解确凿，迥异寻常。读之可知我国丧失外蒙之由来，匪仅足供参考已也。

编者

一　历史上之中蒙关系

外蒙古僻处塞北，昔为戎狄之区，唐虞之世，山戎、猃狁、荤粥杂居其间。土人以游牧为生，无一定之住处，逐水草，寄穹庐，古称行国者也。其部落疆域、建置沿革，今已无从稽考。秦汉间，匈奴崛起大漠间，平城之役，汉高祖被困于白登者七日，匈奴之强盛可知。嗣结和亲之约，武帝时，始收复河南之地，置朔方、五原二郡。东汉时，匈奴分南北二部，叛服无常。汉末，北匈奴为鲜卑、乌桓所分据。晋魏中，柔然继兴，然不久为突厥所灭。隋唐以还，突厥、薛延陀、回纥、契丹相继有其地。唐贞观中，回纥统一漠北，遣使内附，太宗置瀚海、燕然、金微、幽陵、龟林、卢山等六都督府，皋兰、高阙等九州，分置都督、刺史，即以各部酋充之，更设燕然都护府，统辖其他，旋改号瀚海都护府，仍辖漠北之地。迄辽宋之际，蒙古开始崛兴焉。

蒙古部族之渊源，传说不一。其见于史籍者，以《旧唐书》为先，《旧唐书》有《蒙兀室韦传》，然记述简略，莫可详考。其部落初蕃息于室建河南（今额尔古讷河），唐末渐西徙，散居于斡难河畔（今鄂嫩河）肯特山一带，部众散乱，彼此不相统属，势甚微弱，世世修贡于契丹。及南宋中，成吉思汗统一本部，略取漠南北，遂奄有今内外蒙古地。经太宗、定、宪以迄世祖，累世征伐，灭金夏，远征西欧，至元十六年（西历一二七九），灭宋而有中原，建亘古未有之大帝国。蒙古之名，遂炳耀于世矣。

然游牧民族，长于战事，拙于内治，创业有余，守成不足。蒙古立国未久，内乱即起，同室操戈，元气大伤。成宗以后，历代君主，多昏庸懦弱，政事日非。又以异族入主，种族间待遇，不平殊甚，压制既久，反抗遂生。文宗初，江南即已不靖，顺帝荒淫无度，横征暴敛，天灾迭见，民不聊生，变乱四起。未几朱元璋崛起，兼并群雄，次第略取江南、两淮诸地，平定闽、粤，统一南方，乃长驱北伐，至正二十八年（一三六七〔八〕）克燕京，顺帝北走，元祚遂终。距世祖入主，仅八十八年而已。

明初，顺帝殂于应昌，子爱猷识理达腊徙保和宁，数传至坤帖木耳，为远族鬼力赤所篡，改号鞑靼，自是内乱不已，势益衰殆。

明宪宗成化年间，元太祖十五世孙巴图蒙克嗣为可汗，世称达延汗，蒙古中兴之主也。次第统一漠北诸部，进窥漠南，明边遂无宁岁。迄世宗嘉靖中，达延汗年老，始稍厌兵，驻幕宣府外，旋卒。诸子内徙近边，惟季子格埒森札赉尔，留居漠北，号其所部曰喀尔喀，析众为七旗，分授七子，即今外蒙喀尔喀诸部之先也。

清太宗天聪年间，征服漠南察哈尔，外蒙诸部亦渐次来归。康熙二十七年（一六八八）瓦剌余裔（蒙古别部）准噶尔勃兴，其酋噶尔丹东侵喀尔喀，喀尔喀不能御，遂举族南徙请内附，圣祖安置边外，抚慰备至。三十年（一六九一）圣祖亲巡边塞，大会于多伦诺尔，喀尔喀诸部酋长以次朝见，分爵授职，赏赉有加。三十五年，圣祖亲征准噶尔，翌年，噶尔丹窜死，漠北悉平。喀尔喀部众，遂还旧牧，编设旗分，置札萨克、部盟长等，号曰外札萨克。自此塞外相安，以迄清季，外蒙政令，悉出中央。迨宣统三年（一九一一），革命军兴，库伦王公内愤清吏之横暴，外受帝俄之诱惑，乘机蠢动，宣告独立，蒙疆遂多事矣。

二　帝俄与外蒙古

俄自十六世纪中占领西比利亚，复进据贝加尔湖区域与外蒙毗联，即有南侵之企图。时当盛清，喀尔喀内附，未遂所欲。咸、同以还，清势日衰，俄人先后侵占黑龙江以北、乌苏里江以东之地，集其全力，经营沿海州一带，并南窥我东北及朝鲜。一九〇五年，日俄战后，俄国惨败，其在朝鲜之势力，既完全崩溃，我东北之旅大租借地，亦转让于日。自是乃变更其东侵之计划，与日妥协，合谋瓜分中国权利，迭与日本订立密约，私分利益范围，退而侵略我北满、外蒙。适蒙情涣离，俄乃从而煽惑，蒙变遂不可免。

外蒙自康熙间归附后，内向甚殷，清廷怀柔羁縻，亦甚周至。然逮末叶，驻蒙将军大臣，满员宗室为多，类皆不识大体，贪婪昏庸，擅作威福，大失蒙心。宣统二年，三多继任为库伦办事大臣，接篆未久，即有蒙古喇嘛殴毁德义永木铺之案发生。三多严惩喇嘛，苛求无已，并奏参商卓特巴巴特玛多尔济祖护肇事喇嘛，予以革职处分，虽经哲布尊丹巴胡图克图（活佛）求情，亦不稍顾。活佛大愤，以为三多恃势侵凌黄教，誓必报复，遂运动京官，弹劾三多。清廷密派绥远将军信勤查办，然官官相护，旋即无闻。

是年八月，活佛又密嘱资政院蒙古议员于到京应对时，密陈三多不谙蒙情，请即撤换，并请予活佛以专折奏陈之权。结果，不特未准，反受申饬，活佛大忿，对于清廷，亦抱怨恨；复鉴于西藏达赖之被革查办，益觉廷意难测，携贰之心遂生。

然库变之主要近因，则为蒙疆之筹办新政。清季俄人图蒙之野心，日渐暴露，清始感以往对蒙之失策，急谋补救。光、宣之际，遂力倡移民实边，垦殖荒地，启化蒙民，尤奖励内地人民赴蒙垦殖。宣统二年间，并拟推行新政于蒙疆，作最后之努力。三多莅任未久，内阁军咨府即叠电催促，筹办新政，于是库伦一隅，先后添设兵备处、巡防营、交涉署、垦务局等机关十余处，一切供应，悉数责诸蒙人，官吏复借端苛索，恃势凭凌，骚扰殊甚。新政一事未举，而蒙情惶惶矣。

三年春，三多复奏准开垦库北荒地，立即派员勘丈。蒙人以游牧为生，突闻垦殖，咸以将夺彼生计，一时蒙情汹汹，谣诼繁兴。王公与蒙众奔走惊告，不可终日，俄人乃乘机煽诱，于是背我之心生而亲俄之意决。

同年六月十五日（一九一一年九月十日）外蒙借会盟为名，由亲王杭达多尔济等发起召集四盟王公，密议独立，经全体赞同，密派杭达等赴俄求助。九月间杭达等抵俄，俄外长沙善诺夫即予接见，并导之见俄皇。杭达等要求俄承认外蒙独立，并出兵援助，俄政府一面敷衍杭达，一面即借此电令驻北京俄使，干涉我之新政。七月十五日（八月二十八日）俄使来部面称"中国近来之举动，如移民、练兵等，蒙古人民大为骚扰，喀尔喀王公、喇嘛等，已迭次赴俄诉苦，俄政府甚愿中政府将在蒙举动真意，明白见示"等语，并面递节略。

清廷得照，颇为震惊，当即照覆解释，谓："在蒙各种筹备，无非为蒙民生计利益起见，惟蒙民风气未开，或不能明白斯意，已饬地方办事人员，审慎办理。"一面即电知库、乌、科等处将军、大臣，慎重处理，免引起纠纷。三多得电，大惊，即传商卓特巴巴特玛多尔济，询得密谋经过，以时机已迫，当令往见活佛，速电阻俄兵，并召回杭达。活佛初不允，嗣经磋商再三，始允出具印文，否认与外国交接，惟要求免办新政。三多即电京请示，内阁覆电，以新政如有碍难之处，准予酌量变通，从缓办理，盖欲借此和缓蒙情，然已晚矣。

七月下旬，库北一带，即有俄国马队数百名，陆续前来。八月中旬，又到马队八十余，辎重车辆，络绎于途。三多迭接探报，因向外蒙诘责，以新政业已缓办，何以又生反复？俄兵来库，无异引狼入室，将来必至噬脐无及，应即设法阻止，庶免后患。嗣复由巴特玛多尔济等向活佛力劝，始又电阻俄续派军队。然时杭达尚留俄京，恰克图一带来库俄兵，仍源源不绝，库伦之危，已在旦夕间。

未几武昌起义，全国响应，库伦人心骚动，活佛遂要求裁撤兵备处。时蒲鉴代理总办，坚执不允，三多以库情危殆，不允恐生枝节，电京力争，清廷当予照准，时十月初六日事也。

翌（四）日，三多忽接四盟王公公呈，略谓内地各省，相继独立，民党图扰蒙疆，活佛已传檄四盟骑兵四千，近〔进〕京保护清帝，请按名发给械饷，是否照准，限三小时答覆等语。盖是时俄蒙商议成熟，布置就绪，遂以此为独立借口。三多接呈，甚为慌乱，即往访蒙员，拒不见。未几活佛复遣人至，谓蒙已决自立帝国，公推活佛为帝，令三多即带员属离蒙。三多苦劝无效，当晚活佛复札饬三多，限三日内出境，否则以武力押解。时清驻库军队仅三百余人，除分驻恰克图等处外，三多卫队，不过百余，枪械窳旧，子弹缺乏，势难支持。次日，俄蒙兵士，即来勒收枪械，库署前后，密布防哨，情势严重。嗣驻库俄领，佯出调停，谓蒙不受俄劝，猝告独立，难免变生不测，不如迁住俄署，三多帖首顺从，十二日率眷移居俄署。十五日，俄领派兵十余名，护送三多离库赴恰，转道返奉，库伦遂无中央之官吏。十一月九日（十二月二十八日）库伦正式宣布独立，活佛行登极礼，号"大蒙古国"，组织政府，设上下两议院及内阁，分设内务、外交、财政、兵及刑五部，以二大喇嘛车林齐密特为总理，杭达多尔济、察克都尔札布等分任外交、财政大臣等，库伦独立形式，遂告完成。

民元共和告成，大局粗定，国人重提外蒙问题，当时舆论不一，或主剿，或主抚。时袁世凯秉政中枢，虽知蒙古积弱，如以武力压迫，不难就范，然深恐开罪俄方，引起意外纠纷；复以异己势力尚存，不欲劳师远征，与敌以可乘之机，乃决定以外交方式，谋妥协之途。一面电驻俄代表向俄交涉，一面电活佛，劝其来归，并拟派员赴库面商。然活佛仍无悔祸之心，拒绝直接磋商，谓："与其派员来库，徒事跋涉，莫若介绍邻使商榷一切之为愈也。"蒙事至此，盖已非口舌所能挽回矣。

反之，俄蒙关系自库伦独立后，即日趋密切。民元三月，库伦与俄订立合同，聘俄武官廓洛维慈为蒙陆军指挥官，担任蒙古军队之训练。以俄人范西礼夫任总教练，下置教员十二员，亦均为俄人，外蒙军事，遂悉受俄控制。其军械、子弹，亦悉购自俄国。旋库伦又聘俄资本家办理"蒙古国家银行"，整理外蒙之财政。又以军费无着，向俄借款二百万卢布，以外蒙各路金矿为抵押，并规定须聘用俄国财政顾问，于是外蒙之经济权亦落俄人之手。

俄又深知蒙人缺乏立国能力，故于军事、经济控制之余，亟谋与蒙缔结条约，扩张其在蒙之权利，以为后日对华交涉预留地步。民元九月中，俄即密派廓素维慈赴库议约，廓曾任驻北京公使，力主积极侵蒙者也。十月二十四日，廓秘密抵库，即在俄领署开议，外蒙与议者，除总理三音诺颜汗及杭达多尔济、大喇嘛外，各汗、王公，亦多列席。开议之初，蒙人希望颇奢，企图联合内外蒙，成一独立国。廓氏即说明俄方宗旨，应以喀尔喀问题为限，同时交出书面意见，备蒙方参考。

二次会议前，廓氏接到外蒙意见书及条约草案，大致以蒙古脱离中国，自组独立国，要求俄方承认，并予以扶助为主；而于俄方要求，重要各点，悉予拒绝。廓氏阅后，以与俄方宗旨，大相径庭，乃于会议时，力加驳斥，并申述俄方不能立即承认外蒙独立之理由。库伦王公、喇嘛渐窥悉俄之真意，极表不满。三音诺颜汗首加驳辩，谓俄代表所言，显与俄政府前此诺言不符，而大喇嘛则直斥俄方，谓俄政府并无诚意与蒙磋商条约，乃是勒逼蒙人无条件接受其要求而已。因此彼主张蒙古应待中国代表到后，视双方之条件，择其与蒙有利者而从之。廓闻言大愤，怫然离会，谈判几有决裂之势。亲华王公遂乘机活动停议，未果。翌数日，俄蒙即恢复谈判，廓以长此辩争，易滋误会，因建议即着手草拟条文。时盛传北京中俄交涉，颇为顺利，库伦深恐中俄一旦妥协，则外蒙将无所恃，颇望协约速成，借以自重。俄则审视当时情势，欲条约速成，非略为让步不可，乃就外蒙要求中，择其与俄方利益无损者，应允若干，如承认活佛为"额真汗"，承认用"国民政府"字样以代替"王公"等。此外俄并允协约成后当贷款二百万卢布与蒙。交涉遂急转直下，由廓之秘书及蒙员车林多尔济等起草条文。蒙人初以俄方要求过巨，犹豫不决者数日，然卒屈服。十一月三日（俄旧历十月二十一日）《俄蒙协约》告成，除友谊协约四款外，并附商务专条十七条款，大致俄担保扶助外蒙自治，蒙许俄人得享特种之权利。计自开议以迄签字，相距仅旬日耳。

上述条约以外，蒙俄先后复选订密约，其重要者如《开矿条约》（民元十一月订）、《铁道协约》（三年九月）及《电线条约》

（三年九月）等，至是外蒙主要之权利，盖已断送殆尽矣。

三　中俄蒙事之交涉

当库伦酝酿独立之际，驻京俄使曾照会清廷，提出五款，要求我承认外蒙自治、不驻兵、不殖民及以后在蒙改革，须先与俄商酌等。时内地各省，纷告独立，清社根本动摇，俄之要求，遂无形搁置。

民元俄蒙签订协约，十一月八日俄使晤外长梁如浩，出示私约全文，并达其政府之意，谓俄与蒙订约，实出于不得已。约文措辞甚审慎，始终未提及蒙古脱离中国之语，希望中国于协约宗旨，予以同情。梁氏当答以外蒙为中国之一部分，不能擅与外国订约，此次俄竟与蒙订约，实难视为友睦之举。且外蒙事属内政，中国自有相当办法，决不受第三者之干涉。越日复递正式照会，声明《俄蒙协约》，断难承认，嗣以俄方态度终未稍变，交涉棘手，梁因此辞职。

寻陆征祥继任外长，复谋解决之途。十一月三十日双方正式开议，陆要求取消《俄蒙私约》，另议中俄协约，而俄使不允，提出四款，大致以俄担任尊重蒙古领土之完全，中国则担任不变更蒙古历史上及种族上之行政制度，不殖民外蒙，及承认《俄蒙公约》。其要求远过宣三所提之五款。陆当即声称，愿以宣三之五款为交涉基础，俄使以今昔情势不同，不能允可。十二月七日，我又提出修正条件五款，以俄国尊崇我在蒙领土主权，中国允按照前清旧例治蒙，并不于旧例外驻兵及鼓励殖民为主，俄使仍不为然，惟允姑电政府请示。十一日得覆电，俄政府不表同意，且以蒙古拟派使赴俄，沙皇已允接待，意存威胁。此后仍继续协商，互提修正条款，历时半载，谈判二十九次，易稿者四，始于二年五月二十日拟就协约草案六款，其主要者：（一）俄承认蒙古为中国领土并尊崇其权利。（二）中国担任不更动外蒙历来之地方自治制度，许组织军备及警察专有权，并许其拒绝非蒙古籍人在境内殖民。（三）中国允许俄人得享《蒙俄商务专条》所开之权利。

　　上述草案于五月二十六日经国务会议议决，二十八日咨交众议院，略有修改，经陆续向俄使磋商修正，不果。七月八日原案得通过于众院，而参院方面以该约损失过巨，该院议员又素不满政府，乃将原案否决。俄使闻讯，亦借端推翻原议，于十三日照会外部，另提四款，较前更苛，我政府大愤，陆氏辞职，交涉因而中断。

　　越二月，外长孙宝琦抵任，始继续谈判。九月十八日，重行开议，我要求仍就原议六款协商，俄使以时过境迁，不肯重议，嗣我另提条款，始继续磋商。双方谈判，集中于三点：（一）外蒙主权：我要求俄承认外蒙为我领土并尊崇其主权；而俄则仅允承认我之宗主权。（二）外蒙区域范围：俄要求科布多亦归外蒙，我仅允以喀尔喀四部为限。（三）俄要求外蒙政治、土地交涉事宜应由中、俄、蒙三方协议，我则允中俄协商，并准外蒙参与其事。磋商结果，俄仍坚持只承认我之宗主权，惟允将承认外蒙为中国领土一款另列附件，其余两点，亦列入附件，交涉始就绪。十月二十九日，双方商妥作为声明文件计五款，又附件四款。三十一日，孙即呈报政府，以属声明文件，性质与订约不同，故未提交议院。十一月一日经政府核准，双方即于五日签订，六日互换。此次交涉，我国完全失败。外蒙为我领土，我有完全主权，由来已久，初议六款，俄已承认，乃波折陡生，俄使借端翻悔，领土主权一变而为宗主虚名，丧权辱国，孰有甚于此乎？

　　中俄自签订声明文件后，旋即依据该声明文件商定，于恰克图举行中、俄、蒙三方会议，商酌因现势发生之各问题。会议之期，原定民三之春，我政府于一月间即派定毕桂芳、陈篆任会议专使。嗣因我政局多事，俄意存观望，俄使又请假返国，遂改期秋间举行，八月中始决定九月九日在恰克图开议。毕、陈二使乃于八月杪请训赴恰与议。九月八日提前开会，俄方代表为驻库总领事密勒尔，外蒙代表为内务长毕克里图、外次车林多尔济等。此次会议自三年九月八日，迄次年一月二十八日通过草案止，为时九月，开会四十八次，非正式之谈判四十余次，而北京、莫斯科间双方亦互有磋商，中间波折叠生，濒于停议者再。三方重要之争执，约有数端，兹略分述之：

（一）外蒙取消独立及帝号、年号等问题　当九月十五日二次会议中，我方专使，即以政府名义，提出导言，要求外蒙正式承认《中俄声明文件》，取消独立及帝号、年号。外蒙代表即声明不能承认，惟愿闻宗主权之解释，俄方从而附和之。我专使坚持前提原则，并正式提出四款，即：（一）外蒙承认《中俄声明文件》及附件；（二）外蒙声明并无独立情事；（三）取消帝号；（四）取消"共戴"年号，遵用民国年号。并谓须三方通过签字后，始能再议他款。旋徇俄方之请，稍示让步，修正上项四款，并提出二次宣言，将中国政府对于宗主权，及自治权解释之大纲提出，借供外蒙之参考。然外蒙亦提出宣言，声明保存及承认外蒙国号、年号为不能变更，双方意见，根本冲突，俄方代表乃提议延期再议。

十月二十日第九次会议，三方让步，各将所拟协约草〈案〉提出，互相交换。惟因蒙方坚持帝号，我专使乃电部请撤使停议。寻部中覆电，以中日交涉吃紧，仍盼和平磋商。二十六日遂复续议，商定先议三方草案中性质相同之条文，会议进行，始稍顺利。第十一次会议首通过外蒙承认《中俄声明文件》及《附件》（第一条）。第十三次会议通过外蒙承认中国之宗主权，俄国承认外蒙为中国领土之一部分（第二条），及外蒙无权与各国订立政治及土地关系之各种条约（第三条）。第十六次会议，中俄两方通过外蒙呼图克图受大总统册封，及用民国年号（第四条）。外蒙代表允俟自治权议定后，再议承认此款。至是，我方所提之会议先决问题，始勉强告一段落。

（二）邮电、铁路问题　十一月二十六日第十七次会议，我提出外蒙铁路、邮电各政，应归宗主国办理，外蒙代表以中国已承认其管理内政及工商事宜之专权，故力争由外蒙自办。十二月三日俄使采折衷办法，并提出邮政条文，经我方提出修正，以外蒙反对，展期重议。不料十日会议，俄使忽翻前议，取消已议条文，主路、邮、电各政，应归外蒙自治权范围。我专使大愤，会议暂停。是晚电京请暂停议，另图补救。而政府以我无实力，蒙有二心，审时度势，会议不可遽停；并以如此项条款一时难得要领，则可另备照会，声明彼此不相干涉，以为日后交涉地步。我专使乃本此与俄蒙续议，结果，路、电留待后议，邮政保持现状。

（三）税则问题　税则问题之争执，较路、电更甚。开议之始，我主完全免税，俄蒙则要求值百抽五，双方坚持。旋俄代表提出条文，大致以中国商民运货入外蒙概无关税，但须纳货捐，其外蒙商民运货入中国亦同。外蒙代表则声称税则系属自治范围，表示不能讨论，我专使当予驳斥。俄专使乃另提折衷修正条文，以我商民运货入外蒙，应照内地捐交纳，该内地捐价单，由外蒙规定，但须征求中国同意。我方仍要求明定数目，俄专使乃提值百抽二五，外蒙代表则坚决反对。正磋议间，而俄专使忽又翻前议，取消二次修正条文，坚持第一次提出之原条文，谓税则问题系外蒙内政，不能由三方规定。我方专使迭与争辩，迄未稍动，不得已再电政府，请撤使停议。部以中日交涉正紧张，嘱继续磋商，因将税〈则〉问题暂缓决定，另商界线问题。寻界线条文经三方通过，重议税则，各方坚执如故。三月十九日之会议，俄专使竟提出原条文，请付表决，外蒙即声明同意，要求照原文通过，我方专使遂怫然离席，会议又濒于破裂。卒以中日交涉未终，外部力主委曲求全，并与俄使商定将原款后段略加修改，作为定议，以示让步，电达专使知照。外蒙方面声明如税则事能照俄专使原文通过，则对于免纳杂税，可允让步，四月五日始将税则条文，照部电原文通过。

（四）内外蒙交界不殖民问题　当会议条款，渐次就绪之际，俄专使于四月十七日突提出四款，其中以要求我不在与外蒙交界之内蒙各旗殖民一款，及承认《中俄声明文件》另件及《蒙俄商务专条》继续有效为最重要。我专使即驳以内蒙边界不殖民一条，轶出会议权限范围，无权讨论。而俄专使坚持，谓如不允让，会议难免决裂，并云俄使当已与北京政府接洽，请予电达。我专使以此等条文不在应议范围，决不能电询政府。俄专使则云如不允受商，会议决裂，应由我方负责。是晚我专使电京报告，双方停议，静候两政府之电讯。外部方面迳与俄使交涉，月杪始商妥由外部备文声明，大致将内外蒙交界线，留为本地人民游牧之地，至里数范围，则俟划界时议定之。

会议至是，始渐告定。五月二十八日第四十八次会议，三方通过草约二十二条及互换照会稿二件，即晚各电政府核定，六月七日三方在恰会签，并互换照会，是谓《中俄蒙协约》。

四　外蒙取消自治之经过

外蒙自脱离中央后，事事听命于俄，俄亦以保护国自居，借端侵略，积久蒙人渐生反感。一九一七俄大革命爆发，国几不保，蒙俄关系，一时中断，中蒙之间，转趋融洽。时外蒙受俄币跌价之影响，财政奇窘，驻库都护陈毅乃乘机与蒙筹议，代谋整顿。经数度接洽，订立协定，设中国银行分行于库伦，发行钞币，自是库伦一带，中钞流行日广，中蒙经济关系，亦日形密切。商人景学铃等复集资创设"大成公司"，行驶汽车于张库间，于是前此月余之长途，今则五日可达，交通既便，蒙情隔阂，亦见消除。自治官府成立未久，库伦王公即有主张撤治者，且曾一度与驻库大员商酌。嗣以中央缺乏实力与决心，复碍于协约，遂作罢论。未几，旧俄余党谢米诺夫东窜，外蒙边境，迭受威胁，蒙人深觉实力不足自卫，而内部王公与喇嘛意见又日深，撤治内附之机，始渐趋成熟。

七年之秋，俄赤军逼近蒙境，旧俄余党谢米诺夫等亦有南窜之势，恰、乌、科等处，警报迭传，外蒙颇为惊慌。陈毅乃与蒙密商，由中央出兵护蒙，旋即商定先出兵一营，以后如不敷，再随时商酌增派，并允时局一定，即行撤退。八月中陆军部遂决定派绥远团长高在田，率兵两营赴库坐镇。然时北京政府仍无积极经营外蒙取消自治之意。是冬驻美顾使（维钧），曾电达美方询我对蒙方针，外部答以自治决不轻议更动，惟愿取消《俄蒙协约》。次年春复电令陈毅，相机与外蒙另订条款以代《俄蒙协约》，庶将来承认俄新政府，即可以此作为交换条件。陈当与蒙方接洽，据蒙员车林多尔济表示，外蒙王公早有此意，惟时总理三音诺颜汗因病请假返旗，负责无人，遂请从缓议。

八年秋，库伦召集王公会议。先是，谢米诺夫自失败后，即东窜蒙边，在赤塔、满洲里一带，招募军队，徐图恢复，且思煽诱布蒙、呼伦贝尔及内外蒙古，联合一起，建立"大蒙古国"。时日本在西伯利亚之军队，尚未撤退，亦有窥蒙之野心，乃力耸〔怂〕谢氏，并暗助械饷，使之扰蒙。八年春，谢先后勾结布蒙、呼伦贝尔及内蒙匪徒，于赤塔举行会议，组织临时政府，复迭派日人及布蒙人赴库伦诱胁，迫令参加。初思诱惑王公发动革命，推翻活佛，继则力劝活佛压制王公，与彼联合，均未成功，最后乃以兵力恫吓，谓外蒙如不顺从，当以武力解决。外蒙深知日、谢包藏野心，如与联合，将来终必受害，故始终不为所动；惟以实力不能自卫，故一面对日、谢声称，当召集各旗王公，付之公决，一面由车林与陈毅密商进兵保蒙办法。陈即密电中央，请速催军队入蒙。八月四日库伦王公大会，全体表决拒绝日、谢要求；同时鉴于外蒙自治以来，喇嘛把持，政事日非，外患日亟，乃决意呈请撤消自治，以图挽救。大会之后，四盟王公各选出代表，进行撤治运动。十三日公推车林向陈毅密陈，请乘机解决内部问题。据云王公之意，拟请取消自治官府，恢复前清旧制，行政权统于中央，惟中蒙权限关系，须公平妥订，不令从前弊政复生，期永保安全，而符共和民治之旨。按外蒙旧制，政教分离，政治本属王公专辖。自治以后，活佛兼任政治首领，喇嘛等参与政事，王公遂大权旁落。喇嘛于把持官府外，复借势欺压王公。其最甚者，则为变更王公袭爵旧制一事。三音诺颜汗死后无子，例应由其弟承袭，而大喇嘛等假活佛命令，竟指派另一幼童承袭，该旗抗不受命，各王公大哗，咸有宗祀不保之虞，誓与喇嘛势不并立，宁愿牺牲自治，以求摆脱喇嘛之把持。陈毅于十五、十六两日连电中央，谓外蒙诚心内向，谓〔应〕即顺势收回。

外部得电，颇为嘉许，惟以事关国际，手续上不能不加审慎，以便将来对外，易于措辞；故主俟取消自治之办法商定后，应由外蒙王公用全体名义呈请，或密电请求恢复旧制，政府据此项请求，再与妥商条件。二十四日国务院本此电陈遵照办理，陈乃密与车林等商酌，咸愿遵办，惟谓在手续上自必先请愿覆议条件，而实际上则此事关系中蒙永久安危，必先非正式将条件预行商定，借安蒙心，俟条件商妥，电请中央核准后，再正式具呈请愿，较为妥善，陈氏允之。乃着手商酌条件，迄十月中，双方拟定"取消自治后，中央待遇外蒙善后条件"计六十三条，大致以外蒙取消自治，恢复前清旧制，中央允许不变更以往旧制，并优待王公、喇嘛为主。该项条件经活佛略加修改承认后，陈即遣秘书黄成序赴京秘呈中央核定。然外蒙自治政府总理巴特玛于取消自治，反对甚力，乃假活佛之命，谓条件中有数条与官府意见不合，须召集王公会议后，始能决定，以图牵延时日，一面又密派喇嘛，赴京运动，面请总统，以陈毅偏袒王公，请予撤换，并希望缓撤自治两年。初王公方面因喇嘛借端延岩〔宕〕，密谋破坏，故决议单独具呈请愿，以为中央对外凭证。该呈除巴特玛及财长外，其余各部总次长及外来盟长、活佛侍从、王公等，均经签字具名，于十月十四日（蒙旧历八月二十日），径送陈毅。嗣王公尚期巴之悔悟，故嘱暂缓电京。至是，以巴迭遣喇嘛进京活动，恐政府为所动，遂请将该呈先行电京，表示王公等之决心，惟请暂秘存，待布置周妥，再电请发表。该呈措辞与后日撤治请愿书，大致相同。陈即秘电中央，并力主速定，时十月二十九日事也。

　　徐树铮自八年六月间，受西北筹边使及西北边防军总司令之命后，对于外蒙，亦异常注意。陈毅与蒙磋议取消自治，徐早有所闻，黄成序到京秘陈善后条件，徐亦有所闻，而黄晤徐时，未以实情相告，颇觉不满，适奉政府命赴库检阅军队，乃思乘机与陈合谋，早日解决蒙事。临行总统亦以撤治事告之，徐当向国务院取得陈氏拟定之六十三条，细加审核，预为准备。十月二十九日抵库后，初意陈氏当必以撤治事相商，而陈则因奉国务总理靳氏密电，谓徐为阅兵而来，撤治事仍归陈办理，故晤徐时，亦未以条件事相商。徐乃径电政府，以六十三条善后条例背启化之旨，失远大之计，力加反对，并谓条文宜取简括，不必枚举细故，致生梗阻，院电嘉许，令与陈妥筹办理。十一月十一日徐、陈会商，徐即直示迭次电稿，并明宣意见，陈表示宗旨相同，允由徐修改，惟其无大碍者，深盼留用以安蒙心。迭经磋商，然徐、陈意见，终未消除，寻徐以阻挠撤治，喇嘛为甚，乃专对喇嘛进行。初用劝诱，而喇嘛执迷如故。十三日王公会议，均赞同撤消自治，而巴特玛仍以活佛不愿立即撤治，表示反对。徐以此延宕不决，恐转生他变，乃谓巴曰："外蒙为我领土，我为外蒙长官，不能坐视，请告活佛，明日速应则已，否则，当拿解入京，听政府发落。"次晚复赴巴寓催促，徐坚持如定条件，须从简略，不然但由活佛具请撤治，一切办法留待另商。时徐军威甚盛，陈复从旁劝导，撤治之议遂决。翌日巴特玛召集王公、喇嘛会议，决定由官府各部长官具呈签名盖印，声叙会议公决，请求中央取消自治，经活佛允准，转请中央核准。十七日外蒙自治官府将该呈分送徐、陈，请为转呈，徐乃携呈入京，面陈经过。二十二日政府明令公布，允如所请，并许优待王公、喇嘛，酝酿数年之撤治问题，至是始告完成，外蒙主权，重告恢复。外部当将撤治缘由，通知驻京外使，咸无异议。惟俄使提出抗议，谓国际条约，不能以缔约一方之行动而取消，将来俄新政府仍保有决定态度之权。外部当予答复，谓外蒙之自治与撤治，均因新形势而发生，以外蒙全体之意旨为根据，并谓所称国际条约取消之先例，比例不伦，不能承认。俄使以无实力干涉，遂默然置之。

五　外蒙再度叛变与中苏之交涉

外蒙撤消自治，还政中央，此为蒙事之一大转机。苟当时北京政府，紧握时机，妥为布置，一面安抚王公、喇嘛，一面责成徐树铮坐镇库伦专心办理善后，积极经营，徐图启化，则蒙疆可定，亦后日之事变可免。奈不久直皖战起，政局一变，徐树铮既免去西北筹边使，驻蒙之边防军亦怀疑惧，且粮饷无着，士气沮丧，中央之威力不振，蒙情又复不稳，谢米洛夫旧属恩琴乘机南侵，赤党继之，遂有民十之蒙变。

民九之春，北京政府于满洲里一带，已派重兵驻守，防止谢党东窜，而外蒙边境，则仍无准备。筹边使一职，由陈毅继任后（旋改称库乌科唐镇抚使），以械粮无着，留京延不赴任，仅令总务厅长桑宝代行职权，益启谢民〔氏〕图蒙之心。八月间驻库旅长褚其祥叠电报告，谓京畿战启，库伦王公勾结俄人，煽惑活佛，密谋二次独立，请先事防范。同时参、陆两部，亦叠接探报谓日、谢协谋图蒙，蒙情至险，政府乃有援库总司令之命，商得张作霖之同意，以张景惠充其职。时我在库军队仅褚旅、高团之数营，兵力单薄。九月间褚等风闻谢部恩琴率匪三千余窥蒙，乃急电政府，请速派援军，一面软禁煽动最烈之外蒙王公莽赖王，及哈丹巴格图王，益询得密谋内幕，谓复治主张，倡自活佛亲信王公、喇嘛，因前徐使遇事强迫，众怨日深，日求左右，佛许之，乃派员分往乞助于乌金斯克红党及谢军，一俟事机成熟，即行发动。桑宝即电陈报告，陈乃电令以褚、高分任库军总副司令，妥谋防守。旋复得电告，谓谢党恩琴于十月二十五日进寇库伦，经力御始退，陈始知库情危殆，以职责攸关，赴库筹防；惟陈素无军事经验，故一切防务布置，均仍由褚、高主持。然械饷无着，援军不进，士无斗志，而谢部匪众，又散处库伦附近，日图进犯，蒙事前途，固已黯淡矣。次年二月一日，恩琴率部猛攻库伦，陈事先已得探报，分别抵御，相持两昼夜，我军不支，险要尽失。三日晨陈氏仓惶出奔，恩琴遂进据库伦，拥活佛组织临时政府，于二十一日宣布独立。

方谢党图窜蒙边之际，苏俄政府曾迭次要求与我会剿，北京政府以俄之党争，我不愿左右袒，如在我境内，则当予缴械，更无待会剿，故于俄方要求，置之不顾。及恩琴入据库伦，设立政府，有久占之意，苏俄乃以外蒙与俄密接，谢部盘踞其间，与苏俄安危有关，复一再向北京声言：如中国不出兵驱逐恩琴，则苏俄政府当采取必要之行动。当时外蒙内向王公，咸吁请政府出兵援救，即活佛于恩琴成立"大蒙古国"之计划，亦不表赞同，密派使者入京面陈意见，政府允由蒙派代表来京谈判。旋以此项接洽，未生效果，而国内舆情，又甚愤激，政府乃下令以张作霖为蒙疆经略使，予以处置蒙事之全权。

会外蒙临时政府以不满谢氏而改组，激烈之青年王公，相率北去，勾结赤军，另图举事。远东共和国正以谢党踞蒙，威胁安全，乃与苏俄赤军共同出兵，进攻谢部。未几，恰克图为赤军所据，外蒙青年王公即在赤党操纵之下，召集蒙古民族会议，组织蒙古国民革命党，设蒙古临时国民政府，与恩琴之库伦政府，南北对峙。

赤军攻入恰克图后，即有南进之势，库伦白党颇为震惊，恩琴乃亲率所部北来，期与赤军作最后之决斗。自五月下旬起，赤白两军在买卖城接触，相持月余，白党卒不支，全军溃败。赤军遂于七月初进驻库伦，由其卵翼下之蒙古国民革命党，组织蒙古国民政府，仍以活佛为元首，然实权悉操于俄，徒有虚名而已。是年十一月五日外蒙与苏俄订立第一次密约，规定两政府相互予以法律之承认，并交换外交领事代表，及互有不许有以反抗他方或倾覆其政府为目的之团体，及个人在其境内存在之义务，缔约两方人民，各享最惠国国民之权利与义务等。民国十二年二月复有第二次《俄蒙密约》，规定外蒙政府须聘苏俄之各专家为顾问，以资指导，及苏俄军队得驻扎于外蒙，协助蒙人保全领土，以御中国。自是苏联在外蒙之势力，乃益形稳固矣。

中俄蒙事之交涉，颇为综错，当赤军侵入外蒙，攻击白党恩琴之际，苏俄政府曾电北京政府，谓赤军入蒙，实非得已，一俟恩琴军队消灭后即行撤退。我外部覆电，则以政府已特命张作霖兼任蒙疆经略使，赋与全权，现正整师出发，肃清有日。赤军入蒙，事关主权，碍难承认。然苏俄不顾，赤军仍本预定计划入蒙袭击白俄，及库伦既陷，白党溃败，而赤军仍分驻库、恰，有久占意，我外部乃复提出交涉。时远东共和国代表优林，正在京谋与我订立商务条约，蒙事发生后，迭与外部及奉张分别磋商。十月初优林向我外部声言，远东政府对于库、恰已发撤兵命令，请即派员前往满洲里与远东所派之陆军、外交两委员，接洽交收事宜。外部即电知奉张，并派其参赞李垣（前驻恰克图佐理专员）为代表，接洽收回；一面照会上述远东委员团，请转达其政府速派员赴满洲里会议。然该委员团之覆照则称，远东政府已将军队由蒙古撤退，故政府之意，以为已无开议之必要。至现在该处驻扎者，悉系劳农军队，是以撤兵问题，应由中国与劳农政府相商。外部得覆，颇为不满，再递节略，谓当攻击恩琴时，劳农与远东，取一致行动，则远东军队已经撤退，劳农军队碍难独留，如劳农军队一时因故不能撤尽，远东政府亦应力催，似未便以已经撤兵，置身事外，请仍派员接洽，然卒无结果。

十年冬，苏俄政府派遣巴依开斯来华谋订商约及恢复国交，外部即提出外蒙问题，要求撤退在蒙赤军。巴声明苏俄对蒙，绝无侵占之心，惟因白党余匪犹未肃清，蒙古政府复请求暂勿撤兵，如中国能确保白党不再侵蒙，以扰乱俄边，则赤军可立时撤退。李垣复迭与谈判收回库、恰事，巴主开中、俄、蒙三方会议解决，亦无具体之结果。未几，俄蒙私约之讯，披露报端，北京政府，颇为忿恨，照会巴氏，指斥苏俄政府，谓蒙古为中国之一部，列国所承认，苏俄竟与缔约，不但破坏苏俄以前宣言之信义，且更违背一切公道之原则，是种行动，中国政府万难容忍，凡苏俄与蒙缔结之任何条约，中国政府决不承认。

　　苏俄鉴于我方因《俄蒙协定》对俄大为不满，乃于十一年七月另遣越飞来华续商。开议时，外长顾维钧即提出外蒙问题，要求撤退俄军，为正式谈判之先决条件。正磋商间，越飞突于九月初离京赴长春，举行日俄会议。以两国意见不同，即告停议，重返北京续开谈判。顾仍坚持先撤外蒙赤军，再议其他，此外中东路问题、白党问题，亦无具体妥协。十二年一月间，越飞照会我外部，指责我方态度模棱，并谓我允许白俄逃避境内之事实，尤为对苏俄不友谊之明证，旋即称疾南下，交涉又中断。

　　越飞离京后，在沪与孙中山先生会谈交换意见，并发表共同宣言，嗣又应日本野子爵之邀，赴日会晤，进行谈判。北京政府始觉中苏之间，亦宜早日成立谅解，乃迭催越飞回华续议，复于三月间任命王正廷为中俄交涉督办，赋以谈判全权。苏俄鉴于北京政府急欲重开谈判，知良机不可失，乃改派加拉罕来华负责交涉。加为一九一九与一九二〇苏俄两次宣言起草者，故其来华，我方朝野，均表欢迎。然开议之初，双方意见即生冲突。盖加要求先恢〈复〉中俄正式邦交，然后进行会议，而我则主张先解决两国悬案，后承认苏俄。未几，苏俄二次宣言关于中东路一节，既发生争执，而对于废弃帝俄与中国所缔结之诸条约一节，加亦表示异议，因此波折丛生，交涉颇为棘手。经六月余之磋议，双方始互表让步，议定先签订一预约，详定嗣后商订正约之主要原则，并规定中国立即承认苏联等。三月十四日，双方拟就《中俄解决悬案大纲协定》及其他议定书、声明书等草案，并由加拉罕及王正廷签字。

　　上项协定草案签字后，王即呈报政府，政府以王签字协定，逾越其权力；且以草案中对于苏俄与外蒙所订条约，未经明白取消，外蒙撤兵问题之规定亦未妥善，乃提出修正各点，交王续商。加以协定已经双方代表签字，拒绝重议。于十六日照会王氏，要求政府于三日内批准，过期彼即不受该协定之拘束，并谓谈判决裂及以后发生之结果，应由中国负责。越三日，复递二次照会，谓奉其政府训令，重再声明对于中俄正式谈判，应认为已结束，拒绝任何对于已定协定之讨论，而在前提限期满后，苏俄即认为不再受前项协定之拘束，此后中国如欲重开会议，须先无条件恢复正式邦交。

北京政府对于加之照会，虽甚不满，惟仍力谋重开谈判。二十二日外部照会加氏，谓此后交涉直接由外部进行，加氏则以如欲重开会议，中国须先无条件承认苏俄。嗣外长顾氏迭邀加氏作非正式之谈话，加称病拒却，但令其秘书长代表接洽。至四月一日，顾氏照会加氏，谓中国政府可批准三月十四日之协定，但须略加修改；并谓如协定正文不便改动，则作附件或换文亦可。加氏对此，未作具体答覆，惟双方非正式之谈判，则仍秘密进行，历时又两月，双方始成立妥协，五月卅一日《中俄协定》由加拉罕与顾维钧正式互签。此项协定，仍属解决悬案之大纲，计《中俄解决悬案大纲协定》十五款、《暂行管理中东路协定》十一款及声明七件，关于外蒙问题之规定，则为《解决悬案大纲协定》之第五款，条文如下：

苏联政府承认外蒙为完全中华民国之一部分，及尊重在该领土内中国之主权。

苏联政府声明，一俟有关撤退苏联政府驻外蒙军队之问题，在本协定第二条所定会议中商定后，即将苏联军队由蒙古尽数撤退。

上列条款之意义，不过重申我在外蒙之主权及确立外蒙法律上之地位而已。苏联对于外蒙之侵略，则仍有加无已，其驻蒙之军队，既借端中俄会议之延岩〔宕〕，延未撤退，其侵略之计划，则又逐步推进。十三年五月活佛逝世，外蒙立即宣布改为民主共和国，十一月间召集"大国民会议"，制定宪法，实施苏维埃之制度。苏联对蒙之"赤化"政策，至是盖已渐次实现矣。

国民政府成立后，变故频仍，无暇北顾。沈阳事变之后，日本图蒙日亟，苏蒙之间，遂益形密切，本年三月十二日苏联竟与外蒙结缔《互助协定》，俨如军事同盟，其侵犯我之主权，并违反《中苏协定》，理至明显。我政府迭提严重抗议，并声明不能承认。然俄方覆文曲解事实，拒绝我方抗议，交涉前途，尚有待于外交当局之努力也。

五月二十五日

《外交评论》（月刊）
南京外交评论社
1936 年 6 卷 5 期
（朱宪 整理）

内蒙是谁家的？

阳　撰

内蒙是谁家的？

当然，有很多的国人可以给我一个结实坚定的答覆："内蒙是中国的！"

不错，内蒙确是中国的，这我没有什么话说。

可是，最近的内蒙，却有些地方，使我发生了很大的怀疑。

这怀疑，直使我要问：内蒙究是谁的？

如果，内蒙是中国的内蒙，当然，内蒙有了什么事件发生的话，虽这块大得可爱的地方是远在中国边陲有鞭长莫及的情形，而中国当局最低限度是有早不问、晚可问的权利。同时，即令甚而中国不问，这也自是中国的事，绝对不是中国以外的任何国家所能有资格伸头干涉的，不管他就是再近的"邻国"，邻国［不］毕竟还是邻国而已，他究没有干涉邻国国事的理由。要不就是：

1. 中国请他干涉；

2. 他强迫的干涉。

假使有某邻国不是在上面那两个原因下出而干涉内蒙的话，这个邻国必定是他不承认内蒙是中国的领土，或是由某邻国干涉了内蒙而中国负责当局不管。

比如：当张北六县被伪军李守信部占领了以后的时候，日本不知"哪股劲"，他竟出而提出要蒙古军保安队卓世海部驻扎的干涉条件。

卓世海是属蒙政会的，蒙政会又是属于中央的，中国中央当局既无对伪军占领张北六县提出以蒙政会的蒙古保安队接驻，而结果日本偏偏越俎提出那么一个要求来，这岂非笑话。就令卓世海他和蒙政会是背叛了中央，而内蒙会并不是卓世海和蒙政会的内蒙，是整个中华民族的内蒙，这自然是非常明白的事实，还要说么，所以，虽然有人假了某名义出而干涉，但，这名义不是全中国民族的同意，自然，就让再造成了"既成事实"，使内蒙变成伪满洲国第二，而中国民族的反抗，结果，会把"既成事实"再变成没有事实的，我们只认内蒙是中国的。这我们不妨先警告某国一下的。

何况，关于卓世海、蒙政会，到目前为止，还没有那类叛离中央的消息呢！

为了这，目前的内蒙，虽有些使我们中国民族对内蒙不免发生一些疑问，而主因我们却知道那原是有某国在"作祟"、"玩鬼"。

《汗血周刊》
上海汗血书店
1936 年 6 卷 6 期
（李红权　整理）

保卫绥远之意义及应有的认识

高组文　撰

　　战争在塞外开展着，千万健儿，为着保卫祖国的神圣任务，喋血于广漠无垠的原野，餐风宿露，忍饥耐寒，用热情、用血肉，使匪徒奸邪，惊心荡魄，狈狼〔狼狈〕鼠窜，一举而克服了为伪匪据为指导作战中心的百灵庙。这种英勇奋斗的精神，这种伟大的胜利，使我们对于民族复兴前途，发生了无限的乐观与期望，在霾暗多艰的历史进程中间，中华民族已经昂首向前，开始了自力更生的步骤，蒋委员长说："克服百灵庙，是中华民族复兴的起点。"我们可引申这个意思说："绥远战争是中华民族独立解放的初步试验，这一个试验已经很得圆满的答覆，中华民族确实具有解放民族的坚定的自信，并且具有不可轻侮的强大的力量，在不可动摇的信心与威力之下，我们绝对敢信：无论经过怎样惨酷困苦的历程，我们民族一定会展开一页光辉的记载。"

　　认识绥远，认识绥远的重要与这一次战争的主义，乃是保卫民族工作应有的前提。我们必须对绥远从地理上、经济上获得充分的了解，更进一步认识他的价值，认识战争所交织的政治的、经济的作用与因素，也就是我们争取胜利，合力奋斗的先决条件。因此，在这一篇文字里将概略的把绥远的地位、价值，首先加以说明。

　　绥远，僻处塞外，寒苦荒凉，概念的说，好像是我们老死不相往来的化外之地。然而，这仅仅是一种想像，那里的居民生活诚然艰苦困难，那里的环境诚然是荒芜凄冷，却谁也不能否认：他正是今日中国民族国防的前卫地带。

我们怀着痛苦的心情想，五年多的岁月，边疆要塞，相继沦陷。总理作为西北移民政策中心的多伦，已随察北六县失守而随亡。以多伦为国防建设重镇的计划因此幻灭。到现在，绥远已是唯一的边境要冲，地理形势这样决定着，横亘于绥省中部的阴山山脉，迤连东西，正是华北以及西北一重天然屏障。大青山一带，凭高把守，瞭瞰敌众，捍卫敌骑，成为国防上最有价值的区域。一方又与察哈尔高原相接，所以具备着绝对优越的形势。自归绥西南行，地形逐渐陷落，西至包头，南迄鄂尔多斯都是平坦的草原，这里已是无险可据的"堂奥"之地了，这一种天赋的地理优势，使绥远在国防上增加沉重的责任。

不仅如此，交通上的绥远，地位是更加重要的。平绥铁路联络了绥远与冀、察、绥、晋省的关系，不但成为华北唯一的要道，而且还是北方转通西北的枢纽。在绥远境内，平绥路延长了四百六十五公里的路途，从极西的包头直达北平，只需三十小时。平绥路中心点的大同，正是同蒲铁路的起站，于是它又成了山西的咽喉，同时也成了贯通我国中部的孔道，因为同蒲路的完成，正可与正太、陇海相接。据原有计划，平绥路尚拟拓展至宁夏为止，北方敷设到察、绥交界的滂江，如果这一计划能够实现，更将成为控制外蒙，连贯甘、宁、青、新的锁钥。除平绥铁道外，目前若干公路交通在这一地带兴起了极大的作用。在全省境内，公路分布，总长度约有二万六千公里，已可通行汽车的至少有一万四千公里。自归绥北上折西可由绥新线至新疆迪化，包宁线可以汽车通达宁夏，南连皋兰，遥制甘、青，平滂线由集宁北达滂江，衔接张库车路，在包头、归绥、集宁三处，已经成为北方与东、西、南三路交通联络的密集点。

　　自然平绥铁路可以说是这个交通网罗中间的骨干，尤其因为沿线所经，都是绥远精华所在，它一方面负担了保障绥蒙开发生产的使命，另一方面又是华北政治化发展一条重要的动脉，无怪伪匪进袭，要猛扑这一带地方，把它看作攫霸的标的了。

　　绥远全省面积约为三〇四，〇五八平方公里，人口约在二百万左右。地势东北高于西南，归绥平原在高原地域突然下陷，成为盆地。气候为大陆性，冬则严寒，夏日酷暑，季风又被阻于秦岭，因此苦旱稀雨，就是行雨之际，雨量差变，分配欠匀。因为气候上的缺点，影响了土壤地质，土质也较为疏松，可是河套平原得于水利，这一带黄土平原，性极肥沃，是农产耕作最适当的场合，因此，绥远在农牧上，以及矿产等各方面，同样具备有相当的富源的。

　　经济上观察绥远，首先可以这样标明，绥远是一个农牧区域。在塞外，归绥平原，河套平原是天赋独厚的所在，民生渠完工后，人力帮助了农业纯〔经〕营上许多便利，据闻可蒙灌溉之利者达一百三十余万亩，后套一带受水利灌溉的农田约在七千顷左右。绥远在人口比率上，农民占全额百分之六八，这些都是决定绥远为农业区域，以及经营农业之有利的条件。这里再可以用数字来说明绥远的农产状况：据最近统计，小麦产量平均每年约计二百五十五万市担，小米产量约计一百八十万市担，高粱〔梁〕产量约计一百六十五万市担，玉米产量约计九万市担。农业制造方面，经营机制面粉业的资金大约有八十万元，占全国总额百分之二七，畜牧方面，察哈尔与绥远是牧业最盛的两处。包头还是华北两大皮毛市场之一，牧产以牛、羊、马、骡、骆驼等最众，据一般估计，羊产在五十万头以上，牛、马、骡、骆驼各有五六万匹。羊毛生产虽然缺乏正确的数字，至少当占全国总产量四分之一，毛织工业的旧式坊非常普遍，可惜这一类产业既用手工，而且墨守旧法，所以大部分毛产，还只能为他人廉价购去，作为原料，这是很可遗憾的。矿产方面，煤储量约计四万一千七百万八〔公〕吨，年产量约计九万公吨，产区都在大青山一带；武川、白云鄂博的磁铁矿，储量约计三千四百万吨。除此之外，金属矿产之铅、锌，非金属的石棉、石墨、宝石、碱、绿矾、云母、盐等都有相当的出产，散布于省境以内。不但如此，绥远还有电厂两所，具有六〇八瓩的发电容量，这一种动力工业在边疆绝塞，应该是少有的。我们知道，煤、铁、盐三者，是国防化学工业的础石，绥远，产量虽非丰，当然而至少具备了自力发展的条件，这一点应该是不可否认的。

绥远目前还有一个特殊价值，这个价值就表现在移民这一点上。据专〈家〉估计，绥远有可耕而未耕的土地约在二千八百万亩左右，目前全省人口密度每平方公里不过七人，所以农耕方面，大概可以容纳移民七十万人，而牧场之可供移民用者，尚不在内，额量虽然不多，可是在东北失陷以后，总觉得它是特别值得珍贵了，何况他屏藩西北，在宁夏、甘、新一带，正有可供六七百万移民人口的广大土地呢？

因此，我们不论在国防上、经济上，可以指出他的价值，这一种价值，正与全国的权益保持着密切不可分离的关系，长城、黄河不能切断绥远和全国的联络，绥远所具有的全国意义，使我们确切的肯定：它是全中国的一环，在链锁中破坏一环，链子就解体了，这该是多么严重的危机啊！

作为华北重镇的察北六县丧失以后，绥东早已在严重的威胁之下了。兴和、丰镇、凉城、集宁、陶林五县，就成为侵略的目标。

经过了好几个月的布置，经过了无数次的恫吓，经过了十多天的游击恐扰，在十一月十三日那天，绥远战争毕竟揭其序幕，漫天凝结的战云，也毕竟为枪弹炮火所冲开了。

　　自然，绥远战争决不能单纯看作匪兵游勇的掳掠，显然的，我们不能否认他含有外力策动的作用。也就是说，绥远战争是含有严重的政治意义。

　　首先，据报纸传述，当战事发生前后，盛传着组织所谓"大元国"、"蒙古国"这一类消息，正像"满洲国"、"冀东防共自治政府"这些伪组织一样，这是企图分割中国领土的恶策，绥远战争的爆发，在伪匪方面，正是达到这个目的的一种手段。中国领土绝对应该保有完整的面积，中国主权绝对应该获得统一与集中，分裂土地损害主权的行动是每一个中国人所不能容许或隐忍的。侵蚀领土削弱主权不仅危害于国力国威，而且也是全民族不可轻恕的罪恶。所以绥远战争的第一个意义，在敌人是割裂土地，叛背中央，危害民族，在我们正是保卫国家达到复兴民族这一道路的起点。

　　其次，我们在上面说过，绥远是全国的一环，而且是重要的一环，以华北地理关系而论，冀、察、晋、绥，势成犄角；以西北地势而论，绥远正是宁夏、甘、青以至新疆一带唯一可守的藩篱；以汉蒙两族联络而论，分布于绥远全境的铁道、公路，又是双方接触交往的关键。因此，绥远战争的成败，足以影响于华北以至西北的得失，并且因此堕失了控制外蒙联络蒙族的把握，最近一二年间，我们知道正有外力在策动华北的离心运动，夺取绥远，就是实现这个企图的一种姿势。进一步说，所谓大陆政策是北中国的全部夺取，绥远正是北中国最前线的一个重要区域，夺取绥远，便是实施大陆政策的重要程序。因此保卫绥远已经成为中华民族存亡的严重关键。

　　如果我们再把观点加以扩大，那末，这里就潜伏着整个民族的危机了。星星之火，难免燎原，华北、西北的得失，谁说不是整个国土，整个民族生死的决定点呢？所以绥远战争，正维系着国民家族〔国家民族〕的命运。据若干政治观察者推测，绥远战争还有着国际战争的准备作用存在着呢！

因此兴兵寇边的匪众，不同于流寇，不同于山贼，他们是实践着亡国灭种的步骤，他们不知有民族，并且在出卖民族，不知有国家，而且在坏破〔破坏〕国家，不知有人心廉耻，却正欣然执行着丧心病狂，寡廉鲜耻，忘记了先人基业，和祖宗的逆命。在他们背后，是外力的阴谋，是外力的推动，是外力的接济，他们正在危害民族利害这一个立场上，为别人卖力啊！

匪伪的武装骚扰，开始侧重于绥东。从丰镇到集宁，山谷起伏，是天险所在，所以伪匪军的目标，首先集注于集宁的攻扑。为了这个目标，他们的军力是分配了两翼，一面进攻西北的陶林，一面压迫东南的兴和，在红格尔图，达拿村，展开了猛烈的搏斗，南部由南壕堑尚义村出动侵犯兴和、丰镇的伪匪队伍，结果受到极大的损失，从十三日起，差不多一周之间，战争完全在绥东进行。因为绥东军事不能得手，于是二十日之后，战争的重心就转移到绥北。伪匪军以百灵庙为根据地，分袭左右的武川、固阳。在我军奋勇抗御之下，这一部匪军又是狼狈溃退，竟连取〔其〕老巢——百灵庙亦为我军收复。

百灵庙的胜利，是伪匪最惊心动魄的。因此，二十四日——克服百灵庙的珍贵纪念日以后，前线就暂时沉寂起来。然而，这是"暂时的"，绥北的匪军正在滂江一带补充整理，绥东的匪军也在商都收拾残部，重行充实。不久之后，一定有更大规模的进扰，这是可以断言。

在半个月的战事发展中，我的〔们〕可以看出匪军的攻略，主要是在平绥路的攫夺，比较的说，绥东是他们更加迫切需要的。集宁、丰镇的占领，可以切断平绥路的联络，而且绥东匪军集中

的商都，密迩张北、康保诸县，军力上的调遣比较便利，如東
〔果〕平绥路截住，则卓资山以西，已成绝域。可是这一带的进攻
太不顺利，集宁与丰镇间的岗峦，集宁与卓资山之间，顺着大青
山的高势，决不像匪伪军所预想那么垂手可得。绥北方面，作为
百灵庙后盾的滂江或者到商都两者之间的距离总是太远了，运输
交通，过于迟缓，然而为了牵制后方，威胁省垣，以及收拾军心
起见，夺取百灵庙的绥北战争，也许会先于第二次的绥东战事的。

　　这一次参加骚扰的匪军，目前还无法知其确数，除匪军外，我
们至少知道有外人的飞机及"义勇"部队在"助战"。据最近看到
的集宁通讯，匪伪军总括三支部队：第一军李守信，辖四师计十
二团，以及炮团、骑团、蒙古特务队各一；第二军德王，辖四师，
计九团；第三军王英，辖骑兵五支队，二旅，计六团；独立骑兵
一师计四团，骑联队一，步兵二旅，计四团，又一联队。此外尚
有独立团、特务团各一，卓世海所领导的所谓蒙古保安队则有六
队。李守信部在性质上是伪军，他们的驻在地点分布于察北商都、
康保、强〔张〕北、宝昌一带，德王部是蒙古军力主要部分，分
注〔驻〕于德化、百灵庙一带，王英部杂色土匪队伍，则散布在
南壕堑、尚义一带，包括在王英部的卓世海部蒙军，也大多在后
方的张北、宝昌、沽源、德化、康保，内中一部分则在前线的尚
义。据非正式的约计，为数大概有三万人左右，这是一个不小的
数目。而且因为准备已久，匪军在饷械、辎重各方面都有充实的
后援，更何况有所谓外人组织的"义勇"部队，而义勇部队又具
备着新式精锐的武器呢。

　　保卫绥远应该是我们当前主要的课题。没有一点游移，一点疑
惧，以及任何保留的条件，我们应该集合全民族的力量，来应付
这一个民族的大患。

　　当绥战开始发动之际，我们已经看到全国人民，那么的一致，

那么的刚毅，那么的愤慨，那么的努力，从精神上慰藉，从物质上接济，全国的人心力量，凝结在一团，给予前线抗敌将士以无限的鼓励与援助，这一种同仇敌忾的精神，是空前未见的。现在，全国各地，已经普遍成立援绥的组织，这一种组织得到了全国大众热烈的替〔赞〕助与拥护，这一种活动得到了广大而普遍的发展的事实是十分显然地，中华民族已经结成了一条铁链，来保卫领土，保卫主权。

援绥运动迅速的发展与深入，使我们可以得到这样几点结论：

第一，我们可以看出全国人民已经获得一共同的觉悟，要求民族有能自力向上的进展。蒋委员长在《中国之统一与建设》一文中，曾经指出，我们民族最感不足的是"不受干涉不遭阻碍之自卫的发展机会"，而现在全国上下，便在这一个目标之下挣扎努力，绥远战争有着破坏统一分裂领土的作用，尤其潜藏着外力牵制干涉的作用，这是每一个中国〈人〉所不能容忍的；每一个人觉悟到，不能击破任何干涉阻碍的计划，中华民族决不会有复兴独立的希望。在这个觉悟之下，大家已经抱着坚决确定的意志与信心，来与任何势力作不妥协的周旋！

第二，我们可以看出全个民族已经有更进一步的统一与合作。在国运危如累卵的今日，非统一不足以图生存，这是任何人都能知道的。这一次的援绥运动，就清楚表现出，全国人民确实已经保持了最广大、最有力的统一姿势，目标是一致的，步骤是一致的，期望是一致的，力量是一致的。不但如此，全国上下以及前方后方，并且连结了一种最巧妙、最密切的合作，各以所能，各尽其力，在集中的领导和整个计划之下，用所有的人力、物力，配置一条坚固的防线——用爱国热忱建筑了一道心理的防线，财物树立了一重实力的壁垒，来防止一切匪伪与外力的侵扰。

中国人民的爱国心，中国人民的爱国力量，已经有了事实的证明。中国人民憎恨一切无耻的汉奸，愤懑于一切外力的侵略。而且准标〔备〕了所有的力量来应付，愿意作殊死的决斗。

为着保证绥远战争的胜利，我们必须保持目前统一合作的步骤，在中心领导之下，推动全民族的力量，集合全民族的力量，一致奋起。我们安〔要〕无情的痛击任何危害民族的敌人。绥远是我们国防的第一线，保卫绥远是我们救亡图存的第一课，绥战胜利是我们民族复兴工作胜利的第一笔。中华民族已经走到了历史的转变点，中国人民背上了沉重而庄严的历史任务。努力罢，这是时候了，这是我们献身国家，毁家纾难，报效民族的时候了。我们找不出安闲坐视的理由。路是只有向前面走的。我们必须紧密的团结起来，只有在统一的领导之下，动员全国力量，发挥全国力量。我们要认识自己，同时也要使敌人来认识我们！

蒋委员长沉痛的说过："主权一日不能恢复，领土一日不能完整，就是我们国家一日不能自由，民族一日不得独立。"他又以期望寄注全国人民，说："但愿全国一致，不忘今日的耻辱，不忘来日的艰危。"是的，我们必须以全力奠定、巩固我们国家民族复兴的根基。我们只有坚定自信，看清道路，用我们的热力，我们要在劫难中拓开我们民族辉煌的历史。中国是不亡的！

十二月一日

《黄埔月刊》
南京中央陆军军官学校黄埔月刊社
1936 年 6 卷 6 期
（聂慧英　整理）

绥远乡村建设运动与绥远前途

程维城　撰

梁新会有言："凡'思'非皆能成'潮'，能成'潮'者，则其'思'必有相当之价值，而又适合于其时代之要求也。"比年以来，吾国人士鉴于农村破产，国命攸关，汲汲乎从事于农村建设，学人倡之，政府助之，不数年而普遍各地。此种运动，不亦成为时代之"思潮"也哉！而果亦适合于时代之要求乎？曰"适合"。何以见之？原夫吾国以农立国，尽人皆知，际此农村破产之秋，苟不速谋恢复，以达于建设之途，则国本动摇，民族亦不可解救矣。反之，如能老老实实从事此种为国家想办法，为民族谋解救之乡建运动——慢性革命运动——则国家与民族之兴也可待。

倡斯运动之首者为定县晏阳初氏，继之而起者有哲人梁漱溟氏，推行于邹平，前者着重于科学的实验，后者注意于理论的推进，各持所见，各有独到，殊途同归，要之不外以"复兴农村，解救中华民族"为最终之目的也。至于其他各地，若无锡，若宛西，若江宁，若兰溪与广西等，咸有显著之成绩，事实也，讵容否认！而吾绥省主席傅宜生氏治绥有年，近亦见于绥远前途之暗淡，痛绥民之疾苦，乃奋起而倡此建设运动，始而派人赴各省实际调查，继而延专家设计，终而有"绥远乡村建设委员会"之成立；推行以至于今，更行扩大组织，举凡地方官吏及省县士绅，皆容于此组织中，本着"穷干"、"苦干"、"硬干"、"实干"之精神，在傅主席领导之下，而能"思想一致、步调一致"，迈步前进矣。吾人不禁为吾绥民欣愉而祝祷之。至于乡建之内容，吾人亦表相当之满意，所谓"教"也，"养"也，"卫"也，可谓救吾绥远之良剂也。关于"卫"之办法：有常备队、预备队与服务班之训练，且有显著之成绩，诚可幸也！惟关于"教"、"养"之办法，迄今未见其所谓"传习办法"也，"合作运动"也，"改良农种"也，"改良牲畜"也，诚可憾也！不悉原因何在？或曰："绥境吃紧矣，日迫一日矣，宜重于'卫'；'卫'而后'教'之'养'之，不亦宜乎！"吾人固不反对重于"卫"也，但卫而后"教"之"养"之，则为吾人所不敢赞同者。绥境之吃紧也，孰敢否认，但此吃紧，非日也可决，月也可待，年也可告一段落者也，如于此长期之吃紧中，日从事于卫的训练，而不教之以有"民族意识"、"国家观念"，而不养之使其解决吃饭问题，则长此以往，人民之生活不安定，脑筋常简单，纵予以自卫训练，亦决有危险性在其中也！故吾人主张"教"、"养"、"卫"同时并行，为妥善也。换言之，如能"教"、"养"、"卫"同时并进，吾绥诚可由悲观而达于乐观也，否则，仅先"卫"之，不教不养，乃将陷吾绥于更悲观之境也。所见如斯，略述之如上，未知从事于乡建诸公，以为何如？

　　　　　　　　　　　　　　　十月卅日晚匆匆中完稿

《绥远旅平学会会刊》（月刊）
北平绥远旅平同学会
1936 年 7 卷 1 期
（李红权　整理）

望政府速应协助绥远

根存 撰

政府过去错误，即在鄙视绥远化外之地，不但各方面从未有以救助，即绥远一切情形，皆不明了；当内蒙提倡自治时，政府即感无所措手。今也，外忠〔患〕逼近，匪军虎视，生死存亡决于此时。地方军事长官已抱武力守土决心，将士早具成仁之志。而人民亦同舟共济，与官方合作，从未受一切扇动性之谣传，都沉着应负〔付〕，不显声色的务职业。人民此种精神，诚属难能可贵。

绥远本一贫瘦〔瘠〕之区，平时尚待政府救济协助，自遭十五年兵燹以后，天灾人祸频年降临，农村破产，商业凋敝，已趋极点，惜政府从未加以救助，使人民永远在困难中扎挣生存，而对政府留一不好印像！

今绥远为国防之最前线，风云日急，危机四伏，若政府取过去"不闻不问"态度，在"兵力"上、"财力"上毫不与以帮助，仍令绥远求自助自救方法，则未来危机恐将至不设堪想之地步，此可断言也。前闻政府对绥已决定相当办法，但内容如何，吾人尚不知确。现匪军一切侵绥准备已将完成，大批军火，飞机、坦克车、大炮……当由热河运输至前方，并在绥远及地方大批购粮，进犯绥远已为不可避免之事，吾等数百青年学生，负笈他乡，心焦如焚，特出两点请政府鉴察之：

（一）派兵协助：绥军单弱，不应孤任国防工作，政府除急调精兵以外，并须速派军事大员，协助傅主席保卫国家、保卫地方、保卫人民。

（二）绥远省库支绌，政府在经济上应首先设法救助。因绥省不但贫瘦〔瘠〕，而百姓已皆穷苦不堪言状，故不应再有加重民负或扰害之事；且百姓值此危急之际，有形无形之捐实〔损失〕已受害无算，若政府果顾念绥省，则先应在经济上速与以补助及救济。

以上两点，实关系绥远存亡问题，设绥省有失，中原腹地亦皆不保，故望政府早速图之。

《绥远旅平学会会刊》（月刊）

北平绥远旅平同学会

1936 年 7 卷 1 期

（朱宪 整理）

绥远外患紧张声中绥省当局及
绥省人民应有的觉悟

李子英　撰

　　日人觊觎我国久矣，甲戌〔午〕一役（光绪廿〈至〉十〔廿〕一年，西历一八九四——一八九五），割我台湾，据我彭湖列岛，占我辽东半岛，迫我属国朝鲜独立自治，其中辽东半岛后经俄、德、法三国之干涉，始允以银三千〈万〉两嘱〔赎〕回，殆亦幸矣，此日人侵我领土之初步也。民国廿年（西历一九三一年）九月十八日夜，日人复肆其掠人领土之蛮性，炮轰我沈阳城，地方当局事前无所闻，事后无所备，仓皇失措，抱头鼠窜，居民扶老携幼，含泪敬待敌人之欺陵与惨杀，不数月东北三省领土尽非我国所有，三省之同胞尽若待死之羔羊，此为日人掠我领土之第二步也。民国廿一年（西历一九三二年）一月廿八日，日人侵我上海，以图破坏我国经济中心区，致我国于死地。不意上海之住〔驻〕军却为爱国爱民之十九路军，血战月余，竟与敌人当头棒喝，然结果一纸停战协定而有非武装区域之划分，日人租界之扩张，此日人掠我领土之第三步也。民国廿二年（西历一九一〔三〕三年）春，日人攻我热河省，不数日热军狼狈逃走，将全省拱手让与敌人；当日军未实行军事动作之前，热省当局再三宣示其守土之决心，准备之完善，视察热省之中央大员，亦发表热省当局于守土有如何如何之决心，抵抗之准备有如何如何之完美与巩固，地方当局以及中央大员，皆异口同声如是宣布，谁人犹有猜疑之心？结果一星期许山河变色，人事已非，吾人睹此惨景，徒唤奈何而已。不旋踵，长城各口，赖我爱国之二十九军之支持，复与敌人以巨创，不幸《塘沽协定》签字，冀北划为非战区域，此日人掠我领土之第四步也。民国廿四年秋，日人占我察北，强立冀东傀儡，此日人掠我领土第五步也。日人虽占如是广大之领土，然野心仍为勃勃，毫不敛迹，今春复蛊惑内蒙独立自治，近又聚集散匪，图扰绥省，吾人若求日人敛侵略之迹，无异与虎谋皮，死中求生是吾人唯一救亡之方策也。

吾人观以上日人进占之步骤，则知其图绥之举，乃为必然之事，断非偶发之举，易言之，乃为日人一贯之传统侵略政策也，故望吾绥当局、吾绥民众，应认清敌人之狼子野心，万勿存丝毫忽视，立定足跟与其血战，绥省庶可自保，不然，其亡翘足可待。吾绥当局乎！吾绥民众乎！决心卫国，誓死抗战乎？沽名钓誉，以偷逃走乎？若决心与疆土共存亡，至少限度须有以下之觉悟。

一　绥省当局应有之觉悟

傅先生自长绥省以来，绥省之政治、建设、经济、教育，均有相当之进步，先生之埋头苦干，乃吾绥人士所共知，亦为吾绥人士所赞仰。然吾人详加审视，则有许多地方不能不令吾绥人士有相当之遗憾，今请一一列举之于后。

a. 官民之不能水乳

乍由外表观之，绥省之官民似有相当融洽，实则离融洽尚不知有几许隔膜。官吏自官吏，民众自民众，抗战持久，谈何容易，若欲消此隔膜，当局至底〔低〕限度不应防绥人若防匪徒。

b. 用人之私见

前数日各报均载有顾祝桐〔同〕氏发表劝黔省人士返省服务桑梓之新闻，同时各报并为文赞扬顾士〔氏〕用人之无私见，绥省外患日迫，危在旦夕，当局盍仿顾氏之法，以统一抗战阵线乎？私者进〔近〕，疏者远，升平时代亦为贤明当局所厌恶，况多难之际乎？若傅先生之贤明，想将能斩除私〇〔近〕伐远之习哉！

c. 对绥省青年不应仅施以牢笼政策

羁縻、牢笼，乃为暂时救急之方，而非长治久安之策，窥诸往事，证诸现情，绥省民众与绥省当局切非暂时联合，似有较久相处之可能，绥省青年实为绥省未来之主人翁，为当局自身计，为绥省地方计，当局不应仅施以牢笼方策，以敷衍青年，虽不欲有相当提携，亦应有正当录用，复何用牢笼政策哉!? 牢笼政策，决非德政，望当局注意。

d. 应积急〔极〕培植地方自卫能力

绥省疆域辽阔，要塞甚少，若欲诚意巩固绥省防备，势必需充分之武备，若欲沽名钓誉，而作虚张声势之抗战，准备不充，亦无关宏旨，惟近来各报均有傅先生决心抗战之谈话，足知傅先生断非虚张声势。然使吾人可疑者，则对地方自卫力量，至今未见积极实施，虽有“防共自卫队”之训练，亦大有装点门面之嫌。请看广西自卫训练之成绩，则可知矣。

e. 应积极拯济地方灾黎

今岁绥省各地收获较薄，犹有数处一粒未收或全为水淹，望当局勿持过去不睬之态度，而听灾黎自毙，须知今日之绥远，非民

十七、十八年之绥远，若再令灾黎听天由命，安分守体〔礼〕者固可，强悍者势必挺而走险，则对于绥远之治安难免不受打击，望当局勿以河汉斯言。

二　绥省人民应有之觉悟

A. 对地方当局之各种设施应取监督之态度

年来铲除贪官污吏之呼声，甚嚣尘上，然呼号之结果，几等于零。盖贪官之所以能贪，污吏之所以能污，并非自身而有如是之能力，实为当地人民与之也；何以言之？当地多数人民皆抱"不在其位，不谋其政"之主张，所以地方官吏之良否，概无私毫意见；少数人是与当地官吏彼此狼狈，以实行其自私自肥主义，结果官吏任性而为，大肆贪污，致民生日困，怨声载道。故吾人在此外侮急迫声中应积极监督地方当局之设施，一则可匡官吏之不正，一则可免人民思想之恶化，若地方官吏能率公守法，不惟裨益民生，且匪徒、汉奸产生之机会亦微。

B. 在抗敌条件之下应服从地方当局之指挥

关于国家民族之存亡，吾人应有最大之重视，不应有淡然、漠视之心理，国家民族之存亡与吾人关系之密切，其理至明，无庸赘述，故吾人在抗敌条件之下应以万分之诚意接受地方当局之指挥，使彼等安心抗战以固边防，不然，所谓匪徒、汉奸之丑名，不旋踵即加于吾人头上矣。

C. 应真实下乡以唤起民众抗敌之心理

吾人所谓真实下乡，为避免与现在我省乡村工作之混合，吾人不愿谈乡村工作之何种理论，亦不愿讲梁漱溟先生之所谓乡村工作之高论，更不愿以乡村工作装点注视乡村生活之门面。吾人所谓真实下乡，是断然实行与乡民同甘苦之生活，能如是焉，乡民庶能接近抗敌心理，庶可唤起，反之，彼此隔膜日深，于吾人疑神疑鬼之心理日增，唤起民众云乎哉！

D. 应注重现任之职业

在此千钧一发之际，吾人于本身之职业应以镇静之态度处理之，却不可有丝毫慌乱步调之表现，则抗敌将士之供给庶不致中断，而敌人亦不敢轻举忘〔妄〕动，若吾人荒怠现有职业，乃自乱阵营也，无异助敌为虐。

总之，绥省当局，绥省人民，均应认清目下局面之严重，均应有决心抗战之觉悟。无论如何，不容有些微苟安畏缩之心理，而误国家与民族也。

《绥远旅平学会会刊》（月刊）

北平绥远旅平同学会

1936 年 7 卷 1 期

（李红权　整理）

请注意今日的包头

绥之　撰

我们觉得有两个理由应当请各界注意包头：

1. 在现世界，国防设备最落后，武器和训练顶不如人的中国，惟一可能利用抗敌者，广大的民心而已。若因政治施行失当或是土豪劣绅作孽，使的〔得〕民心背叛、大众离贰，像热河失陷一样，未等敌人来到，百姓即已向往迎之，那时我们的国家干脆完掉，什么人民当义勇军，给政府输钱出力，这些事根本不用想！现下绥远处的什么地位呢？狂风暴雨随时随地都有摧湔绥远的可虑，我们很愿真诚爱护吾绥的人们注意到此点！

2. 近年来，时代潮流把旧日为害人民的陈腐人物，虽说打倒了一二，而新兴的恶势力却又在那里胚胎发芽，更残酷、更加紧的刮剥人民！这些新的恶势力是什么呢？无疑地是受过新教育的败类和土豪劣绅及贪官污吏的大集合，他们的分子既包有这样杀人不见血的三种毒素，他们的阵容、策略又是这样的组织谨严，运用灵活；土劣为家贼可以作眼线搜隙觅缝，贪官有威风可以作靠台镇压一切，污吏狗腿不用说是爪牙了，这些装了一肚子蛆头的知识分子呢？则不惜奴颜婢膝混于贪污土劣之间，为虎作伥，想尽方法，从中作其升官发财、祸害地方的勾当。这种新的恶势力蔓延在绥远的上层、下层以及各县，其中以包头表现的最厉害、最为可怕！所以，我们按照欲救亡必先安民心的理由，欲安民心必须要知道民心离变的原因，这一种流氓败类以及贪污土劣之害民危政的圈套，若不早为设法注意，则将来恶果恐非政治力量所能挽救！

根据上面两个理由，我们请求各界注意包头，尤其是今年暑假中所爆发的包头民众、学生及各行社的反抗和驱逐恶势力——新的贪污土劣——的运动，更应当予以深切的关心考察，来决定这个运动的是不是正当，而后加以扶助或纠正。可惜我们的抗争，因了派别的牵连竟遭遇到痛心的阻碍，不但现下官厅因之不能速决是非，甚至我们声嘶力竭的呼号宣传，也未见各报登过一言只字——而我们很悲愤迫切的争生存自由的纯洁运动却被包头地痞把持下的《包头日报》含沙射影，挟嫌报复，使得绥远各界误信了谣言，忽略了这个运动的严重性，使得包头民众被压榨出来之血泪的呼声，等于被狼衔在嘴里的孩子的哭号，不论怎样的凄厉惨痛，也没人肯救他的活命！

但是我们知道，包头人民的这种为生活而抗争的运动，绝不因环境的阴霾而稍顿挫，要停止除非是把束缚生存的链〔镣〕铐去掉！否则但有一息，我们很坚决的仍要工作下去。现在把此次运动的经过和感想述于下面。

在今日恶劣的社会之下，老百姓不全死于腐辣残狠的旧黑暗势力之手，而却被受过新教育，口头整天喊"革命"、"为地方"的念书先生们，摧剥吸血的斩绝不留！现在的教育固是男盗女娼，但既是长上人头的动物，却总是万不应在自己的家乡，苦害父老。今竟枉读诗书，昧于大义，有才无德，专会毒害闾里，言之真使人痛心寒栗！远者不追，现仅就这半年内所做下的事择一两件说说。

去年秋天，包头水灾为患，三、四两区的田禾全被淹没殆尽，农民流离失所，死饿载道，这时政府拨款救济，人民捐款助赈，凡有人心者，没有不来拯济这群嗷嗷待哺、形将垂危的被灾同胞。但是这般受过新教育的土劣见利心黑，竟能做出下面的事来！他们将赈款缓不发放，先用来做他们几个人贩粮的资本，去年九月以一石四元之价在梁外购买上糜子，赶今夏五月每石糜米涨至十五元之价时才粜与灾民作赈款。但是这样还不能白白发放，他们每发给五十元赈款，还迫令人民与彼等种地两顷，否则就连这种恩惠也沾不上！水灾救济会又拨款筑坝开渠，防止以后再遭水灾，而彼等则筑至某地，必须地主与彼等种地若干顷为条件，不然的话，虽地势适当其冲，亦未必筑一小坝，即做亦率敷衍了事，同时将开渠筑坝的工款，从中吞蚀二三千元之多！因呈报上峰困难，又威迫各渠坝之经理人员假造收据，蒙蔽上峰。以上所述之点，都是证据确实，已经地方人士呈告在案的。若还不信的话，我们不妨再举前月报载省府视察员田馨年之报告为证，报上说田氏要呈请当局重修堤坝，因为以前所做之坝，有的地方三四丈厚三四丈高，有的仅二三尺厚二三尺高者（其大意如此）。由这个报告我们可以知道凡有高厚坚固之坝者，是他们自己的或有亲戚关系的或是给过他们贿赂的地主的田地，凡低薄而不坚固者，就是与他们毫无一点关系的贫民的地！不然，我们想想官家做坝，哪有这种做法的呢!? 因为这样，所以今夏河水上涨，此种单薄而不坚固的渠坝，皆又被水淹没！三、四两区无数的人民，一年的辛苦，身家性命，因之就断送在这些受过新的教育的先生们——牛、李、秦、王、刘等手里了！窃钩者诛，窃国者侯，杀一个人要抵命，杀这么多的人，反身肥、位高、逍遥法外，这是什么道理，什么世界，我们真替我们可怜的屈死的同胞痛哭!!!

这还不过是仅拿一件事情，证明牛、李、秦、王〈、刘〉等在他们自己的家乡，是这样的苦害父老，毒害闾里！其余如把持法团，伪称代表，钳制舆轮〔论〕，贪赃作弊，插讼分肥，包办公民登记，抓车要钱，纵敛乡民……等等恶迹，实罄纸难书！我们除在呈文中详为叙列外，在宣言中亦曾提到几点，这里因篇幅的限制，恕不能一一提出说明。不过，那时有许多关于他们重要的秘密的劣迹，因为怕彼等拿金钱买动，预图遮饰，所以在当时宣言中竟未能登出，这也是使他们尚能在外面得以信口雌黄、搬弄唇舌的原因。

地方上既是如此的暗无天理，惨无人道，于是每当我们放假回去的时候，总是听到咒骂念书人的声音，并且每和相识的农村父〈老〉们谈话，没有不希望我们领导他们起来诉一下怨苦。我们难道也没良心了么？我们受地方培养之恩，无敢或忘，看见他们哭丧着的头脸，心中有似利刃钻刺！因此我们不得不来尽一点呼号的责任。恰当此时李、牛、秦、王、刘等又正在违法包办选举，我们认为再不能为虎加翅了，伟大的除奸运动遂随之爆发！参加的人数，除去三五人因为特殊关系（亲戚、密友）而又碍于劣迹的确实，无法帮他们的忙，不得不守中立外，全县受过中等教育以上的学生、士绅，没有一个不义愤填膺很慷慨激昂的来加入这个运动。全县共有七八十个受过中等以上教育的人（连他们和他们爪牙在内），而署名呈控他们的竟有五十余人之多，这些人又都是正在求学，正有的事做，绝不是像他们差使县府恶吏和保卫团迫使各乡长呈告我们，说我们是失意的流氓。这些人甚至有的情愿牺牲他们给〔做〕的事，来做这个运动，这可证明他们做事的恶狠使人痛愤的情形。运动一起之后，地方的民众无一不在〔受〕鼓舞，无一不预备实际驱除他们。而他〈们〉也在此时无不千方百计的陷害我们（呈报我们是共党），威吓乡镇长和百姓，同时又拿金钱买动上峰的视察人员（如民厅的李科长，受了买动，竟装聋作哑，坐视他们作弊，一言不报）。可是结果，大多数的受过切身祸害的如驼户、车户等仍是哭求着我们给他们作主，替他们伸冤，他们因为受李、牛、秦、王、刘等的压迫，惟恐一告不准，身遭祸害，船筏业商人徐某，就因告他们强号木筏，曾经被他们害的坐过狱！

不过，我们因为顾念到当时地方外交的紧张，绝没有做一点妨碍治安的事情，我们除去出宣言向社会人士详叙原委外，惟一的希望就是请求上峰很公正的给我们做主，迅为裁定是非。事实上这次运动虽说是包头民众还没全体加入，但这是因为他们平时威势压制太厉害，心中仅〔尽〕管愤恨，短时间亦绝不敢就起来行动。同时又因我们限于求学和服务的时间，不能时常的唤醒他们领导他们，致使这件事情不能马上得以解决。然而在官厅方面，则不应以人数的多少来度量这次事件的严重与否，惩罚贪污，为民求活命，这是官厅神圣的责任，只要事实真实，官厅自动的就应出来处治，何况有这末多的人呈控到案！？我们这些人自始就抱了很大的决心，我们屡次声请说，如若我们所呈告各节不是事实的话，我们情愿受诬告反坐的处罚。却是官厅总不给我们一个反响，甚至呈控在高等法院的选举舞弊案，证据那样的确切，亦不迅予我们裁判！我们心中有说不出的焦急，然而我们不敢丝毫抱怨当局，我们念到当局应付时艰的忙苦的时候，不由的使我们连想到为国之本的民众，他们会要被苛剥的离心的！

最后，我们请绥远各界注意：地方上害人的败类一天不退休，我们一天不停止的抗争，仅〔尽〕管时间一天一天的延长，而我们团结奋斗的精神一秒也不懈！事实使的〔得〕我们非干不可，不是盲目的冲动；我们最低的程度亦受过中等教育，不是无组织的乌合之众！包头民众将要起来除奸了，耍政治手腕和拉党派走狗的人们，千万注意到民众所恨的人是无一点力量的，离开了民众等于自挖坟墓！我们希望当局赶快铲除使民心叛背的主因——贪污土劣，同时呼号各县纯洁公正有骨头的士绅和青年们，联合起来，打倒目下受过教育的败类，为家乡父老造福！

十月三十日北平

《绥远旅平学会会刊》（月刊）

北平绥远旅平同学会

1936 年 7 卷 1 期

（李红权　整理）

危急紧迫中绥远当局今后应该如何？

王诚　撰

绥远现在已变成国防最前线，生死存亡都要在这个时候决定，而当局亦早具"敌来即战"、"虽不能成功亦当成仁"之志！此种伟大的决心，吾人谨代表全绥二百万民众向我军政长官致敬，更望当局"努力抗敌"，"勿失寸土"！

绥远自遭十三年兵燹之后，农村破产，商业凋敝，皆趋不可收拾之地步，而政府亦因鞭长莫及，从未过问，故绥远之人民无时不在水深火热中扎挣图生存。迨九一八以后国人皆唱开发西北，而绥远始渐为政府及国人所注意，同时执政当局亦力图建设，锐意改善，一切皆较进步；今当此危急之秋，其最关系绥远生死存亡者约有两点：

（1）预防工作问题；

（2）革新政治问题。

关于第一点，近一年来当局早已注及，预防工作，军事布置，皆有准备，此人所共知，且关军事秘密，吾人亦不愿详述。

关于第二点改新政治，吾人感觉较第一点重要。值此危急之际，若〈欲〉救亡图存，非上下同心合力不为功，若愿人民帮助政府同心合力，则非先有良好之政治表现不可。近来当局虽励精图治，极力改进，但只能注意表面，反忽略与人民发生关系最密切之实际问题。兹以一得之见，特郑重陈述如下：

（一）遴选县长：按县长为最亲民之长官，一县为政治行政之单位，县政好坏关系国家之强弱，尤其处此生死存亡之时，若县长得人，则能与民众共同合作，否则勾结地方一般土豪劣绅刮剥人民，毒害地方，不但一切政事废弛，无从改进建设，更引起地方人民之反对，此种潜伏之危机，将来恐不堪设想。故吾人建议政府，今日之时局非平日可比，对任用县长不可不慎重于先。若待人民起而反对或心里表示不满意，则危机亦同时爆发也。故选任县长须以能明职责者，能认识时代、明了乡村情况者为标准，若乃随便任用，势必发生贪污情形，不但政府一切命令毫难进行，而当局所常谓铲除土豪劣绅，必不可能；中饱贪污情形，则势不可免，因贪官必与土劣结合方能做贪赃枉法之事，而官吏敢如此做为者，又必与有力者发生关系，始敢胆大妄为；人民因畏其恶势，亦束手被其宰割，不敢稍有声张，或者政府亦致〔置〕之不理，使人民内心种伏背叛离二〔贰〕的心理！此种状态，在表面看去似乎太平，而实际已到最险之时，此应注意者一也；任用县长固须事先慎重，但既任之后，倘发现其祸害人民之事，则应立刻依法惩办，如此已表现当局失责之咎，更不应因循敷衍，不闻不问，听其蹂害人民，此应注意者二也。

（二）如何能减轻民负：近二年来当局确有减轻民众负担之意，惜因县长不得人，乃与地方土豪劣绅勾结作弊，成则彼此分肥，败则彼此掩饰，凡能与其同流合污，既可分肥且可稳固地位，故任何县长无不乐为（据吾人所知仅崔正春一人敢大刀阔斧铲除土豪劣绅）。在此种情况下之局面，各县真少减轻民众负担，甚或丧心病狂之徒，复假借名义，巧立说辞，反又呈请增加税捐，为〔惟〕恐私囊少收入！此种土豪劣绅急应先处以极刑！或者取消一点无关重要之税，或者取消假立名目之税，或者以少报多之税假报省府取消，此种怪现象，在绥远极为普遍，当局所施之恩惠，实际上人民丝毫得不到真实利益，全被此种贪官与土劣蒙蔽，而当局尚不能窥出其究竟。此种情况急应特别注意。现关于民负之税尚有三种，亦述于下：

A. 营业税增加——近闻财厅又有增加营业税之说，并有数县已开始实行。当此民不聊生之际，尤处现下之局面，只应设法减轻，不应有丝毫增加方是，勿应因此之事，引起人民对当局者之不满心理。此向当局请求者一也。

B. 迫各县催交数年之田赋——据财厅负责者表示，绥省自奖励各县催收田赋以来，收入递增，此皆与县长扣头多之故。岂不知各县逼催田赋急如星火，在此农村破产之际，一年内催交数年欠赋，而不顾人民经济力量如何，动辄拘留，殊觉不当；现人民除应交之田赋外，余稍缓时日，或分期归还，方为正法。

C. 税验旧契问题——此种问题，错在过去官厅，今当局为整理税收，名义虽不增加人民负担，实则较增加民众负担还重，因此税过多，当此民生穷迫之时，人民经济力量薄弱，实已无力担负。如一家六口，有祖遗房产一所，年有百元租金，则一家可赖此为生，今令其税契，即需百元之多，因此一家生活无依，甚或因此典卖，此种情况，似乎为当局所逼迫出！尤在此时局，则更为不当！吾人觉得当局现在应缓期举办或限长久时间分期交纳，一方再减轻最低额数，方能显出当局真正爱民之意。

（三）认真严惩土豪劣绅：傅主席近几年来极力注意此点，每对员属训话，亦必有铲除土豪劣绅一言，此点吾人感觉在绥远甚较其他迫要，因绥远土劣遍地皆是，而害人远甚正式土匪残忍！因土匪不过抢掠而已，人尚可防预，此种人面兽心之辈，暗地剥削人民，祸害地方，且假借政治力量，压服民众，将地方一切之事悉被其把持，乃与贪官污吏勾结，相互作恶，实行排除异己，培植党羽，并假借地方名义为代表，出面逢迎活动周旋！贪官污吏遂因此而起；所以贪官污吏和土豪劣绅是彼此狼狈为奸！若地方上无土豪劣绅，亦绝无贪官污吏，无贪官污吏人民永远无祸可受，则地方一切事业始能进行。近年虽当局极力注意铲除土劣，但总未闻惩办一人。吾人认为果当局认清其中弊害，则应：

A. 勿以情面姑息：土豪劣绅活动力量甚大，用其平日剥削敲诈下之民财，亦终日向外周旋，以防将来事败接洽之路。若有人出来反对者，彼等一面用金钱买动，一面又请其靠台暗中在官厅中通融，一面又陷害此般人民，一面又威迫乡镇长服从。而当局或不明真相，亦不闻不问，或因人情关系，姑息存事。此吾人希望，果当局真欲为民除害，非大刀阔斧不收效。要知姑息即是间接助长恶势力！

B. 奖励告发土豪劣绅之人：按土豪劣绅恶势浩大，人民非至忍无可忍地步，绝不敢冒险声张，但此辈土劣因能凭借政治力量和金钱势力，设当局姑息不惩办，不但等于助长恶势力，则告发之人又反受其害；因彼等为压制人民，绝施以报服〔复〕手段；故吾人认为原告人如自己敢声明所呈告不确实，自愿受误〔诬〕罔之罪，当局则应断然处置，并对此种人民有以保障鼓励！如被呈告之人果调查出劣迹，则应加以极刑，以戒来者。至于调查之人员，要公正无私者任之，否则调查人员不胜任，或被其利诱，或被其包围，绝难调查出真相，此点亦应极注意也。

（四）普及教育：教育为立国之本，绥远文化较他省落后，而进行一切皆感困难。故土豪劣绅之能把持，贪官污吏之能祸害……，皆由教育不发达原因所致！故普及教育，乃为真正救国之根本办法。年来政府积极推进义务教育，而绥省较偏重于义务短期小学，当今日之时更亦应同时注意成人教育，如民众学校、露天学校，应在各乡村普遍设立。对于各县小学极应加以充实改善，如各县教育行政当局不善，或小学教育程度不良，皆应撤换，甚或有嗜好者，或有学识差迟者，或不明教育意义者——因教育非仅在识字，其民族意识，做人观念，更为重要。当此非常时期，各地皆实行非常教育！绥省处在危急局面，而各县教育者，亟应有以改进也；此关系民族前途问题，幸勿误人子弟！而希望最高教育当局，勤严督查，若遇有不称职者或有人告发而有弊端者，自应速行撤职查办，勿以情面关系，因循苟且。要知遗误人子弟，即等于摧残民族前途，而间接亦等于误国害民！

　　以上数点，吾人仅就绥远现下最迫切者，略加叙述，想我明达当局亦早注意及〈之〉也。当此危急存亡之际，首要先得民心，振民气，若失民心，即等于潜伏危机，热河失陷，即其例也；若民气消失，不但进行任何事情处处发生困难，而救国亦永无希望！故今日之绥远，应振民气，得民心，为当务之急，亦为救绥远之治本办法。吾人负笈异乡，瞻望故乡，时觉心悚急念，兹以所见，望当局者鉴察之。

十月二十五日写于北平

《绥远旅平学会会刊》（月刊）
北平绥远旅平同学会
1936 年 7 卷 1 期
（李红权　整理）

绥省国代初选圈定问题与复选

文琇　撰

自从中央颁布国民代表选举法令以来，各省相继遵办选举事宜。绥省固未后人，亦于八月间成立"选举事务所"，分区实行赶办选举。今既初选告竣，端候圈定而后进行复选。惟睹此次选举情形之混杂，与其现象之杌陧，良有无名感慨系怀——如同吓迫诳骗，如同串通贿选，如同兴词构颂，如同伤脸怒眉……种种喜剧，不一而足；致人民怀疑选举，法官难于折狱！此固既往之事矣，姑置莫之论。惟今所以欲言者，乃初选当选人之圈定问题及其复选之事耳。吾人尽知国大会决于延期集〔召〕开（原定十月十日为复选完竣限期；今既延期，不知延至何年月日。蒋作宾谓约需三四月之久，却有谓为无限期者），复选之事，尚可从容进展。

吾人所云"进展"者，地方人士"团结"之谓也；非如初选事事之所指。绥人一向彼此不能相容，实属无可讳言之事；然今日我省边警已急，国是日非，如仍不能消弭故见，速步团结前程，直等自掘坟墓，自趋灭亡。惟今之势，国中上下，胥需团结必要，大至国内各军政领袖，小而地方绅士、驺卒，不有坚决"团结"精诚，绝不足以言卫国御侮；此当今之救国定论，不言其理自明。吾人立此团结大原则下，认为此次绥省国代选举，正是天定绥人大团结之良机。用特掬万分诚意，披陈意见两点：一则对于地方人士者，一则对诸省当局者。关于前者，务必出诸自动团结；后者应以牧者态度，设法使之合群。果何如而后乃为自动团结耶？其义綦简，"诚"字而已。地方人士彼此如能推诚相与，则万事谐矣，况团结乎！今国大会既经展开，初选当选人尚未圈出，是被圈定者将为谁属？似尚未能必言。值斯时也，亟应一扫以往彼此相骗心术，互以谅解热忱呈意中央，示以共存同愿，务使利权均沾，代表圈定各有所得：此所谓自动团结之道也。至云省当局方面，吾人尝闻对于圈定之事，数四声言，"不加语预，一听中央决定……"此语是否可靠？吾人固未能断言；要之省当局者绝不当采诸不问态度，否则不免有观火旁觎之误！当此"国丁难，省濒亡"之秋，亟求省内一气同声为上策，安可旁视为笑哉？此次中央关于圈定之事，事实上不能不密向各省政府征询意见而后再为决定，我省当局，应以"治绥"态度，达意中央，务期地方各方各有所得，然后地方自趋融融自洽；则绥省虽不必言其永保安逸，至少亦可相安数载，可断言也。

　　圈定问题各方既能同获满意，复选亦应相当注意。盖初选如彼之混乱，而复选乃公民大众之选举，混乱之作，尤为意中之事。尝闻民初间晋省发生投票要胁等事：选民入选场时，拦门贿约——选我者长驱以进，反则不准入场；或选民因不识字而请临时代笔者，则此代笔人会将自己名字写于票上……此种强奸选民之事，直是家常便饭。因以熟〔热〕望负责监选者及政府方面，对于此类事项，事前不可不为深加注意焉。

　　综上所述，不外地方人士自行觉悟，与夫省政当局（或容监选之人）者，从中兜斡纠正。此实本省一大政治问题也，绝非等闲之事；处之适当，则今后全省上下自会实现"思想统一，步调一致"之理想政治，否则徒言一致，实仍尴尬离形！是则今后之分崩离析，彼此倾轧之状，殆有不堪设想者。旃哉，地方人士与政府当局！

《绥远旅平学会会刊》（月刊）

北平绥远旅平同学会

1936 年 7 卷 1 期

（李红权　整理）

在绥东危急声中亟应未雨绸缪的临河县政

秀南　撰

　　绥东的危急，不可讳言的，在报端、口头，我们都可以看到、听到。正因为它的危急情况，日形严重，所以无论是绥远的人，或是内地的人；无论是执政者，或是老百姓，都把视线凝注在那里——绥东，于是一向与内地隔阂的这块塞外荒野，居然被人家注意，甚至关心起来了。诚然绥东的危急，是不容我们忽视的，且夕间，就有一触即发之势，真是千钧系于一发了。

　　可是我们也曾因为绥东的危急，把视线转送到绥西的可虑没？或者因为年来积极的沿黄河建造碉堡，有人会感觉到绥西也在岌岌可危中。但是岌岌可危，中国人已是听的耳熟了。大家一定会镇静的要说我是感觉过于灵敏，殊不知绥西的内在的虚弱的慢性病，曾未暴发过，所以从未有刺激过人们的耳鼓、眼膜，职是之由，一般人也就很少注意到这块僻处西陲的地方了。

　　且拿临河县为例。它在绥西的政治上、经济上以及地理上，都占着一个极重要的位置。西邻宁夏，北毗外蒙，南接陕北、蒙旗等地，不用说，由这几个毗邻的地方，大家都会了解它在地理上的重要了。在经济上，黄河百害，惟富一套，谁都晓得它是一个产粮最富的地方。所以我们在政治上要是不去灌育它，反而倒行逆施，时刻的惨害它，将来遗患，委实可虑。今就临河年来政治上的窳败，胪陈数点于后，幸望当道诸公以及绥远人士，都把视线转向绥西一点。

临河因为是僻居西陲，所以交通上较比其他各县要困难点，虽然年来包宁公路一再修理，但是直到现在，汽车还是不能直达临河，只有马车、骆驼可供运输。因而新兴的文化，较比其他各县接触的机会也要少一点。惟其如是，教育的低落，至今还是保留着固有的现象。一般人民只知辛勤的经营他们赖以生命的土地，对于政事，素抱不在其位不谋其政的传统老调，即使有时受了点冤枉，也只有哑巴吃黄连，苦捱而已！

当每一个官吏去署理临河的时候，都很聪明的抓住了人民的这个缺点，充其量的运用其诡计，辣腕，欺骗人民，敲榨人民，甚至惨害人民。但是他们知道县官是省府委来的，虽然心有千头恨，总是不敢去问津，于是我们的县太爷更是乘其虚而入之，无理的勒索，随意的加捐纳税，甚至侵吞公款，拷打人民，触目惊心，比比皆是。

说到这里，我们不愿空口诬人，举出几件已成的事实，来作证明。记得前任县长在临河执政不及二年，旧有的七处学校，能够摧残的合并成一两处，并且除了省府应征的捐税，还有甚么烟捐、地捐，同时下级县吏在乡间任意剥削，目无法纪，如打死皮匠，强奸少女，凡此事实，不胜枚举，此其荦荦大端，假若我们要是不健忘的话，这些事实，曾经都在报端登载过的。此外拷打人民，无辜罚金，漠视国家法纪，无不一味蛮干。据说这位县长有一位高足的省主席，所以凡是来此地视查县政的人，都不肯把他的苛政报告给上峰，因是省当局老是受着蒙蔽，不详究竟，虽然曾经也接到人民几份诉状，但是因为人民的话，不足为凭，便不受理，直到现在，这位县长，还是绥远政治界的当代红人。

说一句肺腑的话，他已是给临河种下了千代不可磨灭的病根，从此往后，每个县长莅任，都是萧规曹守的治理临河。那么以有限的临河人民的血汗，如何能够满足这些贪足无餍的官吏呢？我们是民治的国家，人民虽没到行使四权的时候，但是国家所赋予我们的权利，我们总不该轻意放弃吧！

自绥远裁局并科以来，二科的行政，应该是由人民遴选适当的地方人去办，但是临河却是例外，有时也曾鬼哄似的委任过地方人，因了二科长不能发展职权，为县长做傀儡，于是他也就不得不引咎自退了。如此正好给予县长一个绝大的机会，去引用私人，不管是甚人，反正不是地方人，所以使我们对于县长的态度，极端怀疑。最大的笑话是二财务股的收入款项，要全部交到县长的会计处，这真是滑天下之大稽，但不知这种制度，来自何方？我们愿请当事者提供出来！

包办式的政治，在临河蕴蓄已久，何时止境，我们不得而知，不过只要是常识充足的人，都知道国家的一切设施，完全基于民意，那么这种畸形的措置，究竟是依据法律呢？还是仰赖民意呢？我们愿提示出来，请大家检讨。

末了，我们并不是专向执政者作恶，实际国家一天天的走上严重的关头，大家齐一步伐，为国效忠，尤恐不力，如果那般官吏们还是一成不变的只图中饱，那么这种隐患，将一天天的更形严重。常言道：明疾易治，隐患难除，望当道明眼诸公，急起直追，有以省悟！

因为吏治一日不澄，人民终是怨声载道，聪明的友邦与匪军，专门就会利用人民这点心理，难道我们甘愿为人造机会吗？我想执政者不会那样愚蠢。所以我希望临河现在的县长，反省的检讨一番，是不是自己还在这样施政，有则速谋改进，无则力〔励〕精图治。只有上下同心，是我们避免危急降临的唯一妙诀。否则，还是倒行逆施，前途委实堪虑！

《绥远旅平学会会刊》（月刊）

北平绥远旅平同学会

1936 年 7 卷 1 期

（李红权　整理）

我们救亡的要求

杜德德　撰

　　客观的事实是这样地表现着：热河底国土沦于敌人手中，是东三省因不战而失的必然结果；察北各县主权底破灭，是热河国土沉沦在敌人后的严重的反应；冀东伪组织底形成，是《塘沽协定》乃至《何梅协定》所怀育的胎儿降生。如果不是丧心病狂，戴上有色眼镜来批判一切、观察一切的话，我们对于以往的事态，当然也不能加以厚非的，甚至否认！

　　在调整中日外交而两国外交应走入正常关系底呼声中，很不幸的是我们国防最前线的绥远，已处在敌人双面来犯的环境中了；更不幸的是某方在无形或有形的晦隐下，供给匪伪以军火、飞机、唐克车地实质援助，我们在中日两国互尊主权领土的原则下，不觉的又增加了调整外交关系的暗淡烟雾！绥远问题底严重性，日益深刻化起来。将来命运底前途如何决定？实与我国民救亡方策上及〔乃〕至政府最后抗敌的决心上，有连带的关系；也就是说：局部的抗战莫把绥远问题认为是单纯的部分问题，乃于救亡图存的战线上，没有多大进展的作用。敌人到处来进攻，扩展其侵略领土的野心；我们国家也局部的向各处来应战抵抗，根本是见树不见林的救亡方策，亦即是有动员之名而无动员之实的空口病的表现！救亡是国民底天职，政府底基本工作；强化外交阵容，扩充军备实力，固是基本要件，然民众组织与训练实施办法，也是刻不容缓的工作，尤为建筑"民心防线"、"人民长城"的先决条件！同时我们知道，绥远问题的发生，乃至发展到严重关系及整个国家存亡的阶段中，又不能不归源于察北各县主权之破灭的范围内。更进一层的探讨走私底猖獗，关税底受胁，国家财政陷入损失的环境下，更不能不归源于冀东伪组织的存在而作了"走私"的掩护区域。所以说敌人侵我主权，犯我国土，是无止境地得寸进尺的！我退彼进，若退到喜马拉雅山上去，恐怕也要感到不安全与苦闷！危亡问题，在在表现为有连索性质的严重，绥远问题，日益危急，青岛事件，更续发生，我们在最低限度的救亡要求下，并不主张准备的来呐喊全国总动员，更不愿在未成熟的情形下唱收复东北失土的空议论，借图扩大目标，与救亡方策上增加阻力。同时对于政府及各当道的苦心处难，亦不能不予以最大的谅察。只有单纯的将目前救亡所必须的动作，纳而言之如下，尚望我爱国诸君，有以察焉。

（1）强化外交阵容，统一外交行动，确定外交策——外交是无形的战争行为；统一外交行动，是强化外交阵容的先决条件。敌人向我的外交，是个别式的，威胁的，是乘我外交行动不统一，外交政策未确定地过渡中，作出发狂的表现。我外交当道，不但要在救亡立场上，速确定外交政策，统一外交行动（如通令各省市当局，凡对外交及协定的经济与政治乃及贸易的外交行动，未经中央政府许准，一律无效……），且应照会各国，表明我外交的正常态度，以免外人予我"以夷制夷"的恶劣口实。同时外交当道，在能公开而且能在当时环境下宣布外交内容时，尽量将交涉会见的外交真面，公诸国人，以释众疑，减免国人不明白的误解。

（2）民众组织与训练——全国总动员，是有相当准备后的有效行动，民众有了坚强的组织，深刻的训练后，才能谈到总动员地实施。民众底组织，是全国民心底长城，而民众底训练，是全国人民底阵线；为了救亡问题底彻底进行，政府应速确定组织民众、训练民众的具体有效地实施方案，联合全国，一致进行。总动员的作用基础是在这里！

（3）武力取消冀东伪组织，武力收回热河失土，及收复察北各县底主权——我们知道冀东伪组织一日不取消，走私情况一日不能减去，平、津一日不能脱险。热河失土一日不收复，塞北主权一日不收回，绥远问题便一日不能脱去严重阶段。也就是整个中国危亡，不能脱却险境。问题既然这样关联起来了，我们一致地要求政府，以武力有效的办法，一致动员实现我们底愿望，挽救国家底危亡，与民族底生存。

（4）充实现代化的军备，团结救国的力量——我们知道武力是外交的后盾；救国力量是全国民间精诚团结的总表现。军备武器的充实，固为首要，而团结整个救国力量，亦是必不可少的。要图我们团结全国民众救国力量的原则，以不出卖全民族利益及以国家作前提，民族权利为目标的任何派别，任何政党分子，都应在精诚团结的事实上，实质上来实现救国的力量。我们并不限别人来作救国运动，但是有防〔妨〕阻我们救国行动力量的，是不能允准其自由活动。以现实的事件来作例，如各地底布尔雪维克的力量活动，便是我们立场上、策略上、进行上以不允其活动的一种。更明白的说来，我们的阵线，是联合的国民阵线，我们的信条如此，当然要如此地工作，来挽救国家与民族的危亡喽！

现在国防最前线的朋友及战士们，应当知道我们救亡的要求是如此，我们底责任，是艰巨的，而且重大的；我们要紧紧地携起手来，前进！杀敌！同时我们在战时，要如平时一样地沉着；平时要如战时一样地〈前〉进着，不忙不慌的实干！实干！愈发调整的前进！前进！

一九三六，十二，五，故都中大

《绥远旅平学会会刊》（月刊）

北平绥远旅平同学会

1936 年 7 卷 2 期

（李红菊　整理）

国事已急！妇女界醒诸!!

多乙之 撰

一

现在绥远的战事爆发了！因为这不是纯粹的内战，所以战期有延长下去的模样。你看这次伪匪的侵绥，饷械、军火的供给，多由古〔沽〕源、多伦方面运来；战事由红格尔图之役（十一月十八日）发动后，飞机多至二十余架；坦克车、大炮种种新式武器，要有尽有；据各报载（十一月十五、十六日）尚有无数的"毒瓦斯"运到达拉村，以备万一掷放（至今尚未放）。以塞外漠北底无名匪徒，居然能有如此惊人新式武器，真是一件耐人寻思的事情。此外，××武官××××对《泰晤士报》驻沪记者声称"……××对内蒙现局，确已参加……"并且对于××军官曾协助现时集中绥东之蒙伪匪军事，该武官亦直认不讳。从这里可以看出这一次的战事乃不是单纯的中国内战问题。那么，战争将来的胜负我们不要问，而"战"底命运是铸定了！战期地延长，也许一月两月……也许一年二年……说不定重演开四年有半的大战争，又闹起全球动员惨象来！处在这样覆巢底下，我们绥远底百万妇女，应当如何准备？尤其是一般知识界底妇女们，如何表示呢？并且对于国内的妇女界，如何唤醒？相〔响〕应？号招？……这些这些，绥远底妇女们是不容忽视的；尤其妇女界底知识分子是似"义不容辞"，责无旁贷。

二

绥远是我们底家乡，它是国防底重地，是西北底门户；它东南毗连晋、察，西南邻接陕、宁，甘、青遥遥庇倚，新、蒙相为比连，犬牙相错，唇亡齿寒；绥远一失，如同门之失闩，机失梭然，晋、秦、甘、宁都似不能坐守，这是很明白的事，勿须词费。所以，自启战以来，全国上下，都把视线集中在绥远——中央继续地往上开兵；各省各界，亦在踊跃的输将；尤其者国内各大中学生，大声地呼着，冒着风雪地募捐，勒着肚子绝食；日来各大学内，又有自由发起参战的组织……好些救国团体，都是应时而且值贵得组织；但是我们发觉了这些团体中，没有妇女团体的组织！回头再看绥远省内底"各界联合救亡会"中，有农、商、教育、医、工、新闻、政……等界地会合，独独地没有妇女界地参加！在男界上也许认为救国不需要女子；然而在我们认为这是一个大大的缺憾！中国四万万人中，女子自居其半；作事首把女子搁在一旁，这无异乎自解兵力，自造损失！所以我们的主张是很迅速地把全国底妇女，从家庭中呼唤起来，快步地跑出社会来，向着前线上走，丝毫不容蹉跎！绥远底妇女们赶快底起来，尤其有知识的妇女们！

三

妇女们上前线去，荷枪命击，这自然是分内之事。但刻下最需要的，似乎还不是战壕里的工作；因为沙场上做描〔瞄〕准的健儿，数目并不感得少。有些很迫切的事项，急待着妇女们上去做的是后防救护工作；现在仅就管见，大略分述如次：

（A）医药看护

我们从报纸上看见，这次红格尔图大战，我军取了绝对的胜利，但死亡了的兵士也实在不少。从战线上舁回来的已亡士兵那自然不必说了，可是舁回来的伤兵，在好些日子后才死的。这些伤兵临死时，高呼着："再上前线杀贼去！"这当然是中国民族英勇的呼声；但这些个伤兵，终于还是死了！这里需着救护的工作，医药自然是医师底工作，但看护与服侍，却是妇女们应做的事。假如这个伤兵给以良好的救护和科学的医治，他必然在数日之后会痊好的。他创愈以后"再上战线杀贼去"，你看他是多么好经验？多么更奋勇？……

（B）缝纫助寒

尝记一二八以前，孙殿英在喇嘛庙（即多伦）抗战，战壕里好多士兵，衣裳都因肉搏而破烂了，因而未战身先冻毙！近据报载，贝勒庙（即百灵庙）降雪二尺（或谓三尺有余，未知孰是），那么，军士因衣服破烂而冻毙，又是意中之事。这里需要妇女们为这些可怜的士兵做补衲衣服的工作。

还有，各地的妇女们，大量的做起缝纫的工作来！缝皮衣、缝手套、缝棉鞋、缝皮帽………这些全是妇女们不能推诿的责任。近据绥远蒙古旅平同乡会返绥慰劳代表来函，谓据前防官佐亲口谈称"刻下将士最需毛线子衣裤，皮衣正不迫切。因为毛衣轻便而且耐寒，皮衣笨重而不实用……"如此说来，更要妇女们总动员的做起来毛织手工好了。因为这件事男子们是做不了得，这可以说是爱国工作中，女子们底一件专有权。

（C）募捐输将

大战爆发后，饷秣是一件极重的事。据说淞沪之战是因了饷糈不足而败北；但喜峰之役是因各地输将充分而打了胜仗。历来外交是仗着武力谋优势，但运兵是凭着饷向〔项〕作胜利。目下正是中国用兵的时候，少衣缺食不仅不能作战势上的进展，大有残败的危险。前车有辙，当为殷鉴。现在我们为了助长战事的胜利，应当踊跃地在后方作起募捐的工作来。另一方面，前防底将士，在这冰天雪地之中，为了祖国地存亡，跟敌国拼着自己的生命，在这拼命挣扎中，时时有冻死饿毙的危险。他们是为了全中国做着牺牲的，为我们大众底生命做着奋斗，在"仁道"方面，在"义气"方面，我们都应当大量地出动，为他们募捐、输将，然后战事或可操胜。这件事应当我们妇女界很忠实地做起来。

（D）宣传工作

上边已经说过了，国内底妇女界很少发起任何救亡的组织，尤其是绥远。这个大原因当然是因为妇女本身落后点；实际上是因为"宣传"方面太不出力了。现在赶快地把这步工作做起来。做的方法是：

1. 派人分向低级妇女（如农村妇女）唤醒；

2. 通电国内各妇女团体一致奋起；

3. 印发宣言阐明女子爱国当仁不让；

4. 说明女子应尽责任。

第四项即设法唤醒女界，有以上所举之救亡的责任，不应当沉坐绣楼，老守闺阃。

四

以上是我自己看到的几点供献。刻下已是国家如同大厦将倾，山河已将变色之秋，尤其绥远处于最前线上，倾城覆土，迫于眉睫，而妇女们仍在踟蹰逡巡着，我以为这是不应当的。这不是蹉

跎的时候，乃是毅然投笔的年头儿。义愤所激，因不自持，写出
这篇东西来。里边自然不少不周到处，尚希编者大笔郅政批布。

《绥远旅平学会会刊》（月刊）
北平绥远旅平同学会
1936 年 7 卷 2 期
（李红权　整理）

目前的绥远与将来的中国

黎建树　撰

　　近日来事实上所昭示给我们的绥远的重要与危机，使得每一个中国人都感到了极度的兴奋，和一种不可忍耐的情绪。这种兴奋，曾经凝合起来，给予当局一个极大的警惕；这种不可忍耐的情绪，曾经激起前方战士们无限的勇气，在热血的沸腾下作殊死战。而且，更值得我们感到有希望的是后方各界热烈的援助。这种援助，姑不论其在实际上有否确定的成效，至少它所表现的精神，显然地证实了这次的抗战已经不是部局的，不是单方面的，而是逐渐地趋于整个的民族挣扎了。

　　很明显地，中央当局对于绥远抗战，已经不同于以前的对于上海抗战与长城抗战了。在经过了几次的牺牲以后，中央当局已经下了决心，不再失掉中国的一寸土地。这种决心的形成，不仅是过去事实所给予的警惕，而且是大多数国民兴奋的反激。但是因此而引起正式的中日战争，在事实上中央却并不愿如此。它在抵抗之余，只极力地准备着大战的来临，而并没有充分地采取进攻的形势。所谓"抗战"者，其意义亦即在此。至于日本方面，基于与苏联战争上根据地之缺乏，它不能不极力设法在中国北部立下一个坚固的基础。因是，在过去它侵占了华〔东〕北四省，在绥远更用了不少的物质与精力，想陷它于同一地位。而现在，由于中国国民对于国土丧失愤怒之增加，中央当局对于国土保障观念之巩固，夺取绥远已经不像夺取东四省那样地容易。同时，战争之由绥东而绥北，复由绥北而绥东，辗转反覆地昭示着日本于绥远抗战物质与精力上所受到的损失，使它不甘于轻易地就放弃了侵略这块肥土的野心。因此，绥远的抗战，虽不一定引起中日间的正式冲突，但其可能性是存在的。这种可能性的存在，使得中国不能不更积极地准备，不能不以此而作为一个挽救危亡的最紧要关头。

于此，我们可以看出绥远抗战对于整个中国的重要：如果我们对于绥远的战事不能得到所期望的胜利，则不仅绥远将陷于华〔东〕北四省的同一状态中，而且以此往西，亦将不复为中国所有。战事失败以后的中国，当然是不堪设想。所幸的是目前的战争已经使得我们有了相当的乐观。这乐观使我们一方面可以防守自己的国土，不使它失去一寸一分，一方面可以使我们得到兴奋，得到一个刺激，使中国在内部有更积极更切实的准备。几十年来中国在各方面所遭遇到的难以忍耐的痛苦，与近五年来敌人所给予我们的不可消灭的耻辱，已经使我们从睡梦之中清醒过来，而认清了目前最紧要的道路。绥远的抗战，更是一贴强有力兴奋剂。继续的忍耐已经不是我们所应采取的策略。我们已经忍耐过多少次了，多少次以来忍耐的结果终于只是白白地牺牲了无数的勇士；终于只是白白地送给了敌人无限的疆土。从这些经验之中，全国上下都不能够再受任何的侵占；都不能再让自己的同胞在敌人的铁蹄下被宰割着。这种不可忍耐的情绪，促成了绥远抗战的严重性。不仅是全国的国民如此，中央当局对战事之增兵也证明了它抵抗的决心。在这种可以说是初期全国一致的情形之下，绥远抗战如果仍不能得到胜利，如果仍会遭受到华〔东〕北四省的同样命运，中国前途之难于乐观是可以断言的。绥远抗战不仅代表了整个中国抗战的力量，而且代表了整个中国抗战的精神。这抗战如果失败，将不仅会阐明抗战力量之薄弱，而且会阐明抗战精神之衰萎。我们不把绥远抗战当作中国边疆上一个局部的战争，我们把它当作全国一致抗敌的力量与精神的一个整个的表现，把它当作忍耐的终期，把它当作反抗的开始。因是，目前绥远的命运，便是将来中国的命运。我们只有在这种信念之下才能拯救中国，拯救自己；才能从丧失进到夺回，从衰弱转到强盛！

把绥远抗战既当作中国抗敌的力量与精神的一个整个的表现，我们所希望与期待的也就更加重大。它不仅仅是前方将士勇敢的苦斗，不仅仅是中央当局深切的注意，不仅仅是后方各界热烈的援助。除此以外，有着更重大的要求。这要求便是中央当局对绥远抗战军事上更有力的协助，政府与人民更切实的联携，与各派别互相间更坦白更坚固的团结。因为只有如此，才能巩固我们的倍〔信〕念，才能完成我们的需要！

十二月二日

《绥远旅平学会会刊》（月刊）

北平绥远旅平同学会

1936 年 7 卷 2 期

（李红权　整理）

绥局的分析

李有力 撰

近几月来，耸动世人听闻者，除欧洲的西班牙问题外，殆莫过于亚洲的中日问题之纠纷。自从成都、北海、汉口、上海四大事件连续发生之后，中日交涉更形严重。事件发生之后，舆论纷纷，在日方以为"奇货可居"，是交涉的良好机会，在中国方面则引为大的不幸，乃中日民族仇恨尖锐化的表现；恐此等事件层出不穷，引起两国严重的交涉，而走入不幸之阶段，预测前途，飞机、炸弹，那是何等危险！果不出所料，中日交涉乃走入不可解决之途。当此外交紧张之际，绥东、绥北，军事情报，如雪片飞来，我国民众之着意点，乃由上述几种事件，而转注于西北——绥远事件。

关于绥远事件之发生，日方始则否认其参与，谓系中国内部之事，中国政府对该地匪寇，有权自由处置。我们首先看一看日方到底有参与伪匪的嫌疑没有呢？匪方的飞机从哪里来的？这不能说不是个疑问。本月二十四日，日陆军武官喜多诚一，对日军官协助匪伪侵绥，已直认不讳，此与日本外务省及大使馆历次之声明非常矛盾。据日本驻京陆军武官雨宫两项声明：（一）彼不敢保证在蒙匪军中无日籍之指挥人；（二）现在蒙伪土匪所用大部分锐利之利器即使出自日本方面之供给，亦必贪利商人私运。以外交关系，当然不能有露骨之声明；总之，匪军之中，有日方飞机助战，有日方运去之利器枪炮，有日人在匪中指挥，这是不可掩藏的事实；二十六日报载，大批"毒瓦斯"运赴商都备战，残〔惨〕无人道的毒气，将用于中国矣。

由于近来的情形看来，全国各处之募捐输将，一方表示全国抗战的决心，一方表示情绪的热烈，英勇战士在寒风刺骨、满目冰霜的前线上，经此全国一致的鼓舞，把百灵庙收复了。百灵庙之收复，一是得到汉蒙人的援助，二是将士之决心，三是匪伪之无斗志；如民团的助战，如百灵庙旗官民之欢迎国军，如将士之冒风雪，这都是民族精神之表现，我民族之热诚的表现，如后方的募捐与庆祝，如前方战士的决心，如前线民众的团结，固然都狠乐观；但前途的预测，阻碍犹多，为虎作伥的匪军固不足忧，所虑者是背景越来越接近，越来越大；东京虽声明不援匪军，但事实所表现的全不是那么一回事；我方为保卫地方安全计，当然要以重军协剿伪匪，剿匪的结果，恐怕终要演成中日军队之对垒。事态是否扩大，全看日本之有否真心诚意耳。日方既声明不援伪匪，即应停止其军火之运输，飞机之轰炸，与夫士官之指挥作战；日方当以东亚和平计，当为中日共存共荣计，不可不悬崖勒马；中国为民族之生存计，为不沦于分崩计，当精诚团结，全国动员，共赴国难。

本月廿八日，我政府外交部发言人谈："此次蒙伪匪军大举犯绥，政府负有保卫疆土、戡乱安民之责，不问其背景与作用如何，自应予以痛剿，此为任何主权国家应有之行为，第三国者不可得而非议。"师出以来，节节胜利，匪军消灭，当在不远；至国内"共匪"，经国军连年痛击，已告崩溃，残余之"匪"，政府仍本自力"剿匪"之一贯政策，继续努力。我政府本自存共存之政策，亲仁睦邻，调整国防关系，以期对于世界和平，有所贡献，惟领土主权之完整，为国家生存之必具条件，不容任何第三者以任何口实，加以侵犯或干涉，万一不幸而发生此种非法之侵犯或干涉，必竭全力防卫；中国人乃求自立自卫，非其因为战争。为达到自立自卫之目的计，如任何第三者加以侵犯或干涉，当不惜牺牲一切，和他拼一个"你死我活"；望日本人士，当以百灵庙之役为鉴，当以我四万万国民情形为鉴，从此收束，勿老羞成怒，愈走极端，不仅东亚之幸，亦日本之幸也。

由中央政府的表示，由士气的激昂，由民气的振作，都使我们的前途乐观；一面是小民族自卫自立的自觉，一面是民族复兴的起始。我们在报纸上见到的，大批的匪军脱离了王英、李守信而投诚国军，在国内甚至于工人和乞丐亦都作募捐助战的运动，这不是民族的自觉吗？某方用收买的手段来麻醉我国民众的方式已经失败了。蒋先生说："百灵庙之收复为民族复兴的起始！""绥远之役关系国家之存亡！"从这两句话中已表示出剿匪的决心。这次的抗战也许是我民族复兴的前奏曲。

完了，绥事的前途，恐怕紧接着就是一幕更大的战争，我政府和国民在此时须作更大的准备，以应付这将开展的局面，以应付最近将来之最大难关。

《绥远旅平学会会刊》（月刊）

北平绥远旅平同学会

1936 年 7 卷 2 期

（李红权　整理）

救亡的一点感想

野渡　撰

绥远不仅仅是绥远人的绥远，今日的国防，简直可以说是民族的再生机；如果绥远放弃，丰富的物产、锦绣的河山固然送给敌人，并且整个西北各省失了屏障，国际间不能连络，将陷民族于更黯淡之途。"不抵抗主义"非只亡我们的东四省，简直可以亡数个中国而有余！幸好前方的战士已憬然觉悟，中央也改变软弱的政策，无数国军在冰天雪地、寒风凛冽、敌机轰炸下，跟甘为汉奸国贼的伪匪蒙军周旋；南北民众，踊跃输捐，激起了全民族解放的怒潮，波澜日益高涨。我们的国家想在国际上取得地位，博得同情，不是一味忍辱地唱和平即获得收获，势必激起民族抗敌情绪的奔湃，给世界人士另一新的认识。

绥远自卫抗战紧急声中，忽然上海爱国运动领袖邹韬奋等七人被捕，二度传押，今〔令〕人感到从事救亡工作只是政府的职责，他人不能过问的悲哀。伟大的时代微透曙光了，我们实在不愿消耗一分救国的力量；当前最大问题没有解决，确有联合人民于一阵线的必要，凡是爱国的热力都该凝固起来。如果他们真的没有危害民国的行〈动〉与思想的话，很可以及早释放了他们；因为这是国家的损失。

北平学生有数页光荣的历史，民族复兴大业的基础建筑在这一代青年的肩上。这已非"英雄主义"色彩浓重的时代，艰巨的救亡工作，决不是一二人之力所能愉快胜任的，要以全民族结实的步伐来和敌人争生存自由，始有光明的前途。但事实上总理诞辰的那天，南京国府沉痛地纪念，而北平全体学生的扩大纪念会，则军警用武力解散；为什么自动遵奉敌人的意志愈使华北"特殊明朗化"呢？为什么借口阻碍交通发生流弊干涉爱国学生沿街劝捐援绥，而对于不久以前，敌军穿城游行，辗死同胞，则熟视无睹呢？在民族解放运动发端的今日，政府要得人民热烈的爱戴，第一态度尽量要"明朗化"。沉闷的空气减少国民的信心，一个爱国有心而意志薄弱的人，稍一失望，会逃避现实，或走到极端。为民族争取自由解放的最坚决、最英勇、最前进的斗士（或新文化推动者）若遭任何摧残，无形中青年的心理，会生起不良的影响。

捷报传来，国军进占百灵庙，我们感到无限的欣慰。虽然这还是不得已的中国人杀中国人，但敌人贪馋、狞恶、鬼祟的真面目一天一天地露出来了，我们的中央军长久驻在黄河以北，筑成新长城，终要恢复国土的完整！

救国的力量既然靠广大的群众运动，也须是有组织有训练的集团。所以要请政府迅速地训练华北民众，加紧青年的国防教育。对敌人可以说是为安定东亚求和平的武装，有着自身的力量，强硬拒绝敌人的要求——拒绝成立"防共"协定。

十一月廿五日

《绥远旅平学会会刊》（月刊）
北平绥远旅平同学会
1936 年 7 卷 2 期
（朱宪　整理）

半月来大事记——自十一月十五日 至十一月三十日

赵云祥 辑

十五日

（一）绥边大战触发，匪军进犯，受创退却。匪伪军因无饷逃亡颇众。

（二）商都、南壕堑匪伪二路续集中，百灵庙亦开到匪伪骑兵两团。

（三）傅作义在平地泉视察防务毕，业于十四日返绥。赵承绥留平地泉指挥前方军事。

（四）阿王赴洛谒蒋请训，到太原再返绥，阿王表示，决不轻弃寸土。

十六日

（一）绥东将士冒雪鏖战，匪军三千，昨猛攻红格尔图，飞机七架助战，并有野炮多门，然六次进犯，皆被我军击退。

（二）某方由多伦运到张北毒瓦斯炮弹十七辆汽车，并有毒瓦斯放射器两具，预备对我军施放毒气，文明之邦由此更可露其真面目矣。

（三）张北伪军发现某方军火箱中间有砖块，想系伪壮匪势。

（四）绥远旅京同乡赵允义等十五日电傅作义，慰劳抗敌将士。

（五）旅京绥远籍学生减食捐款慰劳前方抗敌将士，同时绥远各中小学在省垣成立教界同人会，响应保定教界"一日贡献"运动，捐绥将士。

十七日

（一）傅主席赴平地泉，抵平地泉即会同赵承绥督师。

（二）阎锡山主任遵太公遗嘱，毁家纾难，捐款八十七万元，助绥抗敌将士。

（三）各地动员募款劳绥军，平、沪组"绥军后援会"，捐薪节食输将，尽国民天职，慰守土将士。

（四）某方因王英部苏美龙反正，十五日在商都召王，大为斥责，并恐继有反正者，故决以其正式军及伪军部队督战。

（五）我骑兵某部，增援红格尔图，士气更旺，伪匪前顾后望，颇有不敢尝试我军痛击之苦。

（六）汉口工商各界，发起以一日所得贡献政府，转寄绥远抗敌将士，以备杀敌，而尽国民天职。

十八日

（一）红格尔图敌机投燃烧弹，我方阵地内，房屋多被燃烧。

（二）伪匪企图侵入绥西，我军事当局愤慨，矢志守土抗战到底。

（三）绥远国术馆通电全国，国术馆发起全国国术界募款助绥前线将士运动。

十九日

（一）伪匪军犯绥范围扩大，兴和昨受扰，绥北愈紧迫。

（二）某方飞机八架，轰我阵地。

（三）我军向商都达拉村、土城子匪巢猛力进剿，毙匪三百余，俘获军用品甚多。

（四）绥远新闻界定本日组织慰劳绥境守土将士会。

（五）绥省会公安局长袁庆曾招集全体警官，指示后方戒备机宜。

（六）中央政务〔校〕包头政治分校教职员、学生，以一日贡献慰劳守土抗敌将士。

二十日

（一）绥东昨日续有激战，兴和方面，进扰富三乡之匪被击散。

（二）进扰丰乡窑子沟一带伪匪，由我李服膺部高团及孟文仲县长率兵前往剿灭。

（三）平地泉、丰镇间铁路小站附近，发现便衣队三四千人，当局派铁甲前往扑灭。

（四）红格尔图之匪，经我军痛击，已全部远退。

（五）张逆万庆，指挥南壕堑、尚义匪部，向我兴和、丰镇绥军猛攻，未得逞，败退。

（六）傅作义召集赵承绶、彭、董等重要军官开军事会议，商我军歼灭匪伪军之方略。

二十一

（一）匪伪军侵扰平绥路，王英匪部主力已被我击溃。

（二）伪匪请来之某方飞机，仍轰炸红格尔图。

（三）高宗武定今日由京赴绥远视察。

（四）门炳岳由大同抵平地泉，与傅作义在车站会晤，傅当同车返绥。

（五）平绥路四四八号铁桥，被便衣匪骑破坏，我已派铁甲车队前往修理中。

（六）伪匪军首领在嘉卜寺会议，商犯绥计划。

二十二日

（一）匪军将大举犯绥北，百灵庙匪伪军企图犯武川，绥东匪军备卷土重来。

（二）绥远省政府通告外桥〔侨〕出境，否则受损害概不负责。

（三）敌机一架在红格尔图轰炸，被我军射中，当即焚烧。

二十三日

（一）本日前线沉寂，张〔而〕绥北紧张，匪军待援军到达即进犯，日内有剧战。

（二）中央军开绥，汤恩伯等到大同。

（三）王英匪部开往绥北，并其部下苏美龙部，证实确已反正。

（四）绥远省教育会等各法团，派代表携大批慰劳品，慰劳伤兵，当时轻伤者高呼"将再上前战"！

（五）平绥路昨日撞车，在大同孤山外。

二十四日

（一）伪匪军昨日分路犯绥北，由百灵庙向包头、绥远进扰，武川、固阳我军正出击！

（二）傅主席本日发表谈话"不说硬话，不作软事"，听命中央，尽职守土。

（三）晋、绥各省财政权，由财部收回，订定发展计划。

（四）段茂澜、程沧波抵绥，与傅主席详谈一切。

二十五日

（一）我军完全占领匪巢百灵庙，匪伪军溃窜蒙古草地。

（二）中央军队，继续开入绥远。

（三）欢宴劳军代表席间，傅作义慷慨陈词，谓中国民族必可自救。

二十六日

（一）绥北平静，绥东转紧，商都匪闭城门，筑防御工事。

（二）匪伪犯兴和，已被击溃。

（三）云王派沙拉布多尔济为代表，由达旗王府至百灵庙慰劳我军。

二十七日

（一）敌机轰炸百灵庙，我兵士更愤怒，誓死杀敌。

（二）蒋、阎劝告匪伪军兵士来归，并颁定投归之赏格。

（三）敌机仍在兴和轰炸，乡民伤亡颇多。

（四）匪伪在兴和边境，凭险顽抗，与国军激战三小时，不支而退。

二十八日

（一）陈诚离太原赴绥主持军事。

（二）阿旗日人均转包头赴平，达王报告阿旗平静。

（三）绥境蒙政会诸王公及全体蒙委，电中央及阎长官，对德王所发通电，有所表明。

二十九日

（一）云王杀羊大犒国军。

（二）各匪伪首领，连日与某方在嘉普寺秘议，并宣言决反攻百灵庙。

（三）阿王返包头；王靖国日内亦将赴包。

三十日

（一）陈诚已到绥，举行重要会议，并告记者续调国军入绥。

（二）阎电傅作义，嘉慰各勋将。

（三）粤退伍军官七百人北上，愿加入绥前线抗敌。

《绥远旅平学会会刊》（月刊）

北平绥远旅平同学会

1936 年 7 卷 2 期

（李红权　整理）

傅主席与德王来往电

作者不详

十一月五日，德王有一电报致傅主席作义，列举五项责难。傅主席于八日电覆德王，一一予以驳斥；并责以大义，期其服从中央，恢复旧规。兹将两电并志如次：

（1）德王致傅主席电

转绥远傅主席勋鉴：慨自蒙疆设省置县以来，盟旗之政权日蹙，蒙人之生计日窘；上年迫不获已，始有要求自治之举。当时中央以扶植为怀，特准设"蒙古地方自治政务委员会"，经理自治事宜。蒙众欣感，举国同情。惟贵省始终猜忌，屡加破坏，举其最显著者，即有下列五端：

（一）贵省各项税收，大都取之于蒙地及蒙人；按照中央颁行之《蒙古自治原则》，贵省有将各项税收一律劈给蒙古若干成之责任。当时蒙政会以地方和协为重，深恐贵省感觉困难，故仅对于路经百灵庙等处之特税一项要求劈分。中央以〔已〕为颁行劈分此项特税办法，乃贵省始而假借武力，变更特税路线，继而曲解明令，百般支吾，时经年余，终未劈给分文。彼时中央以贵省既应劈给特税，遂不另行发给事业费，以致蒙政会各项自治事业，均未能如原定计划举办，此系贵省消极破坏蒙古"地方自治"之事实，早为蒙众所最不满者也。

（二）上年西公旗事件，纯为蒙古内部问题，蒙政会及该管盟长原可为之和平了结；偏贵省越权干涉，操纵石贝子，一方故令事态扩大，纠纷不已；欲以此为分化盟旗，推翻自治之煤〔媒〕介，用心已不堪问。今春蒙政会遵照中央明令，撤回驻在西公旗之队伍，曾经请准中央，转令保护梅力更召及大喇嘛等有案，乃未逾数月，而该大喇嘛及其家属、徒众等；竟为贵省派兵袭击，杀戮殆尽。此种危害自治、荼毒蒙人之惨剧，实为蒙众所最痛心者也。

（三）蒙政会保安队原系呈准中央所编成，只有保卫地方之功用，并无碍于任何方面；乃贵省于今春利诱该队三数不良分子，致有叛归贵省之事，上月又迫令该叛兵等阳假反正之名，遄返百灵庙，企图毁灭我自治"发祥地"，当经各旗驻在该处之保安队击退后，贵省复为掩饰计，竟将该叛兵等堵截，惨杀至数百名之多。是已受贵省利用之无知蒙人，仍为贵省所不容，不知贵省仇视蒙人何以如斯之甚也。

（四）百灵庙蒙政会为我全蒙最高"自治机关"，不徒为中央扶植蒙古之实意所寄托，抑亦蒙古全民引为第二生命者也，凡稍具有人类同情者，决不忍加以危害，独贵省屡施阴谋，抱必推翻之决心，甚至捏报是非，耸动中央，并假借乌、伊、土各盟旗名义，淆惑中央观听，致有所谓"绥境蒙政会"者产生于前，复有"察境蒙政会"之明令发表于后，遂令我蒙古营求多年所得之整个蒙政会完全毁灭，蒙古对于中央之好感，亦将由此而斩。贵省此种误国害蒙之举，实可为太息痛恨者也。

（五）前者破坏我整个蒙政会之顷，蒙古本拟与贵省一较是非，只以主谋者虽贵省，而命令实出自中央，蒙古本其服从中央之素志，终于呈准在锡盟盟长公署所在地成立察境蒙政会，并派兵〔员〕清理百灵庙蒙政会债务，赶办结束，似此隐忍退让，并无丝毫不利于贵省，乃贵省愈迫愈紧，又在察西一带及百灵庙以南地方，掘战壕，筑炮台，作种种军事上设备，以致该处蒙民备受骚扰；又为经济封锁，限制粮食、煤炭等物运入察地及百灵庙一带，以致锡、察两盟及百灵庙一带之无辜蒙民俱感生活之重大压迫，似此情形，是贵省必欲将全体蒙古置之死地而后快也。总之，蒙古愈退让，贵省愈压迫，现在蒙古已退无可退，群欲诉诸武力，以争最后之生存。惟本会同人始终以地方和平为重，但有一线妥协之可能，绝不欲轻启战端，重累民众，用特提出下列之要求，惟希贵省谅察焉：

（一）察哈尔右翼四旗，原属察哈尔部管辖，现在该部遵照中央颁行之《蒙古自治原则》，已改为盟，兹为完整该盟盟土计，为锡、察两盟民众向集宁、丰镇等买卖粮食、煤炭、牛马、皮毛等，为便利计，请将右翼四旗即日归还察哈尔省，并归本会管辖，以符名实。

（二）百灵庙蒙政会结束事宜尚未办竣，该处尚留有原有职员及保安队数百人，兹为安定该项员兵及附近居民之人心计，并为免除其生活上之压迫，请将百灵庙以南一带地方之军事设备、经济封锁，一律即日撤销，完全恢复平息〔昔〕之状态。

（三）百灵庙保安队原有之步枪、手枪、轻重机关枪及其附件、子弹，均为中央所发结〔给〕，今春贵省利诱该队叛变时，均经掠去，由贵省缴存归绥、武川等处，查有实据，应请即日将该项械弹如数送还百灵庙，以资应用。

（四）现在百灵庙蒙政会清理债务之结果，计欠员兵薪饷及商民货价共达二十万元。此项巨款，蒙地既无所出，中央谅亦不能发给，只好请贵省将去岁应行劈给蒙古之特税项下拨付二十万元，以便早将该会之结束办竣。

（五）今春百灵庙兵变为首各员，前经蒙政会通缉有案，现在该员等均在贵省担任要职，足证该次兵变确为贵省之主使；请将各该叛员一律拿解百灵庙，以便法办。再贵省袭梅力更召，惨杀大喇嘛等之官兵，均为杀人凶犯，请贵省一律撤惩，以明法纪。并请对于以上两案前后被害数百蒙人之家属，一律发给赈偿金，以慰冤魂。以上五项，系为蒙古生存计，必不得已之要求，贵省倘能反省以前种种压迫蒙古之错误，即应一一承诺，克期实行，否则，蒙古虽弱，亦不能不作最后之争扎；倘因此而演成任何事变，其责任均当由贵省负之也。特此电达，伫候明教。察境蒙政会委员长德穆克栋鲁普，副委员长卓特巴扎普等叩。歌（五日）。印。

（2）傅主席覆德王电

卜寺察境蒙政会德委员长勋鉴：歌电阅悉。自来辩论事理，有强词夺理者，有颠倒是非者，接诵大电，深惜尊处于各案之是非，尚未明了，兹特分项撮要答覆如左，幸详察焉。

（一）绥特税系代中央征发军费之税收，按自治八项原则劈分地方税收之规定，该税本在不应劈分之列，北平军分会特示优惠，派员调查，规定五项办法，贵会迄未实行，是贵会不肯按中央规定而劈分，并非绥方之不予劈给。至商骆改道，系因贵会拦路苛征，自断商运，具有事实可指。

（二）西公旗事件，第一阶段，由于贵会派兵帮助叛逆曼头围攻王府，并有来历不明之飞机助战，致该旗横受糜烂。中央明令撤兵，贵会均置未理。第二阶段，本年大喇嘛等返庙，与石王等已订约相安，不知何故当王道一扰犯绥东之时，该喇嘛忽勾结非本国国籍人，在梅力更召招兵运械，建筑机场，意图与绥东王匪相呼应。大喇嘛竟于八月八日攻击王府，而石王十三日始行反攻，当战事结束，确有非本国籍人在内，此事孰违中央，孰肇乱源，社会周知，勿烦曲解。

（三）百灵庙保安队哗变，系在察北改元易帜之后，时间、事实，昭昭于社会。该青年等为执事平日所培植，其思想行为，度为执事所深晓，中途脱离，当自有故。云等通电，表示惋惜，而誓不合作，执事更应自省，不尤他人。

（四）绥蒙易制，亦在察北变乱之际，尔时乌、伊官民，既畏丧失国土，贻蒙众之害，又不愿与地域不同者，共此多事岁月，中央俯顺多数蒙人之请，始行分治，目下旗众相安，边防无恙，与察蒙相较，自有真正之得失。

（五）分治明令既颁，贵会既不遵令迁锡，复在六县易帜改元，组设"军政府"，接引伪蒙军入察，近又向庙会大批增兵，乃来电仍云本其服从中央之素志，以地方和平为重，且责绥方自卫之不当，似言行不无矛盾。以上就见质敷陈其要。至对来电要求及期待于左右者，即执事是否以国家为前提，察北今日成何局面？且查该四旗本多年隶察，相安无事；自张北六县脱离察省管辖，该四旗官民始惶然呈请中央，颁定改隶之令，执事对义既有期勉，义敢不以诚反求于执事？倘执事以国为重，使张北六县仍归察省管理，恢复旧规，则虽中央明令在前，悬想四旗必仍愿还隶旧治。其他要求，自更不成问题。盖今日边土安危，责在执事，而不在义。作义服务国家，只知有公，不知有己，同在中央隶属下，向不存地方与私人之见。执事如摆脱现状，不受利用，翻然有所表现，则往日之罪，义当负之，愿即负荆以请，并立解职，以明心志。否则不但四万万胞众对执事怀疑，即执事左右亦难保不作爱国之事。刻所馨祝者：宁义谢罪，以保执事令名；勿义免过，而使执事有负于国。时迫事急，祈执事熟思而利图之，国家幸甚，边防幸甚。绥远省政府主席傅作义。庚。（八日）印。

《绥远旅平学会会刊》（月刊）

北平绥远旅平同学会

1936 年 7 卷 2 期

（李红权　整理）

解决"内蒙"问题的根本办法

钱实甫　撰

一

"华北问题"最近之所以成为"问题",中国人大多数的心理总以为这是当然之事,日本早就决定了夺取东北和华北的方法与步骤,"九一八"以后的几年内,终归是要实现的。其实华北会弄到今日的局面,不但"九一八"之前的日本人没有想到,就是"九一八"以后的日本人,也确实料不着能有如此之快。日本所要的固然是整个的中国,并不限于东北和华北的攫取,便停止其侵略的行为,但它能如此迅速的、便宜的如愿以偿,而且常常得着些意外的收获,却是它始料之所不及的。由日本原来的计划与态度看来,对中国施行整个的或零碎的武力强占,并非它之所愿,它只是想在近一二十年内用经济的力量完全控制"满蒙",武力不过是它准备着的一个最后的有效手段而已。在它充分的征服了"满蒙"以后,第二步才是渐渐的南侵,最后则在完全征服中国,统一亚洲,独霸东方,完成它的所谓"大陆政策"。根据这种推断,华北的危机至少要等到"蒙古"的全部沦亡之后,才会发生,然而事实上却已提前,其原因倒不是日本自动的变更政策,的确反而是中国政府的始终屈辱来引起它的积极南下。

日本处心积虑要吞并中国确有几十年的企图，从明治维新以来，便已形成了所谓"大陆政策"，所以田中义一说这是明治的遗训，民国前十八年的中日战争它徼幸成功，其侵略野心，更加诱发。十年以后，它又战胜帝俄，东方的大国都已不在它的眼下。再过十年欧战爆发，它乘此机会正好大展鸿图，劫夺德国在华的利权，乘英美之不暇东顾而尽力排斥其在华的势力，并以二十一条加紧它对华的夺取。它高唱"大亚细亚主义"或"东方门罗主义"，便是它趾高气扬向西方帝国主义者示威的一种露骨的表示，同时也是它自信中国为其囊中之物的矜夸。不料再过十年南方的中国国民党着手改组，三年之内便已推翻了北洋军阀的统治，给它一个莫大的打击。它出兵山东以阻止革命势力的北上，但结果无效，只得将张作霖炸死了泄一泄闷气。田中义一看着了这种情形的不佳，中国大有翻身的可能，日本的迷梦大有烟销的趋势，于是才有一个七月二十五日的奏章，加紧其对华的侵略。他的具体策略是：

　　欲征服支那，必先征服满蒙，如欲征服世界，必先征服支那。倘支那完全被我征服，其他如中小亚细亚及印度、南洋等异服之民族，必畏我敬我，而降于我。使世界知东亚为我国之东亚，永不敢向我侵犯。……我对满蒙之权利，如可真实到手，即以满蒙为根据，借贸易之假面具而风靡支那四百余州。再以满蒙之权利为司令塔，而攫取全支那之利源，以支那之富源，而作征服印度及南洋各岛以及中小亚细亚与欧洲之用。我大和民族之欲步武于亚细亚大陆者，握执满蒙利权乃其第一大关键也。

　　我对赤俄……第一借防赤俄南下为名，以得寸进尺的方法，而强进北满地盘，以便攫取其富源。南可以制支那势力之北上，北可以制赤俄势力之南下。如欲与赤俄作政治的或经济

的角逐，必须驱支那为前驱，我只可督支那于背后，以防赤俄
势力之伸张。而我方另以秘密方法与赤俄提携，以制支那势力
之伸张。

他说"大陆政策"是明治的遗训，第一期就是征服台湾，第
二期是征服朝鲜，第三期是征服"满蒙"。前两期都已实现，他的
责任便在完成后一期的使命。由上面一段话可知他的中心意思完
全在征服"满蒙"，以此为防止中苏两方面的基础。日本少年军人
对外同志会的会长陆军中将佐藤清胜也持同样的论调，其所著
《满蒙问题与日本大陆政策》小册中，有一段说："大陆政策的意
义虽然含混，要之系指发展于亚洲而说，亚洲大陆有印度、中国、
蒙古、满洲及西伯利亚，但主要的则是向满蒙与西伯利亚。"直到
现在它的态度还是如此，一面以东方的反苏先锋自命，以掩饰它
侵夺东北的暴行，和德国遥遥相对的唱双簧给其他的帝国主义者
听。最近又有"德日同盟"的事实出现，愈足以证明它们的烟幕。
另一方面则以防止"赤化"欺骗中国，所以冀东的叛党叫做"防
共自治政府"，进一步还想实现其所谓"日满支反苏军事同盟"的
阴谋。

照这些事实来说，日本的中心目的是在"征服满蒙"，其手段
是以"反苏"其名西进其实的口号蒙蔽观听，以"防赤"为名而
占领东北及蒙古，以便渐次南下来诈狠中国，其方法则是以经济
的控制为重，而暴力的侵夺为辅。但事实上完全不是这样一回事。
东北四省之失，纯系以武力劫取，华北的企图亦较甚于内蒙，似
乎它已变更了过去的计划。其实不然，东北的强取不过是偶然而
成功，所以他们自己也惊讶的说"无异于吞一炸弹"，这与"五
三"的济南事件同一性质。胡展堂先生有一句深刻的批评，说它
是一种"偷鸡"的手段，可谓精到之至。沈阳的占领它只有两千
的兵士，如果是准备以武力夺取"满蒙"者，决不会如此的儿戏。

无奈中国始终屈辱，沈阳之失不曾咳嗽一声，锦州之失又不曾咳嗽一声，这“偷鸡贼”的胆量自然是愈弄愈大了。它出于意料之外的白得四省，当要小心战栗的视为拱璧般来保护着，便不得不采取以攻为守的策略，榆关以及长城各口的战事，其作用不过如此。所谓“战区”的胁成无非是想替赃物找一点保障，避免危险。到了这时，日本已经完全明了了中国政府的俯头贴耳，毫无振作之志，于是开始作大规模的“华北自治运动”。先借《何梅协定》作征服华北的消极工具，再因鲁韩与晋阎的不易就范，姑煽动冀东的变乱，以待时机。山东、山西与绥远三省，因阎、韩的拒绝，便从冀、察着手，成立所谓“察冀政委会”，以便供其利用。但这个委员会到底和“冀东政府”不同，于是又借什么“大沽”事件，什么“朝阳门”事件，细琐的问题大张旗鼓，其目的不过在使冀察政委会就范。最后自然是要吞并五省而成立“华北国”，如板垣等的飞鲁飞晋，新在五省设立的十一处特务机关，都是制造“第二号傀儡”的准备功夫。殷汝耕与卓什海、李守信等的察东、冀东政府，还够〈不〉上真正“傀儡”的资格。这种结果日本人真是做梦也没有想到过，完全是中国政府替它造的机会。

　　日本所念念不忘者是“满蒙”，所谓“大陆政策”的中心纯在征服“满蒙”，它处处用杂志报纸宣传的是“满蒙”乐土，在东三省强占之后最急急图占的也是“满蒙”范围以内的热河。可知第二号傀儡的“蒙古国”应继第一号傀儡的“满洲国”而起，第三号傀儡的“华北国”总要放在次一个阶段里进行。在它本来的计划确系如此，所以“兴安总署”的成立早在夺取华北的企图以前。后来因为看透了中国政府的始终退让，“偷鸡”手段的处处成功，更在背后策动它永无餍止的野心，而华北五省的资源又较内蒙格外的丰富，它焉得不起多多益善的占夺贪欲。但狡诈已极的日本人，它的头脑决不简单，华北的进行虽甚顺利，却仍未打断其侵

"蒙"的旧计，或许它正好利用华北的困难以便利其对"内蒙"的攫取，同时借征"蒙"初步的察东发难，助其侵略华北的顺利进展。它这双管齐下的策略，而且是两个相互为用的巧妙工具，结果总不至于完全失败。它常常以"支那、蒙古、满洲"并称，一般无耻的学者（如矢野之流的博士），又尽量考证"满蒙"非中国的领土，以掩饰它的侵略行为。而这种地理的、历史的、民族的分化宣传，又可以眚惑"满蒙"人民，并企图缓和汉民族的利害观念，对外亦可以表示其对中国不违反"门户开放"、"机会均等"、"维持中国领土之完整"的注脚，免得惹起其他帝国主义者的眼红。它对华北的囊括企图最初也未尝没有，不过总要等到开发"满蒙"准备充分了以后，才会开幕。这种奸巧的办法的确是田中义一的聪明处，但"偷鸡"手段之成功，却将他形容成一个傻子了。所以"满洲国"之能在一九三一年实现，是他始料之所不及，今日的华北局面，更是它意想不到的。我们总还记得当"大沽"事件发生之时，中国军队的撤退，反使它大吃一惊，它那准备尚未充分的力量实觉新添的土地太多，大有不够应付的忧形于色了。

以这些事实来证明日本的真意，长城以内的妄得进展确是非常偶然，其动机完全是"临时起意"的。对"内蒙"则实系其宿计，却因为华北富源的容易夺取，反而稍稍耽搁起来了。中国政府对日本的观念错得太远，总把这惯用"偷鸡"手段的小毛贼，看成个江洋大盗，有时更以为它是呼风唤雨的妖精，所以步步退让，事事妥协，弄成今日的局面。所谓"华北问题"根本便是不成"问题"的，就是"九一八"也不是一个如何严重的"事变"，完全系政府的处置失策所致。如果今日还接受什么"三原则"，开什么"南京会议"，而不从根本上着手，这华北问题就是我们三年之内的"中国问题"了。

二

日本人所说的"满蒙"的"蒙"是指着"蒙古"的全体,不单是指热、察、绥三省以内的"内蒙"而言。对于这块我们不很看得起的荒远国土,赤白帝国主义者却早起觊觎之心,作过了长时间的计划与准备。所以"蒙古"之成为"问题"不自察东的事变始,亦不自热河的失陷始,更不自苏联南侵的"赤化""外蒙"始。《恰克图条约》以后,乾隆时代的外交愚昧已在发端,西北与东北边疆的丧失以来,"外蒙"便已成为严重的问题,中日战争的惨败以后,朝鲜与台湾的断送时起,"内蒙"又成了严重的问题,可以说它决不是像"华北问题"一般偶然发生的。

红色侵略者导演的第一号傀儡"蒙古共和国",已经成立了十二年,白色侵略者导演的第二号傀儡"蒙古国"又快登场(事实上它早已去掉了大半),大家都知道了它的危险,然而却看不清楚它的中心问题究在何处。这完全是因为我们从来便不重视这块荒凉邃远的沙漠之地,关于它内部的一切情形都毫无所知,至今这个广大地域内的面积与人口,还没有确实的记录,其他的实况自然更是莫明其妙了。近年来国内研究边疆问题的刊物渐多,但一般读者的估价总不及国际问题的趣味浓厚。在社会上有一种普遍的现象,拿意、阿纠纷当谈话材料时,说不出几个政治的经济的背景来,便觉得可耻,但关于失陷了十二年之久的"外蒙"根本无人谈到,即谈起来因为材料的太贫乏,也觉得无话可说。甚至于许多人讲不出"外蒙"现在应该究竟怎样的称呼,它内部共分几个区域。新闻界也有一种普遍的现象,边区问题的消息与材料,完全仰赖外国通讯者的供给,或间接从外国旅行者调查的报告译出,从没有直接的采取,至于现有的一部可怜的材料亦不着手整理，国耻的统计图表一类，有刺激性的宣传始终未曾做过。学校里同样有一种普遍的现象，不肯拿问题的重要与否作为教材，只迎合一般谈论的趋向而反覆说明。所以有许多学生能够把U.S.S.R那种复杂组织的结构弄得非常清楚，对于"蒙古"很简单的盟旗制度却莫明其妙。我们视自己的事如此含糊，怪不得边警一来，就会使人摸不着头脑。最近的所谓"非常时期教育"也好，"战时教育"也好，还是没有改变过这种态度来。这是我们五十年来办教育事业的一个大的失败之处，中国的学校里造就出来的人才决不能（根本是不够）应付中国环境的需要。情形如此，别人对我们的侵略当然更会不明究竟了。

至于政府的态度也是如此的含糊，所以要它去应付一个新发生的"问题"，便感觉得异常的辣手。其实这些所谓"问题"决不会是从天而降的飞来峰，它有很悠久的潜伏历史，经过了若干的阶段而演变成功的。它早经事实的存在，但非到发生极明显的危险而弄得无可救药时政府不会明白，反而视为突变的"新"事。站在政府的立场对于这些丧地失权的事，总不好意思完全不理，抵抗既无决心，解决又无办法，于是只有看别人的态度与行动如何，再筹对付之法，所以这叫做"应酬敌人"的外交。对于一个陌生人的造访，自然感到谈话之不易，更不得不观风察色的应酬着，但我们的这个贵宾，并不是偶然而来，他在我们的仓库里做过至少八十年的背〔掮〕客了。

国耻最沉痛的是在不知其耻，丧失了一片国土自然可耻，断送了而还不知道其原因，乃是耻之尤者。现在的国人对于国是都好像是玄学鬼，从疑问中去发现许多不知道的问题究有多少。阿比西尼亚被意大利强攻了，才在国人的头脑中有一个印象，这还可以原谅，至于"内蒙"已经送掉了一半，我们才着手研究，甚或是还没有打算去翻地图，难道够得上一个做国民的资格吗？现在的人离开了时代尽去知古、怀古、复古的荒唐，已经被人发觉了这是毫无价值的事，难道我们研究国际问题而除开了中国的"国"，不是荒唐之尤者吗？

　　过去的错误无论错到什么程度，总之是过去了，从现在起去努力挽回仍不为迟，最怕的是不认错与嫌麻烦。现在正是一个好的机会，有敌人的炮火在背面督促着我们去做研究的工夫，有强盗的劫夺在眼前提醒了我们去做检查的清算，有死亡的恐怖在心里刺戟我们去做奋发的准备，"多难兴邦"的真义就在于此。最近的察东、冀东，以及华北问题的发生，政府便弄不清它真正的原因与动向，总以为察东的变乱完全是对华北的威胁，而华北"自治运动"的由来，则系日本很早的既定方针。至于绥远蒙政会之成立，更足以表现政府对于自己的事以及别人的事，全然没有晓得，所以常常是手忙脚乱的"应付"着。

[一、]"内蒙"在哪里？

　　"蒙古"和"外蒙"、"内蒙"都是历史上的地名，现在早已废除了。"外蒙"今改称"蒙古地方"，从民国十三年起，就成了苏联支配之下的"蒙古共和国"。它系合喀尔喀部及额鲁特蒙古两部分而成。喀尔喀是其旧地，额鲁特即旧准噶尔部，清初讨平准噶尔后划归它的。喀尔喀部共分四部：（一）车臣汗部；（二）土谢图汗部；（三）三音诺颜汗部；（四）扎萨克图汗部。额鲁特蒙古共分两部：（一）唐努乌梁海部；（二）科布多布〔部〕。额鲁特蒙古在最西北方，唐努乌梁海的极西北角上还有一个背木次克旗，同治八年与帝俄划界除送掉叶尼塞河一带以外，系以此旗的北境为交界线，但实际上此旗早为俄人所有。现在的中国地图有的将它划入，有的又将它不划入，这便是地理和历史分家太清，专门太甚的一个好例。全境面积一，六一二，九一二公方里，四，八六一，四四九华方里，占全国总面积的七分之一（六·九五）。全境人口，据十七年内政部的估计是八，九〇六，四三〇人，据

"外蒙当局"最近的公布是七，四九〇，〇〇〇人，自然以最近者可靠。每公方里平均的人口密度只有五人，比较密度最大的江苏的三〇五人，相差六十一倍之多。它是赤色帝国主义者所建设"第一号傀儡"，其情形可参阅本刊第五卷第五期《遗忘了的外蒙》，本篇所论系以"内蒙"为限。

"内蒙"的面积与人口，因为分散在七个省区之内，很难得分别清楚。"内蒙"的旧地早在清末即已设县，以将军统辖之。民国三年改为热河、察哈尔、绥远三个特别行政区，十七年九月五日改设行省，分旧察属兴和、集宁、丰镇、陶林、凉城五县归绥远，另以旧河北省口北道所属十县划给察哈尔。但"内蒙"人的分布范围并不以此为限，宁夏与东三省仍是其民族的游牧地。大致除各省所属的市县及设治局外，均属"内蒙"的范围。现热河省已设十六县三设治局；察哈尔省已设十六县一设治局；绥远省已设一市十六县二设治局；宁夏省已设十县。可以说，古称"漠南"今号"内蒙"的地域，即现在的热、察、绥三省，而"内蒙"民族的分布区，则在七个省区之内。此外还有青海省内的蒙民，计五部二十九旗之多，因为与热、察、绥、宁隔着一个甘肃的狭长地的缘故，普通都不将他算入，而且他们原是准噶尔的后裔，和"内蒙"民族的关系稍浅。

蒙人的社会组织，这是一种封建制度，用盟旗作为区域和宗主的界限。旗是它的封主范围，也就是地方组织的单位，盟虽则较旗的地大位高，但无实权。"内蒙"原分六盟一部和一个特别部，而以察哈尔部为中心，现此部亦改为盟（二十三年二月二十八日中央政治会议议决），共为七盟一特别部。原来的六盟为：（一）哲里木盟；（二）卓索图盟；（三）昭乌达盟；（四）锡林果勒盟；（五）乌兰察布盟；（六）伊克昭盟。前四盟又称东四盟，分布在东三省与热、察境内，东四省失陷后，便只剩下锡林果勒盟的一部分，我们常看见的德王，便是此盟的副盟长，后二盟因在西部的绥远境内，故又称西二盟。察哈尔部与特别部的归化土默特部两部，本在六盟之外，旧称"内属蒙古"，以与"东蒙"的东四盟及"西蒙"的西二盟区别，现察哈尔部改盟之后（它与西二盟又同在绥远境内），"内属蒙古"便只剩下归化土默特部一个特别部了。兹将各盟及特别部所属的部、旗数目列后：

一、哲里木盟　　四部　　十旗

二、卓索图盟　　三部　　七旗（一为独立旗）

三、昭乌达盟　　八部　　十三旗

四、锡林果勒盟　　五部　　十旗

五、乌兰察布盟　　四部　　六旗

六、伊克昭盟　　一部　　七旗

七、察哈尔盟　　一部　　十二旗（中有四群：商都牧群、牛羊群、左翼牧群、右翼牧群）

八、归化土默特部　　一部　　四旗（称为四特别旗）

共计八盟部，二七部，六九旗。

附各盟旗分布状况与面积表：

盟名（盟长）	部名	旗名	旗长（扎萨克）	分布省区	东西长度	南北长度
哲里木盟，盟长齐默特散帔勒，副盟长那木济勒色楞	科尔沁部	左翼前旗	乌宝（代理）	辽宁	八百八十里	一千九百里
		左翼中旗	副盟长兼			
		左翼后旗	和希格			
		右翼前旗	巴雅斯固郎			
		右翼中旗	业喜海顺			
		右翼后旗	巴彦那木尔			
	扎赉特部	扎赉特旗	巴特玛喇布坦	黑龙江		
	杜尔伯特部	杜尔伯特旗	色旺多尔济			
	郭尔罗斯部	前旗	盟长兼	吉林		
		后旗	多尔济帕拉木	黑龙江		

续表

盟名（盟长）	部名	旗名	旗长（扎萨克）	分布省区	东西长度	南北长度
卓索图盟，盟长达克丹彭苏克，副盟长阿育勒乌贵	喀喇沁部	左翼旗	默尔赓额	热河	五百里	四百五十里
		中旗	汉罗扎布			
		右翼旗	笃多博			
	土默特部	左翼旗	云丹桑布		四百六十里	三百十里
		右翼旗	棍布扎布			
	唐古忒喀尔喀部	唐古忒喀尔喀旗	盟长兼		（从土默特左翼旗分出）	
	（独立旗）	锡埒图库伦旗	罗布桑林沁		？	？
昭乌达盟，盟长扎噶尔，副盟长色丹那木扎勒旺保	巴林部	左翼旗	副盟长兼	热河	二百五十一里	二百三十三里
		右翼旗	盟长兼			
	克什克腾部	克什克腾旗	诺拉嘎尔扎布		三百三十四里	三百五十七里
	翁牛特部	左翼旗	乐钦望楚克		三百三十里	三百五十七里
		右翼旗	色旺扎布			
	敖汉部	左翼旗	？		一百六十里	二百八十里
		右翼旗	噶拉桑扎布			
		南旗	德色赖托布			
	奈曼部	奈曼旗	？		九十五里	二百二十里
	喀尔喀左翼部	喀尔喀左翼旗	鲁勒木色楞		一百二十五里	二十三里
	扎鲁特部	左翼旗	勒旺巴勒济特		一百二十五里	四百六十里
		右翼旗	勒旺端鲁布			
	阿鲁科尔沁部	阿鲁科尔沁旗	旺沁帕尔赉		一百三十里	四百二十里

续表

盟名（盟长）	部名	旗名	旗长（扎萨克）	分布省区	东西长度	南北长度
锡林果勒盟，盟长索诺木喇布坦，副盟长德穆楚克栋鲁普	乌珠穆沁部	左翼旗	多尔济	察哈尔	三百六十里	四百二十五里
		右翼旗	索诺木喇布坦			
	浩齐特部	左翼旗	松津克旺朝克		一百七十里	三百七十五里
		右翼旗	桑达克多济尔			
	阿巴噶部	左翼旗	布特伯勒		二百里	三百一十里
		右翼旗	松诺栋鲁布			
	阿巴哈那尔部	左翼旗	巴拉贡苏尔		一百八十里	四百三十六里
		右翼旗	索特纳木诺尔布			
	苏尼特部	左翼旗	林沁旺都特		四百六十里	五百八十里
		右翼旗	副盟长兼			
乌兰察布盟，盟长云端旺楚克，副盟长巴宝多尔济	四子部落部	四子部落旗	潘第恭察布	（即达尔罕旗）绥远	二百三十五里	二百四十里
	喀尔喀右翼部	喀尔喀右翼旗	根栋扎布		一百二十里	一百三十里
	茂明安部	茂明安旗	济莫特凌清胡尔罗瓦		一百里	一里〔百〕九十里
	乌喇特部	前旗	石拉布多尔济		二百十五里	三百里
		中旗	副盟长兼			
		后旗	额尔和色沁扎木巴拉			
伊克昭盟，盟长沙克都尔扎布，副盟长阿拉坦鄂齐尔	鄂尔多斯部（注）	左翼前旗	那森达赉（署）	绥远	河套	全部
		左翼中旗	图木新济尔噶勒			
		左翼后旗	康达多尔济			
		右翼前旗	特固斯阿木固朗			

续表

盟名（盟长）	部名	旗名	旗长（扎萨克）	分布省区	东西长度	南北长度
		右翼中旗	噶勒藏罗勒玛旺扎勒扎木苏			
		右翼后旗	副盟长兼			
		右翼前末旗	鄂齐尔呼雅克图			
察哈尔两〔尔〕盟无盟长，另有"察哈尔十二旗群联合办公处"代替之，由各旗长每月轮流办事。又本盟各旗群长称总管，非扎萨克	察哈尔部	左翼正蓝旗	德音贺	察哈尔	与四群占尔特别区	旧察哈尔之全部
		左翼镶白旗	图鲁巴图			
		左翼正白旗	国〔图〕勒敏色			
		左翼镶黄旗	图鲁巴达尔胡			
		右翼正黄旗	巴彦孟克	绥远		
		右翼正红旗	富龄阿			
		右翼镶红旗	额色尔固蟒赖			
		右翼镶蓝旗	额色勒克们德			
	（四牧群）	商都牧群	特穆尔博罗特	察哈尔	独石口外	
		牛羊群	尼玛鄂特索尔			
		左翼牧群	善济弥图普			
		右翼牧群	色楞那木济勒			
内属蒙古无盟长，各旗长称扎萨克，惟归化土默特旗为总管	归化土默特部（四特别旗）	伊克明安旗	哈钦苏荣	黑龙江		
		归化土默特旗	满泰	绥远[旗]		
		阿拉善旗	？	宁夏		
		额济纳旗	图布升巴雅尔			

（注）又名（一）准噶尔旗；（二）达拉特旗；（三）郡王旗；（四）乌审旗；（五）杭育〔锦〕旗；（六）鄂托克旗；（七）扎萨克旗。

"内蒙"的大概情形如此，这里还有一个中国与日本争论着的地域问题，也是值得我们注意的。民国四年日本提出的二十一条中，有要求"东部内蒙古"的利权一条，它所指定的疆界却大得可怕。本来我国从前有"东部蒙古"和"东部内蒙古"的俗称，并没有一定的界说，日本人便利用这两个淆混而且泛指的名词，随意滥加定义，企图扩大侵地。据林道源〔原〕的《东〔部〕蒙古形势考》说："塞外以东为承德府，即俗号热河，南界万里长城，北达西伯利亚，西界独石口，西北界多伦多尔，东以柳条边（辽宁法库门一带），东北至盛京（即现沈阳）所属为界。截长补短东西约千里，南北约一千五百余里。"由此可知"东部蒙古"的地域，不过泛指东西千里，南北千五百里的地方而说，大致以现在的热河省为中心，略及察哈尔与蒙古地方车臣汗部之地。若依日本人的解释，便大大不然，它以为应包括蒙古地方的车臣汗与图谢图汗两部全境，和哲、卓、昭、锡东四盟之地，即东三省与热、察及蒙古地方东部的一半皆属其中。至于"东部内蒙古"照我国的习惯，系指最东部的哲里木盟一区而言，即今辽宁省内的旧洮南道境与彰武、法库两县，北括黑龙江省的旧龙江道东南部，东包吉林省的旧吉长道西部。日本以这一盟已经全在东三省境内，而且早在它"南满"的势力支配之下，于他扩展侵地的野心大为不便，故将我国旧称"东部蒙古"的范围指为"东部内蒙古"，而另以更大的地区命为"东部蒙古"。它的用意，无非是想完成"满蒙"独占的迷梦，实际上它自己所指定的地域亦常常扩大的。

　　这些"内蒙"、"外蒙"、"东蒙"、"西蒙"、"东部蒙古"、"东部内蒙古"等名词，常常弄不清楚，到今日更发生了民族的问题，内容愈加复杂而处理愈难了。不独这些旧日的俗称使人摸不着头脑，即很单简的盟旗组织，也大有使人无从了解之苦。至于真正的内幕，那自然是越加糊涂，所以只要是大小事变一经发生，结果总不免举动皆错。

三

　　"内蒙"与"外蒙"不过是两个地理上的名词,它并不代表两个民族或一个民族的两系,所有的蒙人都是奇渥温铁木真(即成吉思汗)的子孙。震惊世界的大元帝国崩溃(一三六八年)以后,这些不可一世的健儿都遁回"漠北"老家,分裂日甚,势力日衰了。到明宪宗时又出了一个类似成吉思汗的蒙古民族英雄,他叫做达延汗,把"漠北"和"漠南"完全统一,但未南下。十六世纪初,大约是明孝宗、武宗时代,马丁路德出世在西方,有新旧教之分,蒙古此时亦正式有内外之别。达延教他的小儿子格埒森扎扎赖尔留住"漠北",称所部为喀尔喀,并分为土谢图、车臣、扎萨克三汗,即是今日蒙古地方喀尔喀蒙古部及其四汗的起源,至于达延本人,则与长孙卜赤南下,住在"漠南"的东半部,后来就变成了察哈尔部,最近改为察哈尔盟。达延的第三个儿子巴尔色居"漠南"西半部,巴尔色死后,他的儿子究哩弼克又迁到河套一带居住,后为鄂尔多斯部,即今绥远的伊克昭盟,我们常见着西"沙王"即此盟的盟长。达延的第二个儿子俺答居归化城以西,即今绥远的归化土默特旗的起源。俺答这个人我们很熟,他常常和明朝发生过关系,据《源流考》所载与史的不同,他却是达延汗第三子的第二个儿子,即原名阿勒坦的。现在"内蒙"各部,大致都是由归化一旗分出。

　　蒙古民族现在还是一种封建式的组织,保持着原始的游牧生活,它的政治形式也没有离掉酋长制度。"旗"是政治组织的单位,旗的长官名扎萨克,他是一个世袭的酋长。"部"不过系同族(其实是同宗,相当于小宗的意义)的集合名称,毫无政治上的作用。"盟"则是最上的一层政治组织,相当于省,但无实权,长官由中央派定。旗长之下有许多办事的官吏，最重要的是为其辅佐的“协理台吉”，台吉是一个封建的阶级名词，协理表示副贰，他是由盟长就贵族中选定两人呈请中央圈定的。旗之下另有更小单位的“佐领”，分别治理所属的百五十丁，凡六个佐领以上又另定“章京”一人管理。清末哲盟有佐领二三四人，昭盟二九八人，卓盟三二二人，锡盟一一三人，乌盟五二人，伊盟二七四人，察部与归化土默特旗不详。六盟共有佐领一千二百九十三人，每佐领管理一百五十丁，共计十九万三千九百六十人，近所谓“二十万蒙民”的数目，便是如此推测出来的。

清代为什么没有“问题”？

清代对于蒙古人的统辖可说是尽善尽美，二百七十年中毫无问题，可惜现在不能再用这种办法了。但我们的政府，从民国元年到二十五年的政府，还是没有想到时势之不同，仍用清代的老法，以致“问题”重重束手无策。我们先看看清代的办法，再谈今日再用旧法的不通。

清代朝廷对于蒙古人唯一目的是在“不离不叛”，它并不想将这些化外之民如何教导，使其有自治自给的能力。它要这许多土地不过是表示“功”，上与汉唐比美，下与元朝争衡，所谓“十全老人”的所谓“十全武功”，虽然面子好看，却已埋伏了一个后日面子难堪的祸苗。如征服缅甸的战绩，当日便觉得滑稽可笑，把“天朝”形容成一个不中用的“脓包”了。所以它对蒙古的中心策略，是在“羁縻”，是在“怀柔”，并没有做过根本的建树工夫。它的对蒙政策可分两部，一是政治的，一是经济的。

甲、政治方面它用的手段全在“笼络”，但实际上则是尽量的操纵把持，略与近代帝国主义者对付殖民地的保护国一般。这所谓政治，包括着行政与军事，而以宗教作为最高的麻醉手段。

第一，从元太祖第十七世孙阿巴岱请谒达赖喇嘛以后，蒙古人即受了这种宗教的桎梏，清代再来一度的尊崇，从此就永无超脱之日了。清代凡有钦差派往蒙古宣谕，每到有活佛的地方便须大诵其平安经，一则表示对活佛的推崇而麻醉蒙人，一则乘机赏赐穷苦蒙民一些小惠，以资市恩。民国二十二年十一月黄绍雄赴"内蒙"巡视，同样来过了这一套把戏。这种宗教的麻醉有二点好处：一方面减少其原来的慓悍气质；一方面限制其种族的蕃衍。蒙古本来是一个精明强干的民族，自信教后，便已丧失勇敢的精神，只是在念经生活中妄图来世的幸福。一方面生活日渐颓废，又不从事自给的任何劳动，更严禁婚嫁，使其种族只有减少的机会，而无发展的可能了。

第二，蒙古人本来是一种部落的游牧民族，无所谓盟旗的组织，而分别以世袭的家长做为统率的酋长。明末满洲崛起，雄视辽东，因明方以全力固守山海关的缘故，难得立即南下，便先图"内蒙"。对〔在〕各部中以察哈尔部最强，科尔沁部（哲里木盟所属，在辽宁境内）次之。科尔沁部常受察哈尔部的压迫，力薄不敌，乃转投降于这个新与〔兴〕的异族势力之下，以便抗察。它本来与满洲接壤，彼此间早有婚姻的关系，且生活习惯亦甚相同，所以很容易与满洲联合。察哈尔部酋长林丹汗与明廷甚好，又得着不少的贿赂代明守边，最为满洲所忌。不过他对于同族各部都很凌轹，以致纷纷继科尔沁部之后，归附满洲，崇祯五年便被皇太极与各部合力战败，走死于青海附近。崇祯八年林丹汗儿子额尔克孔果尔额哲降清，封亲王，"内蒙"即全部归附。第二年满洲改国号为清，科尔沁与诸部即拥戴皇太极为"博克达彻辰汗"，即圣明皇帝之意，并承认他是继承大元的正统。科尔沁部因有拥戴之功，特重其位，视如懿亲，但到康熙二十四年时被诛，土地、人民完全改受清廷的直接指挥。清廷为彻底防御计，对各部不能一律取消世袭的王公制度，直接统率，于是以盟旗方式代替它。

"部"本来是蒙古民族的政治单位，但清廷以为这种血统的历史的结构，最不利于统治，非予以改革不可。清代本以"旗"为军队区部的标帜，使全民皆兵的族人均隶其下，将政治与军事打成一片，减少统驭的困难而增加战斗的实力。这种制度对于统率异族更有其益，而且可以借此分化较大的组织，降底〔低〕其反抗的力量。于是过去以"部"为组织单位的蒙民，便被割成零碎的"旗"，轻轻的将民族的观念，从组织改革中消灭去。许多小组织的"旗"，各自绝对的分立，当然有不少指挥上的困难，便在若干"旗"以上联成一"盟"，使其传达命令。盟长照例系由各旗扎萨克、王公选举，但最后仍须由中央的"理藩院"圈定，并受中央的直接指挥。且盟长并无实权，即有贰心亦难支配全盟，实力极小。

第三，清廷对于封建制度之下蒙民，亦留意其与中央隔离太远的缺点，养成一种只知封主目无朝廷的心理，故处处设为防备。以帝王之尊，每年定要春狩于热河，秋狝〔狄〕于多伦。"赏赉示恩，陈兵示威"，利诱与威胁并用。同时并檄所有王公入卫，予以种种的笼络，使不离背。对于塞外的一般才智之士，养育更重，务使知恩感激，永为臣民。平时亦轮调各旗王公入京拱卫，考查他们的言论行动，施予小惠，给以尊宠，平绝乱源。更设有三年一次的"盟会"制度，除集合各旗扎萨克与王公以外，并检验兵马，实行奖惩。凡"盟会"之时必派钦差大臣，宣布政府方针及威德，使其慑服。在各重要地点如库伦、科布多等处，皆有位尊权重的大臣驻扎，监视一切。盟长既无实权，又由中央任命，旗长虽有实权而力量极小，加以种种的监督与巡视，帝王又每年亲来，恩威并用，可谓无所不用其极。

第四，关于司法裁判事务，本由各旗扎萨克自行处理，但遇繁难或不能自决时，便须受盟长的裁判，而最〈终〉上诉到中央的理藩院。即或是两造不服裁判，亦即向中央上诉。这又是一个深入民间的办法，使蒙民感觉到中央有直接保护的力量。至于"内蒙"各地因接近中原之故，由中央直接派遣员司驻扎的地方很多，民间的狱讼即须由司员会同扎萨克审判。若蒙人与内地人民发生纠纷，则均由地方官吏审判，各旗无权干涉。这些内地官员总比那般王公头脑清楚，听断自较公允，蒙民当然是更加内向了。

　　第五，"旗"的制度是行政组织而兼军事组织的。每"旗"之下有分统一百五十丁的"佐领"若干人，但在凡六"佐领"即须设一"章京"，十"佐领"即须设两"章京"，分别管理。这些"章京"系由中央派任，无形中已代朝廷负监督之责。"旗"的扎萨克之下最有实权的为"协理台吉"，亦不能由盟旗长自由任命，须先就各旗内的闲散王公推定二人，由盟长呈请中央理藩院圈定一人，则实际的任命权又直属于中央了。

　　乙、经济方面比较没有如何的重大设计，但也不随便的忽视。它消极的手段是"不与民争"，积极的办法则是"迎合民心"。蒙民是一种游牧民族，不知垦植之法，他们所需要的只是广大的草原。但一般比较善于利用土地的内地人民唯利是趋，往往开垦蒙人的荒地，侵夺他们的原料场。清廷为笼络蒙民计，对于这种开垦的事禁止得非常厉害，在《理藩则例》中，并有专条的规定。即各"旗"之间的疆界也划得非常谨严，每年都要考查，即王公违犯亦须治罪。这些办法在蒙民看来是保障其生计的最好制度，当然会使蒙民感激得五体投地。这一件可说是清廷治蒙的最大特点，亦即其中心政策。因此蒙民对于政府的命令无不服从，而且非常乐意。后来清代中叶以后，因为内地连年的荒歉，不得不"借地养民"，放垦"蒙古"大地，但对于蒙人的利益还是绝对的维持。最初放垦者为东南一带，先由理藩院划定范围，限定人数，命失业良民以佃户资格前往开垦。地亩权仍然属蒙人所有,每年所纳租值又在原来畜牧的所得之上,实行起来自少困难。而且关于严防佃户转典和拖欠地租等法律,在《理藩则例》中都有极严格的限制,蒙民更其是感激不浅了。

<h1 style="text-align:center">四</h1>

由上述种种看来,可见清代二百七十年蒙民之所以顺从无故,决非偶然。它所用的方法,大致不外是宗教、政治、军事、经济四方面,而以笼络为其中心政策。

甲、以宗教的力量麻醉蒙人,使有志青年,终生度过青磬〔罄〕红鱼的生活,使勇敢精神,日渐趋于消极颓废的境地,使强悍民族无形之中,不能自然的蕃衍。

乙、以政治的力量分化蒙人,使民族的组织瓦解,分为小单位的"旗"制,使实权的官吏脱离封建的继承,而由中央直接指挥,但不取消形式上的封建制度。

丙、以经济的力量笼络蒙人,迎合蒙人的低级心理而不设法改善其生活,施予小恩小惠而不积极的为蒙民艰苦的劳动着想。

丁、以军事的力量威胁蒙人,用中央的精锐,在边区示威,使其慑服,不敢妄动。用任命的将校监示〔视〕其军民,分散其力量,使其毫无整个的自卫力与局部的反抗力。

〈一、〉现在何以不能用这种方法?

清代视"蒙古"完全是一种看待保护国的办法,所以只求其"内向",明白的说,就是俯首帖耳的服从,却不积极的去为他们着想。我们今日视他们完全一律平等,不独是教他听命,更有改善其生活的责任。改善生活的范围很宽,精神生活、政治生活都应包括在内,不单要从经济方面着手。

二、"问题"在哪里？

清代政府所看见的"问题"，只有一个，即如何要这些蒙人"驯服"。它要解决这唯一的问题，要达到使其完全驯服的程度，故不惜用种种麻醉、分化、笼络、威胁等手段。我们今日对于这些知识落后、生活困苦的蒙民，最重要的是求其根本的解决之法，而不在于苟且敷衍，因循了事。所以今日的问题，只在设法繁荣其"生存"的大问题，它的内容应包括精神、政治、经济与文化的各方面，具体的说即是：

甲、解放宗教的束缚——民族的、思想的、知能的救助。

（一）喇嘛教对于蒙人有三大害处：一则限制其种族的蕃衍；二则压迫其思想的自由；三则减低其知能的发展。无论在任何开明的国家，凡属国民都享有信仰自由的权利，不能予以法律上的限制或剥夺。但对于防止人生正当发展，及有害于公共安宁幸福的许多类似宗教的迷信，则须一律的取缔。蒙人之信仰宗教，并非出于自愿，许多喇嘛是从小即被迫做成的。他们自己之信仰宗教，毫无出于自由意志的要求，完全系被强制的牺牲品。如果此时再不解放这种精神上的压迫，那不但是没有达到保障其信仰自由的任务，反而是保障其束缚信仰的恶俗。而且凡属喇嘛，便不许聚〔娶〕妻生子，强制他天然生殖能力的不得发展，个人性的要求无法满足。这在帝国主义者的眼光中看来，确是一个最好的亡国灭种的方法，但这决非人道之所容许的。

（二）喇嘛教源出于佛教，它的现势，已经离开教义太远，只足供野心者利用，实不够藉慰人类的精神生活。法律固不应任意剥夺信仰的自由，但信仰亦不得限制思想的自由发展。人类的古代生活，大多在神权的支配之下，思想自由的奋斗，较之政治革命的牺牲更为艰巨，其症结系在背离时代性的保守力太强，不够以应付现实的需要，所以许多哲人不计损害的求其解放。今日蒙人的最大缺点，在于文化的水准太低，他们犹在原始社会的形态中生存着，一与现代的力量接触，便只有惨败。要使他们去时代不远，真有生存于今日的能力，首先便须打破其束缚思想的宗教强制力，然后才可以谈得上一切教化的设施。不然，他们能只〔只能〕在神的意志之下，惨遭敌人的屠戳〔戮〕了。

（三）喇嘛比较起内地的僧尼确较高一筹，他们的生活资源，完全以劳力换取，即代人诵经以解决生活的需要，寺庙里面并无义务的供给。不过此种劳力既无益于社会，又无补于个人，全系浪费的性质。他们虽以劳力交换物质资源，终亦不离寄生的事实，除了作无谓的念经工作以外，是全无一能的。蒙人生活的艰难，固然是由于生产的方法太旧，但不生产只消费的喇嘛太多，亦系重大的原因。

乙、解放政治的束缚——民权的、社会的、义务的救助。

（一）封建制度在蒙人的眼中视为当然，其实只是其不能改良进步的最大关键。封建制度存在一日，则政治的权利，便一日不得普遍，永久属于少数贵族阶级的支配把持中。清代对于蒙人非常重视，行政、军事以及司法的大权，最后皆在中央政府的手里，一般扎萨克与王公辈还不敢自由的作恶，而且清廷对于王公的取缔极严，稍有不顺便革掉他世袭的特权，这种制裁最足以使王公就范。那时人民虽系被治者，如有重大的苦痛尚可向派驻的官吏告诉，不时又有钦差巡视，无形中已限制王公不敢滥用非法。即扎萨克等裁判的不公，亦可上诉到中央的理藩院，求其平反。自民国成立以后，这些稍能保护蒙民的制度与设施，一概废弛，给贵族们以莫大的自由便利。蒙民在获有生杀予夺大权的贵族阶级统治之下，根本便无民权之可言，永久只有做王公的奴隶。中央政府与蒙人的关系，断绝已久，他们即有苦痛亦无处告诉，只有一听王公的压制。人民应受四权行使的训练，这是训政时期最重

要的工作。蒙人同为中华民国的公民，他们当然不应例外，则首
先便须废除否认民权的封建制度。

（二）因为封建制度的存在，便将社会分成了两个不同的阶
级，一则可以尽量的绝对的享乐，而不负任何劳动的义务；一则
只是尽量的绝对的劳苦，而无任何自由的权利。蒙人的知识本已落
后，生产的效率，若拿近代的标准做比例，几乎是减低到等于零的
程度，一方面要供给喇嘛们的生活，所得的代价则是迷信的义务，
而无实益，另外还要养活一般优游自由取求无餍〈的〉王公贵族们，
更须分担中央大员巡视时的一切供奉，他们的生活自然会悲苦不
堪了。

（三）中国自来是一个募兵的国家，国民兵役制度，只在种种
的宪法与约法上见着，而未形诸事实。但蒙人从清初起，便已负
担此种义务，每年均有中央所派人员的来临，不时的检阅与演习。
每当盟会之时，他们便不能从事任何劳动，且交通不便的荒凉大
地，往返一次动辄数十天的行程，更使他们受着不少的损失。其
它马匹、军器的需要，亦由蒙人直接负担，不能从事劳动期间的
生活资料，同须自己准备，其困苦即可想见了。凡此种种的义务，
是内地国民完全没有的，若不给以解放，就不能说是尽了国家的
责任，只空谈保护罢了。

丙、解放经济的束缚——民生的、实业的、交通的救助。

（一）蒙人至今还没有真正做人的资格，他们不过是贵族阶级
的奴隶，过着那惨苦的生活。他们根本不知道世间有一个民生的
问题，更不明白如何的去解决民生的问题。那般统治者的贵族除
了享乐而外，也不曾注意到此地，所以一直是用原始时代的经验
应付着。一旦遇着天灾，便只有乞求神的哀怜，事先的防范与事
后的改进，完全谈不到。其实"内蒙"一带的自然资源极多，无
奈不知利用的方法，白白的废弃。许多人以为若在"内蒙"开垦

土地，无异于侵夺蒙人的生活，他们一定引起很大的反感。其实不然，这反感只有来自于处置不当的可能，在放垦的本身上决不致撼动。清代中叶以后，已早有了放垦的事实，蒙人何尝反对，而且还有许多自愿请求放垦的人，其原因即在管理的得法，蒙人反可因放垦而得利，自然只是欢迎改善了。如光绪二十八年，岑春煊条陈放垦之后，当时清廷所派的督办蒙旗恳〔垦〕务大臣贻谷，就能够善用种种的方法，平息杭锦旗的误会与乌盟六旗联合抗垦的风波。现在绥远全部已放之地，都是他的功劳。光绪三十四年贻谷罢免，从此垦务即日渐荒废，制度破坏，蒙人感受莫大的影响。加以新开辟的土地，多为强豪兼并，蒙人不但难得新利，反连过去的牧场都丧失了，自然对于这种放垦的办法，非常痛恨。至今蒙人反对改省设县，最大的口实，即在反对放垦，认为系夺取他们的生活资源。实际上这完全是办法的不妥，很不与放垦的本身相关。所以今后的办法一定要将放垦的利益归于蒙人，不能随便付之贪官土豪之手，借开发的美名而剥削其实。

（二）除了土地的改良以外，其次则系树建制造当地原料品的各种实业的基础，免得送到别的国家去加多一层坐享的利润。况蒙人的生活状况已不如前，非绝对的游牧生活而渐进到初期的农业时代，所需的制造亦逐步增加。若不注重当地的制造，则此广大平原又成了洋货的销场，何况近年来世界市场的过饱和之后，帝国主义者早就注意到榨取这些可怜的民族呢？

（三）工具的不良，会减少人类时间上的价值，交通的不便，亦将增加空间上的浪费，在"内蒙"因空间的隔绝性，无从征服给予蒙人的损失不小。而且为着最基本的灌输知识起见，尤其要备具这个起码的条件。

"内蒙"的真正"问题"即在这里，但我们的政府，却始终未曾想到，总做那些不着边际的所谓"怀柔"工夫，其实连这一步都根本没有做到。现在政府当局者的头脑，还是三十年以前的想法，所求者只是蒙人的"内向"，并没有想到他们同是中华民族的一部分。民族主义固然要扶植他们，但所扶植者是他们的全体，决不是专维持一般王公贵族，所以同样要站在民生主义与民权主义的立场上尽量的改革。最近日本的侵略行为加紧，才感觉到盟旗制度的松懈无力，成立所谓大小不同的政委会，充实力量，"而固边防"。这种办法的不通非常明显，在平时只是给王公贵族予以保障，在非常时期，根本便〔不〕增加任何力量。省县的组织自然比盟旗制的散漫要严密得多，但我们所丧失的地方，反以省县为多。即如最近察哈尔的沦亡，也是先由长城以外的六县动手，其次才是锡盟。东北三省，不但省县组织系统分明，其上更有一个总揽一切的总司令，武器与资源，皆在内部之上，只一夜的工夫，便完全丧尽。可见即如政府的意思能把盟旗组织严密起来，像省县制度一样的灵便而集中，到了敌人来临时还是无法，却恰好整个的投降。

保全国土是政府的当然义务，不只是"内蒙"才有问题。教导人民完成训政同样是政府的当然责任，亦非"内蒙"才有问题。站在中华民族的立场，所谓"怀柔"这种对付保护国的名词，根本不通，所谓"羁縻"手段，不独侮辱了蒙民，简至是对中华民族的一种侮辱。我们的中华民国是属于中华民族的，政府不是代表着"汉家天下"，便应当不分种系的一同看待。今日的政府，就是对于"汉人"也不见得如何的努力尽职，但对待蒙人却连纸上的虚文也未曾有过。所以"内蒙"的问题，非只保全领土，非只完成训政时期的教导，这些是整个中国的任何人民都有同样的需要。它较我们"汉人"有所不同者，才是其特殊的"问题"，问题的中心即在解除他们一切比"汉人"更多的束缚。至于以保全领土为对象而设策，其效力会等于零。有抗战的决心则东北可复，岂独“内蒙”的危险而已！无抗战的决心，则全国必亡，又岂特“内蒙”的将失而已！

保全领土、开发富源、澄清吏治、灌输文化以及建设交通，都是些附带的问题，一般的问题，中华民国整个的问题。如果单说“内蒙问题”的话，则须提出其特殊的问题，具体的是：

一、解放宗教的束缚——民族的改革。

二、取消王公制度——民权的改革。

三、提倡与力行放垦——民生的改革。

这三种办法，恰恰和现在政府所用的完全相反，即与清廷的旧法绝对不同。清廷的中心政策是：利用宗教作为麻醉手段，利用王公制度作为笼络手段，利用游牧方式作为怀柔手段，其目的则只求其“驯服”。民国成立以来仍用旧法，国民政府亦未改良，所以始终没有解决到真正“问题”的本身。

田中义一的奏折中，有一段话道：“内外蒙既以王公旧制为治，其主权明明在王公手中，我如欲进出内外蒙，可以与蒙古王公为对手，而缔结权利，便可绰有机会，以增我国力于内外蒙也。……到处安置我国退伍军人，以便操纵旧王公，因乘其领土权未甚明了之时，支那及赤俄尚未注意及此之候，我国预先密扶势力于其地，如是内外蒙古之土地多数买有之时，则蒙古为蒙古人之蒙古欤？抑或日本人之蒙古欤？”这一段话里面，可以看出几点来：

一、日本对“内蒙”的企图早有宿计，不自今日始。

二、日本侵略“满洲”，系从经济的垄断入手，以潜移的手段为主，“九一八”以来的武力夺取，显然系“偷鸡”技俩的成功，并非有准备的预定计划。

三、日本对“蒙”的侵略策略以欺骗王公为主，所以王公制度之存在，非但无益，而且对内对外、于理论于实际皆有大害。此时仍予以维持，断非正当办法。

　　由此可知日本今日的如愿以偿，完全是因为中国政府的放任所致，即一般能力轻薄的民众，自然会屈服于强大的势力之下。政府的漠视边区不只"内蒙"一地如此，即其它各处皆然，只要不逼到头上来它尽可以置之不理。"内蒙"和内地，较为接近，消息亦稍灵通，一旦有事，国内人士比较易于引起忧虑与反感，所以它的丧失，也显得有声有色些。若"外蒙"因相距太远之故，便失去十多年了，还没有被人知道，政府也落得装糊涂的混过去。

五

　　"内蒙"处在日本的积极侵迫之下，中央政府又淡然视之，加以内部的纠纷与痛苦太深，无论是贵族与平民都有谋改革的动机，本非一日。此次自治运动之前，亦曾发生过几次的自治运动，不过当时无复杂的国际背景，无险恶的国际风云，终未引起国人的注意。其中比较重大的有下列几件：

甲、属于平民方面发动的

　　一、"多归轮"，即平民的自治运动，发生于光绪年间。"多归轮"系一种由民众自动组织的自治团体，由每户派代表一人，以旗为单位而联合成的。最初发生于伊克昭盟的乌审旗，后渐扩及于河套一带。它的目的在革除王公的苛政，兼反对满清政府的开垦政策，完全系以民众的力量，反抗政治上及经济上的压迫，而企图获得民权的解放与民生的畅遂。不过这个运动，并非完全脱离中央，只求自治即止。结果河套放垦的政策因而中止，王公贵族的无理压迫亦为之稍杀，至今对此犹有余怖。

　　二、呼伦贝尔独立运动，一九二八年受"外蒙"影响所发生的民众革命运动。不过它另有背景，并非完全自发的动作，但亦可反映出王公制度的流弊太深。

三、十九年哲里木盟的反贵族统治运动，系由哲里木盟的青年发动，请求政府废除旧有的政治组织，取消贵族阶级的特权。结果政府仍袭满清的故智，反予王公以保障。

四、二十年前后的改旗运动，亦发生于哲里木盟。最初起于郭尔罗斯后旗，其目的同为反抗王公之侵害。结果哲盟盟长感于青年平民的力量抬头，电请中央对王公制度予以保护，以致新兴势力的萌芽，终被根深蒂固的旧势力所摧毁。

乙、属于贵族方面发动的

一、民国元年"内蒙"西四盟的影响"外蒙"。

二、民国五年巴布扎普窜入郑家屯。

三、民国六年富兴阿等占据呼伦贝尔。

四、民国八年达乌里等主持之"全蒙临时政府"。

五、民国十七年察哈尔、杭锦旗尼玛鄂特索尔、纪伦等赴京请愿自治，并建议十条，其三、四两条最关重要，兹附录于下：

> 第三条　察哈尔各旗、群、翼，与各县脱离统治及与都统同等之混合委员制。缘各县制之积弊太深，未易刷新。蒙汉之语言不通，蒙人之通晓汉语者，亦不能使用汉语为法理上之研究及辩论。委员中即有蒙员一席，亦不过供驱策被利用而已，欲推行三民主义于内蒙毫无效果。

> 第四条　察哈尔内蒙须联合各旗、群、翼，自设政治委员分会，即名曰察哈尔内蒙自治委员分会，直接中央，不受其他高级委员会支配。按现在一旗之地，较大县稍强，计八旗、左右两翼〈牧群〉、大马群、牛［群］羊群共十二大旗，小旗份不在此内。人口约二十五万，向隶统治下，生死休戚绝不相关。而蒙藏院，除迎送活佛为其职责外，绝不闻为吾蒙众生

存、生活问题进一言，建一策，此众目所共睹者。盖多一层阶级制，即多一制造专制之机械。蒙人虽愚，誓不愿于此外层政治下，求少数专制之自由。

总之贵族方面的自治运动，不外以推戴活佛为工具，或以恢复满清皇帝为手段，而表现得很有"独立"的意味。严格的说来，这种自治运动并非单纯的，实含有其他背景。盖民国成立以来，封建制度便失去依据，中央政府虽未立时取消，但空文的保障渐渐无效。北伐之后民权伸张，青年平民的势力日盛，更足以［以］动摇其基础改省设县的逐步扩展，于一般贵族阶级的利益、权势威胁最大，并足以限制其享乐生活的自由放纵，因此，他们便不得不另找去路，乘中央政府不暇植边之时，变相的独立起来，有时更不惜降外而达其目的。

至于平民方面的自治运动，便完全与此不同，其中心系在反抗王公等的剥削，而感于中央的无力援助，故力主自发自治，并不以独立为目的。不幸中央政府屡次都袭用满清旧法，大多是保障王公而不利平民，以致民众的苦痛日甚，而无门可告了。更有一般失意于内地的青年，回到家乡又受王公之压迫，即日本侵占东北威逼"内蒙"时，便爆发二十二年八月十四日的"高度自治"运动。其间详情与背景，均载在前期，兹不赘述。在这里有一点应注意之处，即中央政府始终是以儿戏的态度对之。当德王等发动之时，并不许其成立全区自治政府，然结果因"蒙人"的反对，又完全同意之，似乎政府根本便无一定的办法，先摆摆架子而后马虎过去。其间经过的滑稽如下：

二十一年冬——德王、卓王等十余人赴京向中央贡献治蒙意见，并拟定整理蒙藏机关办法，向当局接洽多日，毫无结果，愤然通电离京。到北平又发一电，均无人理会。

同时东北王公达喇罕亲王等于沈阳事变后间关逃平，政府始终无丝毫救济之法。

二十二年五月——乌兰察布盟盟长云王，锡林果勒盟副盟长德王及代表数人，会议于百灵庙，讨论自治问题，因到会人数太少，议而未决。

二十二年八月十四日——前次会议之后，续作联络之准备，于七月二十六日再开正式会议，决定于八月十四日通电中央各机关，申述要求"高度自治"的理由。

二十二年九月二十六日——行政院长汪精卫召旅京蒙人白瑞等面询自治情形，并派蒙藏委员会副委员长赵丕廉前往指导。

二十二年九月二十九日——中央会议对宋哲元、傅作义提出《各王公筹谋内蒙自治报告》加以研究。

二十二年十月一日——蒙藏委员会召集内政部、参谋本部讨论自治问题，决定不着边际的办法三项。

二十二年十月十八日——褒奖班禅。

二十二年十月九日至二十四日——七月二十二日由锡、乌、伊三盟召集各王公代表于百灵庙开自治会议，十月九日开第一次会议，出席四十一人，列席二十八人，通过《内蒙自治会议组织大纲》。十五日开第二次会议，通过《内蒙自治政府组织法》，即日呈请中央备案。十九日开第三次会议，决自治政府设立地址。二十日开第四次会议，推定自治政府委员，二十四日开第五次会议。

二十二年十月十七日——一百三十次行政院会议，决定变更蒙藏委员会组织，及改革蒙古地方行政系统方案，与蒙古行政用人之标准等。

二十二年十月十八日——中央政治会议通过处理蒙事三原则：（甲）变更蒙藏委员会组织（中央特设一边政部）；（乙）蒙古人民聚集之地，设地方政务委员会；（丙）中央与地方之蒙古行政，应尽量容纳蒙人。

二十二年十月十八日——国民政府明令发表特派内政部长黄绍雄，前往巡视内蒙各盟旗，并派蒙藏委员会副委员长赵丕廉氏襄助办理。

二十二年十月二十五日——黄绍雄抵北平，接见旅平蒙古王公哲盟达尔罕旗那木济勒色楞等，蒙人等陈述自治意见并反对章嘉。

二十二年十一月十三至十五日——黄绍雄在百灵庙与各王公及代表等作三次谈话，拒绝蒙方提出之十一条，即主张设全蒙统一的最高政府者。

二十二年十一月十六日——蒙人方面另提出办法（即甲办法），定为蒙古第一自治区政府及第二自治区政府，以下类推。以锡盟全部及察哈尔各旗编为第一区，乌、伊两盟及土默特、阿拉善、额济纳编为第二区。

二十二年十一月二十八日——绥远举行汉蒙联欢大会。

二十二年十二月十六日——黄绍雄返京报告。

二十二年十二月十七日——内蒙代表赵泰保等七人抵京致谢，并请中央即时实行百灵庙会议之自治要求。

二十三年一月一日——内蒙第二批代表苏鲁岱等七人抵京，共同向中央请求自治实现。

二十三年一月六日——伊盟沙盟长向绥远省政府声明，与乌盟组织统一政府，于公无益，请转呈行政院、内政部、蒙藏委员会等，准其专设自治特别区政府。

二十三年一月十七日——第三九二次中央政治会议通过《蒙古自治办法》，准其成立区政府，但以一盟为一区。

二十三年一月十七日——蒙古请求自治晋京代表呈中央政治会议，不愿接受修改办法。

二十三年一月廿七日——复呈国民政府。

二十三年一月廿八日——中央政治会议撤消前通过之十一条方案，另行通过《解决蒙古自治问题办法原则》八项，许其设一蒙古地方自治政务委员会。

二十三年三月七日——第三八九〔九八〕次中央政治会议通过设蒙古地方自治指导长官公署。

二十三年四月二十三日——蒙古地方自治政务委员会成立。

在这一年半的时间以内，蒙人要求自治的原意与最后的结果，可谓完全一致。最滑稽者是中央首先的不准，次则不许其成立一个组织而分为若干区，再则于蒙人就范之后，又析为每盟各设一区政府，终因蒙人之反对，仍准其成立一整个的组织。经办的人完全不明"内蒙"情形，每每凭一己一时的冲动，随便发言，以致中政会的决议案朝发夕改，枉费去一年半的时光而毫无所获。这个新的自治政府范围极大，几乎连青海的各旗都包括在内，自然在行政效率上，是大有不便之处。到察北事件发生，于是又感到该区政府的组织不良，另在绥远境内单设一委员会，单独存在。若果以为组织太大的无效，则不应贸然允许于先，若以为实应分别成立，即不宜随便更改二十三年一月十七日的原案。这种无谓的纠纷，本可以免除，无奈负责人的认识不清，只凭一时的高兴，便随意的对付罢了。

"内蒙"现已大半沦于敌手，它的问题，自然系以规复失地为唯一急务，但若不为敌人攫取或已被我们收回，其"问题"仍然是存在的。政府最大的错误，即在专做表面的文章，毫不过问实情。如改革中央的组织，变更地方的机关，若不按照实际的问题设法解决，即再多设几个委员会亦无办法。所谓"内蒙问题"的真谛，应该是"蒙民问题"，决不可去做"蒙古问题"的工夫，只求其表面无事。要使其根本解决，则唯有看到真正问题的焦点，针对其症结下药，才是一个根本的办法。

《三民主义月刊》
广州三民主义月刊社
1936 年 7 卷 3、5 期
（李红权 整理）

如何援助绥远

吴其玉　撰

　　自从绥远战事发生后，举国愤慨，援助前方的义举因而弥漫全国，足见敌忾同仇，人心未死。这自然是可以乐观的现象。

　　但另一方面，我们却不能不来考求一下，什么是援助前方最有效最持久的办法。照目前报纸的记载，各方面援助的方法大概总不外：（一）直接捐钱捐物；（二）禁食停火，把省下的钱捐助前方；（三）向他人募捐。这三个办法在眼前战事刚开始、民情十分激昂的时候自然是可以奏效的。不过我终以为这还是一鼓作气的办法，不是持久的办法。这持久的办法，我虽不能在此详加讨论，但也可以提出两点，供大家参考：（一）我以为全国在援助前方工作上，应分作若干区域。这区域或以省为单位，或用其他方法分配皆可。在这些区域中我们应该联络各界现有的组织，如工会、商会及其他职业团体等，组成一个强有力的干部，照将来战事发展的可能性，作一个比较严密的计划，去实行援助的工作。□□□□□□可以平均，工作也可以普遍而持久；（二）历来敌方侵略我们时候，我们都曾实行抵制仇货的办法。这办法若使能持之久远，是十分有效的。为今之计，强迫实行或且不易办到，但我们仍不妨纠合一部的同志，组成一个会，自愿的签名发誓，以后永不再用仇货，然后再把这种运动逐渐推广。这对眼前绥远的战事虽或不能有直接的关系，但为图久远计，未始不是一种好的办法。

　　最后我还要说的就是：这一次绥远的抗战意义实在是非常重大，原因是：照眼前的局势来看，绥远若使不保的话，华北五省一定会毫无问题的跟着"独立"的。明白了这一点，我们援助前方意义的重大，自然是更加明白了。

《燕大周刊》

北平燕京大学

1936 年 7 卷 15 期

（朱宪　整理）

由德王悔祸一谈内蒙问题

淡云 撰

顷据本月十八日南京消息，德王以百灵庙、大庙子相继被国军攻克后，某方对之甚为不满，又见伪军金宪章、石玉山反正，备受国军优遇，人民欢迎，加以蒋委员长被困西安，国家日趋危急，故通电拥蒋讨张，决计对绥远军事行动停止，以免影响国家大局。德王之诚意信不可知，察、绥战争在今日或可告一段落矣。

盖内蒙之地，囊括热、察、绥、宁数省，地大物博，人民愚昧，游牧盟旗遍地，阶级制度犹存，蒙民痛苦异常，倾诚中央之心，异常迫切。前年一月中政会通过内蒙自治方案，成立内蒙自治委员会，本欲切实解决内蒙问题，杜绝某方之觊觎，结果察境蒙政会委员长德穆楚克栋鲁栋〔普〕，竟于本年四月二十四日为某方挟走，另组嘉卜寺军政府，与中央相抗，某方更利用德王及王英、李守信等逆贼，领兵侵入绥北，幸我方守土官吏迎头痛击，百灵庙乃重归故国，然内蒙混沌之局，犹视德王悔祸之程度为转移焉。

查蒙民今日之最大之问题即土地问题，德王历次通电，言之綦详。本党二届五中全会中委白云梯曾云："查热、察、绥三特别区，居长城之北，均属蒙古土地，蒙民素以游牧为生，衣食裕如，本无冻馁之患。乃历年或以报效国家为名，或以借地养民为说，良田丈放殆尽，而蒙古民众日事退让，现已处于砂碱不毛之地，既不可播种菽麦，又不可牧牛羊，生计日蹙，冻馁堪虞。"此点至堪注意，中央应如何调整蒙民经济，实现汉蒙之经济提携，建设交通网，抵抗某方侵略，实为要图。此外如何划定自治区域，充实内蒙国防实力，力求"近代化"、"机械化"，皆须臾不可缓之工作也。

　　呜呼，田中奏折云："日本如欲征服中国，必先征服满蒙。"九一八事变之策动者荒木亦言，日本不能在满蒙建立特殊势力范围，日本将无法实现其最大之理想。故夺取内蒙实为某方一贯之国策，在田中时代即有许多成就，自去岁十二月十六日蒙伪攻克察东后，大元傀儡帝国之复现，更为意中事。苟中央不努力汉蒙二大族之提携，则不可共挽今日之危局。更望蒙民深切了解此事，一朝失足，千古遗恨，能无惧乎。

《砥柱》（旬刊）

长沙砥柱旬刊社

1936 年 7 卷 17 期

（李红权　整理）

百灵庙收复以后

良穆　撰

在友邦阴谋嗾使之下，德王等竟敢叛国蠢动，俨然发表宣言，混合李守信、王英、卓世海等部蒙伪匪四万余众，向我绥远东、北两部进攻。赖我军神勇，苦斗五日，卒于二十四日晨九时，一战而克复匪巢百灵庙。然战事并不以此而结束，且将迫近与背后敌人作正面冲突之阶段，战事当作更剧烈之展开，形势至为明显。即令敌人放弃进攻，我们亦必须前进与之作第一次之清算。

绥远地位之重要，尽人皆知，然国人都称绥远为国防第一线，因是认为非死力支持不可。可是这种意会，还是认识不足。绥远不是我们的国防第一线，是吾们国防上的最后一道防线，绥远而不守，吾们国家的一切都完了。不独宁夏、新疆动摇，冀、鲁危急，就是长江流域也会受到严重威胁。甚至敌人的阴谋，会乘势移植到华南来发动。那时的局势，还忍推测么？因为绥远关系国家命脉的重要如此，我们不独必须守卫它，还得掩护它，还得消灭威胁绥远的恶势力。恶势力的最后根据地在什么地方呢？自从东省沦陷，继以热、察，北面的藩篱尽撤，不独绥远受胁迫，整个中国，也生存在严重威胁之下；所谓我们的国防第一线，早已为敌人所毁坏。吾们如要保卫绥远，策中国于安全，我们必须继续东进，肃清匪伪，毁灭恶势力的根据地，重新建立起我们的国防第一线来！

中央军的开入绥省和陈诚将军的入绥指挥，证明中央已下此决心。这是甲午以来第一次的统一军事行动。中国过去的失败，最大病根是军事行动的不统一，北洋与外国战，北洋自当之，江南与外国战，江南自当之，彼此袖手旁观，只要敌人的枪尖没有刺进我的地盘，我可置之不问，没有通力合作的行动。这一次察、绥剿匪，中央担负了最高的指挥责任，全国将士，依照中央的命令而进退，全国民众，远近一致地誓为国家后盾，便是全民族通力合作的行动，我们就不怕我们的决心会收不到显著的成效。我们忍辱几年，这是第一次向敌人的清算，亦是第一次把我们的民族力量放上试金石。因此，这一次察、绥剿匪，不独疆土的得失，极关重要，就是行动的成败，亦是极关重要。我们涌着沸腾的热血，向东冲过去，固是必要的步骤。但进攻的手段，需要周详的考虑。

第一点，冀、察的发动，在战略上是极关重要的。吾们知道匪伪的根据地是在商都与张北，这两地的重要性，不减于百灵庙。由冀、察进攻，比较简捷。而冀、察军队出动以后，匪伪腹背受敌，势分力削，由百灵庙进取另一重要根据地滂江，比较容易。

第二点，吾们要考虑到兵力支配上的人地相宜问题。关外气候的严寒，本非身处江南者所能想像，加以时入冬令，此后将日冷一日。据报载关外狂风怒号，大青山已积雪三尺，气候奇寒，加以饮料缺乏，士兵甚苦。这种天然的压迫，至少足以减弱作战的活动力，以非生长关外的士兵，处此环境，体力上的抵抗力，亦成值得吾们考虑的问题。在这一点上，尤感觉到二十九军出动的必要，因为二十九军多西北籍，生长于寒风朔野中，生活比较容易适应。一方面望中央抽调入绥、察军队，亦注意多调北方籍部队。必要时，抽调晋省的西北系军队北上，以应严付〔付严〕冬期的战事生活。

《汗血周刊》

上海汗血书店

1936 年 7 卷 23 期

（李红权　整理）

援绥声中的一个建议

热 撰

报载："绥远将士，既凌厉无前的痛剿匪伪，而后方的妓女，亦充满爱国思想，遂有推举代表，慰问伤兵，捐募款项，慰问将士之举。据妓女向外宣称：'同是中国人，爱国各有分，倘绥境为匪所侵扰，彼等之骨肉亲戚，均将为奸匪鱼肉而不能生存，致妓女之职业虽可怜，力量虽微薄，但爱国之心则一一云。'"

真的么？难得，赛金花还健在呢，虽则她的盖棺定论送来；虽则这条新闻，多少有点儿酸鼻的滑稽，但比之视钱如命、一毛不拔的守财奴以及为虎作伥、丧尽天良的汉奸们，那确乎有天壤的差别了。

拿《建国大纲》第十二条"男女平等平权"的原则来说，女界中水平线之下［之下］的困于火坑的妓女，是绝对不应该有，然而事实上，"革命尚未成功"（总理说的）的现社会，民生问题尚未全盘解决的现阶段，妓女一部门，又怎能立即解放呢，她们现时既不能立即解放，或现时还无法用政治力来解放，那我们不妨平白地明显地说：把她们来改良训练吧！生死关头的非常时期，诚如她们自己所说"凡是中国人，爱国各有分"的。我们万不能因为她们的浪漫，卑贱，索性任她如过去的腐化。固然我们训练她们的目的，绝不愿她们运用赛金花的故技，来软化异邦军人，但很愿她们能〈以〉如赛金花那样体贴入微的身手，去担当军队中的一部分女看护工作——侍奉英勇抗敌的伤兵。

我们从上面的报载看来，她们也深切地了解她们自己的地位与力量，我们测度她们的内心，很想从可怜——微薄中挣扎似的，于是由要求解决自己火坑的朝梦，做成一抹爱国的信仰，希望祖国复兴过来，由政府把她们的骨肉亲戚，安置得安居乐业，再来解放她们自己的陷井，所谓由信仰而生出力量，而筑成如开篇的义举。

那么她们已不再全注精力于灯红酒绿中了，这种内心上的行动转变，政府应该把她们来利用，所谓利用，就是训练，如如何配药、施救、防毒等工作，加以彻底训练，使她们技术娴熟，到总动员时则编成女救护队，开往前方，担当看护工作；我想只要训练得法，总不是无意〈义〉的举动吧！

《汗血周刊》

上海汗血书店

1936 年 7 卷 25 期

（朱宪　整理）

外部为苏"蒙"签订互助议定书
对俄两次抗议全文

作者不详

（按）本年三月十二日，苏联全权代表泰洛夫与"外蒙共和国"总理兼外长肯邓，在乌兰巴都尔（即库伦）签订《苏"蒙"互助议定书》。外部以苏联此举显系违反民国十三年（一九二四）五月三十一日签订之《中俄解决悬案大纲协定》第五条之规定，于四月七日对俄提出严重抗议，声明不能承认，并不受其拘束。苏方次日答覆，措辞极为闪烁。外部于十一日对苏又提出第二次抗议，对于苏方之答覆，予以驳斥，并郑重申明我国方面仍维持第一次抗议中所表明之态度。兹将两次抗议全文录下，并附《苏"蒙"议定书》全文及苏方对我国第一次抗议之覆照于后，以资参考。

第一次抗议照会

为照会事：本月二日准贵大使面交一种文件抄本，称系苏联与外蒙签订之议定书。查民国十三年五月三十一日签定之《中俄解决悬案大纲协定》第五条，规定苏联政府承认外蒙为完全中华民国之一部分，及尊重在该领土内中国之主权。外蒙系中华民国之一部，任何国家自不能与之缔结任何条约或协定。兹苏联政府，不顾其对于中国政府所为之诺言，而擅与外蒙签订上述议定书，此种行为，侵害中国之主权，违反民国十三年中苏协定之规定，实无疑义。本部长兹特向贵大使提出严重抗议，并声明苏联政府与"外蒙"军事议定书，系属违法，中国政府断难承认，并不受其拘束。相应照请贵大使查照，转达贵国政府予以满意之答覆为荷！须至照会者。

第二次抗议照会

为照会事：关于苏联共和国与"外蒙"签订互助议定书事，本部长业于四月七日向贵大使递送抗议照会，声明该议定书之签订，侵犯中国主权，违反民国十三年中苏协定，中国政府断难承认。本月九日准贵大使递到贵国外交委员长致中华民国驻苏联代办照会抄件一份，答覆本部长上述去照。来照谓：苏维埃政府，兹特重行确证上述协定。民国十三年中苏协定，就苏联方面言，仍保持其效力，以及于将来，苏联政府于此重行确认，外蒙乃系全中华民国之一部分，及尊重在该领土内中国之主权。本部长对于苏联政府此项保证，业已阅悉。惟查苏联政府，对于此次苏联与"外蒙"签订议定书之各项解释，本部长认为并无充分理由，所引民国十三年在奉天所订之《奉俄协定》，尤不能作为先例。来照谓《奉俄协定》之签订并未引起中华民国政府之抗议一节，适于事实相反。查该协定在未经该处地方当局呈经中央核准，作为中苏协定之附件以前，迭经前北京外交部于民国十三年八月二十五日、九月十一日，先后向彼时贵国驻华大使提出抗议，并经中国驻莫斯科外交代表，向苏联政府抗议各在案。嗣该协定经中央政府核准，完成法律手续后，始于民国十四年三月间通知苏联政府，作为民国十三年中苏协定之附件。此项事件，原为贵方违反国际惯例之不合法行为，经中国政府予以纠正，固不得援引为贵方有权向中国地方政府签订任何协定之先例。此次苏联政府与"外蒙"签订议定书，侵及中华民国之主权，与民国十三年中苏协定，根本抵触，中国政府对于该议定书，不得不重申抗议，并维持上次照会内所表明之态度。相应照请贵大使查照，转达贵国政府为荷！须至照会者。右照会大苏维埃社会主义联邦共和国驻华特命全权大使鲍格莫洛夫。

参考一　《苏"蒙"议定书》全文

　　苏"蒙"二国政府，根据二国间自一九二一年蒙古民国领土借红军帮助，自与侵犯苏境军队相连系之白俄解脱后，所存在不变之友谊关系，同时为维持远东和平之欲望，及进一步巩固二国间友谊关系之欲望所驱使，决意以现议定书之形式列出自一九三四年十一月二十七日以后，二国间即已存在之君子协定。该协定规定关于避免及预防军事威胁，及倘有第三国攻击苏联或"蒙古民国"时，互相帮助事宜，应互相全力帮助。本议定书即为此种目的而签订。第一条，倘第三国对于苏联领土或"蒙古民国"领土有攻击之威胁时，苏"蒙"二国政府应立事共同筹商已起之情势，并应采取为保护彼等领土及其安全所需要之一切步骤。第二条，苏"蒙"二国政府遇有立约者任何一方受军事攻击时，应互相给与一切帮助，包括军事帮助。第三条，苏"蒙"二国政府默认任何一方之军队为履行第一条及第二条所规定之义务，互相同意驻扎于另一方之领土上，应于此种驻扎之需要停止时，立即自关系者之境内退出，如一九二五年苏联军队自"蒙古民国"境内退出故事。第四条，本议定书以俄文及蒙文作成二份，该二份同等有效。本议定书自签字时起生效，并在签字后十年内有效。

参考二 苏联对我国第一次抗议之覆照

本月七日贵代办遵奉贵国政府训令，送交本委员长照会抄件，该照会贵方已于同日面交驻华苏联大使鲍格莫洛夫。该照会理由，因苏联政府与"蒙古人民共和国"，于本年三月十二日签订议定书，认为侵害中国职权，并抵触一九二四年六月三十一日中苏协定。为此，南京政府认为得以提起抗议。兹对于该照会答覆如下：苏维埃政府对于该照会所载对《苏"蒙"议定书》之解释，不能同意；且对于中国政府所提抗议，亦不能认为有根据。议定书之签订，与议定书内各条款，均无丝毫损害中国主张之处。该议定书并不容许，不亦〔亦不〕包含苏联共和国对于中国及"蒙古人民共和国"，有任何领土之要求。议定书之签订，于中国及苏联共和国间，及苏联共和国与"蒙古人民共和国"间，至今存在之形式的或实际的关系，绝无变更。苏联〔于〕签订互助议定书，认为〈于〉一九二四年在北京签订之中苏协定并无损害，且仍保持其效力。苏维埃政府兹将〔特〕重行确证，上述协定，就苏联方面言，仍保持其效力，以及于将来。至于形式上是否有权与中华民国自治部分签订协定问题，兹仅须提及苏维埃政府曾与东三省政府，于一九二四年八月二十日在奉天签订协定，此事并未引起中华民国政府之任何抗议，且经其承认，该《奉俄协定》与《北京协定》，有完全同等之效力。同时应予以注意者，《苏蒙议定书》，并不反对第三国之利益，因其仅于苏联或"蒙古人民共和国"成为侵略者之牺牲，并不得不防卫自己之领土时，始发生效力。基于上述理由，苏维埃政府以为不得不拒绝中国政府之抗议，认为并无根据，同时并表示深信中华民国政府，必能确信《苏蒙议定书》，并不违反《北京协定》，且适合于中国人民及蒙古人民

之利益也。相应照请贵代办接受本委员长最诚之敬意！中华民国
代办使事（署名）李特维诺夫。

《外交月报》

北平外交月报社

1936 年 8 卷 5 期

（李红权　整理）

苏联、日本与蒙古

林辰　撰

（一）苏日势力十字路的蒙边

由中东路买卖成交所换得的表面显着似乎平静了的苏日关系，虽也持续了好些时；但这个持续，终于因其缺乏耐久性，转瞬间便已成为历史的陈迹了。自从意帝国主义开始其向阿比西尼亚的侵略战争之后，东方的日本帝国主义便乘此西欧多事之秋，循着其大陆政策底已定步骤，把由中东路之让渡所造成的苏日间的和平状态，迅速地由伪满与外蒙边境问题上不断地制造出来的纠纷所代替了。表面上由于"满"蒙边境问题所表见的纠纷，实际上就正是苏日——代表根本不相容的极端矛盾的两个体系——前哨的接触。尤其在最近半年来，显得愈益紧张。两国间仅由"满"蒙问题上所产生的冲突事件，不下数十起。最近，从所谓"满"蒙会议破裂之后，东京与莫斯科两地，加于对方每一举动之注意，尤是"日防鹭〔鸬〕鹚夜防獭"。兹将关于"满"蒙边境纠纷的事件，列举数点如次：一、"满"船大同号越境被击事件；二、苏联拒绝"满洲国"在苏境内及外蒙境内设置领事馆事件；三、"满"测量队员犬养（日人）越境入蒙被扣事件；四、日本要求苏联签发视察"满"蒙护照被拒绝事件；五、日本采金队用船内火号越境被击事件；六、"满"江防舰养民号越境搁浅被阻止救助作业事件；七、十月六日、八日、十二日，日"满"军与苏联军接连在伯力附近发生武力衡〔冲〕突，双方互有死伤事件；八、和上项事件关联着，十月二十三日，日"满"警察、日本宪兵，及为日"满"所雇用的白俄，对于苏联侨民任意搜捕、毒打，并以强盗式的勒索等等相恫吓，同时，居住满洲里及绥芬河之苏侨，亦遭同样虐待——被捕入狱，横遭日人及为日人服务之白俄野蛮的重刑酷待事件；九、接着，二十六日，伯力方面又发生鲜人武装侵入苏境，与苏联边防巡护队冲突，彼此开枪相击，结果，鲜人两死两伤，据塔斯社电讯，谓当时在出事地点，曾巡获大宗反动文件及阴谋破坏苏联铁路之证据多件，并由被捕鲜人供认不讳云云。

　　上述数点，看似琐屑，但国与国相处，积小愤以成大仇，本是一个寻常的现象，不求解决，即趣严重化，何况在苏日两国间，原有其根本不相容的矛盾因素，从中在作祟着！事实上，从"满"蒙会议的决裂，迄今不过一越〔阅〕月，而日伪与外蒙所发生的冲突事件，不但愈益频繁，而且已更趋严重化了。由"满"蒙问题所表演的苏日矛盾之将越发露骨地尖锐，早为关心远东时局者所意料。"满洲国外交部"在"满"蒙会议决裂的次日，也曾有明白的宣言发表："和平手段既被拒绝，则今后舍片面的、自主的，及所认为适当的方法，从事解决外，别无他道，至于依是而发生的双方冲突，当由外蒙方面负责。"看最近的事实，日"满"方面，可谓言出有信，这种"片面的、自主的"方法，果然立刻以日兵射击外蒙边境哨警底方式表演出来了。本月（十二月）十九日，日本武装官兵数十名，乘载重汽车数辆，开至贝尔池西南的布兰迪桑，将外蒙边哨指挥官及哨警二名击毙，并枪伤多人。库伦方面对于日本此种新的挑衅，已激起深刻的愤怒（塔斯社及路透社电讯）。而日本方面，则认为布兰迪桑是否为外蒙领土，因"满"蒙会议失败，无从判断；更进而说，这个消息是苏联与外蒙当局对付日"满"的一种策动。布兰迪桑与布〔贝〕尔池究竟归属哪边，纵属疑案，日蒙武装前哨的冲突已然开始，则为事实。日本是否真正准备大举进攻外蒙及苏联，此时却不能遽尔下此断语。因为四年以来，日本底惯技，就是利用与苏蒙边哨冲突，虚张声势，以转移西方资本主义诸国底视线，让它们相信日本之进占中国领土，原为执行"防赤"底使命。但不管欧美各国对于日本所使的伎俩，怎样反响，至少，在外蒙与苏联方面，对于此种频频的挑衅，似已达到难以忍受的程度。最近"外蒙共和国"总理与陆长以及秋巴、布里雅特蒙古领袖一行到莫斯科，与苏联首脑人物史大林、莫洛托夫等连日会议，已可暗示一点，就是他们不愿坐视外蒙随其东南邻土，一同亡与日本！为的上项会议之经过情形，未见苏联当局之公布，因而在东京，才不胜引起其不少的疑虑。德报传其目的在讨论蒙古民族之反苏运动与"满"蒙会议之对策，而东京方面，却以为"但此两说——指上述德报所传者——似均未中肯。而当系对华北'自治'运动以来，浸润华北之日'满'势力讲求其防止策，并就缔结攻守同盟及将来外蒙编入苏联版图等整个对策，加以讨论，因之，日外务当局对于此事，颇加重视"（电通社电讯）。其实，日本对此，何止"颇加重视"而已，如谓苏蒙果真一气，放下了脸孔，不但日本对外蒙之野心，将致其断念，其对华北之进占，恐也难如目前的顺手，而且，说不定将更冒昧地惊破了它底"大亚细亚主义"之恶梦，也许可能吧？所以，在日本心目中，无怪要视外蒙为其"危险的邻邦"了。

在目前这一阶段中，苏日在蒙边底冲突事件之层出不穷，为过去所未有，例如：本月二十一日，有日"满"军三百人左右，大汽车十辆，各载重机关枪一二枝，开抵布仑特森，大肆劫掠，焚毁派出所全部房屋，并将副派出所长及兵士四人枪杀，且有被掳往"满"境的数人，据谓曰"满"军之后，尚有一客车随行，载一日本军官及白俄二人。次日，苏方并宣布此次劫掠，为日"满"有计划的行动，谓自"满"蒙谈判破裂后，关东军即请示东京，允在蒙古边境劫掠数处，甚至深入腹地。但东京尚未答覆，关东军乃急不及待，自行发动。数日前，沈阳方面接得一日本军事随员之陈述，谓关东军在谈判决裂后，如无所动作，将使蒙古及苏联，以为日本示弱，或蒙古在谈判中获胜。因此，力主日"满"军应立即进犯蒙古边境，俾于谈判进行中，"满"方要求承认"满洲国"，并交换外交使节，否则，随时实施威胁，并甚至计划设法使蒙古不能片刻和平，谓纵令引起苏日战争，亦所不顾云。接着，关东军代表与参谋本部之驻中国课长喜多大佐，在长春特为此事开会讨论缔结中、日、"满"三方协定，以消灭苏联在中国与外蒙势力之计划。至日方所编造的扰事报告，却谓哈尔滨白俄报纸四家所载，十一月二十六日，有开往伯力之客车一列，在塞米诺夫斯开雅站附近，为地雷炸毁，死伤二百人，认为苏方所为，因车中有苏联要人若干。

够了，我们用不着多所引述，同时，对于这些事件之真实性究竟如何，以及到底谁是谁非，也都不必斤斤加以论证，"十目所视，十手所指"，莫斯科方面各报早曾指出"关东军部对于'满'蒙代表之谈判表示不满，因其不能达到日本军部所期望之结果，故正准备在蒙古东部边境借故引起新事件。预料不久将发生新冲突，或如一月之哈尔哈庙冲突，或如日军代表之侵入外蒙，利用此等事件以造成蒙边新纠纷，俾向外蒙更加压抑"。事实上，日帝国主义过去利用谢米诺夫等染指外蒙，已非一次。而自所谓"满洲国"出现以后，日本对于外蒙，益加注意。加之，日本军阀大陆政策目的之一，就正在于侵夺外蒙及尚未并入伪满之内蒙察、绥部分。此项工作，对于日本，已非问题，而为目前（并非以后）的实际任务了。自然，这一目的如为其达到，外蒙固将为满洲之续，而日本也更可利用外蒙之领土与资源，弓开两面，此后不但可以无顾忌地进占中国本部，同时，还获得进攻苏联的一个理想的根据地。

且日本方面，已配置重兵于蒙边及索伦，并由日本武装移民于呼伦贝尔。所谓移民，不过欲借以掩饰他人耳目，实则是进攻外蒙之准备。看其一面积极训练蒙古骑兵，并在洮南设立兴安军官学校，招收蒙籍青年，施以特殊的军事教育，作为将来进攻外蒙之基本队伍，及其对外蒙军事上之严密布置，益可信证。如外蒙果真落其圈套，则日后苏联所受威胁，自然要更大了。

但苏联愿意外蒙轻易地让日本攫去吗？这个答案，在我们看来，是一个绝对的否定。现在的苏联，其自身既不是从前的帝俄可比，而近十余年来，苏联对于外蒙的扶植，可谓煞费苦心。拉狄克在一九三二年就已喊出："邻接于满洲和蒙古且在亚细亚大陆惟一和日本相接触的苏维埃同盟，对于远东的事变，是不得不时刻加以深敏的注意。"（拉狄克：《远东的战争》）而实际上，从沈阳事变以后，苏联在外蒙所布置的防御工程，确已够称严密了。军事方面，单说库伦一处，就有数万精锐的红军，军械如大炮、高射炮、重机关枪、装甲汽车及飞机等之数量，也很够惊人。全外蒙境内，飞机一项，便有数百架配布于各重要防地。至如航空学校之设立，飞行人员及数万外蒙青年红军之训练，早经积极经营就绪了。而为苏联积极宣传着的反帝思想，所指帝国主义尤以日本为其最大的目标，外蒙人民，早被陶熔得很有成绩，在一般青年中，反日观念底深刻与普遍，更不自今日始（注一）。总之，日本要将外蒙放置到它底腋下去，也不是一件容易的事情。

（注一）蒙古内部底情势，因其本身胎孕着变动底因素，所以其社会的和经济的机构，不时在苏联底影响下，发生了变革（《东洋贸易研究》，一九三二年，日本）。

从上述诸端看来，以外蒙问题为中心，苏日战争之爆发，只剩下一个时间问题了。但不管怎样，外蒙已入于多事之秋，苏日战争爆发也好，不爆发也好，在此苏日冲突愈演愈尖锐化的今日，外蒙成为俎上之肉，已是铁一样的事实。外蒙为我国北部屏藩，当此来考察苏日与外蒙的关系，不仅有意义，而且是必要的一件工作。

（二）日本与蒙古

一九〇七年日俄第二次协约成立后，日本底势力已到内蒙了。一九三一年沈阳事变以后，日本既握有东北四省，则其势力之侵入作为内蒙外藩的热河为基地而向察哈尔、绥远侵略之扩大，是一件不很费力的事。事实上，其第一步早已做到；现在已开始——不，将完成其第二步了。至日本之侵蒙，以沈阳事变来作分界线，是由消极的图谋转变为积极的夺取。现在，就分作两期叙述。

A. 沈阳事变前日本与外蒙

外蒙是一个经济落后广大而良好的牧场，是帝国主义最配胃口的对象，并且，从其所占地势来说，在东亚也很重要。日本之于它，早已动着欲念，不过，在满洲这一傀儡未被捏成模型之前，是无从下手的。侵满与侵蒙，原为其一贯的政策。日本国内，早已高唱着"满蒙一体论"和"日本欲征服世界，必先征服中国，欲征服中国，必先征服满洲〔蒙〕"（一九二八年田中内阁奏折中语）。地理上与侵略程序上的关系，征满与征蒙，不得不有前后轻重之分。从目前看，其侵蒙之成绩，远不如侵满之成功，但其侵蒙之历史，却已很久。当外蒙犹完全在我统治下时，日本已萌动侵蒙之企图了。清末，外蒙酝酿独立，日本便左计右策地图谋引诱，乘机假名游历外蒙之日人，接踵而来。其中最明显的要算一九一三年外蒙独立之后，受南满铁路株式社会〔会社〕派遣到外蒙游说的儿玉，就负着天皇底秘密的重大使命来实行勾结的。只因外蒙当局太天真了，把给天皇的覆书，托由驻日俄使转递，而致露出了日本底马脚，喜剧变成滑稽剧去了。

后来，因俄国发生革命，国内频年战乱，松弛了对外蒙的经营。这给日本向外蒙的进出，真是一个千载难逢的良机，加以，其时又值欧战方酣，欧洲各国，忙于自相残杀，无暇东顾，日本侵蒙之成绩，这时曾有一度称心的收获。接着，一九二一年，利用白俄谢米诺夫，拟联合布雅利〔里雅〕特蒙古及外蒙成立蒙古帝国。日本此次策略之无成，既不是自己在幕后的线拉得不好，也不是由于外蒙人民底觉悟，倒应怪苏联国内的秩序恢复得太易，当红军起劲地驱逐白俄残部时，连带地把日本底势力也抛出外蒙了。

但日本之侵外蒙，既处心积虑，则一时的失败，断不能挫灭其野心，反之，它倒只有再接再厉。不久，又勾结谢米诺夫，供给军械，收买蒙匪，再度进攻外蒙，不过结果还是失败。直线不通，改走曲路。于是便采取软诱政策：一面在日本国内兴办蒙语学校，一面勾引外蒙青年渡日留学，故意待遇得特别优厚，使其日渐同化，预备作为日后进攻外蒙的基本势力。从此，便有精通蒙语的学者与军人，络绎于外蒙境内，或借名游历，或竟乔装蒙人，深入内地，作实地考察。看近年日本国内出版的关于研究外蒙一类著作之突然增多，就是其预备工作已臻完密之明证。是的，日本之于外蒙，虽不能一时如愿以偿，功成圆满，而其用心之苦，确是值得惊服的。

B. 沈阳事变后日本与外蒙

一九三一年以来，日本军部驰骋于满洲底原野，一九三二年，傀儡剧的"满洲国"便搬演出来了，并且随即确立了共存共亡、日"满"不可分的关系。因之，东亚形势，起了剧烈的变化。整个满洲，已然为日本所吞，得陇望蜀之心，油然以生。于是日之侵蒙政策，也由消极的进而为积极的了。热河之夺取，就是其预定步骤中由"满"而蒙的一个序幕。但其侵蒙策略，是多方面同时并进的。其策略之一，就是为其稳固基础之"满"蒙间交通之努力开发，以谋压倒苏蒙间之接近。这在目前，已有了相当的成功，如吉会线、拉滨线、哈讷线、已完全建筑完竣，而图们江与宁古塔间、朝阳与承德间、怀远与索伦间，以及讷河与黑河间各线，也正积极建筑中。这些路线中，尤以吉会线之完成，使满洲与朝鲜打成一片，拉滨、图们两线，横贯中东路，在军事上与经济上都有其大的作用，而余线也各有其军事上之利便。热河被侵后，处于交通中心与外蒙相离很近而又为军事上之要塞的多伦，已不费力地落其掌握。况其犹正在积极的赶造汽车路，建筑无线电台，开辟大飞机场。此种形势，对外蒙之威胁，真够大了。

其二，就是首先煽惑内蒙，仿效满洲，演傀儡第二之丑剧，再假"泛蒙古大联合"之口号，嗾诱外蒙在太阳旗下与内蒙联合。此原非一朝一夕所能成功之事。诱惑内蒙，纵非难事——事实上所谓东蒙（指热河及兴安屯垦区）早已被收拾在"满洲国"之体系中，成立所谓兴安省，而包括察、绥的所谓西蒙，最近也在动摇中了。关于西蒙，据最近报载，日本已谋强夺察北六县，企图控制全察哈尔底命脉。这个察北问题，是由察东沽源事件延展而来的。所谓沽源事件，表面上是伪军与保安队的冲突，或也可说是保安队防地、数量、枪枝问题底重提，但其实乃是日方争取察省以北〔北部〕六县（即沽源、宝昌、康保、化德、张北、商都）广大的区域，置于日伪军所支持及管理下的蒙古保安队底统治下的问题，换言之，就是夺取察东的行政、军事及土地底权利问题。现在交涉在平、津进行中，日方仍坚持，同时，察东方面战争亦继续不已。本月十七日以后，日军飞机在沽源、张北一带散放传单，大致为要求我方驻扎长城以外的保安队从速撤退，否则，谓将有更进一步之行动；同时，并投掷炸弹，轰毁察东各地。闻沽源、宝昌均已相继失守。根据二十五日北平电讯，谓在冀察政委会外，拟另设经济、外交两委员会，双方意见，渐趋接近，解决之期，当不在远云（十二月二十三日上海《大美晚报》及二十六日南京《中国日报》）。察省六县，果为日所侵，或由蒙古保安队接防之形式占领，其在军事、政治、经济各方面之利害关系极大：一、察北六县所占区域几占全省面积十分之九。二、由内蒙至外蒙之唯一交通路线——张库汽车路及大道等将为之断绝，直接受控制。三、集中张家口之畜牧等业以及沽源一带的煤、铅等矿，也将被控制。现在东京方面，极注意内蒙人之态度。据察、绥传来消息，内蒙各旗，以蒙人虽处于日人底威吓利诱之下，但却深知日方行动，系准备对外蒙作战，他们由于种族之同情，极倾向于反日。这证之于十八日北平所传卓世海准备将蒙古保安队向后撤退，以期置身漩涡之外的话，自非毫无根据。

不过，日本想从苏联手中抓过外蒙，恐非易事。最近东京虽喧传着广田外相将倡议以中日缔结军事联盟为恫吓，将要求苏联开放外蒙，以为外蒙之与世界隔绝，殊碍"远东和平"之维持（路透十二月二十二日电讯）。这不啻说，苏联如不将外蒙放手，日本老实不客气地要以战争的手段夺取了。但同时，莫斯科方面，苏蒙两方，正在热烈地进行其亲善工作，并有断然遏止日本野心之决心。

其三，就是以武力攫得内蒙后，进而乘机向外蒙寻隙桃〔挑〕衅，谋取外蒙。此种以武力略夺之横蛮行为，是日本所惯用之拿手好戏。以热河为例，使日本更信武力之有效，因而时刻以莫名其妙的原因，进攻察、绥及外蒙。自从本年一月的哈尔哈事件以来，尤其在最近六个月以来，日伪军之侵察犯绥及向外蒙无故挑衅等事件，何止数十起。这在前面已有择要的叙述，返〔这〕里不再复述了。

简单说一句，日本觊觎外蒙之急进，在各方面都表显着，要是此次外蒙也像中国政府过去对日处处谦恭有礼地退让，恐怕日伪军早如哈尔哈事变之初的声势煊吓〔赫〕地大举进占了。日本在此事件中尝到失望的苦杯虽很够涩辣，但其企图外蒙的野心，仍是不会稍戢的。

（三）帝俄与外蒙

考察苏联与外蒙的关系，如把过去帝俄那一悠久的阶段割去，是会损害其历史的意义，因由帝俄说起。

外蒙北与俄领毗连，边境交错达三千俄里之长，所以俄蒙关系，非常密切。查帝俄与外蒙发生商业往来之开始，远在一七二七年缔结《恰克图条约》之时。在此条约中，除允许俄货在蒙边零星贸易免予征税外，划定中俄两国边界。现在的伊尔库次克之南，为西伯利亚铁路所经过的那广阔的几达数十万平方里之地，就在这次条约中由外蒙划过俄国版图去的。为了边界，以后在一八六四年、一八六九年、一八七〇年及一八八三年一再续订，结果，阿尔泰诺尔乌梁海二旗及唐努乌梁海十佐领地，也从外蒙抓去，就是现在的塞米巴拉敦斯克。鸦片战争之后，清政府日趋不振，帝俄便乘机节节进取。一八六〇年的《北京条约》、一八八一年的《伊犁条约》，以及一八九二年的《中俄邮政条约》等等的缔结，无一不遂帝俄侵蒙之夙愿。到了清末，帝俄在外蒙的势力，已是根深蒂固了。清之治蒙，可说十足要不得，而俄之侵蒙，却头头是道。利诱喇嘛教徒，建喇嘛庙，任命主教僧官，对于活佛及王公，多方笼络，收拾人心。至此，清政府也感外蒙将有全部落入帝俄之可虑，才想出移民垦荒之举，可结果还是失败。且以垦务人员之贪暴，移往之汉民底狡诈，反引起了蒙民之反对与仇视。帝俄从而乘机煽动，正值辛亥革命国内战乱频仍之际，外蒙便扯起独立之旗了。

但从商业进出上考察，十九世纪前，俄蒙间的贸易情形，以之给外蒙与中国本部来比，是落在被压倒的地位。大战前后，俄蒙贸易额，益见减缩。可是从日俄战争帝俄因失败而被迫退出满洲之后，立刻便抓住外蒙底资源与市场了。一九一〇年，俄遣专家调查外蒙矿产资源及经济情形，一九一二年又派特务员到外蒙考察，同年还开贸易品展览会及通商会议于库伦。不消说，一九一一年外蒙之独立，愈益助长了帝俄侵蒙之野心。至此，俄蒙贸易，已采自由制度——其实，此时帝俄已直认外蒙为其保护国了（注二）。

（注二）回避对于蒙古政府对外交涉的责任，不是俄罗斯底利益。倒不如进一步，努力把各国与蒙古底交涉，要像在彼得堡进行一样为有利，如能做到这样，则将使各国默认蒙古为俄罗斯之保护国了。（一九一四年俄外交大臣语，见一九三三年《东洋贸易研究》。）

一九一二年以后，俄对外蒙内政，已取干涉手段，同时复开始组织蒙古军队与邮政，一面更创办俄文学校，发行俄文报纸于外蒙。一九一四年，俄蒙代表，如〔就〕外蒙贸易制度〈等〉问题，会议于莫斯科，从各方面讨论发展俄蒙贸易。当时，外蒙对外输出全额中，俄帝已吸收到百分之七五，而其犹嫌不足。于是接着便有商业银行之设立，以谋统制。

民国成立，我们的袁大总统也曾去电外蒙，劝其取消独立，只是所得回电，干脆地拒绝了，且请出其邻邦——当然是帝俄——来作威吓。后经中俄双方代表二十余次之会议，才于一九一三年十一月订立《声明文件》五款，大旨是俄国承认中国在外蒙之宗主权，中国承认外蒙底自治权，关于外蒙底土地、政治、交涉等事，由中俄协商办理，外蒙则列在参与的地位。如此，外蒙不啻成为中俄两国共同的保护国，而中国对外蒙之宗主权，既无干涉外蒙内政之权，则所谓宗主权，所谓领土底一部分，还不等于壁上画饼！

（四）　苏联与外蒙

在俄国陷于革命的紊乱那几年中，帝俄政府因革命而崩溃，而外蒙底自治政府也跟着陷于气息奄奄。到一九一九年，这个自治政府也塌坏了。于是外蒙政权复归中央统辖。此时，如中央有心整理外蒙，确是一个大好的转机，可是北京政府却不是之图，徒弄些有名无实的边吏去，以为塞责。白俄谢米诺夫却乘机占据外蒙以为残喘之地，一面，日人则从背后供给其机关枪及弹药，期收渔人之利。当白俄残部计划进攻中国边境时，苏联政府，曾再三请求中国政府会剿，而北京政府却莫名其妙地拒绝了。一九二一年，当库伦被白军占据，维克尔入城，唆使活佛宣布独立，组织临时政府时，苏联因国内秩序已入常态，对白军残部之盘据与其边境密接的外蒙，大感不安，又一再向中国政府发出声明，谓：

"中国政府如不派遣军队驱逐维克尔，则苏联政府认为有出以适当的处置之必要。"当时我国又为内战——奉直战争——所忙，对于蒙事，欲顾无暇。不久，外蒙临时政府因青年派不满于谢米诺夫之设施，起了分裂，于是苏联政府乃趁机援助外蒙青年群众，把谢米诺夫赶走，以活佛为元首的"蒙古国民政府"于以产生了。一九二四年五月活佛逝世，所谓蒙古人民共和国也者，就此出现。同年十一月，在"蒙古国民大会"之下，发表了《蒙古劳动国民权利宣言》及完全模仿一九一八年苏联宪法的《蒙古共和国新宪法》也颁布了。其中有：一、蒙古主权，属于全体劳动国民；二、禁止一切财产私有等条目。外蒙已无异成为苏联底一联邦。而且从外蒙第一次宪法会议中，推举加里宁、撒齐林及其他苏联领袖为名誉议长一点看来，也可想见"蒙古共和国"与苏联关系之密切了。

苏蒙间还曾订立所谓《苏蒙协约》，其主要的条目如左：

一、废止贵族底土地及财产之世袭权，而代以苏维埃制度。

二、凡属非所有者之土地，应分给蒙古贫民及苏联人民，而命其耕作。

三、蒙古天然资源之开发，与乎生产事业之发展，应由苏联协同组合办理。

在如此情势下，苏蒙经济上的关系，自是越来越密切了。现在单以贸易一项来说，已可说明此点。为了省去长篇说明底费事，把自一九二三年度至一九二七年度苏联对外蒙的贸易情形，列表如左（单位：吨，金额：千卢布）：

	一九二三二四		一九二四一二五		一九二五一二六		一九二六一二七	
	数量	金额	数量	金额	数量	金额	数量	金额
总输入额	五，七四六 [五，七一七]	一，五〇四 [一，五〇三]	六，四一四 [六，八一二]	二，七六九	八，六〇〇 [九，一五八]	三，六七〇 [三，六六二]	一〇，九四三 [一〇，九九三]	四，六三三
食料品	四，一八九	六五八	三，九九〇	一，二五一	五，四三七	一，四八七	七，四一〇	一，七七四
工业原料及半制品	九一六	三三三	一，九一七	五七一	三，〇八一	五六一	三，〇八七	七二七
制造品	六三三	五三一	九〇五	九四七	一，六四〇	一，六一四	一，四九六	二，二三二

我们再看看蒙古中央组合底原料品销路百分比，其对苏联输出的比率，可谓与时俱增，有如左表之所示：

	蒙古内	对苏输出	经由苏输出	直输他国
一九二四—二五	六	二五	——	六九
一九二五—二六	一六	三〇	——	五四
一九二六—二七	七	四五	——	四八
一九二七—二八	八	六〇	——	三二
一九二八—二九	六	七三	一八	三
一九二九—三〇	九	五〇	四一	——

而一九二八—二九年以来，苏蒙贸易之对流，及其进展之迅速，看了左表，便很明白（单位：千卢布）：

	由苏运蒙	由蒙运苏	合　计
一九二八—二九	一六，四〇〇	一五，二〇〇	三一，六〇〇
一九二九—三〇	一七，八一九	一九，七四五	三七，五六四
一九三〇—三一	三七，三四三	二八，八三二	六六，一七五
一九三一—三二	四一，三九五	一九，二七八	六〇，六七三

据苏联通商代表部的报告，一九三五年三月第二部的记载，外蒙在苏联对外贸易总额上所占的地位，如下所记（单位：千卢布）：

	一九三三年		一九三四年	
输　出	三八，五六二	七·八%	四四，八〇六	一〇·七%
输　入	一七，二六九	四·九%	二〇，五六一	八·八%

外蒙商业，由苏联贸易公司及蒙古中央合作社所统制，中央合作社与蒙古银行，则是外蒙金融与经济组织底中心。但它是无从抛开苏联经济而独立的，它已形成为整个苏联经济之一环。

苏蒙间交通，除河流可通航外，更有四通八达的汽车道，〈上〉乌丁斯克与库伦间，还有定期的航空通行；反之，对我国内地，自一九二九年后，则完全被遮断着。

苏联之于外蒙，除视为某些种类必须的原料资源底供给地外，固可作为含有策动世界革命底实验室之企图，但在目前，对于应付日本一点来说，外蒙自有其特殊的重要性——尤其在军事上。本文为篇幅所限，不能从各方面对苏蒙关系作一全盘的叙述，就是已叙述的也很粗疏，但我们可以总说一句，苏蒙关系随着其作为社会基础的经济关系之密切的联系，无疑的，那些为其上层〈建〉筑物的政治、法律、宗教、艺术、教育、道德等等社会现象，外蒙是不能脱出对整个苏联之依附的。

一九三五、一二、二八

《苏俄评论》（月刊）

南京苏俄评论社

1936 年 10 卷 1 期

（朱宪　整理）

苏联外蒙会谈以后

作者不详

所谓"满蒙会议"破裂以后，以苏日为背景之满蒙情势即突呈紧张，而日伪军事、外交在我内蒙、华北之着着得手，是更对外蒙筑成包围之战略弧线。此不仅是外蒙之生存感到威胁而已，而且是根本动摇了苏联在远东之安全保障了。苏联与外蒙在政治、经济、军事上都已结成一环，不论在外交上还是装成怎样的独立无关样子。惟其如此，所以他们在共同防日的需要下，才有年前苏联与外蒙之莫斯科会谈。

参加此次莫斯科会谈的，外蒙的代表是内阁总理庚登，陆长德米特暨内阁秘书长等，苏联则为党政巨头如史大林、莫洛托夫等，此外尚有狄巴共和国（与外蒙接壤之一独立国）与布利亚特蒙古自治共和国（苏联之一联邦，在外蒙之北）之代表数人。依此参加代表之资格考察，足见此次莫斯科会谈性质之严重。所以德报认为，目的在讨论蒙古民族之反苏运动与满蒙会议之对策者，日本是视作全未中肯，而以为此次会谈乃系对华北"自治"运动以来，浸润华北之日伪势力，讲求其防止方策，并就缔结攻守同盟，及将来外蒙编入苏联版图等整个政略加以讨论也。

日本对于苏联、外蒙会谈既予以这样之注视，所以即神经过敏的宣传苏蒙缔结对日军事同盟之消息。一则曰苏联在外蒙断行军事上之大动员，再则曰外蒙已将波衣尔湖南岸之军队向东部移动。

于"满"蒙国境方乃被不安全空气所笼罩，关于此种消息，苏联是已经加以否认。不过，我们不管苏联、外蒙是否已经缔结军事同盟，至少我们可以相信的是：在外蒙的生存被日本威胁，苏联远东的安全被日本动摇之下，他们由于利害相同一点，要不能不谈到两国国境之共同安全问题，而熟商其保障方法。

　　正因为苏联、外蒙会谈之必然涉及两国安全的共同保障问题，所以外蒙总理庚登之答覆莫斯科各报记者，始能坦然声明："余等不愿屈服，但愿保障余等之边境及独立。余等可以预言，在蒙古共和国受日伪攻击之际，必将引起其他各国更巨大之反响。余等当自保障余等之独立，不许受人攻击。余等已有此能力及决心。"由庚登之言吟味，则苏蒙之问题已有其契合，假使日本再向蒙古高原前进一步，则外蒙之还击，将是无疑的。然则日苏大战之契机，是已因外蒙问题而更接近了。

《苏俄评论》（月刊）

南京苏俄评论社

1936 年 10 卷 1 期

（丁冉　整理）

最近《密勒氏评论报》关于苏日与
内外蒙古及华北之观察

苏联、日本关于内外蒙古及华北之斗争，在去年腊尾、今年岁头已是白热化之程度，而在中国人心目中是转觉此种斗争并不是有关于我民族命运决定的前途。此种情形，我们不禁觉得有些怅望，因将《密勒氏评论报》关于此种事变之报道，移载于此，作为国人参考资料，借以明白赤白两大势力在我国之决斗状态。

编者

一　内外蒙古与日苏关系

张北地方，距离张家口之西北三十英里，位于张库古道，已于十二月二十四日被蒙古骑兵武力占领。记者当时适在张垣，据闻此项蒙人系与伪国相友好。换言之，此内蒙之重要地点，已为伪国所有矣。惟此一片土地，包括察省三分之二的领土，将来是否与伪国合并，或维持成单独的傀儡行政机关，则尚未能预料。

因目前在华北及蒙古方面，至少有三种所谓"自治"运动，正在进行，自难怪一般阅报者之昧于个中之详情也。第一，为殷汝耕所主持之自治活剧。其地域范围略过于现在之战区，计共二十二县，位于长城之南，约占河北全省四分之一之土地。其地富于煤产，为全省精华所在之地。战区为一九三三年五月卅一日《塘沽休战协定》之产物，该项协定之正式文件，从未见诸公布。但其恶劣之影响，现已极为明显。在此所谓"自治政府"之区域中，蕴有中国主要煤产，中英所合办之开滦矿务局。中国主要盐田，及北宁路之一部分，亦在此区域内。三年前《塘沽协定》签字，华北与关外实行通车以来，该路交通，实际上已在日本满铁管理之下，现时日人已占有开滦各矿及其他重要矿产，为中国大多数工业及其一部分人民所依赖者。至于盐田则因日人急需食盐之故，自不复为华人所有。再该区之内，复富于农产，尤以棉花为大宗，最近殷汝耕曾夸示彼之政府，开始时每年可得税赋一二，〇〇〇，〇〇〇元，海关税银，尚不在其内。

十二月廿六日，殷汝耕在通州接见北平新闻记者，通告其行政机关之名称，已由"委员会"改为"政府"，全衔为"冀东反共自治政府"。据殷氏自言，彼之主席名义，将来拟易为"行政长官"，其他之八名委员，将继续用"委员"名义。据最近消息，一切军政大事，悉由其处理。殷氏又谓，彼已将此事通知北平外交团，但并不望各国之承认。因与"满洲国"地理接近之故，其"自治政府"与伪国之关系，自更趋接近。不久即将开始与第一个傀儡国家谈判取销限制中国移民至满洲之事宜。殷氏又宣称河北自治政府之创立，不能视为与中华民国脱离，不过只与南京之国民党政府脱离关系而已，故现特拟暂将国旗保留。至于财政方面，则殷氏已宣布不收用中央银行之钞票，但对伪国货币及日本老头票已在该区行使事，并未提及。此外殷氏对于现在有日兵百名驻于通州事，亦未有提及。

当殷氏发表上述宣言之时，其日本"顾问"大井，正坐于殷氏办公案桌之对面。

因殷氏"政府"，系由土肥原氏所一手造成，故其十二月十八日在北平向某外国记者之谈话，谓："日本并无解散冀东反共自治政府之意。并且更进一步，希望终能将冀察政治〔务〕委员会吸收"云云，实极有注意之价值。土氏又宣言日本势力及观念之前进，意欲以黄河为暂时之止境，最后全国将采用日人之计划云。

以上所述，即第二个傀儡国家之情形也。

第三个傀儡政府之冀察政委会①，现仍在组织进行之中，一切情形已详各报，毋庸赘述。其第一次对南京之公开的反抗，系在圣诞节日。由该会主席宋哲元氏声明，因"特殊环境"之关系，使彼不得不将天津北宁铁路总局及财产，暂时占有。同时委派陈觉生氏为局长，以继南京政府所委之殷同。陈氏虽籍隶广东，但生长于日，且入日籍。最近曾任平津卫戍司令之译人及总参议。此次得任局长，系由日本当局所推荐，故就任以后，立与日本华北驻军司令多田，作长时间之会议，外间并有谣传，谓北宁铁路不久即将交付于满铁管理。惟最近前任局长殷同氏曾签订契约一种，北宁路所有一切新机车及其他设备等等，均将由大连满铁二厂采购云。

土肥原于十二月十八日第一次允接见美记者之时，曾否认日军要求将察省六县割于伪国，及有意再为蒙人创立一独立国家，以伪之"兴安省"为其国境，并以中东路上之海拉尔地方为其首都。土氏表面上宣称蒙古为中国之一部，日人自无权援助蒙人作任何独立之运动；但土氏又云：蒙古现受"赤化"之威胁，中国既不能加以保护，或组织其防御，故中、日、"满"三方有合作之必要，以免蒙古被人侵略或干涉云。如此，则不啻又有一第四个傀儡政府，在进行组织之中。据日军之计划，此傀儡组织将包括内蒙之全部于其内也。照今日之情形而观，察省及蒙古区域，皆

———————————

① 原文如此。——整理者注

已被日人指导下之"满洲国"军队所占领矣。

十二月廿七日，《北平报》载有绥远归化之消息一段，谓内蒙德王，否认其独立。此外蒙古各王公之驻平代表，亦发表宣言，否认彼等有"自治"运动之行为。此事既有蒙人之证明，自可相信；但德王在华北"自治"潮流澎湃之际，欲维持原来之地位，似颇非易事也。

关于外蒙，吾人亦有一研究之价值，苏联政府将援助外蒙以敌日人之进攻乎？苏联之外交人员，坚持外蒙必需作独立之奋斗，并证明一九一五年时，帝俄、中、蒙三方面所签订之协定，但外蒙虽近年在苏联指导下获有发展，如无苏联之助，而单独抵抗日军，自属不可能之事。实际上外蒙与伪国屡次在边界发生冲突之时，皆因避免发生真正战事，而由外蒙退让之。吾人试翻阅各报所载之消息，即可证明。

但长春方面之消息，则适处相反地位。十二月八日满铁机关报《满洲每日新闻》载称，苏联及外蒙之"不法"行动，仍继续不已，毫无悔意。自一九三二年以来，此种事件之发生，已不下二百五十五次之多。

又十二月廿二日路透社东京电讯，内载日报消息，谓日本不久与南京政府开始谈判，订立协定，规定中日共同防御苏联在新疆及蒙古之势力。据云此即广田外相"三点计划"第三项之真正用意。以前之消息，皆谓日本不过欲在华北获得谅解，俾日人能积极援助以遏阻现在西北各省"猖獗"之中国共产军队。其后，又称日本将坚持援助中国扫除其边疆之共产活动。现时日本之外务省，公开提出与中国联合抗苏之要求。国民政府将如何应付，现尚不得而知。或因华北自治运动发展之迅速致无甚结果，亦未可知。战区以内第二个傀儡政府之首领殷汝耕氏，自称其组织为"冀东反共自治政府"。冀察政委会主席宋哲元氏，亦在学生示威运动之时，第一次作正式之宣言，亦言其含有共产思想，并宣言实行严厉之手段。日本智囊土肥原氏，亦在述及东内蒙之"自治"运动时，谓中国既无人保护蒙古以抵抗"赤化"之势力，故中、日、"满"三方实有合作以保护之必要云。

日本之拟早日长驱而入外蒙，已极显然。最近上海日本武官发表英文小册子一种，名曰《外蒙之实况》，兹摘录其数段如下：

　　苏联之管理新疆，虽经盛世才否认，但已成不可掩之事实。中国共党残余华北之继续前进，俾与其苏联同志，在新省及外蒙两地取得联络。按中国之共祸，系经连年苦战，数十万生命及数百万金钱之牺牲，始有今日之肃清。但此种情形，似已为某派及其领袖所忽视，而仍愿与苏联谋联合。彼等对于新省及外蒙之双重威胁，视若无睹。

　　倘使传闻已久之日苏战争，果在最近之将来爆发，外蒙自将成为苏联进攻或守御之右翼。果如此，则战争必在中立地域。因吾人假定外蒙系一独立国家，并不因苏联以抗日也。姑不论战争之胜利谁属，外蒙之受战争影响，则毫无疑义。苏联对此险境，将采何种态度乎，外蒙将加入苏联方面，以期获得最后之胜利，及应有之报酬？抑或趁此时机而谋真正之独立乎？

　　日人觉吾蒙古民族之重要，已非一日。自"满洲国"建立以后，即采取步骤，创造半独立性质之新〔兴〕安省，以备满洲境内蒙人之自由与繁荣。对于内外蒙古族人，已有良好之影响，即统一蒙古之运动，恐将再现于世界——至于满洲人之创立"满洲国"，对于蒙人有相当之影响，因蒙满人可为同盟，蒙古已为此项感情所动，蒙古民族之中，既有此感情之存在，统一蒙古之事，即可以之为根据也。

二　蒙古与日、苏之未来战争

昔日英人李铁马氏称满洲为"冲突之摇篮"，此说在今日已不复如前之切确不移，其理由实至为简单，盖自"满洲国"创立以来，日军之势力一方面已扩充至阿扑尔河线上；另一方面，则已接近蒙古。前意大利驻华公使沙福查伯爵，曾将满洲与欧洲之巴尔干半岛，相提并论，而谓今之海参威〔崴〕即明日之沙莱杰佛地方（按其地属塞尔维亚，即奥太子被刺之地，为第一次欧战爆发之火线）；但在李铁马氏之意见，则以为海参崴远不及蒙古之重要，如海参崴将来有引起战事之可能，则蒙古必先之而爆发矣。"满洲国"成立以后之各项新问题，皆属寻常之边境侵犯事件，蒙古方面之问题，将远较此为复杂云云。总之，蒙古一地，因日俄两国皆视之为扩张其势力之处，各思利用其所属之蒙古族人为侵略之工具；并在边境之双方各从事于宣传，故其地位之重要，与日俱增。在此种环境之下，自难免纠纷之发生也。

目下蒙古人，共分为三部，分处于三个国家势力范围之下："满洲国"之新〔兴〕安省，中国主权下之内蒙古，及苏联势力下之外蒙古。故此"冲突之摇篮"其情形实至为复杂，且彼此之间皆有不可或分之关联也。

日苏直接之冲突，起于一九三五年一月一日，当时蒙古军队与日"满"军，在贝尔湖附近之喀尔加庙地，发生冲突，其地位于满洲之西北隅，在海拉尔北一百英里。据日人方面之消息，谓系蒙古军队对于"满洲"戍兵，突施攻击，结果双方均受重大损失；而蒙人方面之传说，则完全不同，据云此事之起，系由于"满"方军队非法侵入外蒙领土；并开枪击毙外蒙之兵士。喀尔加庙地方，亦为日"满"军所占领焉云云。

　　蒙古与"满洲"两方面开预备谈判时，其主要之争执，即为喀尔加庙地方之果属何方，"满"日两国当局，皆称该庙所在地之属于"满"方，乃系已成立之事实，无待于争论。中苏两国所印行之地图，计有四种之多，亦皆载明喀尔加河为满洲历来已经承认之边境。但蒙古方面之发言人，则称该地自古即隶属于喀尔加蒙古人之领土。双方意见既不一致，此事之谈判，遂迁延不决。迄同年五月三十日，始召集正式会议于满洲里，仍以喀尔加谁属问题，不能解决。此事至今仍未获得美满结果。

　　六月廿三日，有日军官一人，及其白俄助手，在蒙古境内测量，被蒙方所捕。四日后即行开释。蒙古更行文"满"方，措辞极为妥洽，主张双方委派一蒙"满"委员会，解决此事，及一切边境悬案。倘使此委员会发觉此事系发生于"满"境，则蒙古政府将表示歉意，并惩处负责之人；但日"满"方面，竟以哀的美敦书致蒙政府，要求允许"满洲国"派遣军事代表，永久驻于外蒙，及自由旅行与交通之权利。苏联各报，谓日本所提之要求，其真意系欲派遣间谍分驻全蒙，以便日后侵略之用。因此情形，满洲里会议，不久亦告停顿。

　　直至十月二日，始继续开会，地点仍为满洲里。当会议正在进行之时，"满"方代表团之日本委员，忽于十月九日提出重大要求一项，即请蒙方允诺"满"方代表三名，常以驻于外蒙之首都库伦、巴妥米尼及旦士于三地，蒙古方面亦派代表三名，分驻于长春、海拉尔及满洲里三地。其职权将只限于边境问题之处理。日委员并以要求如不接受，彼即不复参加会议相威胁。据苏联新闻通讯机关塔斯社之消息，谓外蒙官吏，对此要求，极为愤怒。盖"满"方当局者，竭力宣传边界附近将有新纠纷发生，以补救其地位之薄弱。

　　真正争执之点，即为日人之意，欲有在库伦派驻代表之权。蒙古人因其首都距离边境过于遥远，只须在边境驻一代表，即敷应用矣。十日以后（即十月十九日），塔斯社消息又暗示外蒙当局并未受日本代表之运动，虽经其以言语恐吓，亦属无用。该日代表虽有日本将以武力到达蒙古人民共和国家之中心地点，而以暴力解决等威胁之语；但蒙人仍无被其屈服之意，莫司科①苏联外交部同日亦公布一文告，宣言谈判之有破裂倾向，实由于"满洲"代表团日本领袖所用之威胁云云。

东京外务省某发言人答新闻记者之访问时，曾云：外蒙为神秘之幕所笼罩，目下"满洲国"正叩其门户，其情形与八十年以前，美国海军武官率舰迫日本与之通商情形，颇相类似。"满洲国"之意，系欲将外蒙介绍予外界，因其除苏联以外无人能明了其内容。外蒙在名义上虽仍为中国所有，但其甚至中国驻苏联之领事人员，无苏联之许可，亦不得擅入外蒙。该发言人又曰，日本曾对于苏联与外蒙之关系，加以调查，但结果竟未如愿云云。

蒙古之代表，亦在十月二十九日发表下表之宣言："蒙古政府对于'满洲国'之又用最后方法以进行谈判，此种情形，使双方间之关系，顿告严重，表示遗憾。蒙政府对于'满'方以最后通牒之方式，要求外蒙接受其关于派遣代表分驻三地之要求，并拒绝对蒙古方面之提议办法，加以考量，实无任惊奇也"云云。

蒙古方面之提案中，主张成立两委员会，与〔分〕驻于满洲里及坦姆沙干森两地，办理边界上之争执，蒙人曾派边界事宜之代表往满洲里，另由"满"方同代表一名，以处理自蒙"满"极北之边界至卡洛伦河上之争端，同时"满"方在旦姆干森②之代表，协同蒙古当地之代表，共同办理其余边界之纠纷，倘使此项

---

① 后文又作"莫斯科"。——整理者注
② 似应为上文之"坦姆沙干森"。——整理者注

委员会，不能就地解决争端，于是可将此问题交双方之代表共同会议解决方案，遵其本国政府之训令，作最后的解决。至于蒙古所以不能接受另派两代表分驻库伦及彭春米尼之要求，其理由如下："蒙古政府以为派遣代表分驻海拉尔及旦斯沙森①两地，实无佳妙之理由，因蒙方所提出之制度，已将边界纠纷之解决，付诸驻在沙森斯干及满洲里两地之委员会，蒙古政府更以为另由驻在长春、库伦等地之双方代表，合组经常委员会之举，亦属无谓，因以上两地皆远离边界，有鞭长莫及之憾也。"云。

自十月二十九日至十一月二十七日，经长春政府发表宣言，称边境安谧，并无纠纷发生，其中只有一例外之事件，即为十一月十二日有外蒙人民二人，在贝尔湖为"满"方逻卒所拘获，二人皆送往海拉尔。据云其中之一，系一兵士，为库伦政府所派来"满洲"，以事侦察者。

长春政府之宣言中，已将破坏满洲里谈判之责任，加诸蒙古政府之身，谓蒙方直截拒绝"满"方派遣代表之要求，使人发生自由有为他人所束缚之印象，是以"满洲国"不能视外蒙为寻常之国家，并发表宣言，谓"满洲国"此后将视外蒙为接近外蒙之危险神秘区域，着手从事各项悬案及争端之解决云。

迄今日为止，"满"蒙间之各项悬案而未决各事件，仍未有完全解决者。

何以蒙方坚持拒绝"满"方代表之驻库伦？其理由实因苏联之惧日本势力深入外蒙之腹地。苏联更不愿日本之势力，过于接近苏联之领土，盖以日本之势力，若果侵入外蒙，则西北利亚②西部直至乌拉尔为止，将公开受日本之攻击。结果所遭受之危险，

---

① 似应为上文之"坦姆沙干森"。——整理者注
② 后文又作"西比利亚"。——整理者注

将与目下西北利亚东部之情形相同。是以苏联对于时局，正在严密注意之中，并极为愁虑。苏联对于日本之行动，已不复能如昔日之毫不关怀。迟早之间，两国终有比试力量之一日。美人披却龙氏，近在《现在史料》内，著有论文一篇，讨论此事，其意如下："在俄国正与日本国内相同，人人皆以战事为不可幸免，彼等在蒙古方面，则更进一步，已有战争之准备，苏联虽在白来哥维昔青克及海参威〔崴〕两地，举行军事操演，但日后爆发之地，不在东西比利亚，而在蒙古。人民明知此事，皆不忍说明之，此为两国必争之地，因其为东亚称霸之关键也。"

至于英伦李铁马氏之意见，则以日本与苏联双方或不愿一战，但以一般情势所趋使，双方对蒙古，不能不有一战，因日本对于侨居"满"境之蒙古人民，无力加以组织而援助，因此遂使日本之注意于各处之蒙古人。苏联方面亦不忍置外蒙于不顾而思有以援助，故两国即欲趁本身最便利之时，实行作战，外国之批评家之论调，亦谓日本除尽长城以南之障碍时，势必努力于"满"蒙。至此战事即在所不免，欲造成世界帝国者，自不能免此也。

三　日苏两国在华北之角逐

日本帝国建设者之计划，常将西比利亚地方，置于旭日旗帜之下。当一九二〇—二一年时，日军确曾将俄属海滨省及西比利亚，西达贝加尔湖为止之区域，置于其管理之下。后由美国之外交及苏联之枪刺相联合，始能截止日人之野心。自此以后，美俄两国即与日本常处于不睦之地位。

其后数年，日俄关系，时见紧张，尤以冬季为更甚，盖日本陆军省正需要可借口之事件，俾国会可通过其日见扩张之经费案也。自日本占领满洲以后，日俄之接触，愈见接近，一般人皆惧冲突之难幸免。一九三四年春间，两国形势，最见吃紧，惟终以中东路出售谈判之开始，一时剑拔弩张之时局，遂又复趋于缓和。

虽然如此，而两国参谋本部之继续作种种战事准备也仍如故。苏联在西比利亚四周，建筑强固之防御炮垒，配置陆军二三十万人，并有爆炸机五百架之空军，及坦克车数百余。而苏联政府更任熟谙东方事务之白鲁将军，为该军之司令长官，按白氏即一九二〇—二三年在华与鲍罗廷齐名之嘉伦将军，其后又曾在中东战役之时，率领苏联军队与张学良所部军队，作战于满洲一带者也。

苏联更有一种活动，日人至今始知其重大者，即中国"赤匪"由其在赣、闽两省之"巢穴"，经过三千公里之长途而向西北"窜逃"是也。"共匪"此举，或系畏惧中国政府空军之轰炸，及其由德人训练之军队，然在另一方面，则系遵从莫斯科之命令，而集中于西北及内蒙古一带，二种原因之影响，恐不相上下也。

"共匪"习于游击战术，早为日俄两国所熟知，对于由华北或热河方面进攻外蒙及西比利亚之军队，自予以巨大之威胁，于此吾人可见日广田外相之坚持南京方面须接受其"三点"计划，实不为无因。盖其计划中之主要点，即为共同防阻共产党人之"侵入"华北云云。故广田外相及东京之参谋本部，皆欲在日军之后方，设置安全之根据地，俾可用之以制苏联，其理甚显明也。

日本对于战事之准备，其努力正不减于苏联，第一即将"满洲国"变为一绝大之兵工厂，数千英里之铁路，皆筑至苏联之边境为止，并已在规定之时期内，完成其工业，其他各种运输及交通方面工程之赶造，亦达战争开始后之效率，各种主要工业中，皆派有关东军军官，占重要之位，此外更有大批日本在乡军人，散居于苏联边界附近，其情形正与帝俄时代之哥萨克陆军相仿佛。

侨居满洲之白俄数万余人，亦同时被迫加入一种军事组织，而由著名之谢米诺夫将军统率之，其部下则分任关东军在各大城所成立之俄事局主任，泰尔白将军在日前三河地方被人刺死，即可见谢氏之活动矣。

日本之第二步手段，则甫于今年发现，即为华北自治政府之组织，此种使华北省脱离中国之方法，虽尚未能称为完备，但华北已紧握于日人之手掌，亦系事实。殷汝耕在战区以内之小帝国中已满布日本之势力，除非殷氏听允土肥原之劝说，将该区合并于"满洲国"，则或有化为第二"满洲国"之一日，亦未可知。

第三步则几与第二步同时，即为"满洲国"与外蒙之纠纷不已，"满"蒙之冲突，发生已逾一年，当此两国傀儡国家之代表，去夏集于满洲里地方，讨论解决贝纳尔湖冲突事件之时，双方又有新事故发生，关东军方面即趁机提出要求，谓允其派遣军官，前往库伦。

苏联反对此项要求，遂将蒙古代表团及其政府人员，召还莫司科，共商应付万一之策，于是会议又告停顿。

日本计划之最近发展，即为"满"方之蒙古军队，自十二月中旬，经过察省南部，自〔向〕绥远西部前进，至今尚未停止，同时长春方面，又要求察东之六县，割让于"满洲国"，此事实行之后，则由北平及张家口至库伦之通商大道，即将横被切断，并在内蒙东部，创立一"真空性质之国家"，察北地方虽名义上仍属中国，但实际上，已被"满"方〔领〕所隔绝，察省全部未来之命运，将不难预卜矣。

此次侵略察东之军队，大半系从满洲蒙属兴安省招募而来，将来是否即止于绥远边境，或仍向西进，现在尚不得而知，绥省主席傅作义，为阎锡山之部下，二者皆为关东军所不悦者也。

现在已经明显之计划，即欲得内蒙各首领德王之合作，在华北与外蒙之间，成立日蒙缓冲国家，内蒙德王，近来颇有近日之趋向，且与傅作义氏彼此亦有意见也。

由日本行动而观，已可见日本此后所注意之目的，即为外蒙，惟苏联亦深知日本如真能管辖外蒙，则更易施破坏于西比利亚铁路，莫司科方面，势必出其全力以阻挠日本计划之实现，日后冲突之原因，即在于此也。

四　日俄在满洲之间谍战

满洲之残忍的间谍战争，其活跃情形，仍一如往昔，自有种种凭据可资证明。目下所有官方文告之中，常视有邻国作间谍之人犯，因事机不密而被捕获者，更可见此项事实之确有存在矣。现在各国人民之在哈尔滨被幽禁者，达数百人之多，其致罪之因，皆系为苏联及其红军作间谍活动，或有此嫌疑而尚未能坐实者也。至于日本在苏联境内之间谍活动，自无具体之消息可得，但据最近报告，谓苏联曾将日本在其境内活动之间谍多人，拿获处决，可见日方对于此项工作，亦并不后于苏联也。

新年前夕，此间有官方之文告公布，谓在本市居民之中已发现大规模之间谍机关，为苏联及其军队刺探消息云云，一时人心颇为震惊。此项文告，系由当地日本军事机关及宪兵队，联名在十二月三十日发表，将百数十人（大半为白俄及赤俄）之间谍活动，完全揭穿，现已全体就捕，静待审问，或竟已加以处决，亦未可知。如上述官方公告中所宣布之事实，果竟如此，则苏联间谍在"满洲国"内之活跃及效率，固可令人咋舌矣。

旅哈之白俄侨民，自发觉松花江教堂之高僧费利莫诺夫氏，竟为一著名之间谍后，莫不群相惊讶，皆疑此事之不确。据费氏与苏联总领事馆，一九三五年八月二十八日所订立之契约，内容如下："订契约人费利莫诺夫，允将哈埠俄罗斯正统教堂之生活及活动情形，按期报告于苏联驻哈领事馆，所有余之报告，皆用'罗沙诺夫'署名"云云。

此高僧既与苏联总领事馆订立契约之后，似照常留住哈埠若干时日，从事于其宗教上之事务及间谍上之活动，去年十月间该高僧奉其间谍首领米利斯基之命令，前往大连，据云此行之使命，系谋取得"满洲国"内白俄军人首领谢米诺夫之信任，费氏进出奉天及长春之时，对于旅居两地之白俄，亦从事其刺探之工作。抵大连后，居然得晤及谢氏，表面上其使命之目的，似已完全达到。费氏返抵哈埠时，即用书面报告米利斯基氏，内云：

　　长春之白俄侨民并无任何普遍之活动，只偶在当地之学校中，串演戏剧而已，俄籍人口每年均须由警察调查一次，备有表格，须填就交警署查阅，警方对之，亦无歧视之意。

　　无人能见溥仪，其宫墙甚高，无人谈论及之，一似并无其人之存在者。

　　长春地方无日警縱〔踪〕迹可见，因其遮掩颇周也，前在俄军服务之爱可论珂氏，现与警察合作，常接见各外报之驻长记者。

据费氏之观察，白俄人士对苏联之态度，似已有明显之改变矣，且报告如下："白俄人之同情，完全在苏联方面，万一日俄战事发生，自必对苏联表示同情，可无疑义。故可放心而言，即在战时有白俄之组织，亦难恃之以反对苏联，日人虽明知此种情形，但仍竭力赞助白俄事务局最近所组织之军事联合会，其目的与用意，吾不难想像而得。"云。

费氏又有报告书，述其在大连会晤谢米诺夫氏之经过情形，读之颇类冒险小说上之纪载，其可信之程度，固未敢必。但苏联间谍竟能派人与其旧日之仇敌相晤谈，自当引以为慰也。据日本官方公告所载，谓费氏之报告等，均由其住所搜得，想系日警以迅雷不及掩耳之手段，前往搜捕，致为其一网打尽也。

　　据日人方面宣布，谓苏联在"满洲国"境内之间谍活动，均系由哈埠苏联领馆职员米利斯基氏指挥之，米氏闻警方已窥破其行藏，乃趁纷乱之时，离哈前往满洲里，匆匆越过边界而入苏联。

　　据官方公告所宣布，此次大规模破获之原因，系由于苏联《新东方报》主笔柯尔巴却氏之被捕，及其以后之供辞，盖柯氏不但借其报纸从事共产之宣传，且为著名之政治间谍也。又闻柯氏之从事于此，系由现任上海《俄文日报》主编之但尼谭尼沙夫氏，及现在上海之喀罗克及尼却金二人，从旁加以积极之协助，闻警方已拟采用适当之办法以对付之矣。

　　据云苏联之间谍，对于各地之白俄事务管理〔事务〕局，均极为注意，有一间谍名开查诺夫者，即为哈尔滨局中之职员，常以局中之各种活动情形及财政状况，报告于苏联领事馆，又常以其报告书，转交另一名李生可夫者，任转递之责，自开查诺夫被捕后，已逃往中国避祸矣。

　　日方公告中，谓《新东方报》之全体职员，皆从事于间谍工作，其中有一妇女名查格汉者，常负转递秘密消息至其他间谍机关之责任。此另一机关之首领，名曰茄克，现已返至苏联矣。

　　据云苏联贸易调查团，则从事于经济上之刺探工作，该团首领披白尔格氏，尤称精干，对于"满洲国"内经济资源之调查，尤无遗漏之弊，其部属开士铁连氏，为哈埠三井洋行之职员，常以哈埠之重要商情，详细报告之，闻金融及工商业新闻编辑沙披尔林氏，亦为"经济"间谍之一云。

　　日人之公告，又揭发苏联间谍机关之召募密探方法。加入以后尚须经历若干时日之试验，方正式给以工作，以期其无贻误之处，该项公告之末段，谓官方对于所有参加间谍之工作人员，已完全知其底蕴，官方所以目前不尽加捕获者，系予以自新之时机，冀各从事间谍者，能自动反悔，至警区自首耳，官方对于自首者之姓名，将守秘密，不加公布云。

目下究竟已有若干苏联间谍前往日本宪兵队自首，尚不得而知，但由以上所述之事实而观，即可见形势之紧张，已达极点，爆发之期，已近在眉睫，近日外蒙边境之局势，更值得吾人之注意矣。

《苏俄评论》（月刊）

南京苏俄评论社

1936 年 10 卷 2 期

（李红权　整理）

为日苏冲突焦点之外蒙现状

朱茂榛　撰

近来介绍外蒙情形之文章颇多，此篇材料大都采自苏联报纸，因此在叙述方面是亦常有移译意味。

笔者

虽然实际拥有外蒙古领导权的苏联，但他在法理上亦不得不承认外蒙是我们中国领土完整之一部，而把所谓"外蒙人民共和国"曲解为中国的地方政府，这种强辞夺理的论调，是值不得一驳的。实际上，向来为苏联独宿、操纵一切的外蒙，现在又有虎视眈眈的日本想染指其间了。外蒙问题，已成为日苏关系最紧张的焦点，也许未来的日苏战争，会因外蒙问题而爆发的，一如过去的日俄战争，因了朝鲜问题而爆发的一样。但不管法理上是属于中国版图的外蒙，它的"独立"运动，却也有了十几年的历史，在此日苏关系日益恶化、远东战云浓密的今日，我们将外蒙的政治、经济情形加以介绍，不是没有意义的。

外蒙的政治组织

一九二四年的冬天，外蒙古宣布"独立"，政权转入了游牧民族的手中，彼时曾召集了所谓国民大会，宣布成立"蒙古人民共和国"。这个共和国，不设大总统，国家的最高权力，属于国民大会。

蒙古人民政府

在宣言上公布外蒙为"独立"的人民共和国，政权归诸劳动民众，民众直接选举国民大会的代表，由国民大会中直接选举政府的负责人。

第一次国民大会，公布了法令：所有一切土地、森林、水利、矿产为人民所公有。

一切以前蒙古政府（外蒙独立人民政府之前，一九二一年时的政府）所签订的条约，关于举借外债的协定认为作压迫之用的，将宣布无效。

在宪法中，有一条是论巩固国家政权、组织军队的："为保障劳动民众政权的完整，镇压内部反动力量的复活及外来的侵略，特组织劳动群众的武装力量——蒙古人民革命军，同时，经过社会教育，全体劳动青年都受军事训练。"

蒙古宪法，并将寺庙和政府分离开。同时并宣布所有人民一律平等，没有种族、宗教、性别的分别，所有人民，毋论男女，只要年龄已经到达十八岁的，便有选举权。其选举权被剥夺的人为："凡是以他种方法剥削他人者、商人、高利贷、以他人劳动而生活者、以资本生利者、靠地租过活者、过去的贵族及以僧侣为职业的等人。"

宪法中并取消了过去王公贵族等一切称号。

外蒙人民政府的最高权力既属于国民大会，国民大会闭会的时候，特在代表中选出代表会，以执行国民大会之决议，代表会中选出主席团及各部会长官。

代表会颁布法令、命令、训令，监督最高政府机关的工作，并分派各主席团主席的任务。代表会及各部会主持政府的政治方针，并处理监督国家法令及国民大会决议之实行。

外蒙政府之组织如下：政府主席一人，副主席二人。以下设军事、外交、内政、教育卫生、畜牧土地、商业、工业、交通、财政、法律等委员会。

根据地方自治的原则，全外蒙分为十二州，共分为三百零九区，区又分为若干部落，部落为政治单位，计每部落包括有三十至一百个蒙古包（游牧民族的帐棚）。

各区，有区人民代表会议，是项会议，为区之行政管理机关。部落有部落代表会议，为部落之行政管理机关。以上所述，为外蒙政治组织的大概情形。

外蒙革命之性质

据苏联论客的分析，认外蒙的革命，为反帝国主义的资产阶级性民主革命，其主要的使命，为保障蒙古民族的独立，同时亦是民主的，因为它进行了清除国内的封建组织，而易以人民政权；而且有大部分部落中，牧畜主的势力很大，为国家的经济基础，所以称为资产阶级性的民主共和国，并不过分。

他们又说，吾人如果把单纯的资产阶级民主共和国的范畴来估计外蒙，那又会发生误解的。因为外蒙的经济条件，既与其他的资本主义国家不一样，而影响外蒙政权的国家，又是另一个制度的苏联。所以，它的所谓资产阶级性的民主国家，自有其新的形式和特色了。

前外蒙总理吉都纳在第七次国民大会上的报告说道："我们的国家，是资产阶级性的民主共和国，但与资本主义国家不同，而是资产阶级性的，民主反帝、反封建的人民革命共和国的新形式。有了这个基础，能够走上非资本主义发展的道路上去。"

到底所谓新形式在什么地方呢？就是蒙古的国民革命党及外蒙政府的经济政策，专门注重于发展穷苦的及中等的人民。因为外蒙的宪法，有一条是这样规定的："蒙古人民共和国，为穷苦的劳动群众政权，一切的资源及材料，都为他们所有。"这一条最重要的宪法，外蒙政府时刻不忘地在实行着，为要达到这个目的，外蒙政府限制了剥削者的向前进展，而以种种便利，扶助贫穷的群众。

其次，在资本主义国家的政权，是操在财政资产阶级手中，而外蒙的政权，则在劳动人民的手中。

至于如何走向非资本主义发展的道路，则吉都纳在第七次大会上曾这样说："我们的对外政策，为如何巩固我们民族的独立，毫不妥协地作反帝的斗争，站定立场，与苏联亲善，而不与资本主义国家亲善，加强对苏联的亲密关系及协同前进的合作底发展。对内政策，为保持我们固有的胜利，并发展反封建的革命斗争，用全力来发展吾人落后的经济及民族革命文化。"

蒙古国民革命党

蒙古国民革命党，开始成立于一九二〇年，其中创办人之一名叫苏罕培德，是个排字工人出身，死于一九三二年。

该党在开始时处于秘密状态下，组织并不大，其目的为唤醒广大民众作民族独立运动。

自从国民革命党开始组织的时候起，便经常地密切地接近苏联了。

开始时期，国民革命党内部，也有封建及僧侣分子。但在和封建势力斗争的时候，党曾把封建分子及僧侣们从其队伍中清洗出去了。

蒙古国民革命党之主要目标，为反帝、反封建的革命，他为民族独立而斗争，吸收了广大的游牧民众于其影响之下。党的各种政治策略，都向着改善蒙古劳苦民众的生活方面努力。

国民革命党内的工人分子并不多，其原因是蒙古的工业太落后了，所以，它内部的最多党员，为劳动的牧畜者。

革命青年联合会

为蒙古国民革命党最大的助力，厥为革命青年联合会。

革命青年联合会的成立时期，差不多是与党同一个时候。它的工作，与党有密切的联系。

革命青年联合会为蒙古劳动青年牧畜者的组织。它斗争的目的，和党一样，亦是为反帝反封建，为民族独立而斗争。现在，它正与党一起，为使国家走向非资本主义的发展而斗争。

在蒙古的草原上，时常能够看见革命青年联合会的帐棚，其中藏放着书报杂志及作青年们聚会等用。这个帐棚，时常迁往于蒙古各处的草原，对游牧的青年们工作。

革命青年联合会在政治方面、经济方面，以及文化改造方面，都进行了很大的工作。在文化方面，革命青年联合会替各学校造就了许多的教员，并且组织了不少的消灭文盲学校。革命青年联合会对喇嘛的斗争，进行过不少的工作。革命青年联合会的最重要工作，为在军队中的支部，那儿对士兵群众进行了不少的政治训练工作，将他们团结于保卫蒙古、加紧作战教练的周围。

　　许多革命青年联合会的分子，被派遣去或自愿地去参加蒙古国民革命军中；而城市的及各州的革命青年联合会支部，则随时随地给军队支部以协助。

蒙古人之射技

喇嘛

　　佛教的信徒，遍满全蒙，佛教的僧促〔徒〕——喇嘛——直至现在，尚占人民中的百分比不少——八万人。在革命以前，外蒙古的喇嘛有十二万人之多，那时寺庙的产业，占全蒙牲畜数百分之二十，而至一九三四年，则寺院的牲畜数仅占百分之一了。

蒙古喇嘛之诵经仪式

在蒙古的喇嘛，其社会经济的关系是不平等的。最高的大喇嘛，为寺庙的主人（这在僧侣中占极少数），同时有很多的喇嘛，是同样地经营牧畜业的，他们受大喇嘛的压迫。但政府对待他们，并不与牧畜者平等看待，无论大喇嘛或小喇嘛，他们都没有选举权，也没有兵役权，以及其也〔他〕公民的权利。不过党和政府，对于小喇嘛的关系，比较对付大喇嘛要好些，党极力在想法解放小喇嘛，将大批被大喇嘛压迫的僧侣觉醒起来，使之信仰国民革命政权，政府准许小喇嘛们到学校念书，俟过了相当时期后，便准许其自由参加各种企业，并恢复其选举权。

蒙古国民革命政府的这种策略，获得了很大的效果，许多小喇嘛的群众脱离开寺院，在一九三〇年的一年中，就有数千小喇嘛脱离开寺院的事件发生。

喇嘛，在蒙古是一种反动力量，他为内部反革命的中心，同时亦时常受日人的收买，作为内奸。吉都纳在第七次大会说过："我们内部的敌人为封建余孽及大喇嘛，他们到处破坏〔坏〕革命工作，反对吾人之民众政权。"

日本走狗，随时企图利用大喇嘛，最近曾有好多次数想组织反国民的暴动，但这些阴谋被暴露了，那些走狗也为政府所解决。现在，在苏联扶助下的外蒙，其内政的基础是已经稳定了，要组织内乱的暴动的时期是已经过去了，喇嘛的势力亦正在没落着了。

国民经济

十数年来，蒙古国家预算收入的发展，是很可观的。在一九二四年，仅六百七十万蒙古币，而到了一九三四年，则达三千五百六十万蒙币，约增加六倍之多的。

蒙古人民的主要经济为牧畜事业，他们情形的好坏，是以牲口头数的多寡而定的。在一九一二年的时候，全外蒙有牲畜一千三百万头，而一九三四年则有二千一百万头。仅一九三三年一年以内，牲畜增加了三百五十万头。这里要说明的，即最近数年间的发展数，并没有这样快。

近年来，蒙古开始发展工业。在乌拉——技都有三个与苏联合资经营的企业，在喀得罕有毛织工厂，其他制革工厂及纺织工厂散布在库伦各地。至于毡子的手工业，则在蒙古向来就颇为发展的。现在政府正在从事积力的提创和改革。从前总理吉都纳的报告当中，知道外蒙的社会基础，有了显著的改变。有一千五百名政府工作人员和专门家，都来自熟练工人和牧畜者。此外，农业也正在开始发展，许多广大的草原，已变为肥沃的农田，外蒙的人民，将会由流动的牧畜生活进至固定的农业和工业生产者了。

十数年来，"独立"后的外蒙，他内部的政治、经济状况确是稳定了。自然，这些都是苏联协助的作用。因为蒙古是皮毛出产最丰富的区域，而且地下的矿藏，亦异常丰足，这样一块肥美的地方，是苏联唯一影响下的与国了。正因为它是地大物博、人民稀少，所以又成为日本的大陆政策必争之地。今后外蒙的命运将视日苏角逐结果如何而定哩。

《苏俄评论》（月刊）

南京苏俄评论社

1936 年 10 卷 6 期

（朱宪　整理）

从呼伦贝尔说到"满"蒙国境纠纷问题

者训　撰

引言

　　自日本占领东北四省以来，更不断的向长城以南及内蒙扩大其军事和政治的势力。日本的目标，是在企图横断中国与西伯利亚间建一大帝国，向南控制中国，向北以进出贝加尔湖，切断苏俄远东区与西方的联系。自满洲里"满"蒙会议决裂以来，伪满与外蒙边境频发的纠纷，即是露骨的侵蒙的表现，故连日以来，以日俄为背景之所谓"满"蒙边境纠纷，颇有日趋严重之势，华盛顿方面之观感，以此项争端，颇似四十年前，日俄两国，争夺朝鲜之旧剧，实为两国争欲控制东亚，而互相包抄行动之先声。日人今亚光谓："自一八〇〇年以来，互相对峙的日俄抗争，在心理上、在地理上，都将由海洋移至大陆，由东三省及西伯利亚之东南，移至西北内外蒙古方面了。现在日俄势力的交叉点，不在东三省的北边，而在内外蒙古方面……"由以上的观测，已经充足的告诉我们，内外蒙是远东的新危险地带。将来日俄的战争的爆发，无疑的将在内外蒙古了，"满"蒙边境的纠纷，可谓为大战的前奏曲。现在成为纠纷焦点的呼伦贝尔一隅，其重要性如何，及"满"蒙国境纠纷问题症结之所在，实为今日探讨远东新纠纷应先注意之点。兹将个人所见，简单述之，以供国人的参考。

一 呼伦贝尔的现势

呼伦贝尔之得名，系因该地方有所谓呼伦池及贝尔池二池。苏俄人一般呼为巴尔虎。所谓巴尔虎，即"巴尔葛特"，为未开化人居住地域的意思。原为昔日皈依佛教的喀尔喀人，对于依然信奉萨满教的该地方其余的所有住民，呼为"巴尔葛特"，实含有侮辱的性质。其地位于黑龙江西部，为一狭长地带，伸入外蒙，北临西伯利亚，西接外蒙，绵亘于北纬四十七度至五十度，东经百十五度至百二十度之间。

呼伦贝尔的面积，据《巴尔虎之经济概观》所载，为一三六，四九一平方里，合一五五，五九九平方粁。伪满《经济年报》第一次调查，为一五八，〇六五平方粁。但据《密勒氏评论》报第六十卷第四期所载，则呼伦贝尔之面积，共有七万六千方英里。人口总数五九，〇〇〇人，平均三平方里一人。人民依然是纯游牧生活，因此人口增加很慢。就中汉人均占二万余人，其余均为蒙人，间有少数俄人，蒙人分为唐古特、布利亚、新巴尔虎、索伦、鞑靼及旧巴尔虎六种。就中以巴尔虎人占大部分，且多握该地的政教大权。现在内蒙之青年党中，新巴尔虎青年，颇多参加，旧派之执政者，则多属旧巴尔虎人。

呼伦贝尔为黑龙江省之一部，东据西兴安岭山脉，西襟克鲁伦河，北临黑龙江本流，南连索岳尔济山。境内北有呼伦池，南有贝尔池，克鲁伦河与哈尔哈河分注入之，故土地肥沃，水草丰美，游牧之佳区也。论其形势，则西控外蒙，东扼北满，虽僻处边徼，实有举足轻重之势。故俄国常思染指其地。九一八事变后，"满"蒙纠纷之频发，无不以日俄二国为背景而促成之，故谓该地为日苏前哨战之触点，洵非过语，况中东路通行境内，海拉尔、满洲里均为重要驿站，呼伦贝尔如沦于外蒙，则苏俄即可以海拉尔及满洲里为根据，而遥瞩东北全域。日本如以该地为根据地，可直取库伦，出兵后贝加尔湖，即可将苏俄之远东区与西方联络中断。诚未来日苏战略上之交争点也。

呼伦贝尔地方，现在仍无脱游牧时代。农耕虽有经营者，但仅为迷〔糜〕子米、马铃薯的栽培。在中东路线及额尔古纳河一带垦地较多，尤〔约〕多种豆、麦、谷等。据调查所得，已垦地约三四，一七〇平方粁，而未垦地，则为一，三七一，六七〇平方粁①，以全面积看，真不过九牛之一毛。故农业现谈不到，主要者为牧畜业、林业、矿业、盐业，将来都有很大的发展，兹分述于次。

牧畜业——呼伦贝尔地方，自来即为东北游牧最盛的地方，所产之绵羊，为东北各地之冠。该地蒙民均以游牧为业，又兼其地水草丰富，更宜孳长，据最近《满洲经济年报》所载，该区域牲畜数〔数〕目如左：

绵羊	一,二五〇,〇〇〇
山羊	八五,〇〇〇
牛	四九〇,七〇〇
马	三〇〇,〇〇〇
骆驼	九,八〇〇

占全"满"家畜总数之半，其盛可知。

林业——该区因密尔兴安岭，故森林茂密，缨山覆涧，朦蔽天日，以松为主，桦次之，他如柳、槐、榭等树，也多产之，惜未经调查及采伐，任其自生自朽而已。

---

① 原文如此。——整理者注

矿业——矿业颇为丰富，如札兰诺尔、察罕诺尔、免渡河等地产煤，小北沟、阿尔昆神仙洞、贝子河等地产沙金，海拉尔附近的铅矿，据日人松源氏的调查，谓含铅量约百分之八十，将来很有希望。

盐业——盐业现为该区重要之产业。据《巴尔虎〈之〉经济概观》内载，现在产盐最多者，为白银诺尔湖与白银磁甘诺尔湖。白银磁甘诺尔湖，在白银磁甘庙附近。白银诺尔湖，也叫塔布斯诺尔，在海拉尔与甘珠尔庙间，盐质粒细而白，稍有苦味，从前足够黑省之用。据日人新贝新次郎之调查，该地之产盐，在一九三三年，仅白银诺尔湖一处，即年产八，〇六七袋（每袋二百余斤），最近数年，平均每年为五，〇〇〇袋，其产量可谓甚巨。

二 与我国历史上的关系

呼伦贝尔很早即归我国版图。自十六世纪以前，为外蒙古车臣汗部之一部。俄国东渐，遂进据其地，中俄双方因而发生纠纷。康熙二十八年（西元一八六九〔一六八九〕）所订之《尼布楚条约》，即解决该地之归属问题也。《尼布楚条约》中规定，以额尔古纳河为界，由此该区即确定为我国之领土。时其地均为蔓草荒原，人迹稀少，仅少数的游牧民族，栖息其地，间有汉满人之猎兽者，时或一至而已。清廷鉴于俄人之野心可怖，乃思移民实边，奖励移民其地，以资抵抗。故清代最初开放东北移民时，仅限于黑龙江省一带者，即由于此。彼时曾于海拉尔设都统以辖其地，且制定旗制，颁布自治制度，此为我国正式经营该地之始。迨光绪二十二年（西元一八六九〔一八九六〕），中俄缔结《中东路条约》后，海拉尔、满洲里均为重要驿站，俄人势力，复又伸入。光绪三十三年（一九〇七），日俄战争之结果，东北之地位，益形危险，乃将东北建省，颁布三省条例，呼伦贝尔地方，即属于黑龙江省。光绪三十四年，更派呼伦贝尔副都统，改其地为呼伦道，置道台，驻兵于海拉尔及满洲里二地，以前之自治行政，由此取消。

民元以来，因受外蒙古独立之影响，恢复副都统自治制，而俄国复于民国四年，要求我国承认呼伦贝尔为特别区域，许其自治，我国不得已，卒从俄意。民国六年，俄国发生革命，土崩瓦解，外蒙人民，觉俄人不足恃，于是撤销自治，还政北京政府，我国任徐树铮为西北筹边使，出兵外蒙，而呼伦贝尔一区，由是再取消其自治制。

呼伦贝尔一区，既邻接外蒙，故外蒙每一变乱，其地即受其影响。兼以俄人从中煽惑，故时有纠纷发生。兹择较为重大者二次，概述于次。

第一次事变，系在民国十七年，张作霖自关内败退时，该地蒙人青年党首领美尔斯得外蒙的援助及俄人的怂恿，乃发生变乱，倡言独立，破坏中东路交通，我方闻警，急派兵前往，乱始弭平。结果仍复允其自治，倡乱者宣告无罪，东北方面撤退驻军，乱事乃告一段落。

第二次事变，可谓全为苏俄操纵所致。因该地新派之青年党，与旧派之执政者，积不相能，时常水火。时旧派中以呼伦贝尔副都统贵福，与镇国公成德，最有势力，而青年党则常与彼等龃龉，及中俄战后发生，赤俄侵入海拉尔，极力从中调和新旧二势力，使青年党仍拥护贵福为领袖。并于退却时，给贵福枪四千余枝，以为扩充实力之用。贵福既得枪枝，竟尔倡言独立，此乃民国十八年间事也。嗣后中央于民国十九年，派蒙藏委员会委员恩和阿木耳携中央旗帜、奖牌等慰劳品，赴呼伦贝尔宣抚民众，并慰劳贵福。结果贵福态度和缓，允许海拉尔旧街，除蒙兵驻紮〔扎〕外，黑省军队仍可开进二百名协防，蒙旗事务由蒙人办理，关于市街公安庶务，仍请黑省负责。第二次事变，至此始寝。

"九一八"后，日人一方于东北树立伪组织，以蒙混世人眼目，一方竭力划分蒙汉界线，以尽其操纵之能事。故将东蒙划为兴安省，复于其下分为东、西、南、北四分省，使齐王为省长，于海拉尔置省署。而此一域之呼伦贝尔，即隶属于北分省。然日人之野心无餍，满蒙之一贯政策，日益强化，至此已与背后受苏俄操纵之外蒙古共和国短兵相接。此"满"蒙边境的纠纷，日益尖锐化之由来也。

三　清时呼伦贝尔与外蒙的境界

自来筹边事者，不外移民垦殖、屯兵戍守二端，呼伦贝尔游牧成风，草莱未辟，边线绵远，保障须严，安内御外，在在胥赖擘划。以境界言，西北一带，与苏俄为邻，仅有额尔古纳河一千五百余里之天然疆界。故自昔以来，与俄人之纠纷颇频，兹以不在本文论列之内，姑不具述。西、南两方，接喀尔喀车臣汗部，但喀尔喀自清朝已倾心内向，列为外藩。又因呼伦贝尔与喀尔喀均为荒茫原野，牧畜为业，清朝诸帝，皆采怀柔政策，故对于疆界并未严格划定，只不过略为划分而已。其分划情形，略述于次。

呼伦贝尔与外蒙间均为平野荒原，很少高山大河为之间阻。清雍正十二年始于呼伦贝尔治边，与外蒙古喀尔喀接界处，由西北向西南，设置卡伦十六。至道光二十七年，复增设三卡伦。故呼伦贝尔与外蒙的境界，在当时即以卡伦为标准。按卡伦为古区脱遗制（区脱，土室也，胡儿所在，居边境以更番候望），满语谓之喀伦，俗称卡路。关隘设兵，瞭望之所也。呼伦贝尔地处三边，当水陆要冲，清雍正初年与俄分界处，筑立鄂博，后于沿边三百里，并设卡伦。至十二年时，方于呼伦贝尔与外蒙边境处，设立卡伦。每一卡伦，设卡官一员，总管全卡事务。通事一人，由通晓沿边民族语言及汉语者任之；卡员一人，助卡官解决边境事务。马兵二，负责上下卡伦及远方报告边务之责。步兵七、八、九人不等，任更番守望之责，此为当时设置之一般。

兹将呼伦贝尔与喀尔喀两边接界处卡伦表示于左：

名称 \ 事别	方向	地点	设置年代	距呼伦城与各卡相距里数	现在存废	附
锡拉产	城西北	锡拉产山南	道光二十七年	八百十里		
克勒木图	城西北	克勒木图泉东岸	道光二十七年	距上卡八十里		
西巴尔图	城西北	西巴尔图泉东岸	道光二十七年	距上卡九十二里		
哈普奇该图	城西北	额尔得尼山西	雍正十二年	距上卡十八里		
阿鲁勒图	城西北	札拉山东	雍正十二年	距上卡五十九里		
札拉	城西北	札拉山东	雍正十二年	距上卡六十里		
布尔克尔	城西北	克鲁伦河北岸	雍正十二年	距上卡七十里		
霍尔开图	城西北	墨尔根哈尔玛山西	雍正十二年	距上卡五十八里		
哈沙图	城西	平野地方	雍正十二年	距上卡六十五里		城西平野地方有干井，蒙人称干井曰哈沙图
音陈	城西	平野地方	雍正十二年	距上卡七十里		
阿鲁布拉克	城西南	阿鲁布拉克泉西岸	雍正十二年	距上卡五十八里		
莫瑞阿沙图	城西南	平野地方	雍正十二年	距上卡一百〇四里		

续表

事别 名称	方向	地点	设置年代	距呼伦城与各卡相距里数	现在存废	附
札密呼都克	城西南	贝尔池之西	雍正十二年	距上卡五十一里		
布隆德尔苏	城西南	贝尔池西南	雍正十二年	距上卡五十里		由呼伦赴北京、张家口通过
乌兰刚阿	城西南	沙拉尔吉河口	雍正十二年	距上卡五十里		
阿尔都克布拉克	城西南	沙拉尔吉河东岸	雍正十二年	距上卡六十七里		
西林呼都克	城西南	沙拉尔吉河源之东	雍正十二年	距上卡六十里		
诺门罕布尔都	城西南	诺门罕布尔泉之西	雍正十二年	距上卡七十里		
乌木克依布拉克	城西南	呼拉特山西	雍正十二年	距上卡五十六里		

　　注：表中所谓"城"乃指呼伦城而言，由上下卡相距的远近、距城若干里，即可约略估计。

　　现在卡伦存者不多，因屡经变乱，或毁或日久失修，颓废不堪。宣统三年，蒙旗独立，卡边沦陷，民国九年，独立取消，善后督办钟毓并为十八卡伦，以胪滨、室韦、奇乾二县一局，为总卡官，十八卡官分隶属之。洎后自阿鲁布拉克至乌木克依布拉克共九卡，因前与喀尔喀车臣汗部王托克托胡图鲁争执牧地案，未能解决，以是卡伦封堆，迄至东北事变前，未能修治，多已颓废。

四　所谓"满"蒙边境纠纷问题

　　呼伦贝尔与外蒙的界限，并无明确划分，既如上述。卡伦之设置,仅为边境瞭望之用,亦非确定边界的标石。且卡伦参差,互有出入,又兼多已颓废,已难据以为凭。况自海拉尔、满洲里以西,我国向无军警驻扎,更无人详往勘界,惟每年秋季,甘珠尔庙会时,始临时由海拉尔派警前来,设卡征税,并维持秩序。甘珠尔以西华商亦少前去,警吏更谈不到,故边界情形,知者很少。民国十三年七月十三日,外蒙受赤俄之诱惑,树立蒙古苏维埃共和国,乃于北迄萨干加拉山,南达乌尔伦库河与黑龙〈江〉省交界处,设立八个边境监视所,私立界碑,封锁边境,严禁华商往来。此一带边境,对于以前旧有的卡伦,不免有划入外蒙之处,彼时东北当局,正有事于中原,对于蒙边无暇顾及。外蒙亦只经营内部,无东侵野心,故能相安无事。九一八事变后,日人窥伺蒙边,亦于边境所在,设国境监视所,于穷极汉〔漠〕荒、给养维艰的所在,设官一,警数人,完全以日人充之,树立帐幕,瞭望守护。外蒙之边境监视所,于卧榻之侧,忽然发现他人酣睡,乃不得不严为戒备,此为"满"蒙边境纠纷原因之一。加以外蒙与呼伦贝尔划界时,仅笼统定为平分贝尔池,其东则以喀尔喀河为界(喀尔喀河一作哈尔哈果勒河,蒙语谓"黑毡墙"为哈尔哈,"果勒"蒙语"河"之意也,盖黑车子室韦所居之地也。《金史》作合勒河,《元秘史》作合勒合河,又作合儿合水,在呼伦城南四百九十余里,由达尔滨泡发源,而北流入贝尔池),而喀尔喀河之入贝尔池,乃在贝尔池之东北,并不与平分贝尔池界限(见附图)一致,河与平分贝尔池界限间适成一三角地带,即日人所称之三角地带。此地带已于民国二十三年三月下旬,被外蒙兵占领。所谓哈尔哈庙事件,即距哈尔哈河一万公尺处,日人所设之芬得兰监视所,被蒙兵侵夺,因而发生边境纠纷(民国二十四年一月二十一日),震荡国际,继此以后,更有不断的类似的事件发生,其将来之衍变如何,目前固尚未可测也。

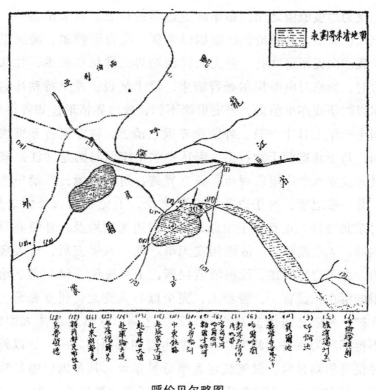

呼伦贝尔略图

五　边境监视所的一般与边境监视的情形

外蒙古之边境监视所，自中俄之役时设置，九一八事变后，更形补充其实力。设二司令，第一司令驻乌鲁顾德，在克鲁伦河北，距边界约二十里，辖乌鲁顾德、霍尔开图（在克鲁伦河沿）、亚布达尔、霞尔达四个边境监视所。第二司令驻布鲁诺尔，辖凯尔达、曼打塞、艾林萨、布鲁诺尔四个边境监视所。各监视所均设于饮料便利之处，或沿用旧的卡伦。每个监视所，配备兵数人，每兵有枪一枝，战刀一把，马二匹，并有余马若干匹。各监视所均有机关枪一挺，各山头或高地，均设有瞭望台，设步哨一，昼夜不断，夜间待日没时，由两接连监视所，各出马巡二，在中点会集，交换信牌。并由两司令驻在之监视所各出马巡四，在中点会集，交换信牌。监视所之食品，均由桑贝子（距边界约三百华里）以汽车、马车或马运输前往。至日人所设之监视所，均于外蒙古监视所的对面设官一，警备数人，设备与外蒙大略相同，统辖于海拉尔日本驻屯军。关于监视的情形，和紧张的形势，我们于日人山本实参所著《国境及外蒙》一文里，可以看见，文里有这样的一段，"……对方（指外蒙）则躲在对面的山阴，这边一动，那边也随之而动。我们（指日方）用马去警备，则他们也乘马沿边而驰，只有这一种每日紧张的劳动……小山冈到国境为五百公尺，国境到他们的守望所也差不多五百公尺。在这一千公尺地带，……无论何时，都收在望远镜双管之下，虽是一只牛的行动，也要成为问题。真的，像豆一般大的他们一群的行动，也都看得见，在镜头里的武装姿态，左驱右逐，自朝至晚，是这样过下去。自春至冬，是这样过下去，只要这里还是国境，就是五年十年，也非这样过下去不可，磨剑擦铳，喂肥马匹，造坚固的炮垒，挖深邃的濠堑，整军经武，半世纪来，都是这样的紧张睥睨，互相对峙。为什么而对峙，为和平呢，还是为战争。一到了国境，所谓民族啦，国家啦，这一类的问题，无时不支配我们的脑筋……"在这一段里的叙述，充足表示出边境监视的紧张情形与严重性，真是如刀出鞘，箭在弦，有一触即发之势。日俄第二次战争的第一弹，也须〔许〕就要在这荒漠而不为人注意的呼伦贝尔爆炸呢。

《新亚细亚》（月刊）

上海新亚细亚月刊社

1936 年 11 卷 1 期

（马语谦　整理）

俄日势力冲突下之外蒙古东方境界

余汉华　撰

试浏中国地图，围绕四境边鄙各地，若缅甸、安南、香港、台湾、澎湖、琉球、朝鲜、库页岛及沿海州等地，早为异族所占领不计外，他如西藏、新疆、外蒙、内蒙以及东三省，刻亦正在异族强夺霸占之过程中。尤以东三省、热河被日本窃据后，即制造伪国，为其蚕食中国领土之傀偏。外蒙古被苏俄控制之后，即嗾使蒙人脱离中国政府统治，另组伪外蒙古共和国。现在蒙、满两伪国，正受其豢养主之指使，在境界上演你一枪我一刀自残之悲剧。豢养主之俄日双方，亦各为其豢养物作后盾，除派军队助战外，并努力国际宣传，互讦其非，互掩其短。但为外蒙、伪满真正主人翁之中国政府，对此境界争斗，不第不能拿出主人翁之态度，作有效之膺惩与制止，反成无容喙余地之势，宁非可悲愤、可愧惭之一事。

虽然，外蒙古与东北，无论如何变化，总是中国之领土。是以此次俄日势力在蒙、"满"境界上之冲突，以及蒙境之形势，我等主人翁总应有一个明白简要之概念，因是拟在此介绍一二以供读者之观感焉。

外蒙古东方境界之形势

外蒙古与东北，均属中国领土，故两地境界上，从无争执之事件发生。然自九一八事件以后，日本在我东三省地方，制造伪国，而满蒙境界之形势，遂日趋紧张。迨中东铁路收买成功，日人自矜胜利，骄横之余，乃有进窥蒙境之企图。于是日伪军与外蒙古兵在"满"蒙境界上发生冲突之消息，时披露于国际新闻上矣。

查外蒙古与满洲之境界，区划甚早，且已经确定。即该两地之境界线，北自西伯利亚边境即由布古尔台向东界牌塔尔巴果达固第五十八界牌与察罕乌鲁第五十九界牌之间起，南行越克鲁伦河，再向东北穿越贝尔池，复循哈尔哈河东南行，至博拉哈巴拉山脉，再循该山脉而至察哈尔境。在该屈折境界线之东、西两面，西属外蒙古之车臣汗地方，东为黑龙江省与兴安屯垦区之一部（刻改为伪国之兴安北分省及兴安南分省迤北一小部分）地方，而为赤白两势力对峙之鸿沟。兹再将该境界上之河流、市村、民族及军备等项，概述如次。

河流　蒙满境界上，山脉极少，仅有博拉哈巴拉山脉自大兴安岭山脉分支而来，蜿蜒于外蒙古与兴安屯垦区及察哈尔之境界上。至于河流，则有克鲁伦河、贝尔池及哈尔哈河。克鲁伦河亦名胪朐河，发源于外蒙古肯特山东南之特勒尔即岭，东流横贯车臣汗全境，经鄂努呼入黑龙江境，而注于呼伦池。该河计长一千俄里，在外蒙古境内者约有八百五十俄里，为"满"蒙境界上第一条大河流也。贝尔池在车臣汗左翼前旗西北，跨越外蒙与黑龙江之境界上，东南受哈尔哈河之沮注，北沿呼伦河与呼伦池相通。该池产鲤、鳟及其他鱼族甚夥，每年出产鱼类价格，达四百万圆之巨，为一个有名之渔场。"满"蒙军队之冲突，就在该池附近地方。哈尔哈河发源于大兴安岭山脉两〔西〕麓，向西流经外蒙古与黑龙江境界上而注入贝尔池。该河东北为黑龙江境（即伪国兴安北分省境），西南为外蒙古车臣汗境。然是等河流，常因水之涨落，而迁徙无定，故境界线亦随之变动，遂予日伪以争执之口实。

市村　在"满"蒙之境界线上，即在外蒙古东方境界内，殊少通都大邑。其可注意者，第一为克鲁伦城。该城在克鲁伦河南岸，系辽河董城遗址，今为车部盟地所在。自库伦至黑龙江之每〔海〕拉尔，及南至察哈尔、北至布利亚蒙古共和国之大道，均经过此间，故商业兴盛，而为外蒙古东方边境之重镇。其次则为桑贝子旗。该地在克鲁伦城之东北克鲁伦河之北，接近黑龙江境界，而为军事上之要区。其他尚有鄂鲁丹、鄂努呼、克特敕和硕、多尔吉布尔等市村数十处而已。

民族　菌〔麇〕集外蒙古东方境界之民族，为喀尔喀人。喀尔喀人，系外蒙古之主要民族，人口总数共五十万，散居车、土、三、札四盟，及库苏古尔泊区域。喀尔喀人之发生历史，殊不可考，惟当十二世纪时，喀尔喀人曾出现于克鲁伦河以北，营游牧生活，而一代英雄成吉思汗，即系该民族中之杰出者。但该民族文化甚低，以其善能保持其本来性质，故进步殊鲜。兹据一九三一年一月新行政经济区划所调查蒙人分布状况，关于东部人口，为七万五千八百人，除少数汉人，其余均为喀尔喀人云。

军备　自伪满国成立后，伪外蒙古政府即在东方境界为严密之戒备。兹将其军队分布状况，条叙如次：

A. 桑贝子旗　该地为外蒙古东方境界之军事中心区域，驻屯步骑兵约数千人，各种军械俱备，并有著名大飞机场，拥有军用轰炸机等百余架，一说拥有军用飞机四百五十架云。

B. 克鲁伦河左岸，筑有大飞机场，屯驻由约三十架军用机而成之轰炸队。

C. 由哈勒欣庙至呼伦河下游右岸，布置军用汽车队及骑兵队，从事境界上之巡逻。

D. 在贝尔池附近乌他可夫渔场及伊瓦尔布尔芬庙，屯骑兵一团、步兵一团左右云。

以上，系外蒙古警备东方境界军备之概要。最近"满"蒙境界形势，日趋紧张，伪外蒙古政府，在东方境界之军备，更加充实扩张可知。然而对抗外蒙军之日伪军大部，则集中于海拉尔、甘珠寺、呼伦池附近及接近外蒙古境界等处，并于该等重要地方建筑飞机场，以备乘机进攻焉。

蒙"满"境界冲突之轮廓

A. 蒙"满"境界冲突以前

外蒙古与伪国在境界上发生冲突，乃在中东铁路收买成功以后。即日本已将苏俄之势力，驱逐"满洲"境域以外，境内既经统一，于是再晋而向外蒙古东部发展，冀完成日本数十年来所企图之所谓满蒙政策，遂有蒙"满"境界上之冲突事件发生。但在未叙述蒙"满"境界冲突之先，有两事应注意者，兹略陈如次。

兴安分省之设置　日本之满蒙政策，算是成功一半。即并吞东北政策，表面上似已达于完成，惟并吞蒙古一节，尚有不少问题。内蒙古一大部分，尚在中国政府之手中，然因中国政府素持不抵抗主义，只少假时日，当可如愿以偿。惟外蒙古刻已被强俄攫去，欲其吐出，殊非易易。故日本欲完成其并吞外蒙政策，除以实力和苏俄角逐外，毫无他法。因此，日本遂划出与蒙古东方境界相接之黑龙江、辽宁省之一部地方，而设置兴安省。并区分该省为兴安东分省，以布哈特王鄂伦春为省长；兴安北分省，以呼伦贝尔都统贵福之子凌陞为省长；兴安南分省，以图献图王业喜海顺为省长；兴安西分省〈省〉长未详。四分省之上，又设置兴安总署，而以哲盟盟长齐默特散帨勒为总长，日人菊竹实龙为次长。各该省统治者，除一日人外，其余均为蒙人。此即所谓利用以蒙人羁縻蒙人之政策，使之练习做傀儡之技能。故一方在该省区域内，安置二百万蒙古人，一方收容外蒙古失意之王公、贵族、喇嘛、地主等，给予优厚待遇及宽大自由，以维持其昔日之地位，而买人心。且委以特种任务，使作反外蒙古政府之政治运动。将来日本如进攻外蒙时，此等居住兴安省之数百万蒙人，均为其最好之向导、先锋。且日本亦不难借此等向导、先锋，在广大之蒙古地上，再制造一个傀儡——蒙古帝国。日本即可携此"满"蒙两个傀儡帝国，以与苏俄在冰天雪窖之西伯利亚，决最后之胜负。此即日本满蒙政策之真髓也。故满洲设置兴安省，实含有重大意义，而蒙"满"境界冲突之发生，此亦为其助因之一。

中东铁路之收买　中东铁路系自满洲里至绥芬河一段，横贯黑、吉两省。此铁路若仍在苏俄之掌握中，则日伪双方，均应感受无限威胁。故自伪满洲国制造以来，即着手于廓清苏俄在满洲之势力，尤其是企图强占中东铁路，因而惹起种种纠纷。苏俄方面，深知日伪非柔弱之中国政府可比，在日伪支配下中东路是难于长久保持，遂不顾中国之主权，竟于一九三三年五月向日本提出售卖中东铁路于伪国之照会。日本接到该照会议，几经磋商，遂于六月二十六日在东京举行俄、日、伪三方非法买卖中东路之交涉。惟双方要价还价相差太远，故交涉亦时断时续。至一九三五年三月二十三日俄、日、伪三方始行签订《中东路让渡协定》，该路卖价为一亿四千万日币，由伪方分期支付，日本政府担保付款。数十年来俄国在东北经营之利权与势力，至此遂告清结。

日本既取得中东铁路后，苏俄在东北之势力，遂扫地以尽。此后日伪乃在中东路沿线之海拉尔、满列〔洲〕里等地，建筑重要之军事工作〔事〕，以便向外蒙进展。故中东铁路收买成功，亦为蒙"满"境界冲突之一助因也。

B. 蒙"满"境界冲突之始末

日伪与外蒙古在境界上之冲突，据日方之宣传，虽有十数起，然大都是零星琐碎事件，无伤大体，尽可从容和平解决。而日本必须张大其词，兴师动众，像煞有介事。此乃日本小题大做之惯技，欲借以找得侵略之口实与途径耳。兹择其二三荦荦大者，略纪其巅末如次。

哈勒欣庙冲突事件　　外蒙古认哈尔哈河之三角地带为其领土，并于该地驻屯军队，以资防守，而日伪军则欲争夺该地为己有，双方遂发生冲突。据日伪方面报告，称一月八日外蒙古兵十数名占领贝尔池附近渔场之河口，九日占领哈尔哈河、呼伦河及渣拉留资河等三河所构成三角地带之大部分。十四日兴安省警备军一队，即开赴该地附近之甘珠尔庙。二十四日伪国军事顾问本多少佐率队赴哈勒欣庙附近侦察，遂与外蒙军遇，双方激战，日伪军略有死伤。于是关东军遂派遣大队与伪军联合，进攻哈尔哈河以北之外蒙兵。三十一日击退外蒙兵，完全据有其地。

然据外蒙古方面之报告，则称哈勒欣庙及其一带地域，元属外蒙古领土，日伪联军占领该地，实为侵犯国境之不法占领。一月三十一日，日伪联军大队开赴贝尔池附近，意在寻衅，屯驻该地之外蒙兵，为回避战争故，乃退守诺伦湖。日伪政府新闻，尝作虚伪之报告，谓外蒙兵不法侵略"满"地，并拒绝和平解决之交涉，全非事实。外蒙政府，确认哈勒欣庙一带地域，系属外蒙领土云云。

蒙伪双方之各执一是如此，故在当时殊乏解决之途径，迨二月间蒙伪双方遂有和平交涉之提议，六月一日蒙伪双方遂在满洲里北铁第六中学校举行会议。蒙方代表为军政部次长散波瓦等，伪方代表为兴安北分省〈省〉长凌陞、外部政务司长神吉等。双方正在交涉期间，不料至六月二十三日，关东军属员犬养所领率之测量队，忽出现于哈勒欣庙附近海拉斯登哥尔地方，为外蒙哨兵所发见，遂加以逮捕。除犬养外，尚有白俄与"满"人各二名。

拘留数日后，由犬养等签字承认系越界就捕，始行释放。此种新事件发生后，日人又找得口实，七月四日出席会议之关东军代表，忽向蒙方提出下列要求：（一）对犬养测量队事件，应表示歉意，并开始新京、库伦间之外交关系；（二）允许伪国在库伦驻一特务队；（三）应允许架设"满"蒙间之电线。词气甚为强硬，蒙方代表遂愤然退出会议，交涉至于停顿。十月二日蒙伪双方，复在满洲里第六中学校继开会议，商讨结果，双方距离仍属太远。至十一月二十五日，蒙伪双方遂开最后一次会议，双方意见仍不能接近，会议遂终至决裂。二十六日，蒙方乃离满洲里返库伦，此事遂成为蒙伪一个悬案焉。

　　最近蒙伪境界之冲突　　日伪军与外蒙古军，最近又发生冲突。据日方报告，称日伪兵一混成队，向蒙境贝尔池附近出动，二月十二日晨在池南与外蒙兵二百名相遇，双方遂发生激战，当时并有外蒙轰炸机二架，掷弹助战，结果，蒙兵败退。日军乃占据鄂洛贺杜加地方。是役死蒙兵八人，日中尉一名，下士两人，日兵五人，伤日大尉一名，日兵三人，伪兵七人云。而俄方则称离边界八公里之蒙境内，发现日军军用品甚多，显系日伪军当外蒙方面援军开到后，退出蒙境时所遗弃者。并日军于退出蒙境时，曾向哨营蓬帐八处袭击，且纵火焚烧，嗣由蒙兵赶到扑灭，仅烧毁帐幕三具。由此可证明日方宣传蒙兵侵入"满"境，致发生冲突，实属捏造云云。

　　要之，蒙伪在境界上之冲突，日方则称蒙兵越境攻击，而蒙方则称日伪侵入外蒙境内，致起冲突，双方各执一是，无从判断其曲直。但就关东军素来之骄横越轨行动而观，其攻势当属诸日伪军可知。然而不论蒙伪双方之是非曲直如何，日伪兵与外蒙兵在境界上之军事冲突，乃属千真万确之事实无疑。此等冲突，在今日或仅系一种尝试，将来在蒙伪境界上或更有一种大规模、大计划之军事斗争展开，亦未可知也。

俄日两势力在蒙境冲突之将来

伪外蒙古共和国是苏俄之附庸，伪满洲国乃日本之傀儡，故蒙"满"在境界之冲突，实际上即不啻俄日势力之斗争，前已论及。兹再晋而检讨俄日对外蒙古之政策，以明俄日两势力在蒙境冲突之将来。

A. 苏俄对外蒙古政策

俄人欲将外蒙古置诸其支配之下，由来已久。自沙皇当国时，即欲宰割外蒙古，使变为俄属亚洲领土之一部。如一九一一年俄皇怂恿外蒙活佛宣布第一次之独立，即其一例。嗣后俄国帝制推翻，苏俄起而继承俄国之政权，适其势力进展至西伯利亚时，乃借口驱逐在库伦之白俄，遂派赤军与蒙人晋据库伦，唆使蒙人宣布第二次之独立。刻下苏俄正积极经营外蒙古，使成为苏俄远东国防上、经济上之一部。其对外蒙古政策，从各方面观察，约可得下列诸项：

一、扩充蒙古革命青年团之势力，淘汰蒙古国民党内之反动分子，以固党政之基础。

二、积极施行外蒙古五年经济建设计划，使外蒙古渐次工业化，而成为苏俄所创造之社会主义经济之一细胞。

三、对于外蒙军与苏俄远东赤军，使结成密切合作之关系，增加外蒙军队中之苏俄军官，以充实其兵力。并对于外蒙之军事建设，给予补助费，使其从速完成。

四、借给外蒙政府巨款，使其扩张交通建设。如由库伦经买卖城至上乌丁斯克之铁路，刻已通车。其他在建筑中者，尚有由科布多至乌里雅苏台，由赤塔至库伦，由库伦至桑贝子等十余路，均系借俄款建筑也。此外如航空、无线电等，多系借俄资兴办者。此等交通建设，固为便利民间往来，然而为远东军事、国防计划，亦占其重要之部分焉。

以上为苏俄对外蒙古政策之荦荦大者。要之，目前苏俄对于外蒙古，正积极使之"赤化"，俾为西伯利亚南部一个坚固屏障，并借以阻止日伪势力之西侵。最近苏俄外次史托莫尼谷夫，答日本驻俄大使太田有云："一九二一年苏俄曾助外蒙，从此有保护其独立之义务，苏俄以为外兵屯驻外蒙边界一带，可为俄国边界安全与秩序之危害也。"又云："最近蒙'满'境界纠纷问题，苏俄政府保护外蒙独立，故将外蒙认为苏俄国防上之外围线，不得不关心。"云云。史氏言论，最能发挥苏俄对外蒙古政策之真谛。是以苏俄之经营外蒙，将随日伪之侵略锋芒，而增加其注重之程度焉。

B. 日本对外蒙古之政策

日本对外蒙古政策，殊为简单明了。即其目的在于吞并外蒙古之领土，或暂时使外蒙古脱离苏俄之羁绊，成为倚赖日本之一独立组织，或使联合内外蒙古各盟旗，而组织一个傀儡式之蒙古帝国，借以完成其大陆政策之使命是已。日本对外蒙古政策之大原则，大体如是，然而此种政策，是自明治天皇所遗传之国策。日人为实现此种国策故，殆不知费却几许之经营。试看田中奏折关于对内外蒙古积极政策一节，即可见其一斑。兹节录要点如次：

满蒙既为旧王公所有，日本将来之进出，必须以旧王公为对手，方可以扶持其势力。故须在内外蒙古各王府内，安置日本退伍军人，以便操纵旧王公。待日本人多数移住于内外蒙古之时，我土地所有权，先用十把一束之贱价而买定之。俟内外蒙古之土地多数被我买有之时，斯时也，是蒙古人之蒙古欤，抑或日本人之蒙古欤，使人无可辩白，我则借国力以扶持我主权而实行我积极政策也。

田中此种对蒙古政策，因三四年来远东政局之剧变，其中虽有一部分不适用之处，然其并吞蒙古之大原则，迄今仍为日本军人所继续捧持，努力实现，罔或疏懒者。目前日本军人并吞外蒙古之方略，似以伪兴安省、热河省为策源地，并欲由察哈尔省、绥远省各地，对外蒙古作东、南大包围之势。果如日本之愿，则外蒙古即难高枕而卧矣。外蒙古一旦若入日军之掌握，则苏俄势力遂不得不整个退出外蒙领域，而贝加尔湖一带，均在日军压迫之下。万一日俄战争爆发，则贝加尔湖一带之西伯利亚铁路，若为日军所冲断，而远东地带与欧俄之军事联络，遂陷于不可能之孤立状态。结果，苏俄在亚洲之势力，遂不得不自远东退回欧洲或亚洲迤西。于是日本梦想之日本海之统制，即可实现，而大陆帝国建设，从此即可更促进一步焉。

观上所述，外蒙古在将来日俄战争上所占地位既如此，在日本大陆帝国建设之关系又如彼，故日本对外蒙古政策，除前述吞并或暂使离俄独立或另组傀儡式之蒙古帝国外，实无其他妙策可知矣。

C. 中国将如何

苏俄既倚外蒙为西伯利亚之东南屏障，以掩护其社会主义国家之建设工作，而日本则欲并吞外蒙，借以完成其大陆帝国之好梦，双方均为其国家百年大计，故对于外蒙一块肉，均不愿意放松，则将来鹿死谁手，只有诉诸武力之争夺。论者谓日俄争战，多爆发于蒙古之争夺，实具有相当理由焉。

俄日对外蒙古之政策，既如上述，然而为主人翁之中国，对此又将如何？中国目前虽因外交环境恶劣，神州形势日非，然而对于边徼各地如外蒙古者，总不能抛弃不顾。盖保守维护中华民族生息之领土，乃系全国上下之天职，无可推诿。故我政府，此时一方应善处中日间之交涉，以期领土主权毫无损失；一方应以主人翁之资格，痛斥蒙"满"在境界自残之非，并警告俄日帮凶之无理取闹。尤须赶速树立整个恢复大计，网罗各方人才，忠诚合作，不畏艰难，不顾失败，前仆后继，奋勇蹈厉，以期达吾等最后复兴之鹄的。否则，徒迷恋乎现在，彷徨于歧途，意气蔽其聪明，私欲腐其心胆，时机一失，则中国大好山河，将陷于历劫不复之悲境，而中华民族，将永受外族之鞭挞。何去何从，系在我同胞与当轴诸公决择之。

一九三六年二月二十七日于金陵

《新亚细亚》（月刊）
上海新亚细亚月刊社
1936 年 11 卷 2 期
（李红权　整理）

中日俄争夺下之蒙古

The Struggle for Mongolia
The Living Age，January 1936

Adolf Grabowsky　作　　王就兴　译

今日何日？国际预言家所谓世界大战行将爆发之一九三六年也。东西强国，莫不殚精竭思，厉兵秣马，充实军需，战争大有一触即发之势。强者固视此为绝大之时机，而成其统治世界之幻梦；然弱者则岌岌自危，朝不保夕，所受之痛苦日较一日为甚也。

蒙古位处吾国西北，幅员广大，然因人民酣迷于喇嘛教之信仰，萎靡不振，国势衰颓，第以其首当中、俄、日三国利害之要冲，致纠纷时起，日、俄莫不以取之为侵略之初阶，吾国亦以得之为安内攘外之要策，是以三强集中，太平洋之风云由是以起，有谓蒙古为中、日、俄问题之焦点者，非无因也。

斯篇之译，纯欲作一蒙古之地理、历史之介绍，与推测其未来之展望也。

一

事实上明显地告诉我们，那在其本身有价值和占有重要性的满洲，是列强诉之于武力的第一个导火线，她是各国冒险去求的未来胜利品，同时也是远东问题关键之所在。满洲的门户，那介乎崇山与海岸的古道，是通华北的要道，至于辽东半岛却和孔圣的故乡遥遥相对的。

蒙古和满洲毗连为邻，所以为着满洲问题的存在而产生了蒙古问题，为了日人在最近几个月中在蒙之日形活跃，那不幸的事情怕终没有停止的一天。同时，苏俄方面对于蒙古，亦有相当之表示，这个表示就是她视外蒙是自己的产物，并且当内蒙是她势力圈内的一个区域而已。当我们从俄京莫斯科所发布的事实，便会知道俄兵一十六万大军，已浩浩荡荡的向着赤塔进发，此行目的为暂驻赤塔，准备着随时开发到蒙古边境。其实"满州〔洲〕国"之要求于外蒙者，亦即是日人设尽方法去煽动外蒙，脱离苏俄之管理势力。这种要求似乎已引起了莫斯科外交当局之严重注视。在这问题中的第三个竞争者便是中国。在一九二三年，苏维埃联邦明白的公布，外蒙是中国版图下之一部分而不能分离独立的，但是，今日已清清楚楚的没有丝毫表示和提及蒙古是中国的藩属了。

我们知道，蒙古除了有内蒙和外蒙之分外，还有所谓第三和第四部分，前者便是苏俄所组织的唐努道化（Tanru Tuva）城邦政府。虽然苏俄在一九二一年九月正式承认唐努道化的独立，但其实她是苏联政体的一部分。首都加尔布达（Khem Belder），又称红城（Red City），居民只是二千余众，而全国人口亦不过六万而已。远始于一九一二年，唐努道化经已宣告独立，而实则归附于苏联的了。

远溯于欧洲大战之前，苏俄和外蒙已产生了不可分离的关系，这种关系可说是一九〇七年《英俄条约》的一种结果。这个条约区划了俄国在亚洲的势力范围和英国对于蒙古的让与，事实上告诉我们，外蒙和唐努道化的人民，风俗、习惯、思想等趋于西伯利亚方面，实较趋于亚洲方面为甚。再从地理上看来，她简直是叶尼塞河的总汇处，有［时］阳山和唐努山脉为其屏障，而和其他蒙古各地划分了一个明显的界线。

反过来说，外蒙疆土有流入贝加尔湖的萨兰迦河（Selenga River），她同样也是黑龙江几条重要支流的起点处。

当论及黑龙江时，满洲问题又会再次提及了，若俄国伸展她的势力在满洲地土上时，特别的是北满，日本就对于蒙古的侵略简直是件不可能的事情。但是现在，满洲已清楚地划入了日人的版图了。因为这个原故，内蒙便马上直接受日本势力的威胁。从史的方面来看，满洲之强占内蒙，实较满人征服中国为早。当清时天下，汉人受其严密管理下的时候，清朝政府和内外蒙古已有深切的关系了。同时，满洲因为划分了许多小部分，小部落的形式遂代替了原始底家系制度而产生。

从那个时候起，中国到东欧的康庄大道便是从华北而至故都北平，横跨戈壁沙漠而至库伦，这是有名的往日行商所取的路径。由这条路经过了哈〔恰〕克图，便可以到贝加尔湖和伊尔库次克。昔日中国的茶商曾在一个期间内，以这条路为去欧洲唯一的途径的。在今日，介乎北平和张家口（Kalgan）之间已有铁路的交通了，在张家口还有公路的交通，往昔行商结队来往的浪漫时代，他们的生活较之今日甚为活跃。然时至今日，那交通的巨流沿住千年来中国与中亚细亚而至里混（Levant）的大道，似乎已销声匿迹了。所有一切的交通跟着为海上运输所替代，这个转变的结果，便是转移了人们对于蒙古问题的重要底视线。但是，蒙古经已清清楚楚的由中国人的手中轻轻溜去，而变成俄国的囊中物了。因为中国的农民越过了戈壁沙漠而强占了蒙古人民的游牧草原，中国实已成为一个不孚众望的管理者了。

二

在欧战的时候，蒙古问题曾经一次重提，这是一九一五年正月十八日的事，日驻华大使 Hioki 在北京所提出有名之二十一条件中，有特别表示日本对于蒙古东部之野心冀图，但她却慎重地只提那毗连满洲的蒙古一小部分疆土，而不敢整个提及，因为日本和苏俄当时同为同盟国的缘故，但其实日本的野心是想中国把整个蒙古送给她的。

共产革命之后，日本立即表示她对于蒙古之野心冀图了，当她在西伯利亚获得了一个立足的地位后，便在蒙古方面联同白俄作 Ungeru-Sternberg 伯爵的后援，去和中、俄二国作一种对敌的行为。但是这个伯爵结果给共产党人所获，而于一九二一年的十月处以死刑。日本当时为着盎格罗撒逊民族国家的联合抗议和注视，在这种情势之下，她便被迫放弃了西伯利亚的野心，在一九二二年十月廿五日，她竟然离去了那最后的立足地海参崴了。但她这种行为，只是候待着第二个时机底降临吧〔罢〕了。当赤俄勦力和中国共产党合作共事的时候，日本便下了一个致俄国于死命的计划，特别的着重西伯利亚和西伯利亚铁路方面，这个致命的打击结果，使有生气的俄罗斯底脉络分而为二。

日人对外蒙的野心，实由苏维埃铁路建筑与其策略的刺激而致。那条苏俄建筑以连贯土耳其斯坦和西伯利亚的土西铁路，在亚拉木图地方紧接着中国底边界，所以俄政府大倡其中国有筑支线和她联运的必要之论调，直到现在，中国内地只有从北平经汉口而至广州的主要贯线，并且粤汉一段铁路还未完成，筑完了贯通南北的铁路后，在不久的将来，那贯通东西的铁路便会继着建筑的了。这条路线经过准噶尔盆地的旧道而达到黄河流域底上流，假使利用淮河流域的水运，便能和平汉铁路贯接，这条路线会从那将来会成为东西交通重要枢纽的亚拉木图起，它减省了欧人到中国的麻烦，避免那要经过哈尔滨和沈阳那么多的转湾曲折，他们只须循着巴库（Baku）、里海（The Caspian Sea）、土耳其斯坦或者中部西伯利亚便会直到中国的内地了。这样的中俄铁路联线诚然会产生许多严重的结果，至少它会使日人治理下的满洲铁路，失去了它本来的重要性和位置。

苏俄若占了外蒙的话，便可对蒙古疆域的第四部分准噶尔盆地（Dzungarian）的门路直接施以控制，苏联还计划沿着昔日商队往来的旧道横过外蒙另筑一条铁路。这件事早已于一九二五年九月二十日得到了外蒙政府的赞成，苏联并获得特权建筑由赤塔到库伦的那段，铁路两旁六十六哩的地方归苏俄管辖，将来这线之会伸延到张家口（Kalgan），是无可疑议的。

在这里要特别指出许多人对于戈壁沙漠之一种谬误观念和见解。戈壁决不是像中国人所给与的字义那般单纯和简浅的一个"沙漠"，同时也不是一个蒙古大沙漠（Shawo），特别是在受季候风和雨水影响的东部，戈壁长了许多肥美的青草，那草原无疑的是个优美无比的大牧场。为了这种天然的赐与，外蒙国家大可以扩充到内蒙的相当地域去发展的。倘若只单纯为着社会的建设，戈壁的发展，定会遭着一个急激的转变。

直到现在，人口的总数百分之四十至五十是不婚娶的喇嘛僧徒。在今日，共产主义的势力经令这里有权力的僧院（除了那十多个有权威的方丈仍行使其权力之外）和王子成了苏维埃政体下的附从者了。事实上看来，共产主义的势力，几乎把喇嘛教扫除得干干净净了。这样很容易使人口有发生过剩的危险现象，因为，驱使西藏和蒙古人民趋奉喇嘛教的原素当中，人口那个原素是不应忘记的。尤其在这不毛的地域里，人口过剩的危险应切实的加以考虑和施以预防的，为着这个原因，喇嘛教祖 Tsong-kha-pa（约生于一四〇〇年）再行提倡恢复那曾经一度废除之"不婚不娶"运动，因之，人民的精力也重新回复了新生命而振发起来了。我们常常听到，只有喇嘛教才能驯服那野蛮好战的游牧民族，大概喇嘛教更为成吉斯汗与帖木儿交战之一种可怕之流血结果，这个战争，无疑的，把蒙古人刚勇之花，推〔摧〕残得净尽无遗。

　　大概因为蒙古有天然底富源，她未来的希望会较普通人所认识的为丰富和伟大。她军事和地理上的位置是无可比拟的。同时，我们更会清楚地看见她在世界政治舞台上所转变的情势。那政治上分离了的区域，将步数千年来古国之后尘，而趋于沦亡一途的了。

完于南大爪哇堂　一九三六，二，二日

《南风》（半月刊）

广州岭南大学南风社

1936 年 12 卷 1 期

（李红权　整理）

日本注视外蒙问题

Toklo Looks at Urga，P& T Times，Dec. 28，1935

季廉 编译

华北问题发生以来，步步加紧，苏俄及外蒙，在沉默之中，感觉到极端的焦虑。自满蒙会议破裂，外蒙要人抵莫斯科后，日电迭传俄蒙之间已经成立某种协定。近又有贝尔池事件之发生。英文《京津泰晤士报》二十八日对外蒙问题有所论列，兹译述其要点如次：

华北近日情势，在在表示重大事情有向北发展的朕兆。对于蒙古危机，恐怕不能抱什么乐观。如果苏俄继续采取"待机"政策，决定不援助蒙古，在来年中，库伦也许就要失陷了。若然，没有疑问，蒙古政府将向西撤退，实行游击战争。但这也不过是一种枝节事件。迟早中国本部是要被卷入大局转变的漩涡的。这大半要看南京有无决心采取明快政策。显然的若果事态向北发展，或可便利缔结暂时的中日协定，在另一方面反对这种政策的人，或则要乘机鼓励，提倡爱国，使中日合作不能产生效果。如果上述合作政策失败，苏俄政府，或将被劝诱对防卫蒙古，采取坚决的行动。这种发展，将使蒙古变成一个头等的严重问题，引起了战事的爆发，与中俄关系的接近。直到现在，南京总想脚踏两只船。苏俄也是一面交涉，一面退让。不过肆应这种问题并不容易，因为日人先定了步骤，苏俄虽不愿意，却不能不跟着走。日俄愈接近库伦，双方的关系愈要背驰。在未来的历史暴风雨中，中国如能中立，那真可算是奇迹了。

该社论又称，"满"方近日发表苏俄、蒙古的各种挑衅行为，可以看出事态的动向。东京消息亦传外相广田训令驻俄大使抗议伯力的反日行动，同时"满"方方面也发表声明，说如果蒙古对于贝尔池的冲突不道歉，满方将认蒙古为一神秘危险而敌对的邻人，今后将采取各种步骤以保卫其边疆。

日本军部的喜多与关东军的代表，近曾讨论中、日、"满"合作防止"赤化"。《东京都新闻》近日载有一文，谓中日将根据广田十一月二十三日之三项原则，进行谈判。《〈东京〉都新闻》又谓，受苏俄指使的外蒙，在政治上、社会上、经济上与世界隔绝，此种情势颇妨碍远东和平的维持，逆料中日政府将要求外蒙开放门户，此事"如遭拒绝，中日将实行军事同盟来反对苏俄的赤化外蒙"，今后事态的动向，这篇文章说得很是明白了。

《国闻周报》

上海国闻周报社

1936 年 13 卷 2 期

（朱宪　整理）

内蒙的分合

作者不详

近来内蒙问题发生很大的变动，就是西二盟和绥远十三旗要求中央另立绥远蒙政委员会，与百灵庙德王主宰下的蒙古自治政委会完全脱离。

本来日人在内蒙方面工作甚久，卓什海、李守信辈，为虎作伥，早令蒙人愤恨；加以中央候补执委蒙人尼玛鄂特索尔上月在张北被刺，背景显然，益令蒙人寒心。绥远蒙政会之成立，完全出于蒙旗王公等救亡图存之一念，所以中蒙合作，绝对诚意，百灵庙之会已成空壳，纵令有人要想利用，已不可能，这是极有关系的一个转变。

《国闻周报》
上海国闻周报社
1936 年 13 卷 5 期
（丁冉　整理）

绥境蒙政会之设立

录一月二十八日天津《大公报》

作者不详

国府以二十五日命令公布《绥省境内蒙古各盟旗地方自治政委会暂行组织大纲》十五条，并发表正副委员长及十五委员，此为蒙旗制度上之一重要设施，其经过与意义，有可言者。

百灵庙之蒙政会，自二十三年成立以来，实际上为锡盟德王单独主持之机关，乌兰察布与伊克昭两盟十三旗王公，对该会事务，从未积极参与，该会本身，亦甚乏成绩，三次会议之议决各案，亦多付突〔空〕谈，未得实施。总之，该会未得西二盟之信仰，亦实未能尽其扶助蒙民进步之责任，则为社会周知之事实也。自东四省陷后，东四盟随以俱去，惟余锡林郭勒之一部分，西二盟则完整，十三旗王公、人民，拥护国家，忠诚不贰。二十二年，自治运动之发生，亦德王主之，西二盟只居附议之列，并未积极提倡，尤绝对无与中央政府疏隔之意。十三旗王公，常以绥远省会为集会之中心，国难演进愈烈，而汉蒙联系愈坚。去夏六月，北平发生外交严重事态之日，正十三旗王公在绥远候何部长应钦集会之日，只以平、津多故，何未成行，形成去年痛史之一页。夫假使地方安全，外患纾息，则西二盟王公、人民，对于百灵庙蒙政会，当亦无意脱离，共维现状，乃不幸去秋以后，北方形势，日即阽危，察境蒙旗，尤为紧张。德王处漩涡之中心，而掌政会之枢纽，西二盟十三旗与锡盟本亲睦无间，与德王亦毫无扞格，然处此危局，遂不能不急求自保。近旬以来，发生察北六县之事，绥境蒙民更感恐慌，十三旗王公，至此乃决计吁请中央，许绥境盟旗自组地方自治政委会以为保境安民之谋，国府二十五日之令，即依各王公之志愿而加以许可者也。

是以此次新组之绥境蒙政会之意义，可作如下之解释：（第一）此事乃出于绥境蒙古盟旗自身请求，而二十五日命令为满足彼等之意愿。蒙旗之事，习惯上本尊重蒙人自治，况前年既设百灵庙政委会，许蒙人自身处理地方自治之事务，则此次允许绥境盟旗自设地方自治政委会之请求，固为当然。（第二）绥境盟旗之意，纯为自己负责施行其境内之地方自治事务，别无野心，无作用，消极的有自保之意，积极的无对外之心。（第三）此会成立以后，一切仍照现状，其与过去不同者只有一点，即绥境各盟旗之意见，将在绥境之会，由绥境各盟旗自身表示，他盟旗或他机关，不得越俎代庖是也。（第四）从国家全局上论，此会有一重要意义。即前年百灵庙蒙政会之条例，异常疏漏，充其解释，不独涵盖西二盟，并且可以包括宁夏及青海之蒙旗，以事实上大多数蒙旗不能，亦不欲，参加工作之机关，而拥此广泛虚权，是时时有被少数蒙混操纵之忧，其危险殆不堪言状，而此次绥境政委会之设，则足以消灭此种危险者也。

最后愿申述吾人之希望：（一）对于政府：盼重视国家保障蒙境之责任，对于各盟旗治安，应一律决心保护。不独绥境各盟旗此番保蒙保国之苦心亮节，应受国家保障，对于现处危境之锡盟，亦自须极力扶助。简言之，政府有绝对保障蒙古各盟旗安全之责任，其有困难者，应代为主持，受危险时，须实力维护。（二）对于蒙胞：望始终坚持团结自保之精神，一方蒙汉共同负责，一方则西二盟与锡盟、绥东右翼四旗与察境旗群，亦须始终互助。德王为富有才志之人，当兹危局，亦宜自重。地方自治机关之分设，与蒙汉及蒙人自身之团结合作，毫不相妨，而首忌因分设机关之自扰也。

《国闻周报》

上海国闻周报社

1936 年 13 卷 5 期

（朱宪　整理）

日本与蒙古

V. A. Yakhontoff 著　率生　译

自日本占据满洲，建立"满洲国"之后，她多年来对蒙古的野心，便渐渐实现了。一九一六年后，蒙人便在日本的援助之下，屡次企图独立，最明显的例子是一九二八年的巴尔加（Barga）蒙古人的叛变。九一八事变前几个月里，曾发现蒙古独立运动的阴谋，这阴谋的领袖便是以大连为大本营。"满洲国"成立后，日人便设立一个蒙古的自治省——兴安省，目的是收买蒙古的民心，磨快一柄利刃来洞穿外蒙。

日本侵略蒙古是循下述两方法进行：一是以金钱或军火供给蒙古的王公、喇嘛等，激发他们的民族主义，鼓励独立运动，使他们对中国抱反感；二是鼓动蒙古境内的中国军队。这样自一九三一年来，日人的势力便由满洲而热河，而察哈尔，而绥远，这种半和平的侵入势非使内蒙变成为日本的附庸，或"满"蒙合并而为一大"国"不可。

九一八事变以来，内蒙独立运动日益激化。一九三四年，内蒙的领导德王与中国政府妥协的结果，在百灵庙设立一内蒙自治政务委员会。但是这委员会，自然容易落日人打断内蒙与中国关系的圈套。最近日方曾提议，将蒙政会的会址由百灵庙移至察哈尔东部的班底达格根，但未实现。

不论日蒙合作的程度如何，不能因此就说"满"蒙必将合并。

因为即使内蒙的王公、喇嘛是亲日的，但一般蒙民已不再牛马似的服从王公、喇嘛。即在王公、喇嘛中，也有一部分愿与中国合作的，如章嘉活佛。还有一部分内蒙人比较倾向外蒙。

还有，今日内蒙的部落封建社会的下层也要注意到。因受外蒙的影响，他们的势力也较从前为大了。所谓下层社会包含三种人：一是阿拉特，即平民，没有任何世爵、官阶和宗教上的地位；一是沙比那尔，即俗家，他们生活于属于大喇嘛庙的土地上，不属于任何部落，而属于宗教组织的某个单位；一是卡姆吉加，即从者，其中最下等的就等于奴隶，即世袭的做王公酋长的奴隶。他们从日本人得不到一点利益，而在“满洲国”境内的，更受到严酷的压榨。

现在我们要问，为何日本对蒙古异常的注意？从经济上说，这有很大的理由，蒙古不仅出产日本所需要的牛羊和羊毛，矿产也颇丰富。所以它是原料的供给地，是日本在战时所仰赖的。在日本与苏联战争时，日本不难从海外得到她所需要的东西，但若太平洋上发生战争，则满洲、蒙古与中国显然对于日本是异常重要的原料来源。有些观察家以为在军事上蒙古特别对日本重要；日军经过外蒙，便可击苏军队的侧面，而蒙古的得失足以决定日苏战争的胜负。

有人说，日军绕道外蒙进攻苏联，比由满洲或苏联的东海滨省进攻，更为危险可怕。他们预料将来日苏战争的大决战必在贝加尔湖附近，而日军占领外蒙，日军将更接近西伯利亚铁路，那是苏联东西交通的命脉。如今满洲已在日人手中，由满洲西部侵入蒙古比由内蒙经过戈壁入内蒙更为容易，更有可能。最近日本的挑战行动日见增加，外蒙捕获日本间谍，日军常借口边界不清〔靖〕，侵入外蒙。日本官方又要求派使节驻外蒙。但这些不能说一定日本将进攻外蒙古。

最近日本在内蒙的活动，和对外蒙的威胁，还有其它的意义，即日本可以内蒙为根据地，一方面阻止中国红军的北进，一方面进行推翻外蒙人民共和国的企图。我们承认日本占据蒙古，尤其是外蒙，是日本对苏联备战的重要部分，但准备战争不即是开始战争。今日的内蒙实际上已在日人掌握，除非日本的确决定和苏联一战，她是无向外蒙扩张的急迫要求的。总而言之，我们可相信，外蒙是日本侵略政策中的一个副题，与其说她是日本向外发展的目标，不如说她是屏障。

Mongolia：Target or Screen

Pacific Affairs, Vol. IX, No. I, March, 1936

《国闻周报》

上海国闻周报社

1936 年 13 卷 13 期

（朱宪　整理）

外蒙与远东

公弼 撰

自世界第二次大战之酝酿，渐次露骨，日本于九一八后向大陆之侵袭，进展靡已，于是远东局势，显见者紧张之姿态，充塞者忧疑之空气；虽发纵指使之者，刚柔不一，张弛时殊，然纵观演变之迹象，对立争持，日益尖锐，是则举世所了然而莫或否认者也。我国首当其冲，领土之介乎日俄间者，于遭受巧取豪夺之余，陷为强邻变态之外卫机构；燎原星火，谓非在此欤！夫战争于我领土之内，我国安得自外于战争；我国不能自外于战争漩涡，则以各国在远东关系之错综复杂，以远东战争胜负之将决定世界将来祸福之运命，又孰得置身事外，若隔岸之观火？是以谓今日种因之后果，将不仅为我国局部领土存亡之问题，不仅为我国整个国家安危之问题，断非耸听之危言也。

虽然，国人毋谓事变影响之将遍及各国焉，故凡防患于事变之先，制止于变作之日，应由各国与我共分其劳，共任其责。要知无论辽宁、吉、黑、东蒙、外蒙，皆我领土，亦应惟我主权得以支配之；故凡关领土之主张，主权之发动，权在我，责亦在我，非异人任，不容他求，此其一。我国之领土得保全，主权得完整，则日俄争端无自生，接触无自作，彼沿海库页一隅，固不足为战争之酵母也，此其二。惟此二者，国人应以至勇，引消弭世界大战、远东惨祸为己任；而昨传我国政府为俄蒙擅订议定书而提出严重之抗议，是一面为领土之主张，主权之发动，实有此抗议之必要，一面殆亦以防止祸患为动机，斯抗议不辞以最严重之态度出之，以期其必效欤！

夫外蒙之是我领土，有我主权，不惟世所周知，抑亦苏俄所确认，民国十三年之《中俄协定》可以佐证。是以在国内言，外蒙地方政府无与他国签订此类议定〈书〉之资格，在国际言，苏俄不应诱致外蒙之签订此类议定书；今《中俄协定》之存在既绝无问题，则所谓俄蒙议定书之等于废纸，自无待言。事理之简单明了若斯，苏俄必明知之，顾乃悍然不顾以为之，诚不知苏俄将何以答我抗议？将何以解释《中俄协定》之存在？或曰：辽、吉、黑非中国领土耶？非有伪组织耶？民国二十年间，非有类似今日所谓俄蒙议定书之日伪议定书之签订耶？先例如彼，仿行若此！唯唯，日伪议定书亦非我国所能承认，此其一；惟有日本在辽、吉、黑之行动，斯有今日之所谓中日问题，此其二；惟有中日问题，故日本脱离国联而孤立于国际，此其三。往者，李维诺夫氏释侵略国，侃侃而谈，举世翕然，则谓今日苏俄自侪于日本，谓所谓俄蒙议定书效法日伪议定书，是未可信。以此推之，在此苏俄答覆未至之日，我人固将期待苏俄对我抗议所取之态度，有以殊异于中日问题中之日本态度也。抑国人当不以对俄抗议为尽责也。何也？国人应以保持领土主权之完整为尽责；此责不尽，人视我国领土主权为生命线，彼此生命线之延扩，即远东惨祸、世界大战之导火线也。

（录四月九日上海《时事新报》）

《国闻周报》

上海国闻周报社

1936 年 13 卷 15 期

（丁冉　整理）

蒙苏关系

Outer Mongolia

North China Daily News，Apr. 13，1936

历樵　撰

中国政府对苏俄的抗议，要旨在蒙苏协定违犯了一九二四年（民十三）五月三十一日缔结的《中俄协定》。而俄方的答覆，则举《奉俄协定》为前例，申申置辩。查《奉俄协定》的主要作用在解决中东路问题，其余的条款却和《中俄协定》大致相同。苏俄提及《奉俄协定》的用意，只为了举出一个苏俄与在中国主权下的地方政府进行直接谈判的先例。我们姑且不论这种答辩的是非，它总是令人不愉快的。当《奉俄协定》签字之日（民十三九月），正遇着直奉战争爆发。当时北京政府曾对俄提出严重抗议，后来因为吴佩孚政权的颠覆，这件事才暂行搁置。可注意的就是在这次中央对苏的抗议中，承认《奉俄协定》以后曾经批准，列入《中俄协定》的附件。该约的第五条讲：

> 苏联政府承认外蒙为完全中华民国之一部分，及尊重在该领土内中国之主权。苏联政府声明，一俟有关撤退苏联政府驻外蒙军队之问题（即撤兵之限期及彼此边界安宁办法）在本协定第二条所定会议中商定后，即将苏联军队，由蒙古尽数撤退。

在事实上，中俄会议的工作并没有完成。自一九二七年中俄断交以后，到一九三二年，国交方才恢复，那时候中东路的情势，已经有了重大的变更。

拉提摩尔氏（Owen Lattimore）在英文《中国年鉴》里面曾经述及，外蒙有一种原则，以为在满清颠覆以后，外蒙与中国的政治关系，已经断绝：

> 外蒙在苏俄支持之下，已获得一种自治的方式，它承认中国的宗主权，苏俄的特别利益以及蒙人自治的权利。

但是我们应该指出的，就是蒙古王公原来的意旨，是想在名义上仍然依附中国，借此巩固她的独立。但是因为经济关系，影响到了他们爱戴中国的态度。自从一九二四年外蒙人民共和国的宪法颁布以来，外蒙虽不是苏俄正式的一部，但是在实际上，却已经是依附苏俄了。这种情形是很复杂的：

> 在外交方面，外蒙并非苏俄联邦的一员，苏俄也不作对蒙宗主权的要求。任何国家愿意和外蒙谈判的，应该和外蒙政府接洽，或是对握有外蒙主权的中国政府接洽。不过因为外蒙政府不承认中国的主权，而且除苏俄以外，没有一国承认外蒙，所以它惟有对俄发生外交上的关系了。

自从外蒙独立以后，中蒙通商关系发生了障碍。外蒙又否认对华的债务关系，而苏俄却坐享了蒙古皮毛市场的利益。在另一方面，苏俄更给予外蒙技术的协助，以开发蒙古的资源。

情形虽如上述，但是苏俄在《中俄协定》中承认中国主权的条款，却仍然无从抹煞。再进一步讲，中苏两国大概也不致会为理论的争持，而妨碍到两国的邦交。俄方很容易申辩，以为新约仅仅是承认若干年来实际的行动。从苏俄的观点看来，鉴于目前边界事件的纠纷，因此认为对于外蒙应有密切的谅解。俄方陈述，她对外蒙的关系，与已往十二年来的情形一样，这是可以谅解的。

但是中国北方权力的斗争的绵密化，现在已有见端；东京方面对蒙苏协定已有不满的表示。不过中苏两国对于协定意见的参差，此后将无特别发展一点，却是十分明了。

《国闻周报》
上海国闻周报社
1936 年 13 卷 16 期
（朱宪　整理）

外蒙问题之回顾

作者不详

自苏蒙协约之说证实，外交部已两提抗议，申明法律立场，其不能有济于事实，固不待智者而后知。然而俄人于此，已极愤懑，竟指为系接受日方要求而出者，日本方面则又不满于我方态度之和平，指为缺乏决心。由此可见中国介在两强之间，处境至难，今后万一日苏关系，更益恶化，则中国应付之艰苦，当有什百倍于今日者矣。

抑蒙古、满洲夙为日俄势力之竞争场，数十年来中国坐视邻邦之角逐，纯处被动地位，此中关键完全由于国家无力，而国内扰攘不宁，尤为边疆日蹙之主因。试就外蒙问题，回溯经过，实可发人深省。请略述之以谂国人。

远者不具论。外蒙独立运动，实起于前清末朝。宣统三年十一月外蒙王公发表宣言，脱离中国，时正中国革命，无暇外顾，故帝俄政府乃得从而操纵之。次年俄国即与外蒙新政权订立修好条约，取得外蒙之保护权，中国虽否认独立，抗议伪约，而俄、蒙不之顾也。又越一年，中俄成立谅解，发表共同宣言，俄方承认中国在外蒙之宗主权，中国则承认外蒙之自治，问题暂告结束，然中国在外蒙势力，实际大杀矣。其后俄国发生革命，国内多事，我国乘机恢复其名实相符之宗主权。民国八年徐树铮拜命筹边，提一旅之师，躬赴库伦，迫活佛取消独立，演出一出有声有色的历史剧，非俄国多事，曷能致此？然即此甚短期间，库、张汽车，交通频繁，中蒙贸易，渐见复活，假以时日，中国势力，不难稳固。乃以直皖战起，树铮获罪，陈毅继之，庸阘无力，遂重予俄人以卷土重来之机会。先是外蒙国民党在民十左右已见活跃，时中国连年内战，俄国又新旧党哄，旧党恩琴被逐于西比利亚，间道侵袭库伦而据之，挟制活佛，建国独立。徐树铮旧部边防军之驻蒙者，悉被驱逐，狼狈内遁。至是宗主势力，铲除净尽。旋蒙古国民党起而推翻恩琴，遂成立外蒙临时政府，又不久蒙古青年党挟苏俄之势力，取国民党而代之，活佛哲布〈尊〉丹巴既死，乃改君主为共和，情势愈益俄化，且随苏俄政局之安定而推进种种物质建设。其对在蒙汉人，除作工者外，虐待备至，对于中蒙交通务取封锁，外蒙全境，竟成神秘之域焉。溯其隔绝交通，摧残汉人势力，不能不谓为俄人主动。盖外蒙民众，对于中国，非有恶感，尤其生活所需，欢迎中国货物，只以遭受严峻干涉，欲求不得。试观民国二十三年张家口商人刘筱如，冒险入库，接洽张、库通商，初到之时，极受欢迎，勾留五日，竟被放返张，益可见中蒙隔绝，系出外在原因也。

　　就以上简单纪述，中苏在外蒙势力之消长，完全与国内情形成正比例，即中国国内多事，为外蒙俄化之主因，而中国在外蒙之稍能振作，亦仅在俄国内乱与中国安定之最短期中。本此判断，今后应付国际变局，舍自身团结努力，又宁有他道可循乎？邦人君子，其深念之！

（录四月十六日天津《大公报》）

《国闻周报》

上海国闻周报社

1936 年 13 卷 16 期

（丁冉　整理）

百灵庙蒙政会之前途

作者不详

百灵庙蒙政会日来正在开会，而关于德王等之谣言又喧腾于中外报纸，内蒙一部分地方之不安，引起中外之注目，有如是者，斯亦足窥世人神经锐敏之一斑矣。

查自九一八事变以后，内蒙古东四盟之哲里木、昭乌达、卓索图三盟，因在辽、吉境内，悉归沦陷，仅锡林果勒盟地位介在热河北部与察哈尔东北部，尚得保全。惟自东盟丧失，西盟形势，亦甚危殆。蒙古少壮人士，热心自保者，因有团结自治，共谋御侮之运动，王公中以德王为中心，领导此举，颇为积极，中央重视蒙人意见，缘有百灵庙蒙政会之设，时民国二十三年事也。方动议之初，本有分立与合组两说。分立者，准许察、绥两省盟旗，各在两省辖境范围内，分设一自治机关，是说为绥境之西二盟即乌兰察布与伊克昭两盟王公所赞成，而德王一派则反对之，以为宜合并组织，以厚实力。中央当时亦认合组为较便，乃以锡、乌、伊三盟，察哈尔十二旗群暨绥远土默特、宁夏之阿拉善及土尔扈特等特别部旗合组一会，设于乌盟辖境之百灵庙。因其区域太广，范围过大，东起热、察两省之北部，西迄宁夏、青海之边外部旗，故自始即不能运用裕如，而西二盟中仅乌盟盟长云王等极少数王公参加，其伊盟之沙王、阿王从未到会与闻会务，是以组织虽大，实力甚微。重以德王环境日恶，许多向与合作之西盟青年，渐次离异，于是在上则伊盟首倡分区自治之要求，在下则有土［尔］默特青年荣继先等，于本年二月率教导队哗变离庙之事。彼时荣等通电曾称："自去冬德王东去不返，庙方环境日非，或谓西盟尼特旗已组军政府，或谓德王委李守信为军政部长，或谓察北六县改年建号，谣诼繁兴，莫衷一是。"由此可见德王环境复杂之一斑。在此以前，中央已徇绥境蒙旗之请，别设绥省境内蒙政会，包括乌、伊两盟及土默特旗等，又令将绥东五县之察哈尔右翼四旗，划归绥省府指导管辖，一并加入该蒙政会范围，以便共同一致，保全领土之完整。明令既下，蒙情翕然，政会成立，内外协作，一方面则显示百灵庙蒙政会之没落与黯淡，盖至是该会实际仅能为察哈尔之蒙政会，而旧日察哈尔八旗之张北六县，且沦于东盟类似之运命。虽由德王以蒙政会名义，擅令改旗为盟，以卓什海为盟长，实则并卓什海左右手之尼冠洲，犹不得保全生命，而在张北途中，被刺身死，其予德王及卓什海之刺激为何如，诚非局外人所能想像。要之，德王等精神痛苦，实堪同情。现闻中央已令百灵庙蒙会移设察省，自是正办，吾人甚望德王等宜与冀察当局切实合作，或可稍减困难，否则陷溺过深，必有不能求谅于国民之一日，宁不可惜？抑吾人尤有言者，现在绥境蒙政会之分立，百灵庙之会范围缩小，其势不能假借名义，有所主张，是以纵令德王或被挟持，重违宿志，凡有言动，亦已不足重轻。吾人今日特于谣诼繁兴中，揭破要点于此，冀以唤起国人注意，对于百灵庙蒙会前途，幸勿过分重视。

最后吾人更有言者，德王住居滂江，直邻内〔外〕蒙之乌德，实为内外蒙交通要冲，前岁中俄失和时，乌德地方，外蒙堡垒林立，防守森严，现在日俄关系据传已有缓和朕兆，吾人切望内外蒙古间，万勿再有新刺激，重使日、苏、伪、蒙间情势恶化，此又吾人本爱好和平之念，所愿致其希望者也。

（录六日天津《大公报》）

《国闻周报》

上海国闻周报社

1936 年 13 卷 19 期

（朱宪　整理）

十五年来之外蒙

Confriet in Outer Mongolia
The Nation，April 22，1936

T. A. Bisson　著　历樵　译

　　自民八、九年徐树铮氏经略外蒙失败后，中国与外蒙关系隔绝，世人对之，亦颇似淡忘。迄去年一月，"满"蒙界争开始，形势推演，日呈严重，至今年三月，竟发生大规模之冲突，于是世人目光，胥集矢此项冲突，深恐其演成未来日俄斗争之导火线。毕森氏此文，陈述外蒙十五年来政治与经济上蜕变之情形，暨今后日俄斗争之展望，内容颇关重要，爰介绍其要旨于次，以谂读者：

　　　　外蒙与苏联之密切合作，始于一九二一年底，其间以一九二一年至一九二四年为第一阶段。在此期中，当局严厉铲除旧日之封建势力，尤注重打倒喇嘛的政权。当局对活佛之权力，施以宪法的限制，并取消各地王公之治权，又实行废止苛杂。一九二四年，封建势力与资本主义者联合，在丹禅氏（Damsan）之领导下，作夺取政权之最后尝试。一九二四年八月第三届蒙古人民革命大会开会时，反丹禅主义之运动，最为猛烈，丹禅势力卒被摧毁。因此项胜利之结果，并因活佛先此已于一九二四年五月二十日圆寂，于是正面攻击蒙古封建制度之基础，于以奠立。一九二四年六月，外蒙宣布采用共和制，最高权力属诸大呼鲁尔丹（a Great Huruldan）——即人民大会。第一次人民大会于一九二四年十一月召集，当通过一宪法案，将封建制度铲除净尽。政权均归劳动阶级，凡王公、喇嘛、商人与高利贷者均不得享有政权。土地、矿产、森林与水利，收归国有。更分离政教关系，而以信仰作为私人问题。执掌政权者有大呼鲁尔丹，该会得推选政府人员；有小呼鲁尔丹，为一三十人组成之执委会，每年至少须开会两次，以及由五人组成之小呼鲁尔丹之主席团与政府。

外蒙之政治的封建制度虽被推翻，然其经济的根据以及资本主义的发展，则并未受有严重的影响。在封建制下的经济禁令被取消后，资本主义日形发达，至一九二四——二七年而达峰极。一九二五年封建式的资本主义集团成立，迅即获得政治的势力，而逐一遂行其贸易、转运与工业政策，经济资本主义之发展日趋巩固。至一九二七年左翼反对党出现，彼等动员民众的势力，以反抗右翼领袖，此项政治斗争，一变为广泛的反封建势力的农民革命。当一九二八年第七届蒙古人民大会开会时，右翼首领遂尽被排斥。

一九二九年开始之程序，一般均认为"强迫的社会主义的建设"。当局没收喇嘛之牲畜，并开始集体化运动。惟因技术方面之不充分以及运输困难，故集体制无从施行。商业国营制亦因操之过切，以致发生同样之停顿。至一九三一年底，发生"物品荒"之威胁，于是一九二九——三一年之政策，遂不得不予以放弃。

至一九三二年七月，蒙古人民党开始一种类似苏俄新经济政策（一九二一至二八年）的运动。集体农场多半均自由解散。分配、开矿与转运诸业，一部分仍归私人经营。当局并允在某种条件下，予以银行放款之利益。此项让步的交换条件，为强迫施行订立常年合同制，与规定劳工之工资与工作时限。自一九三二年此项政策施行后，牲畜与农产品之产量，陡见增进。小规模之新式畜牧事业开始兴办，北部与西北部之农业，均施以机械化，而转运方法，亦经改良。他如喇嘛人数之日见减少，新式学校之日形普遍化，宗教势力之日见微弱，其经济活动之畴范，亦渐受限制。分配的合作工具既已扩张至一限度，使集体的生产组织能获得一健全的出发点。

作者于泛论十五年来外蒙内政之发展后，更陈述一九三五年一月二十四日贝尔池事件以来之"满"蒙界争事件以及双方会议之经过，以为此项事件，为日本军人派对内方面之示威，其结论称：

除非日本能与德国成立一坚实的军事条约并能确实获得英国之财政协助外，其对苏俄开战，将无殊自杀。现时前一举纵使未曾实现，然亦在迅趋成熟中。惟德国现时尚未准备着手发动，而英国之立场，亦仍暧昧。顷间关东军正在满洲、华北与内蒙各方，从事巩固其战争的根据，于是最后一幕之揭开，亦日趋迫近矣。

《国闻周报》
上海国闻周报社
1936 年 13 卷 21 期
（丁冉　整理）

绥远问题

作者不详

中日交涉行将进入具体的协议之新阶段，两国负责人物，能以非常忍耐慎重之态度，使民间一时昂奋紧张之情势，渐归宁静，努力于交涉再开之促进，此种稳健政策，至堪赞许。惟此项工作，艰难繁重，得未曾有，为防止意外波折，致生不良影响计，吾人兹特举出绥远问题，唤起双方当轴者之注意。

按绥远从前在外交上不占重要地位。自察北六县今春为所谓"蒙古保安队"者占据以后，绥东、察北，犬牙交错，绥省乃显成世界注意之目标。日方既设特务机关于归化，而日机之高翔于察北、绥东者，浸假而任意进至省城，驶抵包头，又未几而阿拉善旗王府亦有特务人员之活动，更未几而察北与绥、包、阿拉善间出现所谓"交通机"者，每星期为定期航行，甚至包头有强筑飞机场之举。迨至最近，绥远、宁夏间之额济纳地方复有日本特务机关之设置，此等深入不已之自由行动，自予中国官民以无上的恐怖与疑惑。同时察北六县，土匪麇集，武器来源丰富，在为虎作伥者流，恃有后援，志得意满，为害地方，民不堪命，而自中国人民言之，则一切责任概集中于发纵指使之一方也。且此辈匪军为坚信示诚起见，更于绥东、绥西，故造紧张之状，时作进扰之势，既已背景显然，日本益因以贾中国之怨。迩来中日国交调整，空气浓厚，两国同然，独在察、绥边境，宛然另一天地；前方日员行动，一似别有禀承，是以绥远近来形势岌岌，已驾平、津、冀、察而上之，万一发生事端，即使表面出自土匪，亦足以影响两国大局。吾人于此希望我方当局，向对方应为严正之表示，务期两国政府和平商谈之大势，勿为一方局部不必要的任意行动所破坏。吾人亦知察、绥方面特务工作，乃属别一机构所主持，日本中央部未必可以完全控制，惟值此紧要时机，星星之火，可以燎原，而此方面情形，日本内地知者似又甚少，吾人因主张我国亟应唤起彼邦有力者之注意，以免枝节突发。一面更望政府对于绥远之安全，速为有效的布置。吾人固知绥省当局，负责守土，夙矢决心，并知该省汉蒙合作，官民一致，匪果来犯，必无幸理，惟匪情牵及外交，变化极难预测，故政府对于该省防务，举凡经济之补助，实力之应援，亟须剑及屦及，坚决维持，昭示中外，以正观听。总之，中国今日，不容再失寸土，故绥远问题，值得万分重视，愿再正告当轴，幸勿掉以轻心也。

（录十月七日津、沪《大公报》）

《国闻周报》

上海国闻周报社

1936 年 13 卷 41 期

（朱岩　整理）

绥局揭开

铸成　撰

自从去年察北六县发生变化后，绥东形势，便日见紧张，今春"残共窜入"山西，某方更无时无刻不在制造危机，以威胁绥远当局，屯运粮食，编练土匪，困心衡虑，以求一逞。直至本月中，绥局乃全面展开。一年来的种种酝酿，早就昭然若揭，所以战事的爆发，决不会令人发生一些意外之感。

这次匪伪军的侵绥，大约分为四路，一路向红格尔图扰平地泉；一路由兴和图窜丰镇；一路由百灵庙向武川而压迫归绥；另一路则进陶林南窜。根据地在商都、百灵庙两地。饷械军火之供给，则多由沽源、多伦方面运来。战事于上星期发动后，飞机多至一二十架，坦克车、大炮，种种新式武器，无不具备。以荒塞漠北的"匪"徒，而具有如许现代式的武器，真是一种奇迹。好在日武官喜多诚一，对这个疑问已给予我们一个明白的解释。据他对《泰晤士报》的驻沪记者声称：日本对内蒙现局，确已参加，对于日本军官曾协助现时集中绥东之蒙伪匪军事，该武官亦直认不讳。并披露日本分化内蒙之计画，直拟将一万七千方里之中国领土，置诸日本统治之下。据云：现日本军部后备军官，已在察北设立大规模军事学校，专训练蒙军。日本军官之薪给，系由蒙人担负，惟不参加战争。至于日本曾以飞机售与内蒙之事，喜多少将谓亦实有之。外传内蒙无力购买坦克车、铁甲车及军需品之说，殊为不确，盖内蒙鸦片收获丰富，购买军械，即以鸦片偿付云。但是东京方面，似乎还没有这样率直，日本外务省正式发言人二十日明白释明日本政府对于绥远战事之立场时，竟完全不承认日本政府对于蒙军进犯绥东担负任何责任。该发言人谓：绥东战争，纯系中国之内部事件，与日本无关。纵使有日本人民参加蒙军作战，亦应认为个人行动，与日本政府及日本军队渺不相涉。该发言人又郑重称引历史上外国人民参与他国内争之事例数端，并直认日政府对内蒙因反共而起之任何防御行动，表示同情。该发言人最后负责申明：日政府对于绥远战事绝未与闻，并谓中国在其本国领土内，对于侵犯者无论如何痛击，日本均无理由加以干涉。盖御寇之能力，为每一国家之基本要件也云。又东京各报登载关东军之意见，称：日本对于德王领导之内蒙军进犯晋、绥，抱绝对同情，并虔诚祝其成功云。但关东军对于预知蒙军行动一层，则加以否认云。

　　事实无论用直笔、曲笔，文章的内容既如此生动，读者自然一目了然。

　　我们这次应付绥乱，显然和历次事件不同。第一，政府和地方当局，始终抱着不屈不挠的处置，沉着抗御，不作无谓的周旋。第二，全国上下，多一致热烈拥护当局去做庄严的工作，没有一点分歧的意见。第三，在战术上也往往采用攻击，以消灭匪徒，直捣匪巢为目的，不稍委曲，无所顾念，处处可以看出全国统一的精神，和抗战的实力。在政府和地方当局方面，我们可以举蒋委员长和阎主任、傅主席的谈话为例。蒋委员长十八日晨在太原绥靖公署自省堂，曾对受训之绥署省府公务员等训话。其要点共分三项："（一）晋、绥一般同志与全体将士在国防最前线，艰难奋斗，自强不息，本人时刻惦念。此来特表嘉佩慰劳之意。（二）绥东蒙伪匪军之扰乱问题之性质与关系，虽至为重大，然我已有充分之准备与整个之计划，以吾观之，实无问题，现在吾人一切应以坚固宁静之态度，沉着处理。（三）我国自九一八后，不断进步，今已统一告成，全国团结一致，现代国家之基础已渐具备。今后仍须自强自立，埋头苦干，任何外患，皆不足惧。语云：'人必自侮，而后人侮之，国必自伐，而后人伐之。'我能统一团结，自强自立，必能实行三民主义，建立现代国家，复兴中华民族"云。阎主任谈："绥东方面，匪伪编有四军，分路进犯红格尔图，此路已经击退。惟绥北一路，伪匪以百灵庙为根据，现正图南犯，国军刻已准备迎头痛击。兴和一路，近日有多数飞机窥察，甚为活跃，预料不日将发生激战。平绥路以南，尚称安静，本人对绥事感想，认为纯是责任问题，守土是军人的责任，晋省军民人等，对剿匪御侮极具决心"云。

傅主席的谈话，尤悲壮奋励，令人感动，他说："绥省被人觊觎，已非一日。身为疆吏，负荷守土卫国之责，御寇平乱，悉为责任分内之事。任何人居此职责，自然发生此责任心。本人受命主绥以来，平时深察彼已情势，夙有态度，一言以蔽之，曰：不说硬话，不做软事。应付措置，力求合理。国家主权领土，最高决定之权属之中央，疆吏不能稍有主张。数年来本人御寇卫土，无不秉承中央意旨。此次匪军进犯性质，与历次无异。本人秉承中央意旨，以尽职守土，态度亦同，至匪军此次被剿，遭受重创，预想必继续进犯。我方态度简单明白，不使领土主权任何人侵占尺寸，持我忠贞，待彼奸贼而已。"

在民众方面，我们可以见全国各地如火如荼的募捐援绥运动，上至实业界公务员，下至小贩车夫，几乎没有不热烈参加的。最令人欣慰感动的，厥为平津学生的可宝贵的运动。平津学生，近年在风雨飘摇中，干着不少可歌可泣的悲壮活动，和种种恶力相搏斗，使敌人对于这个"特殊环境"不敢逼视。本年来，平津学生的表现，更为沉着、奋勇，尤其在这次募捐运动中，大声疾呼，发聋振聩，直接援助绥远前线将士，间接唤醒冀、察、平、津的民众，我们对于北方许多为国努力的青年，惟有钦敬而自感惭愧。

在这次绥东战事中，还有一点可以充分看出的，便是绥远全省合作的密切。在前作战，多有赖于蒙军的指引，阿王、潘王以及许多蒙古王公，没一个不努力参加抗敌的工作。从这点上，一面可以看出傅主席近年的一切措施，悉合人心，其次可见前线同胞没有一点种族歧异的观念，可以反证一切对方所施的侮蔑。

在红格尔图一役中，表现我国战士的真力量，在敌机和种种新式武器威胁下，奋勇抗御，受伤以后，仍旧高呼要再上前线。

此役我军以攻击的战术，造成光荣的大胜。我前敌总指挥彭毓斌师长，在平地泉，接见《大公报》记者，彭三日夜未休息，眼红声哑，而精神仍佳。据谈：此次战争，士气异常振奋。十八日晨开始包围攻击，士卒无人不努力先登，集中主力，败匪于红格尔图附近之达拉村，抄没王英伪总司令部，获军用品甚多。王英仓卒逃落，仅以身免。所获各种文件，且有许多新异训令及布告等，王英原来名义系"西北蒙汉防共自治军"，以成吉思汗纪年，近于本月三日改用"大汉义军"名义，用黄帝纪元纪年。抄获匪之无线电台收发机全部，台长为某国人，名八牟礼吉，雇员名松村利雄，并抄获彼等之身份证明书及委令。最重要者，其中有昭和十一年制发王英部电台连络表。其通电号所列，计有长春、张北、商都、承德、百灵庙、张家口、太原、归绥、额济纳、阿拉善等处。匪方伤亡情形，除阵亡者不计外，运入商都之伤兵计七十余汽车。此战正黄旗总管兼东四旗剿匪司令达密凌苏龙，由十二苏木率兵追击匪军，其功亦大。

又据太原绥署十九日接傅作义、赵承绥报告云：匪军连日向我红格尔图迭次进犯，均不得逞。匪首王英率所部及伪军李守信部

第二师尹宝山部共五千余人,向我大举进犯,经我骑兵彭师长亲率步骑□①团,向匪袭击,匪受重创而退。我彭师十八日上午二时,分向达拉村、土城子、七股地、二台地一带之匪军开始猛攻,激战三小时,至拂晓,匪不支,向西北方面溃退。当我猛攻时,土城子有汽车七辆,开足马力,仓皇东遁。匪首王英似在其内,乘汽车而逃。是役毙匪百余名,获汽车、无线电、马车各一,我亦伤连排长五名,伤亡士兵十余名,傅、赵以前方将士对匪异常愤慨,作战当为勇猛,饬各部分路追剿。

在此战中,某方之发纵指使,益为表面化。据南京关系方面所得消息:(一)据平绥路确息,连日以来,某方由平绥路输送大批军火,以前仅运至张家口,近则直接输送绥远前方。担任此项运输者,为万国转运公司。此公司大抵为某国人出资组织,不服检查,明知其为军火,亦须以货物记载。平绥路局昨特致电察省府,请协助各站查验云。(二)某方连日由平绥路向前方输送大批军火,殊影响我方军事。绥当局特派稽查二人,自十二日起随车查验车辆。(三)连日自绥东战事掀起以来,某方已有兵士一团加入前线作战,并派军官二百余名,分派各匪军内担任指挥。

其详细情形,更可从《大公报》十九日的张北通信得之:

> 进犯红格尔图之匪伪军,自本月十一日开始攻击后,迄至十九日,与绥军接触大小数次,未尝一逞,迭次均被绥军击退。十八日王英、李守信、尹宝山诸逆随××军某参谋,由商都亲赴前方指挥,当晚即由前线运回,断肱折胫,奄奄待毙之伤兵二百余人,王、李诸逆亦返回商都。于十九日上午二时,夜色迷蒙中,有某国军官七人,在商都与王英、李守信、吴蝦庭、尹宝山等,开紧急会议,商定本月二十五日以前,发匪伪

---

① 此"□"为原文所有。——整理者注

各部军饷，目的在鼓励匪焰，防止脱逃。日前由多伦开到商都之热河匪军，系李振铭、胡玉山两部。该部共有重炮二十门，机关枪六十余挺，然实际上均缺乏战斗经验，其中中下级军官，悉由某国所选派，并有某国军人混迹其间，十九日早亦开赴红格尔图增援。在南壕堑、大青沟一带之李守信部伪军及王英部张万庆重集之步兵，自十八日起，由张逆万庆指挥，向兴和及丰镇晋绥军防地猛攻。十九日早六时又攻击，但战况不若陶林、红格尔图之剧烈，当亦被晋绥防军击退。现在察北匪伪军所有军火，如枪炮弹，均分存于张北及商都两地，据可靠之消息，谓在张北所存者，约有五十余吨，在商都者，亦有三十余吨，另有燃烧弹四十余箱。此外在张北飞机场中，尚停有伪国国徽标识之飞机十二架，十二日后每日均有七八架起飞向红格尔图及兴和、丰镇一带，投弹侦察。十八日午后有某国飞机七架，由多伦起飞，经康保、商都向绥东一带飞去，当晚即返停商都机场。十九日早由张北运出军火十七载重汽车，赴南壕堑、大青沟，供给张万庆及李守信部，察北匪伪所需煤炭，由大蒙公司及东鲁行前后代为运到者，共达千余万斤，现均开赴前线，[本]在各县匪伪军，〈本〉月十七日，崇礼县属陶嫩庙地方，忽然发现土匪数十名抢掠，张北县虽无成股土匪，但亦时常发生抢案。著匪刘桂堂（即刘黑七），近派其伪参谋金熙元者，于本月十七日由津来商都，连日分访王英、李守信诸首逆，有所洽商，并拟日内转赴嘉卜寺，趋谒德王，并访蒙匪各领袖，拟在察北召集刘之旧部附逆云。

　　察北伪匪在红格尔图迭次败退后，集结商都一带，整顿补充，伺机再举，组便衣队破坏平绥路交通。此外：（一）南壕堑方面，二十日有李守信部千六百人增援，由张北运到枪炮弹十车。（二）商都城门严闭，内有李部两团，飞机二十架，王英由红格尔图退却时，至土城子曾对部下大哭，匪团长赵大中因攻绥畏缩，十八日被王枪毙。（三）康保二十日由张北运到汽油十二车，由多伦运到木箱十六车，箱长宽各四尺，不知何物。（四）多伦连日自热河开到某国及匪军万余，逐步西进。大约匪在绥东失败，知我方阵地坚不可攻，故放弃商都以西阵地，转趋绥北，企图联合蒙匪，沿大青山而西，侵犯宁夏阿拉善及额济纳旧土耳扈特旗，以遂其进战退守之策略。各匪队伍中，每一连有某方教练官一二人不等。又闻沈阳开到伪军二万，即日准备西移，谓系张海鹏等部属。至二十四日，蒙伪军由蒙古草地绕道乘汽车增援百灵庙，为数甚多，另有大部伪军在运送增援中。二十三日下午百灵庙伪军突分两路分向武川、固阳出动，拟向我绥远、包头两处进犯，声势极凶，我当局得报，已饬武川、固阳驻军分头迎击中。

匪伪军之进攻分四路，一由武川，一由兴和，图窜丰镇，一由集宁，拟趋平地泉，一出陶林。

红格尔图一役以后之绥局形势，可由二十四日《大公报》绥远通信窥及一斑：

> 绥东红格尔图之役，不足一周，匪已完全溃退。王英与王道一过去扮演丑剧，完全相同。王道一上次进犯绥东，我骑兵师长彭毓斌亲自率部夜袭伪司令部，致王道一一蹶不振，并以此不容于某方而毙命。此次红格尔图之战，王英匪部以四师之众，先后进犯不下数十次，均被我击退，最后于十八日晨，我军骑兵师长彭毓斌，会同步兵旅长董其武，亲自攻袭王英之伪司令部，匪部溃退，其狼狈情形，有甚于上次之王匪道一。红格尔图一带地形，达密凌苏龙部蒙兵极为熟悉，此次我军进袭匪部，仍以蒙军为向导，深夜行军，均由便道绕入，越匪步哨，予以袭击，故匪均措〔猝〕不及防。上次王道一伪司令部被我破获，有王致某国人之文件。此次捣毁王英匪司令部，

亦获得此类文件，并有某国文指挥发纵之密件。匪军作战力颇
弱，每遇我军进攻，事先辄退，望风而逃。红格尔图炸毁教堂
不少，我军此次受伤者，多为炸弹伤，某次我伤兵由红格尔图
运回后方，竟亦遭轰炸，厥状极惨。匪军所赖者，为大炮及炸
弹，我军则以短兵相接为长。十八日全线进攻，漫野毫无掩
蔽，我步骑兵勇往直前，其时敌机盘旋天空，掷弹轰炸，我军
奋不顾身，仍进行不止，因不免伤亡，但卒达目的地，匪遂完
全溃退。红格尔图之役，匪军以王英部为主力，李守信、德王
部为辅，溃散之后，王英、李守信均逃往商都收集残部，大约
数日之内整理完竣，再补充械弹，或仍来犯。我军仍在严密戒
备中。兴和方面，十七日起，匪初以三数百人骚扰，其后增至
千余人，由南壕堑犯我边村，兴和县城距边村本近，故十八日
上午匪竟距兴和城约二十里，但城内人心镇定异常，县长孟文
仲为傅部军官，此次匪军进犯，孟率民团迎击，至为勇敢。后
得增援，卒将匪军击退，并有俘获。傅作义二十日由平地泉返
绥，绥东暂似稍和缓，但绥北情势，则日益紧张。日来伪蒙匪
军不断在百灵庙增兵，并构筑工事，我方前哨在××地方，距
百灵庙不过六十里之遥。庙方如有动作，则冲突极易。伪军到
庙，乌盟达尔罕旗蒙民，咸遭涂炭，苦痛万状。达旗札萨克车
王及沙贝子等，均敢怒而不敢言。云王亦极为气愤，近曾密遣
代表，来绥请傅作义速为援救。达尔罕旗汉人民，如在倒悬，
百灵庙伪军之亟应驱逐，实属刻不容缓，伪匪军不堪一击，已
完全证明。绥东王英等匪部，再度结集，背后发踪指示者，谅
必仍令其有所动作，如仅蒙伪匪军，纵大举犯绥，亦不足虑。
此时在绥边有两事弥足注意，其一为某方是否以本身力量，自
己兵力，参加匪军工作，如此则事态严重，不言可知。其次为
毒瓦斯问题，某方最近是否施用，亦堪注意，不久当有事实证

明也。

　　此次绥东事发动之后，绥远社会人心之安定令人始而惊诧，继则深知一般人对于国家民族认识之切，实不足异。旅居绥远之外省人士，所有眷属，均已离绥，此亦人情之常，而绥远人士，则均认国运如此，任何地亦非安全处所，故转觉安定云。

　　中日外交之调整，因受绥事之影响，愈陷于无法进行之境地。二十三日晨清水曾再度访高宗武，一度商谈。川越现切盻〔盼〕能早日与张外长会见，就前此所谈各项问题，赓续研讨，惟日期迄未约定。据闻，张、川越会见之期，当已不远，第日方犹无反省之表征，即我全国极端重视之绥远问题，亦若可以轻轻撇开者然，日方态度如此，交涉前途之艰难，可以想知。又闻高宗武与清水最近迭次会谈，均曾提及绥事，张外长与川越见面，亦将以绥事为前提，切实交涉。

　　张、川越八次会面之后，中日交涉是否再继续进行，恐怕很难说。东京方面各报，近均以明显悲观之语气，刊载中日谈判之消息。各报均图予各方以一种印象，即中国之态度，现已坚决强硬。不仅毅然拒绝日本关于防共及华北两问题之建议，且对已经同意之诸点，亦有不愿之表示。此外中国指绥东之匪患，系受日本之唆使，据闻日外务省当局之态度，颇为愤慨。但将继续努力要求中国在原则上承认华北及防共之建议，并对各项所谓悬案之解决，获得明确之妥协。而关于成都、北海等其他事件，予以彻底之解决云。我驻日大使许世英十八日午后与日外相有田之会晤，时间颇短，当时许大使对我政府之态度，有所释明，但有田并未置答。

　　我外部为明了绥事之真相，拟派高宗武及段茂澜赴绥实地调查，段已于二十三日到达绥远，进行调查工作，高则以种种困难，未及成行。关于外交部分，大约下周总可以得一结束。

总之，我们对于这次绥远事件所得的印象，认为我们的国家，的确认为毫无悲观的理由。我们全国统一的基础，业已形成，抗战的力量，亦已略有表现。再从全国民气的激昂，青年行动的稳重沉着，从种种方面，充分表露我们的朝气澎湃。从这些上，可以证明我国的必将步入复兴自强之路，是毫无疑问的。

（附录）傅主席与德王往来电

本月五日德王有一电报致傅主席作义，列举五项责难。傅主席于八日电复德王，一一予以驳斥，并责以大义，期其服从中央，恢复旧规。兹将两电并志如次。

一　德王致傅主席电

转绥远傅主席勋鉴：慨自蒙疆设省置县以来，盟旗之政权日蹙，蒙人之生计日窘，上年迫不获已，始有要求自治之举。当时中央以扶植为怀，特准设蒙古地方自治政务委员会，经理自治事宜。蒙众欣感，举国同情。惟贵省始终猜忌，屡加破坏，举其最显著者，即有下列五端：（一）贵省各项税收，大都取之于蒙地及蒙人，按照中央颁行之蒙古自治原则，贵省有将各项税收一律劈给蒙古若干成之责任。当时蒙政会以地方和协为重，深恐贵省感觉困难，故仅对于路经百灵庙等处之特税一项要求劈分。中央以为颁行劈分此项特税办法，乃贵省始而假借武力，变更特税路线，继而曲解明令，百般支吾，时经年余，终未劈给分文。彼时中央以贵省既应劈给特税，遂不另行发给事业费，以致蒙政会各项自治事业，均未能如原定计划举办，此系贵省消极破坏蒙古地方自治之事实，早为蒙众所最不满者也。（二）上年西公旗事件，纯为蒙古内部问题，蒙政会及该管盟长原可为之和平了结，偏贵省越权干涉，操纵石贝子，一方故令事态扩大，纠纷不已，欲以此为分化盟旗，推翻自治之媒介，用心已不堪问。今春蒙政会遵照中央明令，撤回驻在西公旗之队伍，曾经请准中央，转令保护梅力更召及大喇嘛等有案，乃未逾数月，而该大喇嘛及其家属徒众等，竟为贵省派兵袭击，杀戮殆尽。此种危害自治荼毒蒙人之惨剧，实为蒙众所最痛心者也。（三）蒙政会保安队原系呈准中央所编成，只有保卫地方之功用，并无碍于任何方面，乃贵省于今春利诱该队三数不良分子，致有叛归贵省之事，上月又迫令该叛兵等阳假反正之名，遄返百灵庙，企图毁灭我自治发祥地。当经各旗驻在该处之保安队击退后，贵省复为掩饰计，竟将该叛兵等堵截，惨杀至数百名之多。是已受贵省利用之无知蒙人，仍为贵省所不容，不知贵省仇视蒙人何以如斯之甚也。（四）百灵庙蒙政会为我全蒙最高自治机关，不徒为中央扶植蒙古之实意所寄托，抑亦蒙古全民引为第二生命者也，凡稍具有人类同情者，决不忍加以危害。独贵省屡施阴谋，抱必推翻之决心，甚至捏造是非，耸动中央，并假借乌、伊、土各盟旗名义，淆惑中央观听，致有所谓绥境蒙政会者产生于前，复有察境蒙政会之明令发表于后，遂令我蒙古营求多年所得之整个蒙政会完全毁灭，蒙古对于中央之好感，亦将由此而斩。贵省此种误国害蒙之举，实可为太息痛恨者也。（五）前者破坏我整个蒙政会之顷，蒙古本拟与贵省一较是非，只以主谋者虽贵省，而命令实出自中央，蒙古本其服从中央之素志，终于呈准在锡盟盟长公署所在地成立察境蒙政会，并派兵清理百灵庙蒙政会债务，赶办结束，似此隐忍退让，并无丝毫不利于贵省，乃贵省愈迫愈紧，又在察西一带及百灵庙以南地方，掘战壕，筑炮台，作种种军事上设备，以致该处蒙民备受骚扰。又为经济封锁，限制粮食、煤炭等物运入察地及百灵庙一带，以致锡、察两盟及百灵庙一带之无辜蒙民，俱感生活之重大压迫，似此情形，是贵省必欲将全体蒙古置之死地而后快也。总之，蒙古愈退让，贵省愈压迫，现在蒙古已退无可退，群欲诉诸武力，以争最后之生存。惟本会同人，始终以地方和平为重，但有一线妥协之可能，绝不欲轻启战端，重累民众，用特提出下列之要求，惟希贵省谅察焉。（一）察哈尔右翼四旗，原属察哈尔部管辖，现在该部遵照中央颁〔颁〕行之蒙古自治原则，已改为盟，兹为完整该盟盟土计，为锡、察两盟民众向集宁、丰镇等买卖粮食、煤炭、牛马、皮毛等，为便利计，请将该右翼四旗即日归还察哈尔省，并归本会管辖，以符名实。（二）百灵庙蒙政会结束事宜尚未办竣，该处尚留有原有职员及保安队数百人，兹为安定该项员兵及附近居民之人心计，并为免除其生活上之压迫，请将百灵庙以南一带地方之军事设备、经济封锁，一律即日撤销，完全恢复平息之状态。（三）百灵庙保安队原有之步枪、手枪、轻重机关枪及其附件子弹，均为中央所发给，今春贵省利诱该队叛变时，均经掠去，并由贵省缴存归绥、武川等处，查有实据。应请即日将该项械弹如数送还百灵庙，以资应用。（四）现在百灵庙蒙政会清理债务之结果，计欠员兵薪饷及商民货价共达二十万元。此项巨款，蒙地既无所出，中央谅亦不能发给，只好请贵省将去岁应行劈给蒙古之特税项下拨付二十万元，以便早将该会之结束办竣。（五）今春百灵庙兵变为首各员，前经蒙政会通缉有案，现在该员等均在贵省担任要职，足证该次兵变确为贵省之主使，请将各该叛员一律拿解百灵庙，以便法办。再贵省袭击梅力更召，惨杀大喇嘛等之官兵，均为杀人凶犯，请贵省一律撤惩，以明法纪。并请对于以上两案前后被害数百蒙人之家属，一律发给赈偿金，以慰冤魂。以上五项，系为蒙古生存计，必不得已之要求，贵省倘能反省以前种种压迫蒙古之错误，即应一一承诺，克期实行，否则，蒙古虽弱，亦不能不作最后之挣扎，倘因此而演成任何事变，其责任均当由贵省负之也。特此电达，伫候明教。察境蒙政会委员长德穆

〈楚〉克栋鲁普，副委员长卓特巴扎普等叩。歌（五日）。印。

二　傅主席覆德王电

卜寺察境蒙政会德委员长勋鉴：歌电阅悉。自来辩论事理，有强词夺理者，有颠倒是非者，接诵大电，深惜尊处于各案之是非，尚未明了，兹特分项撮要答覆如左，幸详察焉。（一）绥特税系代中央征发军费之税收，按自治八项原则劈分地方税收之规定，该税本在不应劈分之列，北平军分会特示优惠，派员调查，规定五项办法，贵会迄未实行，是贵会不肯按中央规定而劈分，并非绥方之不予劈给。至商驼改道，系因贵会拦路苛征，自断商运，具有事实可指。（二）西公旗事件，第一阶段，由于贵会派兵帮助叛逆曼头围攻王府，并有来历不明之飞机助战，致该旗横受糜烂。中央明令撤兵，贵会均置未理。第二阶段，本年大喇嘛等返庙，与石王等已订约相安，不知何故当王道一扰犯绥东之时，该喇嘛忽勾结非本国国籍人，在梅力更召招兵运械，建筑机场，意图与绥东王匪相呼应。大喇嘛竟于八月八日攻击王府，而石王十三日始行反攻，当战事结束，确有非本国籍人在内，此事孰违中央，孰肇乱源，社会周知，勿烦曲解。（三）百灵庙保安队哗变，系在察北改元易帜之后，时间、事实，昭昭于社会。该青年等为执事平日所培植，其思想行为，度为执事所深晓，中途脱离，当自有故。云等通电，表示惋惜，而誓不合作，执事更应自省，不尤他人。（四）绥蒙易制，亦在察北变乱之际，尔时乌、伊官民，既畏丧失国土，贻蒙众之害，又不愿与地域不同者，共此多事岁月，中央俯顺多数蒙人之请，始行分治目下旗众相安，边防无恙，与察蒙相较，自有真正之得失。（五）分治明令既颁，贵会既不遵令迁锡，复在六县易帜改元，组设军政府，接引伪蒙军入察。近又向庙会大批增兵，乃来电仍云本其服从中央之素志，以地方和平为重，且责绥方自卫之不当，似言行不无矛盾。以上就见质敷陈其要。至对来电要求及期待于左右者，即执事是否以国家为前提，察北今日成何局面，且查该四旗本多年隶察，相安无事，自张北六县脱离察省管辖，该四旗官民始惶然呈请中央，颁定改隶之令，执事对义既有期勉，义敢不以诚反求于执事。倘执事以国为重，使张北六县仍归察省管理，恢复旧规，则虽中央明令在前，悬想四旗必仍愿还隶旧治。其他要求，自更不成问题。盖今日边土安危，责在执事，而不在义，作义服务国家，只知有公，不知有己，同在中央隶属下，向不存地方与私人之见。执事如摆脱现状，不受利用，翻然有所表现，则往日之罪，义当负之，愿即负荆以请，并立解职，以明心志，否则不但四万万胞众对执事怀疑，即执事左右亦难保不作爱国之事。刻所馨祝者：宁义谢罪，以保执事令名，勿义免过，而使执事有负于国。时迫事急，祈执事熟思而利图之，国家幸甚，边防幸甚。绥远省政府主席傅作义。庚（八日）。印。

《国闻周报》

上海国闻周报社

1936 年 13 卷 47 期

（朱宪　整理）

察北与绥东之提携

张其昀　撰

自国军既克百灵庙，复绥北之疆土，控塞外之要道，大为中华民族争光。于是出兵察北，与绥东方面互相提挈，自为国军当前之任务。盖察、绥二省同属中国领土，断不容甲省匪徒攻击乙省，各报社论已剀切言之，不待余之多述。目前侵绥之匪军，集中于张北、商都、化德（加普寺）、滂江等处，皆在张库汽车路沿线，故初步计划应为反攻上述诸地，恢复张库大道之交通。此等匪伪军之总兵站设于多伦，以汽车、飞机指挥各地，本擒贼先擒王之义，尤不能令我察哈尔原定省会之多伦，长为化外之地。尝观元、明二代之历史，多伦与张北之得失，其影响于边防大计者，往事历历，可为殷鉴，是为本文著述要旨。

愿我国民听之，多伦非他，中山先生《建国方略·实业计划》第一计划，自北方大港建筑双轨铁路至多伦，长四百五十公里，即其地也。中山先生所定西北铁道系统之枢纽，移民实边之门户，均在多伦。元代盛时，以北平为大都，多伦为上都，夏来多伦，秋返北平，车驾行幸，岁以为常。其地在滦河上流，土人称为上都河。元世祖相地于滦水北、龙冈南，经营宫室，名之曰开平。凡省院官署七十余所，有上都国子监、上都翰林院等名。虽香殿楠亭已为陈迹，而建置故址犹有可按。其地有产木、产鱼、产盐碱之山场、池沼，居民利之。其时曾议自滦河挽舟而上，直至开平。遣郑〔郭〕守敬勘察，既不可行乃罢。明洪武二年，常遇春等克开平，建卫于此，蓟北悉平，永乐帝亲征漠北，往来由之。明代中叶以运粮路远艰难，始移卫治于独石口（相去二百七十里），蒙人复居开平旧壤。所谓朝发穹庐，暮薄城郭，京师之北，藩篱仅存，明室之亡，即由满清先制漠北，以抚榆关之背，北平遂不能守。清康熙帝以多伦为蒙古各部落道里适中之所，于斯地创建汇宗寺。雍正帝复建善因寺，故多伦俗呼喇嘛庙。诸蒙族奔走来会，马驼丛集，居民鳞比，为塞外一大都会。至中东路开通，蒙古商业渐向北移，但在民国十五年多伦贸易额尚达三千万元之巨。伪满洲国成立以后，延长锦朝铁道（锦县至朝阳），一路通承德，一路通赤峰，均于民国二十四年竣工通车。复自赤峰延长至多伦，已成路基。自多伦至张家口之铁道亦经测量，长约二百五十公里。

察省之张北县，在张家口之北五十公里，元代称为兴和，今绥远有兴和县，即以与张北县接壤而名。元代曾建行宫于兴和，称为中都。明初曾设兴和守御千户所，后内徙于宣化，塞外之地弃而不守。元代自大都至故都和林（今外蒙古鄂尔坤河上流）必经兴和，今张北县为张库汽车道之所经，形势依然。自张家口至库伦之铁路，已经约测。因张家口大境门外之大坝，工程艰巨，改由绥远集宁县（平地泉）为起点，路亦较近。平库全线共长一千公里，其中平滂段（集宁至滂江）在民国十四年曾由交通部派员测量，计二百四十公里。集宁为平绥路之要站，土牧台适居平滂线之半，为农耕区之分界。计划中之平库铁道，在东亚大局上实占重要地位。当太平洋有事之秋，若沿海为敌人封锁，我国必于大陆另谋出路。但欲延长陇海铁道至新疆，俾与苏俄铁道联络，实嫌迂远。若由集宁通至西伯利亚铁路上乌丁斯克站，其路程较潼关至酒泉（肃州）一段略相等。故平库一路当为欧亚交通最捷之径，由平库路至天津出海，较之经中东路由大连出海者，犹近五百公里，即使目前铁道尚未筑成，此线尽有利用价值。此次绥东战事，敌人目的即在截断平绥交通，隔离中俄关系。故为国防计，我军断不能放弃大道，亦已明甚。

明初平定中国，用太史令刘基议，自京师达于郡国，皆置卫立所，分屯设兵，重农实边，规模甚为宏远。当时开平则有卫，兴和则有所。永乐帝尝语大学士金幼孜曰："今守开平、兴和、大宁（今热河平泉县），边境可永无事。"奈其后边计偶疏，兴和既徙于郡城，开平复移于独石，割弃境土三百余里。其倡议移开平卫者，为宣德五年总兵薛禄，明人尹耕弃开平说有曰："禄知谨于封疆之不利，而昧于中外之大防，知惩乎目前之纷扰，而滞乎经世之权变……效成于一时，而祸伏于异日。"（见金志章撰《口北三厅志》卷十三艺文）其言沉痛甚矣。今民智渐开，史地之学成为常识，"史不能详则辅之以志，志不能详则证之以史"，国防计划不仅为军事家之专门，而亦为一般国民讨论之中心。愿我爱国健儿，奋起御侮，为民族自由而战，陈兵兴和，恢复上都，察北、绥东左提右挈，保我祖国领土之完整，塞上长征，良时在兹。

录十二月六日津、沪《大公报·星期论文》

《国闻周报》
上海国闻周报社
1936 年 13 卷 49 期
（王芳 整理）

西公旗纠纷解决

蒋默揿 撰

西公旗事件，自蒙政会下令罢免石王职位以来，事态僵持，已历数月。最近经蒙藏会派参议鄂奇光二次赴绥，协同蒙政会委员吴鹤龄，竭力斡旋后，蒙政会与石王双方，均愿让步；酝酿数月之严重纠纷，始告平息，兹将经过略记如左。

中央决定三项解决办法

中央对西公旗纠纷，最初即予以严重注意，希望由蒙方直接谈判和平解决，并不欲加中央力量，经多方考虑，始决定解决办法三项，即：一、由中央明令停止石王札萨克职务八个月，在停战期间，札萨克职务，由该旗记名协理札萨克都尔察布代理。二、蒙政会开入西公旗军队，即日悉数撤回百灵庙。三、大喇嘛依喜达克登尔根生命财产，由西公旗署予以保障。蒙政会对上述解决办法，虽表接收，但仍盼中央派大员彻查，俾明了实情，故蒙兵未即撤去。

石王遵办移交

石王自经中央决定办法，深明大义，即办移交，其通电有谓：

"此次本旗纠纷，仰赖中央处置得当，曷胜欣感。遵于十一月十三日，即将印信、文件交代理札萨克沙克都尔察布接收；闭门自省，用期他日图报"云。

代理札萨克都尔察布发表谈话

都尔察布经决定代理后，十一月十六日对记者发表谈话，略谓："关于旗内一切行政事项既系暂代性质，萧规曹随，一仍其旧。将于就职之后，召集旗下士官共同会议，研商整理办法。西公旗兵燹之后，蒙汉人民，均不无损失，将必设法救济，或豁免差徭，或另设法赔偿人民损失，俟召集各士官开会再妥商办法，总以安民为宗旨。至伊大喇嘛生命财产，中央既有明令，着由旗公署负责保障，自当遵照认真实行，即对额宝斋、曼头等生命财产，中央虽无明令，本人亦必加以保障。此番事变，为首者伊大喇嘛等不足十人，本人必设法从中斡旋，于此八个月代理期间，精诚团结，使过去一切误会均消灭于无形。伊大喇嘛所率军队，向归旗公署统一指挥，所有士兵，将均令其安心返旗，继续服务。总之，过去纠纷，为本旗最大不幸，此番本人就职，务必从中斡旋，使全旗团结，再无纠纷为止云。"按各旗制度札萨克之下，分设两协理，俗称东西官府，西旗两协理一为巴图百音尔，即此次西旗事变中蒙政会委任代理札萨克者，系依〔伊〕大喇嘛之侄；其一为额宝斋，即曼头之父，系于民国二十年石王就职后，不容于云王而去职者。沙克都尔察布，系三等台吉，彼之记名协理，系二十年由乌盟盟长云王向中央保举者，祖名尚格赖，父名加木英加布，另名僧格旰吉勒，均为西旗历代协理，三世四任，为西公旗之望族，此番代理札萨克，极孚众望。

内蒙前途仍极悲观

　　西公旗纠纷虽告解决，但内蒙前途，仍极悲观，冀察政委会成立，内蒙主客形势，已非昔比，加之陕北"共匪"，自经国军"进剿"，化整为零，四向逃窜，近来时有小股越出长城，窥伺伊盟北鄂托克旗，又伊盟乌审旗协理某，早已与"共匪"勾结，软禁该旗扎萨克。而蒙政会各委员以蒙政会成立三载，成绩毫无，且因蒙政、外交，均感棘手，已随云王一并提出辞呈，虽经中央慰留，辞意迄未打消。

《时事月报》
南京时事月报社
1936 年 14 卷 1 期
（李红权　整理）

绥境各盟旗设自治政委会

蒋默掀　撰

内蒙问题，随中日局势，愈演愈恶，现国人视线，群集华北，政府措施，乃不得不首重内蒙矣。兹举近事种种，以见内蒙之急遽变化。

中央改组百灵庙政会

蒙政会委员长云端旺楚克，迭向中央辞职，已经国府明令照准，另经中央选任云为国府委员，所遗委员长一缺，指定以该会委员索木喇布坦继任，并以德穆楚克栋鲁普为副委员长，此种变动，显为适应内蒙新情势。锡林果勒盟盟长索王以身躯肥胖不便于行，只能遥领，蒙政会职权由德王以副委员长地位主持一切。

政院令察省右翼四旗改辖绥省

行政院以察哈尔右翼四旗处于绥东五县，在地域上属于绥远省之行政系统，而在绥东五县之蒙民，在蒙旗行政上则又属于察旗，行政指挥，诸多不便，蒋院长近令绥省府转绥东四旗各总管，自一月十八日起，将该四旗统由绥省府指导管辖，四旗奉到改隶绥省明令，均极欣忭，各总管表示，四旗原隶察省，极感不便，四

旗早请中央改归绥省管辖，中央俯顺蒙情，颁布明令，自此右翼
四旗与乌、伊两盟十三旗共同一致，保全领土之完整云。按所谓
绥东者，通常系指丰镇、集宁、陶林、凉城、兴和等五县而言，
此五县原仅丰、兴、陶、凉四县，民元本隶属绥远特别区，二年
划归察哈尔，九年冬于丰、陶、兴三县之间，设集宁设治局，十
一年正式改县，十八年一月绥远正式改省，绥东五县，复由察省
划出，重隶绥远，但迄至今日，与绥东各县地理错综之察哈尔右
翼四旗，一切行政，仍归察省管辖，此次改隶，一方固因行政不
便，而免受威吓，亦为最大原因云。刻察右翼四旗驻绥办事处已
正式成立。

察北八旗改盟

察北共有十二旗，除多伦一部外，近被伪军李守信袭占之沽源
等六县，原为八旗地方，在逊清时代，属于内务部，所有八旗蒙
民，均以家奴看待。迨察改省，各旗总管均由省府委任。去年各
旗一部人民，因某种关系，要求将十二旗改为一独立盟，与内蒙
其他各盟立于平等地位，当时中央曾有允意，但察省府当局恐改
盟之后，直隶蒙政会，影响察省府政权，表示反对，并谓各旗已
有一部分地方归化，设立县治，居民并不尽为蒙人，以为反对理
由，其议遂寝。最近因六县被伪军占领，一部蒙人遂在外力掩护
之下，恢复改盟运动，蒙政会亦予援助，一月十七日，德王与卓
什海等在张会议，遂决定将八旗改为察哈尔盟，二十二日已正式
成立，并由蒙政会委原蒙古保安队长卓什海为盟长，蒙古保安队
则分驻于八旗地方。

尼玛鄂特索尔被刺

中委兼蒙委尼玛鄂特索尔，为关于察旗问题，经卓什海敦促，尼氏于一月十七日赴张北，与卓什海、德王等曾作一度会商，德王等于二十二日返滂江，尼氏于二十三日午后二时由张北搭商营之玉临车行汽车返张，车行至距张北二十里之猴儿山前三里地地方，突由洼处闯出身着便衣之匪徒数人，阻车检查旅客，追至尼氏近匪，遂出枪向尼狙击，尼身中三弹，当即殒命，匪遂远遁，其余乘客无恙。尼年四十六岁，察牛羊群人，通汉学，为蒙旗中有数人才，现任军政部明安牧场场长、蒙政会委员及六届候补中委等职。尼之被刺，适在察哈尔盟成立之翌日，说者谓与政治有关，尼盖为察旗问题而往也。二月五日国府已明令优恤之矣。

绥政会组织及人选

自察北六县沦落，广漠之锡林果勒盟，遂与内地隔绝。先是乌、伊两盟去年秋季请求中央另颁组织办法，脱离百灵庙蒙政会，均在伊盟札萨克旗沙王府决定，当时百灵庙蒙政会亦有所闻。百灵庙蒙政会成立以来，伊盟正副盟长沙王、阿王，始终未出席，乌盟亦仅云王及沙贝子少数王公参加，当日成立之初，已种下分离之因，迨至去年杪内蒙谣言传出，蒙政会辟谣之电频传，乌、伊两盟十三王公始再度电请中央另颁组织办法。当时云王以系遥领蒙政会委员长职，致未参加，中央最后决定即在彼时。其后云王升任国府委员，蒙政会改组，实为绥远蒙政会产生之前奏曲。国府二十五日明令公布《绥省境内蒙古各盟旗地方自治政务委员会暂行组织大纲》，原文如下：

第一条　国民政府为促进绥省境内蒙古各盟旗地方事业起见，设立绥远省境内蒙古各盟旗地方自治政务委员会（以下简称本会）。

第二条　本会办理左列各盟旗地方自治事务：乌兰察布盟所属各旗，伊克昭盟所属各旗，归化土默特旗，绥东五县，右翼四旗。

第三条　本会直隶于行政院并受中央主管机关及中央指导大员之指导，遇有关涉省之事件，应与省府会商办理。

第四条　本会会址设于伊金霍洛。

第五条　本会设委员九人至二十四人，由行政院就绥省境内各盟旗之盟长、副盟长、扎萨克或总管，及其他资格相当之人员中遴选，呈请国民政府派充之。并于委员中指定委员长一人，副委员长三人。

第六条　本会每月开会一次，遇必要时，得召集临时会，前项会议以委员长为主席，委员因事不能出席时，得派代表列席。

第七条　本会委员长执行前条会议之决议，并处理会务，监督所属职员。各副委员长，每年轮流驻会四个月，辅助委员长处理会务，委员长因事不能执行职务时，由驻会副委员长一人代理之。

第八条　本会设左列各处，分掌各项事务：秘书处掌管机要文电、会议纪录、文书编译、统计、会计、庶务等事项。参事处掌管撰拟、审核本会之行政计划及法案、章规、命令等事项。民治处掌管关于民治事项。实业处掌管关于实业及交通等事项。教育处掌管关于教育事项。保安处掌管关于保安事项。卫生处掌管关于卫生事项。前项各处除参事处外，均分科办事。秘书处之科长，得以秘书长兼充之。除秘书、参事两处外，其余各处应斟酌情形，报请中央主管机关核准设置之。

第九条　本会各处设职员如左：各处处长各一人，简派。秘书四人，荐派。参事四人，荐派。各处科长十二人至十六人，荐派。科员四十人至六十人，委派。

第十条　前条各职员除科员外，统由委员长遴选具有相当资格及学识能力者，报请中央主管机关核转派充之。

第十一条　本会设参议十八人，由委员长就各盟旗佐治人员中派充之，常川驻于本会，代表各本盟旗接洽并办理一切事务。

第十二条　本会因事实之必要，得酌用技术人员及雇员。

第十三条　本会经费，由本会依照会计年度编制预算书，报请中央主管机关转呈核定，由中央就国库或地方税收中指拨之。

第十四条　本会会议规则及办事细则，由本会拟具草案，报请中央主管机关转呈行政院核准行之。

第十五条　本大纲自公布日施行。

同日国府派沙克都尔扎布、巴宝多尔济、阿拉坦鄂齐尔、潘第恭察布、齐色特巴勒珠尔、齐英特凌清胡尔罗瓦、额尔和色沁扎木巴拉、凌庆僧格、石拉布多尔齐、噶勒藏维勒玛旺扎勒木兰、康达多尔济、图布新齐尔噶勒、特弃斯阿木固朗、鄂齐尔呼雅克图、荣祥、沙拉布多尔济、达密凌兰龙、巴拉贡扎布、孟克鄂奇尔为绥远省境内蒙古各盟旗地方自治政务委员会委员，乌景济百雅尔代理绥远省境内蒙古各盟旗地方自治政委会委员，并指定沙克都尔札布为委员长，巴宝多尔济、阿拉坦鄂齐尔、潘第恭察布为副委员长。

政委会指导长官公署条例

　　二月四日行政院通过《绥境内蒙古各盟旗地方自治指导长官公署条例》，兹将该公署暂行条例草案原文探〔采〕志如次：

　　第一条　绥远省境内蒙古各盟旗地方自治指导长官承行政院之命指导该省境内蒙古各盟旗地方自治事宜，并调解省县与盟旗之争执。

　　第二条　指导长官一人，由行政院呈请国民政府特派之。

　　第三条　指导长官公署设参赞一人，由指导长官呈请行政院简派之。

　　第四条　指导长官公署其他职员另定之。

　　第五条　绥远省境内蒙古各盟旗地方自治政务委员会开会时，指导长官应出席指导，或派参赞出席指导。

　　第六条　绥远省境内蒙古各盟旗地方自治政务委员会呈报行政院或蒙藏委员会之公文，须同时呈报于指导长官公署。

　　第七条　绥远省境内蒙古各盟旗地方自治政务委员会处理事件，或发布命令，指导长官认为不当时，得纠正或撤销之。

　　第八条　绥远省境内蒙古各盟旗地方自治政务委员会经费，由指导长官公署转发之。

　　第九条　本条例自公布日施行。

　　指导长官公署条例公布后，国府随派阎锡山为指导长官。内蒙危急至此，政府始为此蜗角布置，彼日本竟评我设置政委会为"先机制人"，吾人诚愧死。

沙王谈组设蒙政会经过

绥境蒙政会成立，各方均极期待其于国防有所尽力，二月二十二日政委会委员长沙王对组设政委会经过发表谈话，略谓百灵庙蒙会因交通及别种关系，对乌、伊两盟甚隔绝，陕北"共匪"又逐渐侵犯，乌、伊两盟及绥属各旗，亟须自保，故于去岁十一月即请中央允许分治。绥境蒙政会成立后计划，沙王谓有三项初步工作：（一）严密组织保安队，以防"共匪"；（二）提倡教育，广设学校；（三）开矿与用人并重，务使地尽其利，人尽其材。会址伊金霍洛，沙王已视察一过，蒙会成立会定废历三月二十一日在彼召开，刻伊金霍洛有房舍二百余间，蒙会成立后，暂足敷用，将再兴修；对指导长官人选，沙王表示阎最相宜，发表阎，彼至欣快，已电促阎就职。沙王谈及蒙古民族复兴问题，谓人口少喇嘛多为大病根，今后决须由教育着手，民智开通，始可渐臻复兴。绥境蒙政会成立后，与百灵庙及绥省关系，有询及沙王意见，沙坚决称，与百灵庙蒙会作地方自治基础，并保全国家领土，不问外事，至省与蒙旗事件，向即融洽，此后更当和衷共济。

《时事月报》
南京时事月报社
1936 年 14 卷 3 期
（李红权　整理）

内蒙局势之开展

蒋默掀　撰

一　绥境蒙政会成立

　　绥境各盟旗设自治政委会，前曾志本报上期本栏，各盟旗王公对政会设立，均表欣慰。政会委员长沙王二月十三日抵绥，二月二十一日绥远各界举行欢迎蒙政会正副委员长暨各委员大会，傅作义致欢迎词极恳挚，谓过去绥汉民至各旗经商，蒙古王公不以语言不同而歧视，王公、蒙民来各县，汉民亦不以语言服装之不同而轻视蒙人。蒙汉感情融洽，事实俱在，蒙汉本系一体，利害一致，共居斯土，只有共同利害，而无分别冲突，今后应更进一步，积极互助，截长补短，共保安宁，发展生产云。沙王答称应蒙汉团结，一致防共。潘王答蒙政会组织意义，不仅为蒙民谋利益，须共保蒙汉共同利益云。二月二十三日蒙政会在绥公共会堂开成立大会，到委员十八人，沙王主席，傅作义代表中央监督，沙王报告开会意义，详述蒙政会任务在发扬蒙旗固有文化，促进一切生产事业，增加蒙民福利，并述在睦邻防共共同目标下，与省地方政府切实联络云。傅作义在蒙政会致辞甚长，首勉各蒙委遵照誓词，尽忠职务，勿使蒙会成为一有名无实空机关，须成一有精神有效力之机构，蒙会成立，即绥境蒙胞幸福开始之日，各蒙委努力绥靖蒙旗地方，发展蒙旗文化，提倡蒙旗教育，促进蒙旗生产，改进蒙民生活。次述绥蒙当前最要紧之问题为防共，望蒙会对此特别注意，谓绥境因"共匪"猖獗，极为危险，绥省府对防共工作，年来甚努力，蒙旗尚未能臻于彻底安全，蒙会成立，可合力防共，乌盟格外注意外蒙，伊盟严防"共匪"。对水井食粮，均须管理。末提示改善蒙旗保安队，严密编制，恢复壮丁，以期易于防共。关于蒙旗教育、卫生之推进，傅提供意见甚详。并称：绥省府与蒙会今后精诚合作，互相扶持，以达防共自救为民谋福之使命云。会后发表成立宣言，略谓：

> 绥境各盟旗，北控外蒙，南邻晋、陕，当兹陕北共党企图北窜，打通国际路线，而外蒙赤化，又时时活动之秋，以各盟旗地域之辽阔，居民之散漫，毡幕相距，动辄数十百里，移徙无定，稽查维艰，非就其固有组织，加以严密之联络，不足以防止赤色之宣传，非使利害相同之各盟旗团结一致，加强力量，不足以阻遏共匪侵扰。为适应斯种需要，爰经中央明令成立本会。本会仰承中央寄托之重，复受蒙众拥护之诚，自当本斯意旨，于睦邻防共方策之下，提高蒙民生活，发展蒙旗文化，以及一切经济建设，借图增厚实力，向防共之目标努力迈进，用期勿负使命，巩固边防，谨此宣言。

蒙政会指导长官阎锡山于大会成立之翌日就职。大会廿六日闭幕，会议结果极圆满。蒙会各会、处人选随亦决定，计如下：（一）防共训练委员会主席康王，委员石王、特王、车王、奇文英。（二）建设委员会常委图王、噶王、巴总管。（三）财委会主席鄂王，委员奇王、鄂总管。（四）秘书处长阿王。（五）参事处长沙贝子。（六）民治处长林王。（七）保安处长潘王。（八）教育处长荣祥。（九）卫生处长孟总管。（十）实业处长额王。另设绥东四旗剿匪司令，由绥省府委达密凌苏龙担任。

二　百灵庙蒙政会职员率官兵反正

蒙政委会保安处科长之云继先，政治处科长苏鲁岱，教育处科长贾鸿珠，财委会科长任秉钧，参事康济民等以德王东去，谣言繁兴，百灵庙方面环境恶劣，乃于二月二十一日联合职员百余人，率官兵千余人，离百灵庙。二十五日云继先等电致京军政当局，报告离庙情形，兹志原电如下，略谓：

继先等服务百灵庙蒙政会，数年来矢勤供职，深愿我蒙古在中央领导之下，服从德王，增民福利，乃自去冬德王东去不返，庙方环境日非。或谓西苏尼特旗已组织军政府，或谓德王委李守信为军政部长，或谓察北六县改年建号，谣诼繁多，莫衷一是。尤以消息隔绝，既无面晤申白之机会，又无从转达下情。而会中负责者，一切均讳莫如深，甚至有谋害生命之势。继先等不得已，遂率同官兵千余人，并联合职员百余人，于二十一日离开百灵庙，在庙南觅地集合，听候中央及地方当局之援助。兹特声明如下：一、继先等均系南京、北平各大学及军事学校毕业之内蒙青年。二、近因德王情况不明，且消息隔绝，感受生命危险而出走，在激于爱国热忱及不背叛国家原则下，无所谓斗争，更无所谓叛变。当出走时，留庙之对方只十余人，彼等对继先等虽横加非礼，但继先等绝不报复。离庙时毫无惊扰，未取分文，经过地方亦从事约束，秩序如常，可证继先等之所为，谓之避祸可，谓之爱国反正亦无不可。三、绥境藏〔蒙〕政会已成立，旧蒙政会职权，当仅限于察省各盟旗之行政区划，至属明显。继先等西蒙青年为多，不应再受旧蒙政会之指挥，故此次脱离，虽情非得已，然亦为当然之处置，诚恐远道传闻失实，或会方横加诬陷，谨布经过，尚希垂察。

按云继先、朱实夫，为德王［两］部下之〈两〉青年军官，所有德王干部之军校学生，向受云、朱二人之指挥，此时在庙之新式蒙军在五百人以上，归云、朱等指挥，旧式蒙军约有二百余人，系德王调各旗士兵加以训练者，皆着蒙古袍，在庙通称"袍子队"，平时士兵枪械，俱存库中，不准使用，故云等发动时，士兵俱徒手，仅官长有手枪数枝。二月二十一日夜十一时许，云等持手枪将所有文武职员手枪缴械，复赚开军械库，将库存新枪五百枝悉数发给士兵，其时"袍子队"开枪镇压，因百灵庙河东、河西，极为辽阔，蒙兵又俱散居蒙古包，故深夜枪声四起，亦无目标可寻，云等所部亦放枪恫吓，同时即相率离庙。庙内大部职员，有在蒙古包中竹战娱乐者，有已入睡者。西盟职员除不愿离庙者外，其余文武共约千人，同于二十三日晨三时许离庙，徒步南向集合，黎明约行三数十里，庙方"袍子队"乘汽车，架轻便机关枪及迫击炮追出，双方在沙漠中无目的放枪约数十分钟。"袍子队"究系旧式军队，又兼人数过少，卒返庙，云等乃率队向百灵庙、武川中间之叉叉（地名）退去，恰于此时有绥新长途汽车公司载重汽车数辆过叉叉拟赴庙，遂为教导队截住，勒令运送彼等至叉叉。是夜云等即驻叉叉，此为其发动经过。

至事变起因，则以蒙政会表面上王公与青年合作，熔新旧于一炉，实际上仍由新派所领导，德王为王公中之具有新思想者，故一般新进蒙古青年，皆愿与之合作。蒙古新青年中分子，以土默特人为最多，察哈尔次之，因此两地蒙人开化较早，受新教育者较多，一般新进蒙古青年，此两地人占大多数，百灵庙自治运动之酝酿以及成熟，即以此辈青年为主体。德王为王公中之杰出者，其为人聪明有余，果断不足，易于受人包围，旧蒙会成立之后，德王即逐渐被东盟人士所包围，于是与西盟青年逐渐疏远，因而无由接近。此种现象，去岁初春，已渐明显，又加东盟人士在会中不无作威作福之处，更引起西盟青年之反感，去年蒙谣发生，西蒙青年皆引以为忧，嗣后德王到庙之机会更少，益引起西盟人士疑虑。直至最近，绥境蒙政会成立，而此时德王又不在庙，多由其部下之亲信分子主持一切，彼此误会既深，更易引起冲突，于是西盟青年乃决定脱离德王。

三　康王在绥就任伊盟总指挥职

康王二月十六日在归化举行伊盟七旗联军总指挥及达拉特旗剿匪司令宣誓就职典礼，蒙汉各界观礼者五百余众，仪式隆重，热烈空前。康宣誓保守疆土，安抚人民，傅作义监誓，望康遵循誓言，努力防空〔共〕，安定地方，巩固边陲。沙委员长致训，勖康服从长官，尽职防共。潘王、额王、鄂王、石王、图王、巴文峻、土默总管荣祥、厢兰〔镶蓝〕旗孟总管、民政厅长袁庆曾等均致词。云〔荣〕以学者态度，引证成吉思汗以来历朝蒙人，为国立〔宣〕力，与国家待遇蒙人优厚之史迹，尤发人深省。兹录其原词如左，略谓：

　　成吉思汗为震灼古今，横吞欧亚之伟大雄杰，此不但我国人知之，即远如欧美人士，亦莫不熟闻而惊慕之。再稽诸蒙古王公表传，所有现在内外蒙各盟、部、旗之世袭王公、扎萨克等，或为成吉思汗之子孙，或为成吉思汗功臣之后。所以今时各王公及一切蒙人等，每喜提及成吉思汗之勋业，以为本族之光，亦尚不失为有本之谈，这事实如此，固非假虎之威以欺群众者比也。第我蒙人，于此有应自省之点，且不可不为诸君公告者。盖祖宗之人格，无论如何伟大，祖宗之功业，无论如何宏远，倘子孙自身无丝毫之事业成绩表现于世，则祖宗之光荣

伟大，仍为创业之祖宗所有，对于子孙自身，除作谈话夸耀之
资料外，固犹为空洞无补，所谓食不饱也。所以凡为大汗子孙
者，一方固不可忘却祖宗光荣之迹，但另一方面，尤须各自努
力，对国家对地方对社会对民族，作伟大光荣之事业，方不愧
为圣子神孙，斯于显扬先烈之外，并于子孙自身，亦有其不可
磨灭之盛绩耳。再就现在各王公、扎萨克之历史地位论，元明
两朝，姑不必谈，即以前清言之，凡我各盟旗王公、扎萨克，
所以得有封爵显秩，世袭罔替者，夫岂无故而得之乎，盖亦由
满清入关之初，我各盟旗先代祖宗，对于清廷之削平流寇，勘
定各方，或助以兵，或赠以马，或各王公自披坚执锐，冲锋陷
阵，以助满清而奠其基。可知各王公、扎萨克，所以有今日之
地位者，皆各旗先人汗马功劳换来者也。关于各盟在有清一代
出力报效之迹，其繁不可胜述。今就我散旗土默特两冀〔翼〕
言之，当清初豫亲王多铎，以骑兵讨流贼张献忠时，散旗赠马
数千匹，遂成灭寇之功。当康熙三十五年征噶尔丹时，乌、伊
两盟及散旗，均曾以骑兵从征，终得荡平大患，使边疆安宁。
故康熙于返驾之日，重修旗境各寺，并留甲胄、弓矢、刀戟、
鞍辔等物，以资纪念。洎清代中叶以后，洪、杨乱起，亦常向
散旗征兵助战，计前后三次，共出壮丁七千名，其后乱平，而
兵之生还者，不过千人而已。散旗如此，他旗亦有相同者。至
于东盟如哲盟之僧王及所属各旗，其牺牲损失，尤较我西盟各
旗为甚。由此种种往迹观之，则知前清待我盟旗虽称优厚，但
我各蒙旗之报之者，固亦不得谓为甚薄也。综之衡以报施之
义，我各旗王公对前清之封爵宠遇，亦可谓受之无愧矣。民国
成立之二十余年以来，国家对各蒙旗王公、扎萨克等，优待之
典，有加无已，不特制为条例，并且见诸事实，郡王晋为亲
王，亲王加为双俸，其余贝勒、贝子、镇、辅等公，莫不依次

进级。迨自国民政府成立，中央对于各蒙旗王公之待遇，视前更加优待，欲其自保，则为之设保安长官，欲其自治，则为之设地方政委，国家年费无数公帑，惟求蒙人之能自存耳。国家待我蒙人既比前清为更优，使我蒙人抚心自问，所以报国家，果能优于报前清乎。故今日我各旗王公、扎萨克等，及〔既〕知国家优待之厚，似亦应各自努力，为国家负责任，期无徒受国恩不知所报也。本人亦深知过去二十余年中，各盟旗非不欲有所图报，只以机会较少，虽欲稍知效力，而不得其由耳。兹幸最近数月之间，潘王、康王，先得就剿匪诸要职，此正我盟旗各王公、扎萨克，努力报国之机会也。倘康王及诸王公，能明了中央诚恳扶植之意，以及傅主席竭力引掖提拔之心，从就职之日起，各自奋勉策励，以期和衷共济，而使地方汉蒙人民均得享受安居乐业之福，则尽力于桑梓，亦即所以仰报国家也。

《时事月报》

南京时事月报社

1936 年 14 卷 4 期

（李红权　整理）

蒙旗伊盟等处推定国大候选人

作者不详

近据国大蒙藏代表选举平事务所负责人谈：蒙旗候选人已有伊盟等七处推出，其余乌盟、锡盟及察哈尔八旗群三处，正在推选中，蒙藏代表选举事务所一日已将七处候选人名单送国选总所审核，候其余三处汇齐后，即送呈国府圈定，发还复选。兹将候选人名单列下：

（一）伊克昭盟：厄齐尔巴图、乌勒济巴音斯瑛郎、巴瑚朗朗、色令东固郎、沙珑汪楚克、沙楚克色楞、乌勒济巴图、图都巴色楞、青格勒巴图、朝克图巴雅尔、孟科吉勒噶、乌勒济巴雅尔。

（二）土默特旗：昌森、常龄、经天禄、贺云章、康济民、云健飞。

（三）阿拉善旗：陈爱尔得呢巴图、段巴图尔、李孟入吉柏格尔、杨艾尔德呢达赖、陈那笋巴图魏乌自司古冷。

（四）额济纳旗：苏宝丰、们都巴雅尔、夏安电木、爪里哥利、托克图。

（五）青海蒙古左〔右〕翼盟：苏呼得力、札希税多布、滚噶环觉、索南札喜、齐木棍汪札勒拉卜旦、才拉什札布、札喜南木济勒、罗藏克周、僧格拉卜旦。

（六）青海蒙古左翼盟：太木巧羊桑加保、索南群派勒、索南木年木哲、索南木才让、巴玛旺札勒、庵古、耿他尔、拉纳斯德、多锐。

（七）绥东四旗：贾鸿珠、潘迪、纪典永、富寿臣、英登额、武志忠等云云。

《时事月报》
南京时事月报社
1936 年 15 卷 4 期
（李红权　整理）

《苏蒙议定书》之检讨

方秋苇 撰

一 《议定书》缔结的意义

当伪满与外蒙开始新冲突，日本进兵威胁外蒙边境以来，日俄关系愈益紧张了。许多留心着远东问题的杂志，都说"外蒙古变成了威胁世界和平的一座新的火山"（Paoifio Affairs, Vol. IX, No. 1）。并且法国《大杂志》（La Grande Revue）对于这个"举世注目"的外蒙问题，以客观态度来引证最新而且极重要的资料，说明日本军队所领导下的"泛蒙古运动"已开始与"泛苏维埃运动"对抗着，在外蒙这个地盘，日本与苏俄武装的冲突是很迫切了。

美联社社长霍华德，为了这个问题，于一九三六年三月一日在克林姆宫与史丹林会见时，首先便问史丹林：

"倘若日本向蒙古人民共和国进行重大的武力攻击，苏联究竟将采取什么态度？"

"如日本进攻蒙古人民共和国，企图破坏它的独立，则我们不得不援助蒙古人民共和国。……"史答。

"日本攫夺库伦的企图，是否使苏联有采取积极行动的必要？"霍又问。

"是的，有这种必要。"史答。

从这两段话，知道苏俄坚决的表示了它将阻止日本对外蒙的侵略。同时也知道，日本侵略外蒙与苏俄"赤化"外蒙的意志是同样坚决。霍华德与史丹林这个谈话，是引起了全世界的注目，到了三月二十八日苏俄塔斯社发表消息，谓苏俄政府正式公布已与外蒙签订互助协定。据报纸所载，这是由苏俄全权代表泰洛夫和"外蒙中央执行委员会"主席阿墨尔及国务总理兼外长甘顿，缔结一种所谓《苏蒙互助议定书》。其内容，为"以议定书之形式，列出一九三四年十一月二十七日以后，苏蒙间即已存在之君子协定"，共计条文有四：

第一条　苏联或"蒙古人民共和国"之领土如受第三国家或政府之攻击威胁，则苏联及"蒙古人民共和国"应立即共同考虑发生情形，并采用防卫及保全两国领土所必需之各种方法。

第二条　苏联及"蒙古人民共和国"承认在缔约国之一国受军事攻击时，相互予以各种援助，包括军事在内。

第三条　苏联及"蒙古人民共和国"认为缔约国中一国军队根据互助公约，为完成第一条或第二条之义务起见，屯驻另一缔结国内，至无此必要时，应立即退出，有如一九二五年苏联军队之退出"蒙古人民共和国"领土，此乃不言自明。

第四条　此项草案共有两份，一用俄文，一用蒙古文，两份俱有同等效力。

此项草约将于签字后发生效力，于此后十年内继续有效。

此项议定书，就政治的意义言，亦即从实质而言，明显地，是苏俄对抗日本进袭，或者说准备进袭日本的一种布置。这个布置是日俄战争准备过程的一种准备手段。所谓"第三国"之解释，虽中国也可以解释为"第三者"之一，也可以解释为苏俄与外蒙相约的假想敌人，但实质的意义，这个议定书所指的"第三者"，决不包含中国，实在可以说是专指日本而言。不过就法律的意义言，亦即从形式方面言，外蒙是中国领土的一部分，而苏俄竟不得中国政府的同意，擅与缔结军事性质的《互助议定书》，在中国方面看来，不能不认为是一种侵犯主权的行为。

二　中俄在法律上的争执

依国际公法而言，地方长官（或谓地方政府）非奉中央明令，不得与外国缔结条约，更不得缔结有损害国家权利之条约。倘有所缔结，根本不发生效力。一九三一年（民国二十年）新疆省政府主席金树仁，未得中央允可，竟于是年十月一日私与苏俄签订商约一种，密未公布，嗣经新疆省党务特派员艾沙等，抄得原文，呈送中央核办后，由驻俄大使颜惠庆向苏俄提出解约谈判，以维两国友谊，苏俄为尊重中国政府主权，谅解解约（金与苏俄缔结商约时，中俄尚未复交）。由这件事，我们可知：苏俄对于中国领土主权是尊重的，而同时，中国政府也决不容许任何地方长官对外缔结任何条约。记得行政院曾有"任何地方长官不得与外国缔结条约"的宣言。

当然，《苏蒙议定书》的缔结，从法律上说来，苏俄这种举动，不但蔑视中国主权，且违反民国十三年《中苏解决悬案大纲协定》第五条"苏联政府承认外蒙为完全中华民国之一部分，及尊重在该领土内中国主权"的诺言，所以中国政府于四月二日接到苏俄方面的通知后，即于七日向苏俄提出抗议，略谓：《中苏解决悬案大纲协定》第五条规定"苏联政府承认外蒙为完全中华民国之一部分，及尊重在该领土内之中国主权"，外蒙既是中华民国的一部分，则任何国家都不能和它缔结任何条约或协定，乃苏联政府擅自和它缔结议定书，自属侵害中国主权，违反民国十三年的《中苏协定》，故中国政府对于这议定书，断难承认，并不受任何拘束。四月八日，苏俄对于这一抗议的答覆，是："议定书之签订与议定书内各条款，均无丝毫损害中国主权之处。"盖因第一，"该议定书并不容许或包含苏俄对于中国或蒙古共和国有任何领土之要求"；第二，"议定书之签订，于中俄间及俄蒙间，迄今存在之形式的或实际的关系，绝无变更"；第三，"该议定书并不反对第三者之利益，因其仅于苏俄或蒙古共和国，成为侵略者之牺牲，并不得不防卫自己之领土时，始发生效力"。同时，并声明："苏俄于签订该议定书，认为与一九二四年（民国十三年）在北京签订之《中苏协定》并无损害，且仍保持其效力；苏俄政府，兹特重行确证上述协定，就苏俄方面言，仍保持效力以及于将来。"且谓："至于形式上是否有权于〔与〕中华民国自治部分签订协定问题，兹仅须提及苏维埃政府曾与东三省政府于一九二四年九月二十日在奉天签订协定，此事并未引起中华民国政府之任何抗议，且经其承认该《奉俄协定》与《北京协定》有完全同等之效力。"此外，苏俄又表示：它与外蒙缔结《互助议定书》，并不像日本和"满洲国"缔结《日满议定书》那样承认"满洲国"为脱离中国而独立之国家，不过把外蒙认为中国中央政府的政权所不能及的一个自治部分吧〔罢〕了。

但是，苏俄所说的种种理由，都是从政治的意义立言，这在中国政府现在的立场，是不能欣然接受的。因为：（1）中国政府不能公然地自己承认政权不能及于自己领土之某一部分；（2）中国政府不能公然地表示同意苏俄和外蒙缔结军事的互助协定，以对抗日本。所以，中国政府向苏俄提出抗议，实具有充分的理由：第一，苏俄从来就承认外蒙为中国的一部分，遇有苏俄违背此种义务时，中国皆曾抗议并主张中国的主权；第二，一九二六年苏德订立条约规定德侨在蒙古得享最惠国待遇，北京政府即以其侵犯中国主权，而向两关系国政府提出抗议。因为中国政府的宗主国立场，无论任何一国若欲与外蒙发生条约关系，必须得中国政府同意。至于苏俄报纸说：中国政府对苏俄抗议，系受日本压迫。第一，这是苏俄政府误解了中国政府的立场；第二，我们决不能承认对俄抗议，是出于日本的劝告，日本的压迫。至于日本报纸希望将这件事提诉国联，我们自己必须声明，中国自己有自己的立场，不必要第三者对本事件出主意。

三　对苏俄覆文应有的质疑

四月八日苏俄政府答覆中国政府抗议，否认侵犯我主权，和违反《中苏协定》，且说该议定书不但有利于外蒙，而且有利于中国，此种保证，固中国所愿闻。不过苏俄覆文内容所指各点，势又极尽外交上掩护之能事，当然不能获得中国政府及舆论之满意，故十一日中国政府又提第二次抗议，郑重声明，仍维持第一次抗议的态度，坚决否认《苏蒙互助协定》为有效。

现在，我们从法律上、事实上将苏俄覆文可质疑之点，我们必须向苏俄二次抗议之点，写在下面：

第一，苏俄覆文谓：“该议定书并不容许或包含苏俄对于中国或蒙古共和国有任何领土之要求。”虽然，苏俄对外蒙并无“土地要求”野心的动机，但抹杀中国在外蒙的主权，则成为法律上的事实。此次《苏蒙互助协定》之商议，假若苏俄在精神上确尊重中国主权，则可与中国预商，或示意外蒙，与中国中央政府接洽，外蒙未尝不同意。外蒙与内地虽隔绝已久，但藕断丝连之关系依然存在，我国在外蒙仍有势力。民国十三年外蒙国民党宣布之党纲，其第三条云：“查中华民国人数众多，省域、宗教既各不同，应即分为数部，设为自治之邦，各订章规，为联盟体之中国，我蒙古容入此盟，自无殆〔待〕议。"民国十三年中国国民党在广州开第一次代表大会时，外蒙政府尚派有表代〔代表〕参加，再三声明愿为中国联那〔邦〕之一，造成一大中华民国。是以外蒙在形式上虽独立，而在精神上仍未与中国完全分离，此次《苏蒙协定》，苏俄置中国于局外，这是抹杀中国主权的地方。其次，苏俄既签订唯有独立国相互间可以签订之有关军事的条约，而同时又声明《中苏协定》中国在外蒙主权部分继续有效，似为苏俄矛盾的地方。

第二，苏俄覆文谓"至于形式上是否有权于〔与〕中华民国自治部分签订协定问题，兹仅须提及苏维埃政府曾与东三省政府于一九二四年九月二十日在奉天签订协定，此事并未引起中华民国政府之任何抗议，且经其承认该《奉俄协定》与《北京协定》有完全同等之效力"一点，这又与事实有不符的地方。（一）民国十三年东三省地方政府，虽与苏俄缔结所谓《奉俄协定》，但仍以中华民国地方长官之资格，为该协定之当事人。此次《苏蒙互助协定》，苏俄则以"蒙古人民共和国"为对造，既承认"外蒙为中华民国领土之一部分"，复又承认所谓"蒙古人民共和国"为一国家，这是事实不符与矛盾之点；（二）《中苏协定》缔结于民国十三年五月，《奉俄协定》缔结于是年九月，其中文字，虽偶有一二差别，然大体上《奉俄协定》仍系《中苏协定》之抄本。此次苏俄与外蒙缔结议定书，完全为外蒙私自与苏俄缔结，与《奉俄协定》性质绝异，此中区别颇大，苏俄未尝不明白；（三）当时东三省之张作霖与北京政府曹锟不睦，而东三省与苏俄地理关系密切，故有此协定，即就《奉俄协定》论，北京政府事后虽以其内容与《中苏协定》无所抵触，曾核准追认，作为《中苏协定》之附件，然此事本属违法，经中国政府纠正后，始为合法；但在未追认

《奉俄协定》以前，中国政府曾迭次向俄大使加拉罕及莫斯科当局严重抗议，此次苏俄覆文谓"未引起中华民国之任何抗议"一节，实与事实不符。

第三，《苏蒙互助协定》中泛指"第三者"，颇费解释，苏俄覆文谓："此项议定书并不妨碍第三者利益"，事实上苏俄已抹杀了中国在外蒙的主权，与一九二一年（民国十年）的《苏蒙修好条约》的意义差不了多少。论理，一九二四年《中苏解决悬案大纲协定》成立，一九二一年的《苏蒙修好条约》应撤销有效；此次《苏蒙互助协定》的成立，又不啻否认一九二四年的《中苏协定》为有效。虽然，苏俄声明"关于苏联部分继续有效"，但中国政府的意向，是在于"外蒙古完全为中国领土之一部分"，有不可分性。

总之，从法律上言，从事实上言，苏俄的答覆有许多的矛盾，其所恃以辩护与外蒙缔结《互助协定》之唯一有力的理由，即在援引《奉俄协定》为先例，故中国政府四月十一日之二次抗议，特别就这一点予以辩驳。现在，苏俄对于中国第二次抗议，尚未答覆，预料它所采取的态度，不外以下三端：（一）再以北京执政府于一九二五年三月十二日追认《奉俄协定》的理由，重述一遍，坚持有权可与外蒙缔结协定；（二）如一九三三年五月苏俄出卖中东路时，对中国抗议之答覆，谓因中国政府实际上不能履行《中苏协定》所规定之义务，故不能责备苏俄违反《中苏协定》；（三）如应付北京政府对于《奉俄协定》之抗议，及国民政府对于苏俄出卖中东路之最后抗议那样，暂时置不答覆态度，以待将来解决。总之，苏俄决不因中国政府之抗议而取销《苏蒙互助协定》，这是我们可以断言的。

四　对《俄蒙协定》应有的认识

中国向苏俄提出抗议，固然有种种充分的理由，但我们研究这个问题，又不得不注意现实。

第一，无论法理如何的争执，并不容易动摇苏蒙事实上的关系。现在承认外蒙独立的，只有苏俄一国，因为苏俄对于外蒙并不明白的露示优越感，同时又表现出它的援助并未出于恶意，所以外蒙当局对它颇有信任。加以库伦、莫斯科间的交通较库伦与北平间便利，自然外蒙会感觉俄蒙关系较中蒙关系密切。这种种情形，都不是空谈主权所能变更的（崔书琴氏《苏蒙议定书之政治意义》，载《政问》十六期）。中国政府对此协定，除抗议之外，尚有三种对策可以采取：（一）依《国联盟约》，苏俄违反尊重主权，请国联制裁；（二）与苏俄作外交谈判，修改该项协定为地方协定，缩短有效期间十年为三年，并增加条款声明外蒙为中华民国领土完整之一部，有不可分性；（三）废弃《苏蒙互助协定》，代以《中苏协定》，或扩大《俄蒙协定》为《中苏协定》亦可。上述三项对策，第一项为消极的，徒托空文，无补实际，不待烦言；第二项为折衷的，虽比较进步得体，事实亦皆可能，惟目前以客观情势，恐难办到；第三项为积极的，非政府下最大决心，与中俄有缔结《中苏协定》当时之诚意，决不易出此。吾人诊断目前形势，以上三端均难办到，我想中国立场，也只消极的守不承认原则而已。

第二，若从客观政治眼光加以观察，此项协定内容，并无新奇之点。其目的只不过在互助自卫，共同防御日本之侵略，并明白告诉日本，若日本要对外蒙或苏俄任何一方加以侵略，则俄蒙双方心〔必〕定一致抵抗。对于中国，决无恶意企图，此项协定也不是为了防备中国而成立互助的约束。即就法律解释，纵容许这个协定发生效力，它对中国也不能适用，这是很明显的。

第三，苏俄与外蒙所缔结的军事同盟议定书，与《日满议定书》性质不同。《日满议定书》系日本吞并东北，作为侵略中国的一个根据，乃系一种侵略性质；《苏蒙协定》是抵抗侵略，而且专用于抵抗日本的侵略。所以说，《日满议定书》是侵略性质，《苏蒙互助协定》是抵抗侵略性质。

以上三端，为我对《苏蒙互助协定》的一种认识，承认这些都是现实的问题。总之，一句话说完，中国只有"自力更生"的努力，现在世界上的问题，不是靠外交，而是靠国力！

二五，四，二一，南京

《时事月报》
南京时事月报社
1936 年 14 卷 5 期
（李红权　整理）

中苏关于外蒙之交涉

陆俊 撰

本年三月十二日苏联全权代表泰洛夫（Tairoo）与"蒙古人民共和国"小库拉尔（Small Khural）主席阿穆尔，及总理兼外长盖登（Guendun）在库伦签订《苏蒙互助议定书》，规定缔约国之一国受军事攻击时，彼此应互予援助，军事互助亦包括在内（全文见本月号《一月来之边事》栏）。

我国外交部得悉上项消息，以外蒙系我国之一部分，而在民国十三年五月三十一日签订之《中俄〔苏〕解决悬案大纲协定》第五条中，苏联政府亦明白"承认外蒙为完全中华民国之一部分，及尊重在该领土内中国之主权"；现苏联擅与外蒙签订议定书，显系侵害中国主权，违反民国十三年《中苏协定》，当于四月七日提出第一次抗议，声明不能承认，并不受其拘束（抗议照会全文见本月号《一月来之边事》栏）。

四月八日，苏联方面即致覆照于我驻莫大使馆代办，于领土主权各点，措辞既极闪烁，而于《奉俄协定》，则谓十三年订立之际，中国无任何抗议，尤属与事实不符（苏联覆照全文见本月号《一月来之边事》栏）。

外交部于接到上项答覆后，当更起草第二次抗议书，于四月十一日送交驻中国苏联大使馆。除对于苏联确证《中俄〔苏〕协定》仍属有效之一点表示阅悉外，更复层予驳斥，指明其事实上之错误，并郑重申明，我国方面，仍维持第一次去照内所表明之态度。
略谓：

　　来照谓《奉俄协定》之签订，并未引起中华民国政府之
抗议一节，适于事实相反，查该协定在未经该处地方当局呈经
中央核准作为《中苏协定》之附件以前，迭经前北京外交部
于民国十三年九月二十五日、十月十一日，先前向彼时贵国驻
华大使提出抗议，并经中国驻莫斯科外交代表向苏联政府抗议
各在案。嗣该协定经中央政府核准，完成法律手续后，始于民
国十四年三月间，通知苏联政府，作为民国十三年《中苏协
定》之附件，此项事件，原为贵方违反国际惯例之不合法行
为，经中国政府予以纠正，固不得援引为贵方有权向中国地方
政府签订任何协定之先例。此次苏联政府与外蒙签订之议定
书，侵及中华民国之主权，与民国十三年《中苏协定》根本
抵触，中国政府对于该议定书，不得不重申抗议，并维持上次
照会内所表明之态度云（第二次抗议书全文见本月号《一月
来之边事》栏）。

　　苏联方面，是否再予答覆，抑即此默尔而息，传说纷纭，最后
结果如何，固尚有待于事实之证明也。

《时事月报》
南京时事月报社
1936 年 14 卷 5 期
（朱宪　整理）

《苏蒙议定书》的历史背境

马中侠 撰

一 引言

近日来报端大字登载着《苏蒙议定书》的问题，据载这次的协定是本年三月十二日成立的，我政府于本年四月初，才得到这个消息，四月八日遂送出抗议。该议定书的内容，共分四款：

（一）苏联或"蒙古人民共和国"之领土，如受第三国家或政府之攻击、威胁，苏联及"蒙古人民共和国"，应立即共同考虑发生情形，并采用防卫，及保全两国领土所必需之各种方法。

（二）苏联及"蒙古人民共和国"政府，承认在缔约国之一国，受军事攻击时，相互予以各种援助（包括军事在内）。

（三）苏联及"蒙古人民共和国"政府，认为缔约国中一国军队根据互助公约为完成第一条或第二条之义务起见，屯驻另一缔约国内，至无此必要时，应立即退出，有如一九二五年苏联军队之退出"蒙古人民共和国"领土，此乃不言自明。

（四）此项草约共有二份，一用俄文，一用蒙文，俱有同等效力，此项草约，将于签字后发生效力，于此后十年内继续有效。

二 《苏蒙议定书》的由来

欲知此次《苏蒙议定书》的严重性，当知其产生的因果关系。简单言之，他的产生，是从两方面关系造成的，没有俄、蒙过去的侵略关系，不会有今日的《苏蒙议定书》；另一方面，没有日、俄今昔的冲突，也不会造成今日的《苏蒙议定书》。根据前者，是苏俄轻视我国领土主权的行为；根据后者，是日、俄世世仇恨的结果。苏俄侵略我国领土，是已造成的事实，但日、俄仇恨的冲突，却愈来愈严重了；所以俄、蒙的协定，如其说是俄国侵略蒙古的行为，倒不如说是俄国对日作战的准备，不过中国是做了人家俎上肉罢了。兹分述如下：

（一）《苏蒙议定书》是由于俄国侵略蒙古关系所造成。

（1）苏蒙关系述略 我们欲知外蒙问题的真像，应先明白外蒙过去的情形和现在的状况。外蒙古喀尔喀的四部自清康熙三十六年（一六九七年）平定后，乃陆续与俄，西自萨彦岑〔岭〕，东迄满洲里订立界约，清设官戍边，终清无变。在库伦设办事大臣，在乌里雅苏台设将军，在科布多置参赞大臣，来治理蒙事。不幸自光绪以来，用人失宜，大臣贪墨昏庸，抚驭无方，于是蒙情日涣，俄人遂乘机进来拉拢库伦活佛，并怀柔蒙古王公，更以兵力、财力援助外蒙，颇有取中国地位而代之的形式〔势〕。清廷见此危机，才有移民练兵的举动。宣统二年，三多任库伦办事大臣，设兵备处、立巡防营、设木捐总分局、立宪兵筹备处及垦务局……等等，所有的经费与劳役人员，都责令蒙古供给，贪婪之官，又多方勒索，蒙民不堪其扰，相率逃避，及专员唐在礼来库练兵，勒索愈甚，俄国遂有机可乘，百方煽惑，蒙民亲俄的心志遂愈坚了！俄国势力入蒙，实埋机于此。

宣统三年，亲王杭达多尔济，借会盟为名，招集四盟王公，密议独立事项。全体赞成以后，乃派人赴俄求援，俄即迅速派马步队入蒙，蒙兵暴乱，俄领事假意保护三多取道西伯利亚回京，自此中国官员，风流云散。

辛亥革命声起，蒙人在俄国保护之下，遂宣告独立。推哲布尊丹巴呼图克图（即库伦活佛）为皇帝，称"大蒙古国"。后来经我国政府几度折冲交涉，到民国四年，结《中俄蒙条约》于恰克图，由此俄及外蒙才承认中国在蒙的宗主权，同时中、俄两国也承认外蒙的自治，而作中国领土的一部。

不久欧战发生，俄国起了革命，俄对蒙关系突衰，蒙人鉴于形势，又顺风转舵，呈请中国撤销其自治，恢复旧制，因而《中俄蒙条约》又形废止。

民国六年，俄国鲍尔雪维克革命告成，于是又东顾蒙古。此时我国边政腐败，驻蒙大员，对活佛、王公又取压迫手段，兼之日本也自民国六七年窥探外蒙，俄国侵略遂较前愈急。十一年白俄陷库伦，活佛即于是年三月宣告第二次独立，白俄恩琴操大权，我国势力一扫而空。但于民国十年蒙古留俄学生组成蒙古国民党，自成亲赤俄的一派，在赤塔远东共和国政府之下，以讨白俄为名，破库伦而组织蒙古人民政府，虽仍以哲布尊丹巴为君主，但先把旧日王公贵族等阶级制度废除。不久哲布尊丹巴病殁，于是外蒙政权都操在亲俄的青年党人之手。政府的组织形式，完全仿照苏俄，各机关均有俄人顾问，凡举办各事，皆惟顾问之命是从。所谓俄蒙十年及十一年的协定即订于此阶段中。及民国十三年，中国鉴于外蒙的危险，邀开北京会议，成立《中俄协定》，规定苏联一方承认外蒙为中国领土的一部，一方也声言撤兵，但同年，所谓"蒙古人民共和国"的宪法成立了，公然规定蒙古为完全独立的共和国，主权属于劳动的人民。民国十四年外蒙政府电北京政府，要求宣布民族自决办法，措词强硬，而我国内外多事，内顾不暇，无力筹边，遂任外蒙深染"赤化"，无论军政、民政、财政，都操在赤俄之手，库伦且驻有俄国重兵，设大规模的飞机场，俨然为苏联之一邦矣。

（2）现在俄国在蒙的势力　自"蒙古人民共和国"成立以来，在名义上是独立自治的形式，实际大权，无论政治、军事及经济，都操在赤俄的手，我国是无力过问的。今按政治、军事及经济三方面，看看俄国在外蒙的权势，而后知这次的《俄蒙协定》并不是偶然的了。

（甲）苏俄在外蒙的政治势力　我们已经知道，所谓外蒙古的"人民共和国"的权力，是完全操在苏俄手内的，它的军事机关、经济机关及"格拍乌"机关内，都充满着可以支配一切的俄国顾问，形成蒙古机关而苏俄人作官的现象。

民国十三年五月活佛死了以后，蒙古去君主而建共和国，在十一月即以七十七名的国民代表组织成"大富拉尔坦"（即国民代表大会），制定了"蒙古共和国"的宪法五十条，规定"一切权利属于劳动大众"，不过实际是由"大富拉尔坦"所选出的中央政府，及蒙古国民党的一党专政，换言之，即赤俄操纵下青年党人的独立政治。"赤化"分子即在此种形式之下，继续他们改革的计划，先把过去旧式盟部的行政区，划十二个"爱马克"（亦即省部的意思），下置三百二十四个"苏满"（如县），每苏满下置十"吓古"（区的意思），这显然是走着苏维埃制的形式。并规定人民的生活，只允许其日常生活中的必需品为私有，此外一切财产均予没收，于是中等以上的有资产的人，差不多是消灭殆尽。这样每次的改革，都有苏俄顾问在后边指导，对旧喇嘛的压迫更是积极，渐渐使喇嘛教的势力消灭。同时逼迫蒙古青年或参加军队，或从事劳动。这显然又是赤俄"赤化"外蒙的积极办法，苏俄在库伦置有外交代表，于乌里雅苏台置领事馆，科布多的巴杨、杜孟、乌拉（即桑贝子）、亚尔汤及买卖城（改称布拉库），亦有领事驻扎，这些领事及代表，都负有指示驻在地及其附〈近〉地方政治、经济的责任，及操纵民众的威权。

至于政党方面，也都附在第三国际之下的。创造蒙古国民党的（亦称蒙古革命党）名土木巴托尔，他领导国民党及青年团，听从第三国际的指导，而采取共党的组织形式，奉行共产主义。党内有共党所组织的党团，操纵党务。党内干部是留俄返国的青年，同时为布尔雪维克的党员。人民革命党也有代表出席第三国际会议，第三国际也派代表驻库伦指导党务，如喀尼亚夫及现任的克尔基斯人拉拔氏，即第三国际所派代表。总之，蒙古的国民党，就是第三国际的一支部。

（乙）苏俄在外蒙的军事势力　蒙古的军队，从民国十年才有正式编制，名曰蒙古国民革命赤卫军。作此军司令的，即领导国民党的土木巴特〔托〕尔，把中国兵及白俄兵逐出蒙境的都是此军。民国十年共有两千人。民国十一年组织军事委员会，并派员赴俄接洽供给武器及请教官事宜。从此蒙古也仿照赤军的编制，编成所谓外蒙赤军，军官多半是俄人，下级的干部多留俄学生，再加上严格的"格拍乌"工作，蒙军自然成了苏俄的忠实工具。它的编成数目，据日本人于民国二十年调查有三万人左右。及"九一八"事变，蒙军大加扩充，增至七万左右，另外还有特别的兵。按日本人在民国二十一年的调查，只库伦驻军已有野炮三十门，山炮五十门，装甲汽车六十部，铁甲车一部及飞机二十架。当然，这种新式的武器，都非愚昧的蒙古兵所能使用，背后有多数俄人在指导。其驻在地重要者（亦二十一年之调查）：

1. 在库伦有一师及士官学校学生千余名。
2. 车臣汗驻兵有三千名。

3. 土谢图汗驻五贺诺（五团），约有五千人。

4. 贝加尔湖南部驻蒙军两千，青年军学生有二百名。

这些兵力完全处于苏俄的支配之下，并且普遍的规定，蒙古人自十八岁以至四十五的男子，都有服兵役的义务，同时采用普遍的国民军事训练，都由俄人来负责。到战时全蒙古约可动员至五十万人左右。

以上的兵力还是指苏俄指挥下的蒙古兵，至于赤军驻在蒙境及重要地方的，我们还无从知其确数。据日本方面的调查，库伦各重地，确驻有赤俄军队。这次的《苏蒙议定书》，不过加以承认而已。

（丙）苏俄在蒙古的经济势力　蒙古的经济，原来是游牧式的经济，自民国十一年俄国势力侵入外蒙古以后，经济方面逐渐革新。大富拉尔坦规定外蒙土地、森林、水泽均为劳动国民所共有，但实际的经济权利都握在俄人手内。库伦俄人所设立的俄蒙贸易有限公司（蒙语曰斯托尔蒙古）是民国十六年成立的，资金有一百五十万卢布，此公司总揽俄蒙各通商机关，主要股东有苏俄的羊毛有限公司，全同盟纺织及全同盟皮革，国营贸易部各机关。在蒙古境内，附有十六个购买原料的办事处，二十个羊毛洗涤工场，每场可洗涤千五百吨羊毛，以外在库伦附有许多的零售商店。

除此大公司外，纯苏俄所设的机关有：苏联商船队、蒙古运输部，担任苏俄货物运输事宜，有大批汽车服务。

至于俄蒙合办的机关，或由蒙人所办而受俄人支配的，有蒙古国民中央消费合作同盟（曰蒙曾可布），其中苏俄人占百分之四十，此外还有蒙古工商银行及其各支行，石油运送同盟（大多数是俄人）及蒙古羊毛贩卖店。这都是库伦最大的工商或金融机关，不啻苏俄私自经营。俄国在库的外交机关和这些通商机关，都有密切的联络。其贸易的数字，据苏俄外国贸易人民委员会发表：一九三三年一月至十一月，输出为三五，二四六，○○○卢布，输入为一三,四七一,○○○卢布。一九三四年，输出为四四，八一○,○○○卢布，输入为二○,五六一,○○○卢布。其对蒙贸易，实凌驾其对东亚各国之上而占第一位。蒙古我们好像看作她是大漠不毛之地，但苏俄联邦倒把外蒙看作世界革命的重宝和实验室，同时又认她是供给苏俄以必要的原料贮藏所。

总之，我们根据以上所述的两方面，按苏俄的侵略外蒙已成了历史上的事实，并且这种事实，直到现在为止，我们尚没有力量可以使它消灭。这是造成此次《苏蒙议定书》的历史背境之一。

（二）《俄蒙协定》是由于今昔日俄冲突所造成。

（1）大陆政策与东进政策的冲突　日本的大陆政策和俄国的东进政策，我们是已经听惯了的名词，并且我们也知道这两个名词，是水火不相容的。可是这两个政策，在日俄战争时，曾经表演过一次，结果是日胜俄败。到了"九一八"事变以后又第二次小规模的表演，结果还是日胜俄败，俄国势力完全退出北满，甚至把唯一的工具中东铁路也卖与了日本人。但日本人，并不因此而满足。因为他的大陆政策是满蒙并称的，有了满，还企图蒙。所以再继续侵热河，再北进。然而俄国早看外蒙是他誓死不能放弃的利权地。日本再这样逼他，他一定要挺身而斗了。这并不是我们虚造，可以把日本的大陆政策意义、苏俄东进政策的意义、日本现在对蒙的政策、苏俄对蒙的政策，来一比较，就可想而知了。

（甲）日本大陆政策的意义及对蒙侵略的形式　日本所谓大陆政策，是阐明于田中内阁时代，所以我们引他的话来说明。田中义一奏折上说："第一期征服台湾，第二期征服朝鲜，皆既能实现，惟第三期之灭亡满蒙，以便征服支那全土，使异服之南洋及亚细亚全带无不畏我服我，仰我鼻息之下……"又佐藤说："大陆政策者……要之，欲发展于亚洲大陆而言也，亚洲大陆，有印度、中国、蒙古、满洲及西伯利亚，但主要乃向满蒙及西伯利亚……"因此吾人知道，日本的大陆政策是台湾、朝鲜、满蒙、中国、西伯利亚、中亚、印度、南洋，而及于欧洲。他的对象为中国、俄国，而后及于英法。以现在来说，已施行到征蒙古的一阶段，既已进兵内蒙，接着势必侵向外蒙。其进行步骤，田中也预先决定好了。先扶持蒙古王公，次安置日本退伍军人于蒙王府，再移日民入蒙境，侵占蒙古土地（皆见之《田中奏折》），这些都是就政策及步骤而言。如果再就日本少壮军人的气概，他们早有不顾一切的挺进凶焰，他们早有惟武力是用的决心，大陆政策好像是箭在弦上了。

（乙）俄国东进政策的意义及在外蒙的军事准备　苏俄的东进政策，一般人称它作"赤化"政策。盖自列宁在瓦沙战败以后，深知西方"赤化"的不易，于是才采西守东进的策略。口号是扶植东方弱小民族独立，实际是夺取其他白色帝国在东方的殖民地而已。他援助土耳其、波斯、阿富汗及外蒙古的革命，即其明证，并把东方的民族分成两类：一是苏维埃联邦内的东洋民族，一为各殖民地及半独立国的民族。前者立行苏维埃制，后者逐渐"赤化"之。其视外蒙是属于前者，而波斯等是属于后者，所以对蒙古才产生以上所述那种侵略行为。现在更积极图扩充蒙古革命青年团，积极行外蒙古的五年计划，对外蒙军队与赤军急求合作及密切联络，并借给外蒙古巨款，以备扩张交通。由库伦经买卖城至上乌丁斯克之铁路业已通车，其他如由科布多至乌里雅苏台、由赤塔至库伦、由库伦到桑贝子几条路，都在赶筑之中。此外航空及无线电亦在兴办。令人注目者，尤其为东边军事准备：

1. 以桑贝子作外蒙东方境界的军事中心地，驻步骑兵数千并有大飞机场，容机二三百架，各种军械齐备。

2. 在克鲁伦河左岸筑有大飞机场，屯有三十架军用轰炸机。

3. 由哈勒欣庙至呼伦河下游右岸，布置军用汽车队及骑兵队。

4. 在贝尔池附近乌他可夫渔场及伊瓦尔布尔芬庙屯驻骑兵一团及步兵一团，从事守防及巡逻。

以上乃就吾人所知外蒙古警备东方境界之情形而言，至近日来日俄边界冲突更多，其情形之紧张，势必又会增加兵力。盖日军云集海拉尔、甘珠儿庙、呼伦池一带，也建筑飞机场和苏俄、蒙古对抗，苏俄当亦不愿落人后的。

（2）日俄远东各种利权冲突的暗礁　除以上日俄两国的根本冲突以外，我们更可以看到使日俄关系日形严重的，还有两国在远东几种利权的冲突形势，也是促进日俄关系日形严重的重要原素。兹略叙如下：

（甲）白林海一带渔业利权冲突形式　日俄"渔业的外交"，早被我们所注意。这种外交的形式，在日俄紧张的今日，冲突事件仍是屡起不已。两国争夺的场所是日本的北部，白林海峡（世界三大渔场之一）、鄂霍次克海及日本海一带，自日俄战争时，就开始冲突的现象。自一九〇七年至一九一九年订立《日俄渔业协约》，到一九二八年的一月俄之加拉罕与日广田弘毅又签订一《俄日渔业协定》，日俄渔业的冲突事件，屡见于报载。其冲突的症结，一为渔区划分的问题，二为渔区投标的问题，三为渔取限制的问题，而最使日本人作急的，是俄人渔经营突飞猛进的现象。在一九二八年日俄渔区比率为四与一之比，截至一九三一年两比率就平等了，因为俄国的渔业也是有他的五年计划的，自一九三一以后，俄方增进，日方锐减，颇有削减日方势力而由俄方统制之势。所以近来才发生所谓日方屡屡声明的俄人越界捕鱼等问题，甚至开枪威示。这种外交上的难关，实使日俄各怀一意，今年渔约期满，其问题的严重性，更可想而知了。这是冲突暗礁之一。

（乙）北库页岛煤油利权冲突形式　自一九〇五年日俄战后，库页岛南部割与日本，于是南部库页岛进于建设形式，而北库页岛在帝俄时，是放任状态。到十九世纪末，德、英在北库页发现煤油，而设公司经营之。日本于一九一八年也派人前往视察，及白色帝国干涉赤色帝国共产革命时，日本的势力就进到北库页。《日俄复交协定》上俄方就把北库页岛的煤油权利让与日本。这个协定也是一九三六年期满，因此才伏有争夺的暗礁现象。自日本买去中东路以后，接着便对俄提出两项方案：一为要求俄方延长北库页岛煤油试掘期限；二为像收买中东路那样收买北库页岛。可是我们看到苏俄自实行五年计划后，早注意到北库页岛的煤油开掘问题。一九二三年煤油产额为二十万三千吨，计至一九三七年想增至八十万吨。在伯力建设大规模的煤油公司，以供远东军舰、飞机、汽车之用。因此可知俄国能把北库页岛卖掉吗？除非日本给比北库页岛煤油还大的价值，那么其形势是日本〈势〉在必得北库页的煤油，俄国誓死也不会放弃，而到今年其协定期限又满了，其问题的重要性应怎样呢？我们不必再向下说了。

（3）俄"满"边界与"满"蒙边界冲突的发生　自日本进占了北满把苏俄势力完全逐出以后，一方增兵满洲里及黑龙江北边一带，一方为完成其满蒙政策而进兵东蒙。这时把辽、黑两省的西部划成四个分省：兴安东分省以布哈特王鄂伦春为省长，兴安北分省以呼伦贝尔都统贵福之子凌陞作省长（日前因通蒙古被捉回长春），兴安南分省以图献图王业喜海顺为省长，兴安西分省不详。设兴安总署以统四分省，而以哲盟盟长齐默特散帔勒为总长，日人菊竹实龙为次长，这当然就是尊奉田中义一的遗教，经营蒙古，要利用蒙古王公。这样，俄国也利用蒙古王公，日本也利用蒙古王公，俄国经营把守蒙古，日本进行侵略蒙古。于是"满"蒙边界上的冲突为两虎相争的初步。因"满"蒙边界冲突不已，而"满"俄边界上也有了冲突。摘其要者分述如下：

（甲）哈尔哈庙事件　去年一月八日，外蒙军队武装巡行贝尔池附近，日方闻知，于二十四日日本多［少］少佐率兵与外蒙兵相遇，双方开火，结果濑尾中尉死之。三十日伪军大举向哈尔哈庙攻击，翌日蒙兵退出，伪军进占。于是日伪与外蒙当局自六月一日至十一月底在满洲里开会，解决哈尔哈附近国境纠纷事件，但意见分歧，终成悬案。

（乙）绥芬河站冲突事件　去年自十月六日至十二日，日伪军与俄军在绥芬河北五里起冲突，双方用机关枪扫射，俄认伪军入俄三粁，伪认俄入满五粁，关东军向俄提出速定国界案件，但俄方不理，此亦成悬案。

（丙）贝尔池附近再生冲突　今年二月十二日，日伪军一混成旅开往贝尔池附近，在池南与外蒙兵二白〔百〕名相遇，遂发生激战。外蒙有轰炸机二架助战。结果蒙兵退而日伪占据鄂洛贺杜加地方。是役死蒙兵八人，日中尉一名，下士二名，兵五名，伤日上尉一名，兵三名。双方互宣传入境侵略。

（丁）绥芬河东部再起冲突　今年四月九日，日军河口中尉率所属部在绥芬河东部伪满境内演习作战。至午，有俄兵十四人越境开枪射击，遂开始混战。结果河口死之，日军五人失踪，关东军对此案极为愤怒，此案至作者提笔时止，尚在调察交涉中。

除以上所述四件或在伪、俄境上，或在伪、蒙境上之冲突外，其他小的冲突，随时可见之报端。如黑龙江与乌苏里江汇流处之三角洲争夺事件、飞机越境侦视问题、金厂沟事件、洛古河卡事件、甘珠寺事件……等等，此伏彼起，冲突不已。更有日方派间谍入俄侦察的问题。盖上自图们江、乌苏里江、黑龙江、额尔古讷河至哈尔哈河流域两岸，处处有俄、日兵密布，摩拳擦掌，一触即发，其冲突重出不已。这种冲突的现象，当然会使日俄双方，再加倍准备，你不让我，我不让你。

　　总之，我们根据以上所述的三方面，无论日俄根本政策的冲突也罢，远东利权冲突也罢，或最近边境上军事冲突也罢，日俄的关系日进于危险境遇，是显而易见。自"九一八"以来，都是日本步步的进逼，俄国步步退让，其原因并不是俄国怕日本，而是俄国的准备没有充实。因为日本突如其来的占了满洲，俄国不能立时把海参威〔崴〕和西伯利亚铁路重重建设起来，同时也妨碍他的五年计划。截至今日，西伯利亚双轨路筑成了，远东军力充实了，同时以俄国立场来看，也再无可退让之处。外蒙古他既认为苏联内之一邦，他怎会放弃呢？这是造成此次《苏蒙议定书》历史背景之二。

　　《苏蒙议定书》是由苏俄侵略蒙古所造成，也是日俄冲突所造成的。在现在看来，后者尤重于前者。因为日本已占了满洲，俄国也和蒙古成了军事同盟。两个大对垒，既已完成，是日俄战争，终不免爆发之一日。我们做人家俎肉的中国，且警醒点罢！

《时事月报》

南京时事月报社

1936 年 14 卷 5 期

（赵红霞　整理）

绥远问题愈趋严重化

朱景黎　撰

绥远问题之发生，非自今日始，本报亦曾一再叙述。但最近据各关系方面消息，该处形势之严重，实前所未有。某国近在宁夏、定远营、额济纳设特务机关，并辟飞机场，装设无线电台，飞机每周飞往绥东三数次，现定远营共有某国人约六十余名，最近复在红沙沟设大飞机场，且由察北飞到飞机十四架，满载木箱，内贮军火。同时额旗又来某国人十二名，汽车六辆，载大批枪弹，煽惑地方，情势极为紧张。而察匪王英及伪军李守信等部，刻均已备竣，随时可出发动作。某国坦克车、装甲汽车等机化武器，近由承德运抵嘉卜寺，并已分配于各蒙伪匪军，俾为前导。我方虽已有严密布置，傅作义及王靖国日来在绥视察亦甚忙碌，然当地人民之被扰情形，已非笔墨所能尽述。同时察北各县，亦因匪扰绥东而趋紧张，故口外农村，直成匪世界，各地金融，迩来颇感紊乱。缘察北各地，自被伪军进占后，币制参差，日、"满"、蒙三方现货或票钞，均通用于市廛，以其种类纷杂，鱼目混珠，日来假币愈多，商民无法交易，损失不赀，此项假币来源，尚无所闻。某方修筑铁路事，虽已测查路线，尚未积极进行。惟各县公路，现已赶为修筑，所用工伕，泰半征之于民间，由蒙人督工，因言语不通，民伕稍拂其意，则加鞭笞，怨声沸腾，各县政务，名虽操诸蒙方，然每县县政府，均设某方顾问二员，遇事须先征求顾问同意，始能实施云云。

《时事月报》
南京时事月报社
1936 年 15 卷 5 期
（李红菊　整理）

绥远问题之观察

方秋苇　撰

一　序幕

　　赓续多日而迄未解决之中日谈判，尚未宣布告终之际，所谓华北中日通航问题、龙烟煤矿开发等问题，竟脱离外交常轨而次第实现了。日本军部和外务省，他们有一致的见解，认为这些问题都是"华北特殊化"应有的"经济提携"的步骤，也不必要经过中国政府的承诺，更不必要依据外交的常轨，而决意断然施行。

　　一些浅视之流，他们对于中日问题的了解，只是一些寻常的观点。他们以为日本对华北的观念，其最高限度只注重在"经济开发"这一点上，只要原料和商品市场的获得，是适可而止的。事实上，这一种错误的见解，洽洽〔恰恰〕相反的把日本大陆政策进展的作用完全忽略。虽然，华北原料和商品市场的取得，是日本资本主义主要的目的，但它为了要保障既成的经济权益，和理想中经济利益的开拓，是必要配合政治力量，使其优越感达到饱和之点。正如松室孝良（日本驻北平特务机关长）所说："因帝国深感原料的缺乏和市场的狭小，此种原料与市场的获得，已非经过艰辛奋斗莫办，而确保其获得，又须使此等地域与帝国基干打成一片。"要如何才算"打成一片"呢？东北事件是一个例子，

"冀东独立"也是一个例子，对于华北及内蒙之掠夺，又岂能例外？且看松室最近"秘密文件"是怎样地说：

> 依帝国大陆政策的满蒙主义，则在占领"满洲"之后，应继续图蒙，但蒙在军事上虽然地位重要，我国（指日本）对之，势在必得。而且帝国已不断的努力，以取得蒙古。但蒙古为一片平野，其资源尚须长时间的调整和开发，加之蒙人生活落后，故不论在原料之供给与市场之开拓上言，蒙古为缓不济急。同时，日本对蒙古工作人材，一时亦颇缺乏，且原野生活，不适于其活动，苏俄之监视又重重限制其操率〔纵〕占领。故目前对蒙古只［只］能在种种手段所掩护之下，取实力威胁操纵王公的方式，不能作任何刺激国家情绪的举动，而帝国原料及市场问题之解决，于是不得不注［意］视于易于进攻之华北。

在这短短一行中，已经露骨地表示：（1）日本大陆政策在占领"满洲"之后，尚需继续图蒙；（2）外蒙有了苏联的监视和保护，暂时只有从事于内蒙之夺取；（3）而内蒙之夺取，又必需用种种手段掩护，始能达到目的；（4）况且日本原料、市场之解决，是非常需切的，于是不得不注意资源丰富的华北了。

但是，华北与内蒙，在地理上、经济上是有着相依的关系，不可分离。内蒙是华北及西北的屏障，好似一个外户，这个纽带的关系已维持多少年代了。而华北及西北又是内蒙之内户，好似政治上的钥锁。所以说，华北与内蒙，甚至西北与内蒙，彼此联系，为不可分解的关系。犹诸地球之脱离太阳系，而必为其他恒星所吸收，有同样的意义。如果日本要取得华北，甚而打通西北，必要首先打破它的外户，使其屏障失去，而便居高临下加以控制。反转过来说，要取得内蒙，必要把它内户的钥锁打开，才易收离心之效。关于这一点，在侵略者自身是看得很清楚的。

基于这个原因，为内蒙、西北、华北分野的绥远，便显出它重要的价值来。不消说，当这东亚风云十分严重场合的现今，要想绥远省平静无事，逃避现实的危机，是不可能的，而且事实上，绥远的烽火已经高起了，半壁蒙古漠原亦遭着冽风的袭击，开始怒号，云也忧郁暗黢了。

世界上，关心东亚大局的人，都注视着这局面的变化，并忧虑将卷起更大的风云来。

二　绥远与内蒙之联系

现在，我要来说明蒙绥关系，特别是在地理上绥远与内蒙、华北、西北分野的关系，有首先说明之必要。这一点，于政治上及经济上的意义都很重大。

绥远，原来就是内蒙之一部，位于蒙古西南。北控外蒙，南襟晋、陕，西接宁、甘、青、新，东掌平、津之管钥，唇齿相依，呼应相助，河流山脉之屏障，为历史上边防要地。从古北族肆扰，皆凭陵于此，前清末季，借地移民，设官分治，全境地域，或属于山西，或属于察哈尔，并无"绥远"之称。及至民国初年，始行划定经界，与热河、察哈尔两省同为三特别区域。民国十七年，始易特区为省治，改特区都统为省政府主席，所谓绥远省的奠定，便在内蒙地域体系之内而产生，故其疆界是不能严格划定的。全部面积约有一百十二万三千九百方里，其中除设县治的所占五十三万四千七百六十方里，可称为绥远省区外，其余尚有五十八万九千一百四十方里，应称为内蒙的地域。再以人口数量言，绥远省除蒙族约十五六万，分属各蒙旗外，十八县局辖境内，计共三十万六千零九十六户，一百七十七万零七百八十五口。兹将绥远省地域面积及人口分布数量，列如下表：

绥远省各县面积及人口数量统计

县别	土地面积（单位：方里）	人口户数	人口口数
丰镇	三〇，六〇〇	四四，三七五	二五四，三三五
兴和	一一，二〇〇	一六，九三七	九三，六八一
集宁	三七，二〇〇	一一，四三二	六九，一一四
凉城	三六，〇〇〇	三八，五〇〇	一九二，六〇〇
陶林	三六，〇〇〇	九，〇六六	四二，二三九
归绥	二六，六五〇	四七，三五九	二五三，〇九七
包头	四七，四〇〇	二九，一八三	一三九，九五六
武川	八〇，〇〇〇	三，八〇〇	一五六，四九〇
萨拉齐	三〇，六〇〇	二九，八三六	一五三，八四八
托克托	三一，四〇〇	一一，七七一	九八，五〇〇
和林	二八，八〇〇	一九，八七四	九二，〇五六
清水河	二七，七〇〇	一〇五，二五	四六，四六七
固阳	三五，二〇〇	六，九八三	三四，八五五
东胜	一四，六五〇	四，一二〇	三一，五五四
五原	二二，一〇〇	五，二五九	二五，五一五
临河	二二，五〇〇	一二，五八〇	五六，五九三
安北	二五，八〇〇	四，〇四九	二八，〇一六
沃野	九六〇	四六五	一，八六〇
总计	五三四，七六〇〔五四四，七六〇〕	三〇六，〇九六〔三〇六，一一四〕	一，七七〇，七八五〔一，七七〇，七七六〕

根据上表所示，则绥省各县人口之平均密度，每方里仅三人稍强，较之东南各省之每方里达六百余人者，相去甚远。如以蒙地及蒙族人口合并平均，则相去更远。

说到内蒙，我们得要注意现在内蒙的情势。总括全内蒙，可大别为东四盟、西二盟两大区域，细另〔别〕之则为六盟、二十五部、四十九旗（详言则为五十旗）。此外，尚有察哈尔、归化城土默特两部，即内属蒙古。现在的内蒙情势是这样：东四盟中的哲里木盟、卓索图盟、昭乌达盟，已随热河的沦落，而成为伪满"兴安省"的境地；东四盟之一的锡林格勒盟及察哈尔部（后改为察哈尔盟），在德王与卓什海统治之下，倾向着日本，所以说，察境蒙古已陷于灭亡状态。刻下仅存的，只有西二盟及归化城土默特部，与绥东右翼四旗，即一般人所谓的绥境蒙古。

现在，我可以将绥境蒙古的盟旗状况来说明：

（一）乌兰察布盟　乌兰察布为其会盟地（在四子部落之境），所属有四部六旗。四部者，即：（1）四子部落，一旗；（2）茂明安，一旗；（3）乌拉特，分中、前、后三旗；（4）喀尔喀右翼，一旗。全盟所在地，位于戈壁大沙漠之南，山西之西，鄂尔多斯部之北，阴山山脉之阴，即今之绥远领属，有如下表：

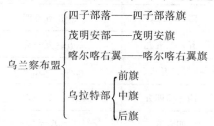

```
                  ┌ 四子部落——四子部落旗
                  │
                  │ 茂明安部——茂明安旗
                  │
乌兰察布盟 ────────┤ 喀尔喀右翼——喀尔喀右翼旗
                  │
                  │            ┌ 前旗
                  │            │
                  └ 乌拉特部 ──┤ 中旗
                               │
                               └ 后旗
```

（二）伊克昭盟　伊克昭乃大寺的名义，亦为会盟地，所属仅有一部，分为七旗。部名鄂尔多斯，分为左右二翼，每翼更分为中、前、后三旗，此外尚有一前末旗。所在地位于陕西、甘肃二省之长城西、北、东三面，环以黄河，即所谓河套之地，今仍属于绥远境内，有如下表：

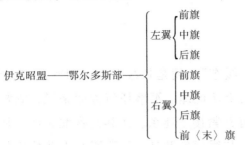

伊克昭盟——鄂尔多斯部
- 左翼
  - 前旗
  - 中旗
  - 后旗
- 右翼
  - 前旗
  - 中旗
  - 后旗
  - 前〈末〉旗

（三）归化城土默特部　为内属蒙古之一部，民国以来改编入中国本部，但并未改变其原有的政治形态。位于山西省北部之绥远所辖境地，清太宗征察哈尔时，将此地征服，遂名内属蒙古，而区别于其他之蒙古部分。现在，绥远省的归绥及包头，即在土默特部，有如下表：

归化城土默特部——四特别旗
- 归化土默特旗
- 阿拉善旗
- 伊克明安旗
- 额济纳旗

（四）绥东右翼四旗　在清时属于察哈尔十二旗群，为内属游牧部。民国以后，无论旗县，均属于察哈尔行政区域。民国十八年，各特别区域改省，乃将右翼四旗区内所谓之丰镇、兴和、集宁、凉城、陶林等五县划归绥远，右翼四旗，则仍归察哈尔部管辖。当时因右翼四旗与左翼四旗及四牧群统称为察哈尔部，而察哈尔部则仍归察省管辖，未便将右翼四旗与察哈尔部脱离。虽然境内的县治划与绥省，而其旗之系统则仍旧。自从察北失陷，右翼四旗不愿从逆，乃划归绥省管辖，中央亦有明令发表。因此，一般人不称察哈尔部右翼四旗，而称绥东右翼四旗，便是这个道理。旗之名称，有如下表：

绥东右翼四旗 { 镶蓝旗 / 正红旗 / 镶红旗 / 正黄旗

现在一般人所谓的"绥东"，便是指绥东右翼四旗及丰、兴、集、凉、陶五县而言。无论从地理、军事任何方面来说，它与整个绥远县治及蒙旗，都有其紧接之连系。尤其是察北失陷，从察哈尔部劈出的右翼四旗，与绥远省及乌、伊两盟及土默特部的地理关系，是更加密切了。日伪军不欲进攻绥远则已，如果要进攻的话，无论从地理及军事上来说，它势必首先掠取绥东无疑。

三　两个蒙政会之分歧

蒙绥关系的密切，除了地理及经济的原因外，晋绥地方当局对蒙旗"恩威并用"的政策，却〔确〕有很大的成就。进而言之，今日绥境蒙古仍旧归戴中国，不受日本的利诱，不与德王、卓什海合流，又莫不是晋绥地方当局阎锡山、傅作义对蒙政策的成功。

说到"恩威并用"的政策，本是中国历来筹边之一贯政策。如汉朝之于匈奴，唐朝之于突厥，无不是先恩而后威，或先威而后恩，虽有时与"恩威并用"之原则违背，而其结果则仍未离去。满清政府恩威并收的政策，曾收治边之大效。民国以来，既无恩又无威，或有威而无恩，结果边疆叛离。晋绥毗连蒙旗，无论在政治上、经济上，均有不可分离之关系。晋绥当局承袭满清"厚往薄来"、"抚绥镇压"之策略，治理蒙旗，确有见地。数年以来，不特晋绥地方当局与蒙旗各王公、事官等，彼此相处甚善，毫无裂痕，即汉蒙人民，亦无争执表现。然而晋绥当局之地方政策，其所及的范围有限，其他各省地方当局又未作同样的努力，国家更缺乏一贯的政策，于是百灵庙蒙政会成立时，晋绥当局之蒙旗政策，显然与"要求自治"的青年、王公主张相冲突。同时，绥、察各蒙旗有力王公，在思想认识主张各方面，均发生冲突。当民国二十二年十一月，百灵庙德王等与中央大员黄绍雄氏谈判内蒙自治问题时，伊盟副盟长阿王及四子部落等，不站在"要求自治"的地位，居于调停的地位，此即明白表示德王与阿王对于"自治"之认识与主张异趣，亦即察境蒙古与绥境蒙古王公意见格格不容之点。当时，谈判自治之结果，有分区自治及设立整个自治机关之甲乙两种办法。假如当时中央政府能采行分区自治，则事实上予绥蒙有不少的便利，结果中央以整个自治，便于指导和统辖，于是设立蒙古地方自治政务委员会于百灵庙。从此，绥远省政府与蒙政会风波，纷至沓来，似无宁息了。

从事实上言，百灵庙既在绥境，而热、察又因外患关系，蒙政会之工作，似应倾全力于绥远蒙旗，而蒙政会与绥省府，亦应取得诚意的联系，进行始为便利。不料税务纠纷发生，造成绥蒙裂痕之导线，西公旗事变，愈使不合谐的绥蒙，各达极端。加之德王处置西公旗之不公允，更足伤乌伊两盟各旗王公对德王之情感，及至去冬察北局面变动，绥东一度告急，而蒙政会与乌伊两盟及绥省府间之裂痕，更致无法调和的了。结果，百灵庙蒙政会工作停顿，德王离庙返漟江，谋新的策动去了。

绥境蒙旗王公为了自保，并为了防范日本势力之侵袭，纷电中央政府请求在绥境另设"蒙古自治委员会"，以统治伊、乌两盟旗政务，原设之蒙政会，则专理察哈尔省盟旗自治工作。中央政府为顾虑蒙人之主张，及内蒙现有之环境，乃准所请求，于今年（二十五年）一月二十五日国府明令派沙克都尔扎布为绥境蒙古各盟旗地方自治政务委员会委员长，巴宝多尔济、阿拉坦鄂齐尔、潘第恭察布为副委员长，齐色特巴勒珠尔等十五人为委员，于二月二十三日在绥垣正式成立，情形极为热烈。"汉蒙团结"、"中华民国万岁"，欢呼之声，震惊全蒙，为民国以来所未有的现象。

绥境蒙政会成立后，百灵庙蒙政会保安科长云继先、政治科长苏鲁岱等，以德王久离庙会，谣言甚多，于二月廿日率官兵千余人离开百灵庙，表示不与德王合作。廿五日云等电南京军政当局，声述离庙原因，并归附绥境蒙政会。至此，百灵庙蒙政会之无形瓦解，德王与绥境蒙旗王公的分歧，另怀野心遂成公开的秘密了。

四　伪蒙军进攻绥远之根据地——嘉卜寺

德王为内蒙青年王公之代表，刚愎自用，常以成吉思汗自命的人，二十二年冬的内蒙自治运动，便想脱离中央，嗣因种种牵制，未能成功。当绥境蒙政会未成立前，关于百灵庙蒙政会便有很多的谣言，德王初尚有电报辩白，后来竟与中央断绝消息。到了今年（二十五年）二月绥境蒙政会成立，德王已决心脱离中央，与蒙匪卓什海（伪蒙保安队长兼察哈尔盟盟长）、李守信等结托，于今年六月在嘉卜寺另建局面。

据说，德王以嘉卜寺为中心，建立有"内蒙防共自治军政府"。此项伪组织，除日本顾问而外，便以德王担任"总裁"。总裁下有办公厅，为日常行政最高机关，有如行政院，主任一人，由卜英达赉充任。办公厅下隶属三科二部八署，计：（一）经理科（司财务）；（二）法制科；（三）铨叙科及参谋部、参议部。参谋部长李守信，参议部长吴鹤龄，好像一个指挥军事，一个指挥政治。八署则是：军事、交通、外交、内务、财务、教育、实业、卫生。各署又分科，办事人分科长、事务官、办事官、书记等阶级。各部日本顾问中，最有权威的是烟草（军事顾问），其次是嘉卜寺（现已改为德化市）市公署顾问榊田。

　　嘉卜寺（距张北二百里）在以前是不甚著名的，不过是由张北通外蒙所过的一个山沟而已（嘉卜寺，蒙古语山沟之意，并非其他〔地〕有喇嘛寺）。据说，在二十三年未设县治以前，住民仅百余人，土地经汉人开垦，蒙人遂向北移去。中国政府对于嘉卜寺本有经营之意，但自察北事变，德王据此设立伪内蒙防共自治军政府以后，嘉卜寺已改为"德化"（原名化德县），同时设立市政府。伪满中央银行分行、大蒙公司等日本商店，接踵而来，日本飞机场也建立起来了，俨然变成内蒙的政治中心了。

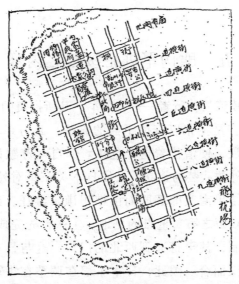

加〔嘉〕卜寺市街图

　　嘉卜寺伪蒙政府成立后，德王便发号施令，派遣包悦卿往热河及察东北招纳匪军，据说共编有四军九师。但实际成军的，现仅有李守信（伪内蒙古第一军司令官）、包悦卿（伪内蒙古第二军司令官）及金甲山（伪兴亚联合军团总司令）、王英（伪西北防共军）、于子谦（伪边防自治军）等部，因有日方援助，实力较为雄厚。这般匪军，他们以"防共自治"为名，已经将察境蒙旗断送，现在又想来吞蚀绥远和西二盟了。像这样严重的事态，中国的报纸没有去注意，并且还有许多的人，对于德王在嘉卜寺的行动，发出种种左袒言论，不说德王服从中央，便说德王去失〔失去〕自由，其实德王勾结匪军李守信、王英等叛国，已是无可否认的事实。现在的嘉卜寺，已经成为侵略绥蒙的根据地，亦为有目共睹的事。如果我们否定这个事实，不但忽视了日本大陆政策的蒙古路线，且为汉奸张目，将来无论何人有亲敌行为，我们都可以"处境困难""被监视失去自由"一语为之辩护，就无异奖励叛国者的抬头。

五　匪伪军进犯绥远之内幕

日本大陆政策的执行者——关东军，其所抱负的蒙古路线，最初南次郎司令官是主张以直捷了当的方法，武力夺取外蒙，所谓蒙满纠纷的发展，便潜伏着这个危机。但自《苏蒙议定书》成立以后，苏联为外蒙武装的建立，又使日本关东军对外蒙的优越感，退缩了几步，结果南次郎解职而由植田谦吉继任。植田对于以蒙古问题为大陆政策之第二重点的见地，主张首先完成内蒙的占有，坚实华北的控制，甚至打通到西北的门户，这与日本华北驻屯军的对华见地不谋而合。因此，日本军部在调整在华军人干部的时候，便决定了这个政策。

当然，内蒙之占有，除了热、察蒙旗已经没有问题了外，现在只有绥境蒙古这块肉，尚未宰割。所谓绥东问题，便在这个情况之下发生的。

所谓绥东是指右翼四旗（镶蓝旗、正红旗、镶红旗、正黄旗）及丰镇、兴和、集宁、凉城、陶林五县而言。这个区域，属于绥远省，但在日本及伪察哈尔盟盟长卓什海之流看来，这远〔绥〕

东是察哈尔盟的叛离部分，是必要加以征服的。

无论从地理上及军略上看，绥东的地位是极为重要。以五县地理言，陶林县在察哈尔高〔商〕都的西南（按陶林东南七十里为平地泉，平地泉东北百二十里为高〔商〕都），兴和县在察哈尔张北县的西北，丰镇县在大同北面得胜口外，平绥铁路经过其地，沿北〔此〕路北行为集宁（即平地泉），丰镇县以西即为凉城县。以四旗地理言，镶蓝、镶红旗地在凉城县属，镶红旗地又接陶林，正红、正黄两旗地在丰镇县属，镶蓝、正红、正黄等旗地又接集宁县属，正黄旗地在兴和县属。旗县境界，东至察哈尔右翼四旗，西至边城，北至阴山（亦名大青山），西至土默特旗，广袤数百里。自察北陷落后，绥东即告危急，日本屡次指援〔挥〕蒙匪卓什海、李守信等部进攻，以为不攻即下，殊知这般乌合之众，一与绥东守军及蒙古民团接触，不消几炮，便打得落花流水地逃了。

由于最近中日情势的恶化，蒙匪伪军又卷土重来，进攻绥东及绥北，以嘉卜寺为中心，分由滂江、商都、张北三面进攻绥东北部，情势如下：

（1）绥东方面　匪军李守信、王英等部，以飞机、坦克车，在日人指挥之下，进攻红根图、平地泉。

（2）察北方面　匪伪军屯集张北甚众，进犯兴和，实则匪伪军目标，在夺取平绥铁路。

（3）绥北方面　伪蒙军包悦卿，由滂江潜入百灵庙，欲进攻武川、固阳，威胁阴山，俾与侵犯绥东之匪军联结一气。

匪伪军在国际背景支持之下，进犯绥东及绥北，是有重大的作用。它底目的，不仅是绥远，并且着眼点于蒙古境地。关于这一点，我可以分两方面来说。

第一，所谓绥北，即阴山以北，乌兰察布盟各旗地所属。阴山之后，有固阳、武川两县，因阴山横亘县城与绥东及归绥等处，自成天然界限，前岁内蒙要求自治，中央设蒙政会于百灵庙，便是因为百灵庙为绥北腹心，衔接内蒙各盟，交通便利，地位重要。最近绥东战事发生，匪伪军侵夺绥东计划失败，又转换方向，另图绥北。此次蒙匪包悦卿部乘乌盟武力薄弱，一方面侵入百灵庙，威胁乌盟，另一方面，则欲袭击武川、固阳，沿阴山而下，历五原、安北、包头、萨拉齐诸县，而达归绥，再与察北匪军互相呼应，夹击绥东、晋北，企图一举而将绥远全境及乌、伊两盟各旗，席卷而得，其作用之远大，意义之深长，是不可忽略的。不过，绥东未得手，深入绥北，沿阴山而战，在军略上的匪伪军，易受围攻，终究是一个不利的形势。

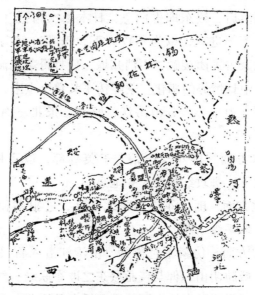

匪伪军进攻绥远图

第二，匪伪军虽数次进犯绥东，遭受重大的创伤，依然是不放弃进犯绥东的策略，是值得注意的问题。事情是很显然的，如果匪伪军占有绥东五县及右翼四旗以后，从北平至包头长约八七五公里的平绥铁路，必然被其控制。而集宁、丰镇与张家口所形成之三角地带，对于占领内蒙与西北各省，尤具有重大之战略意义。假如察哈尔省的张家口，也乘机取得了，那么匪伪军因据有张家口与丰镇，更可截断北平与太原经大同的交通。此后太原与北平之交通只有经平汉路之石家庄。所以说，匪伪军如果取得丰镇，就不啻为日本开辟经大同至太原之大道。归绥、大同、张家口煤矿的富源，亦将被囊括而去。

归括以上两点，所以我们说，匪伪军在国际背景支持之下，觊觎绥远，不仅欲夺取绥远全境，且欲席卷乌、伊两盟及土默特各旗，再进而袭击晋、陕，控制同蒲、正太两路，完成对华西北部之包围线。另一方面，更欲侵略宁夏，越贺兰山，经阿拉善旗而至新疆，以包围外蒙。数月以来，幸国军傅作义部及蒙古民团，抱成仁之决心，与土偕亡之志愿，击退匪伪军，保全绥东，是不仅为绥远之幸，亦为国家之幸。

但是，在国际背景指挥下之匪伪军，决不因遭受了挫折而终止计划，事情是很显然的，匪伪军进犯绥东的失败，正是日本正规军迎面而来的时机。是这样，中日间的情势又将发生怎样的变化，绥远内蒙的前途又如何？这实在是难于估量的问题。

六 结尾

自从绥东战事发生以来，国内舆论对于绥远问题的观察，有一个极大的错失，就是忽略侵略者对于蒙古之阴谋。绥远与内蒙，无论在政治上、经济上，甚至军事上，都有不可分离的关系。再从地理形势观之，内蒙实为绥远之外户，甚而为华北及西北之屏障。按照历史教训说来，假如蒙古发生事变，立刻可以影响到中国西北部。所以我们说，内蒙与绥远的关系，有如唇齿一样：内蒙亡，绥远必趋灭亡；内蒙存，中国西北部可以相安无事。

　　由于内蒙与中国关系之重要，所以我们认为绥远战事，实有关内蒙之存亡。绥远存，半壁内蒙河山可以保全；绥远亡，内蒙亦随之而沦落。吾人不救内蒙则已，若救内蒙，势必要保全绥远。但绥远纵保全，内蒙危机仍未解除，乌、伊各盟所受之威胁依然存在。所以说，要解除内蒙之威胁，不仅要保全绥远，并且还要进而平服锡林格勒、察哈尔两盟内部的忧患，将已经沦落的卓索图、哲里木、昭乌达三盟收复，使内蒙重归完整，中国西北部之安全，始可无虑，但这个最大的努力，必须汉蒙两族联合一致，作最大之努力，始可获得中华民族解放的胜利！

二五年十一月三十一日完稿

《时事月报》
南京时事月报社
1936 年 15 卷 6 期
（訾茹　整理）

绥远战事国人应有的准备

张宗象　撰

这几日在报章、电讯上、大家都在注意绥远的问题，戍守塞外的忠勇将士，正在冰天雪地里负起他们捍卫国家、抵抗侵略的伟大使命，作浴血疆场、舍身为国之举，此诚值得全国民众一致起来，为前敌的忠勇将士声援，和发起慰劳，鼓励增加他们抗敌卫国的勇气。

现在侵略绥远的敌人，表面上是伪蒙匪军，而内幕扯线，大有人在，这是一般国人都已明白的，因此，我们知道这场战争，决不是剿匪那么简单的了。

唯其如此，故无论此次战争的范围扩大或缩小，敌人的侵略野心是不会敛戢的，必有一次要作赌国家命运、争民族生存的重大牺牲，所以凡是中华民国人民，每一个人都要有这种的决心，作充分的准备，才能应付当前的国难。

我们知道绥远抗敌守土的严重性，决不是一时的事情，故不能凭一种愤慨填膺的忠勇，更不可犯易热易冷的故态。我们要遵守蒋委员长之言：镇静沉着，作政府的后盾，在这个时候，我们必须绝对的信任政府领袖，拥护领袖，服从领袖，领导全国民众，齐一步骤，沉潜坚毅，集中力量，来抵抗大敌。

最近几年，大家都自信全国民众的智识和爱国心，已有极大的进步，观于此次全国统一，及购机庆祝蒋委员长寿辰，可以见到。

这诚足使敌人震惊，敌人的震惊不是因我增加了一百架飞机或至〔者〕增加二三百架，乃在向视为一盘散沙的，竟已和了士敏土团结起来，一致的拥护唯一的领袖。同胞们，你要知道你的力量在哪里。

我前已说过，每一个人都要有准备，每一个团体更要联络起来，好像人身的细胞，个个强健，构成强壮的身体，才能担当艰巨的责任。故此，我们以基督教团体立场，希望全市的基督教团体，本耶稣平等公道的主张，作抵抗侵略的准备，马上组织起来，不过要冷静、沉毅、耐久，应付未来非常的局面，而不在一时的气愤愤行为。

《广州青年》（不定期）

广州基督教青年会

1936 年 23 卷 47 期

（朱宪　整理）

蒙"满"纠纷之探讨

方秋苇　撰

一　小引

目前日俄间的关系，已达到最紧张最危险的状态了。以外蒙同"满洲"的冲突形势来说，以日俄军事布置的紧张情势来说，已充分表现"剑出鞘箭在弦"的危机。谁也知道，这个危机终于是要以战争做结局的。

近来，讨论日俄问题的文字，真是连篇累牍，不知有多少。有的以为中东路的问题，是有构成日俄冲突的可能；有的以为日俄北洋渔业权利纠纷的问题，是会发生冲突的；有的以为日本收买北库页岛事件，也难免不发生冲突的。可是，这些纠纷的发生，却将日俄冲突的时期延长了。

事实上，这些纠纷并不能成为日俄冲突的决定原因，只是反映着矛盾之愈益加强吧〔罢〕了。现实地，外蒙与"满洲"冲突形势的构成，正是表明日俄矛盾关系之交错，是在曲线形之下发展着。关于这个事态，现在我们可以就客观的情势，将外蒙与"满洲"间的纠纷加以检讨。虽然，这个事态之分析，只是日俄关系之一面的说明；但我们可从这些关系之交错中，窥出日俄对立形势已达到如何的阶段？同时也可以知道，蒙"满"纠纷的形势，它将如何成为日俄冲突的引火线？关心着远东局面发展的人，对于最近的蒙"满"纠纷，是值得严重地加以注意的啊！

现在，我们对于蒙"满"纠纷的检讨，只就事实的真象上加以说明，其他所关联的问题，及这个问题当中所包含着的许多"玄妙"，在这里则只好将它"保留"了。

二　哈尔哈庙事件之发生

关于蒙"满"纠纷的问题，远的（如一年以前）事情且不用说了，且说近的一些事情吧。关于近的事情，当然要以哈尔哈庙的蒙"满"冲突事件，最为惹人注意了。这个纠纷，虽是日本和"满洲"对外蒙的冲突，然而它底意味颇深长，所以有详细说明之必要。

首先，得要明白：哈尔哈庙是怎样一个地带？它怎样成为蒙"满"间纠纷的起点？

依据一些可靠的纪载：哈尔哈庙在贝尔湖边，东南角上有哈尔哈河流入，贯串呼伦湖与贝尔湖之间有乌尔顺河，联贯以上两河流的，尚有一条小江，叫作查理兹河，为界乎三条河流与贝尔湖之间的三角地带，即是哈尔哈庙地域。这地方很缺乏汉人的往来，所以没有精确的里数统计。大约在海拉尔西南六百余里，甘珠尔庙西南三百余里，库伦正东一千七百余里，满洲里正南五百余里，东为群山，西为戈壁。这个地带，自从"满洲事变"以后，日本就非常注意，认为不仅是蒙"满"间的要塞，而且在日俄军事地理上，占着重要的地位。因而，在甘珠尔庙驻守经日本人所训练的蒙古军队，便是作深入哈尔哈庙的一种准备。就以这一点事情来说，就可以知道这个地带是会引起许多争执的。

事实上，关于这个地带所引起的争执，在现在已经开始，并且已成为最大的冲突点。据报纸所载：哈尔哈庙事件之发生，是在一九三五年一月二十四日。当时有日本军事教官本多少佐，率领士兵十余名，与外蒙守望队相遇，于是双方便发生冲突，结果日军死伤数名，到一月三十日，日方才由海拉尔派一大队兵去，将哈尔哈庙占领了。据日本及"满洲"方面的宣传，说哈尔哈庙应属于"满洲国"领土之内，决非外蒙地域，其所持之见地如下：

（一）"满洲国"兴安省与外蒙古之国界，系由数百里之哈尔哈河，与贝尔湖划作界线。一九三四年该处洪水为患，由乌兰河发源之乌尔顺河，原由查理兹河注入，现已与哈尔哈河合流，因此该处成为三角洲；

（二）此三角洲由哈尔哈河决定国界言之，当然成为"满洲国"领土之地理变化，亦系国界线哈尔哈河本流之移动。然蒙方则以哈尔哈河向东北移动，以为此项三角洲乃系外蒙之领土，而屯兵于此；

（三）然国界方面之河川发生变化时，当以旧有河道为界线，此为国际法上之大原则。是以该三角洲不属于外蒙者，其理明显；

（四）蒙兵为何称兵于此？盖以哈尔哈河经过之地点，即贝尔湖东北岸，乃冬季渔业有望之处，故侵入以图利耳。今忽由"满洲国"警察兵偶巡至此，发见蒙兵侵入情形，故发生此次之冲突事件。

此项声明发表以后，即引起莫斯科当局之重视，然而日本外务省发言人则宣称："外蒙军队侵入满境一案，将由满洲国与外蒙直接解决之，苏俄与日本均不致被牵涉。"同时广田外相亦于一月三十一日将哈尔哈庙事件致电日本各驻外使领，略称："哈尔哈庙事件，系因外蒙兵侵入满洲国领土发生者，如外蒙确有诚意约定不再侵入时，日本政府当仍本事件不扩大之方针对付之。"

究竟，日本为什么对于哈尔哈庙事件如此注意呢？第一，日本声明表示哈尔哈庙事件与日俄之不受牵涉，显然就是要抑压苏俄对这事件有所举动；第二，表示"满洲国"为日本之保护国，他是不受任何外国之侵略。假如任何一国危害"满洲国"之领土安全，日本根据《日满议定书》，可以用武力对抗"任何威胁"的。既然这样，苏俄对于哈尔哈庙事件，又将抱如何的态度呢？这的确是非常关系重大的问题！

三　满洲里会议之僵持

自从哈尔哈庙事件发生以后，一般人都推测说苏俄将采取必要的行动，所以路透社曾发出贝尔湖俄"满"军冲突及苏俄飞机越过"满"境在海拉尔附近村落上轰炸的消息。虽然这些传说，后来都被苏俄塔斯社受命更正了，可是由此可知外国的新闻报纸是如何兴奋着日俄战争场面之到来啊！

关于苏俄的态度，是很难于知道，所以外蒙当局的表示，便更引人注意。据库伦消息，外蒙内阁总理兼外长阚敦氏所发表的声明说：

> 哈尔哈庙及其附近一带地域，自太古以来，即属于蒙古领地，从未经呼伦贝尔管辖。因此外蒙共和国，决不同意日满军队之占领哈尔哈庙，并认日满两军之侵犯国境之非法。一月二十四日哈尔哈庙事件发生以后，数日之间平稳无事，及至一月三十一日午前八时，贝尔湖附近国境警备队发现日满军之一部，以军用汽车数辆，兵骑五十作梯队阵形，自满境图越外蒙国境，该部队既占领科尔鄂博，复向蒙古境域前进。然外蒙国境警备队，不愿以兵戎相见，故略示后退，示以冷静态度，为避免冲突起见，并未开放一枪一炮，现仅在诺林湖畔构筑防御

阵地。外蒙政府为自国权益及恢复和平起见,已禁令国境警备队,不得私擅开枪,将来并不惜和平交涉。

外蒙政府此项声明发表以后,二日八日"满洲国"亦据此答覆外蒙政府,表示愿与外蒙和平谈判,解决蒙"满"边境冲突,并决定以下三项原则:

(一)交涉地点应从长春、满洲里或海拉尔中择其一;

(二)不容第三国参与交涉;

(三)交涉日期待外蒙回答后决定。

外蒙政府对于这个会议的谈判,在原则上并不加以反对,但其表示:(一)"满"方要赔偿外蒙的损失;(二)划清国界;(三)会议地点为便利起见,最好在库伦。这样一来,这个事件的谈判只有僵化了。显然的,在僵化以后,难免不牵涉"第三国"的,于是日本便出头与外蒙折衷。结果外蒙政府同意于五月二十四、二十五两日会议于满洲里,讨论哈尔哈庙事件(即蒙"满"边境问题)的解决。双方出席代表如下:

外蒙方面:

军政部次长　　托布卡扪

东边军长　　丹巴

东都衙门代表　　哈栋道宝达喜

地方司事务官　　道古苏尔

"满洲"方面:

兴安北省长　　凌陞

兴安北警备军司令　　乌尔金

外交部政务司长　　神吉正一

军政部员　　齐藤正俊

自此项会议开始以后,截至七月六日为止,已有了十二次的会议。在会议开始之际,即逢遇着若干复杂矛盾及不能协调的原因。

外蒙代表是坚持"哈尔哈庙及其附近，依文献地图，明为外蒙之所有"为理由，并不丝毫让步；而"满洲"方面总是节外生枝，提出若干要求，致外蒙代表无从接受，因而双方各走极端，结果使会议并无如何之进展。在十二次会议以后，外蒙代表已奉令撤回库伦，蒙"满"会议势成搁浅之势，其原因则不外：（一）双方因哈尔哈庙主权问题，各不让步，实无法由会议形式解决；（二）因日本关东军测量员犬养在海拉尔附近被外蒙军拘捕事件发生，致会议题外生枝，发生了严重的变化。换言之，即会议将牵涉到"第三国"了。

四　犬养被捕事件的牵动

哈尔哈庙事件的谈判，因满洲里会议的决裂，于第十二次会议之后而搁浅。其主要原因，则由于关东军测量员犬养被捕事件的发生，转换了会议底重心。关于此项事件，现在可作简单的叙述。

事情发生的经过是这样的：一九三五年六月二十三日，有一日人，及一白俄人，由海拉尔附近越过蒙境测量地形，当即被外蒙方面所派之巡逻队捕获。查询之后，始知此日人为日本关东军测量员犬养氏，另外一白俄人，亦在日本军队中服务。外蒙当局为避免牵涉巨大的政治纠纷起见，对此二人加以检查之后，即行释放。讵知于六月二十六日，外蒙将被捕二人交回"满洲"边境驻军时，"满"方并不接受；又于六月二十八日，经外蒙竭力交涉，并将此二人及其所有物件，一并送交满方。此项事件发生之后，遂即影响满洲里会议，其经过情形，据外蒙当局对库伦报界发表有如下之谈话：

> ……夫日军军官二人，确于蒙境被捕，吾方（指外蒙）竟〔径〕将人、物一并交回满洲政府，此种事实，已能表示

吾方对于一切边境纠纷，诚心愿有和平之解决。同时，此项问题，似已尽解决，因吾方有权向满洲政府要求，表示应对破坏邻谊及边界之人员予以严惩。六月二十六日满方拒绝收回吾方交予之二被捕军官，二十七日满方外交部政务司长神吉正一，即抵满洲里站访晤吾主席代表托布卡扣，要求将被捕人员立即交回，并向满洲政府道歉，同时越境人员须予检举。七月四日，神吉氏复访托布，且提出公函一件托彼转交，内有对逮捕上述人员一举抗议，并提出要求如下：第一，此次事件，外蒙须负全责；第二，外蒙须对越境人员严加追询。满洲政府要求有派遣代表长驻蒙境之权；同时长驻之代表得与满洲国经常联络，且在蒙境有行动自由之权。此等要求蒙方如不接受，则满洲国将要求汤木苏克庙以东蒙军，全部向汤池撤退。

同时，驻满洲里之日本军事代表团亦访问托布，代表关东军司令部证实并扩大此同样要求，特别着眼于要求使关东军有权遣派代表入蒙，在蒙古境内建立电报线以与之联络交通。此项声明特别令人难解者：因既非出自日本政府，又非出自满洲政府，而系出自驻于南满之关东军，且其对象为外蒙，吾方与彼等，过去、现在均无任何关系。

服务于日本军军官之在我（外蒙）境内被捕，外蒙对于该问题之解决，固已表示特殊之和平态度。然此事竟被满洲当局转化而为无理要求之借口，以为阻碍外蒙与之交涉。外蒙对于日满当局非法及难解之行动，异常惊愕，因其践踏正理之最基本之法则，及各族之和平共存。

"满洲"方面对于上项谈话，认为是外蒙的一种恶〈意〉宣传，对于满洲里会议缺乏诚意的一种露骨表示。所谓犬养被捕事件之发生，不过证明外蒙欲造成此项纠纷，而使会议搁浅毫无疑义。因此，"满洲"外交当局于七月九日，就此事发表如下之

谈话:

　　据莫斯科电讯,外蒙当局最近在库伦,就满洲里会议与蒙
兵越境问题,发表声明(即指外蒙当局前项之谈话),而作满
方对哈尔哈庙事件之解决,不示诚意之宣传。但满方所持方
针,实则自初即系依互相合作,而向维持和平之大方针迈进,
并主张哈尔哈庙事件,纵即获告解决,若不讲求过去所发生之
事件及将来发生之此种纠纷和平处理方法,则将成无意义之
举。乃蒙方在会议中,仅依一纸地图,而坚主现所争执之土
地,属于外蒙领域,致使双方意见,迄难一致,是时复适值在
海拉尔附近,发生蒙兵越境事件,而满方对于此事,本拟由外
蒙处罚其责任者,及两国间交换代表之下,于谈笑中解决此
案。是时蒙方若果具有诚意,自应容纳满方提议,乃竟作如前
日(外蒙当局之谈话,系七月六日在库伦发表)之恶意宣传,
致使满方殊不得不疑其别有用意也。

由以上之蒙"满"两方的"外交声明"看来,可知蒙"满"
纠纷牵涉之复杂。"满洲国"方面之见地,认为哈尔哈庙事件及犬
养被捕事件之根本解决点,必要外蒙接受以下之要求:(1)"满洲
国"有派员驻在外蒙并有对长春传报消息之权利;(2)外蒙最近
扣留日本军官二人应负完全责任,并须将扣留日本军官之蒙人,
予以惩戒;(3)长春、库伦间须建军用电线。反之,外蒙则不愿
与"满洲国"树立此种国交关系,并认哈尔哈庙为外蒙领土,决
不能轻率"于谈笑中解决此案"。据苏俄方面的观察,日本军队之
意,在于外蒙布置一侦探网,并图以实力控制外蒙。若实现则苏
俄红军在贝加尔湖以东之地位,将遭绝大打击,故苏俄当局对此
事深为注意。

七月十七日,"满洲国"外交部政务司长神吉正一,将以上要
求更具体地向满洲里会议外蒙代表团提出,约有如次之事项:

（一）满政府要求在外蒙共和国内设置满政府代表机关（即满洲侦探机关），以免将来发生各种纷争；

（二）该代表机关与本国政府间当有通信之自由，如蒙政府承认此事项，则满政府亦准蒙政府在境内设其代表机关；

（三）满蒙两国互相接近，两国交换代表机关为国际上应有处置，且为满蒙两国间应办之急务；

（四）请贵代表即将此项提议传达库伦政府。

此项要求，为"满洲"对外蒙之第二次要求。外蒙政府对此非常惶恐，认为日"满"在外蒙布置侦探网的计划不能实现，必将以武力威胁外蒙。据路透社七月二十日大连电讯宣称："满"方已以实际上无异哀的美敦书之文件送交外蒙当局。关东军领袖声称：如外蒙当局不允接受满方第二次之建议，互换代表，则驻于汤木苏克庙之外蒙军队，将予驱逐，并限外蒙政府于十日内答覆。

这样一来，蒙"满"的纠纷牵动大了，结果将满洲里会议送终。

五　满洲里会议重开之波折

满洲里蒙"满"会议决裂以后，外蒙代表团亦奉令准备回库伦。但，"满洲"方面则严重地向外蒙代表团表示：满洲里会议既不能解决哈尔哈庙事件，对于外蒙兵越过海拉尔（即指外蒙兵逮捕由海拉尔越入蒙境之测量员犬养事件）之严重事件，影响"满洲"边境安危颇大，必要有一确实解决办法，不外以下之原则：

（一）国境纠纷（如哈尔哈庙事件、犬养事件）倘由局部解决，则难保将来不再发生。为扫除此种祸根确保将来起见，双方均应设立常备机关，彼此交换代表行使有效之处理，以图妥善之解决，是为最适当之良策；

　　（二）倘外蒙方面对于此项常备机关碍难承认时，则应将汤木苏克庙划为界线，由此地将惹起纠纷危险堪虞之外蒙军撤去，以防日后之争端。

　　如果说明白一点，外蒙在未接受"满洲"设立常备机关的要求以前，外蒙代表团应留住满洲里以备交涉；倘外蒙撤回满洲里会议代表团时，则外蒙逃脱国境纠纷所应负之责任，必要将汤木苏克庙划为界线，将蒙"满"边界纠纷暂告解决。结果，外蒙代表团一部撤回库伦，托布卡扣则仍留住满洲里，与"满"方代表神吉正一作非正式之接洽。

　　"满洲"方面是坚持以上的要求，并无丝毫之变动；外蒙方面则要将哈尔哈庙事件解决以后，再谋蒙"满"外交关系之树立（如双方交换代表，设立常备机关等）。八月七日神吉正一向托布卡扣再提出第三次的口头通告，其大意如左：

　　（一）满蒙两方，各派代表驻扎对方国领土以内，以谋两方之亲善；

　　（二）限定外交代表之职权，仅限于边境纠纷事宜，同时任命中央代表，使之担任不能由地方解决之悬案。

　　上项通告，外蒙代表未能表示意见，仅允向库伦政府请示。结果，外蒙政府答覆"满"方："对于代表交换问题，尚有疑义，但愿在九月上旬双方在满洲里开会，讨论一切，哈尔哈庙及海拉尔等地事件，亦可在该会折冲。"这算是外蒙政府愿重开满洲里会议的一种表示。

　　事实上，到了满洲里会议重开的时候，又不可避免地牵涉到双方代表交换的问题。"满洲"代表口口声声说："外蒙必须要开放自己的门户，两国交换代表，是圆滑彼此外交关系的一种表示，更是解决边境纠纷所应取的途径。"而外蒙代表则答覆说："双方的边境纠纷，可以组织边境混合委员会，负责划明国界；要是边境纠纷未能解决，外蒙不必与满洲通行往来，借此可以减免许多纠纷。"这样各走极端的意见，一直到了十二月，又将满洲里会议僵硬下去了。

满洲里会议发生波折的原因，除了双方的意见不能调合以外，便是十二月十九日及十二月二十四日，蒙"满"的军队发生冲突，冲突的原因，由于"满洲"军队侵入蒙境，意欲向汤木苏克庙一带境地深入，被外蒙军队阻止，双方曾发生多次的冲突。"满洲"方面的意见，认为："当外蒙长此拒绝与满洲国缔结友交之际，满洲国对于侵略者，自应予以惩戒。"按此乃系指外蒙拒绝与"满洲"交换代表而言。

至于外蒙方面，其态度更是强硬，十二月二十四日致牒长春，声称："满洲"军队侵入蒙境，攻击蒙边戍卒，将引起"严重之结果"，并提出要求五项：

（1）交还被满军所掳去之蒙古边境守卫；

（2）惩戒侵略蒙境之满军；

（3）赔偿失窃及毁坏之财产；

（4）正式道歉；

（5）保证以后不再发生同样事件。

此项通牒送达长春以后，日"满"方面认为外蒙有强大背境及反"满"作用，决定采取最紧急步骤与手段，应付库伦政府此种抗议。这样一来，蒙"满"纠纷的形势，又开始了一个紧张的场面。

据莫斯科方面的消息：在满洲里会议的谈判中，蒙古政府力主组织边境混合委员会，以解决并防止各种边境纠纷。但"满洲"代表则反对此种建议，继续其攻击边境政策，企图强占蒙古领土。结果满洲里会议，不得不因此严重之事态而搁浅，如竟引起严重之结果，应由"满洲"及日本政府负完全责任，因其军队直接并主动参加此等攻击战争。由这个消息看来，可知最近蒙"满"形势之严重了。

六　结论

既然蒙"满"纠纷已经达到这种剧烈的场面，且事实上已不可避免地又牵涉到"第三国"的——现在日本已经出面对抗外蒙了，那么，这个纠纷解决的前途又将如何呢？

第一，外蒙或者可以容忍日"满"方面的要求。假如外蒙政府抱负此种态度，则外蒙将被"满洲"所控制。如果按照"满洲"攻击外蒙的计划说来，"满洲"的目的，势非直驱入库伦不可的；即使"满洲"能够让步，外蒙最低限度有割地的危险，如汤木苏克庙一带地域的割让，则苏俄红军在贝尔加湖以东的地位，将受绝大之打击。

第二，外蒙能坚持其强硬之主张，则蒙"满"纠纷势必趋于武力解决之途径。且最近"满洲"对外蒙的包围形势已成，外蒙让步也不可能了。

如果蒙"满"纠纷趋于武力解决的途径，结果势必要牵动苏俄的，那么日俄战争必将因此引火线而爆发，亦未可知的啊！

一九三六，一，二五，上海

《东方杂志》（月刊）

上海商务印书馆东方杂志社

1936 年 33 卷 5 期

（李红权　整理）

苏联与外蒙订立互助条约

市 隐 撰

苏联与外蒙订立互助条约一事，早经塔斯社泄出。据三月二十八日该社莫斯科电称："库伦报告，第二十次'小库拉尔'会议完全赞成蒙古人民共和国政府之对外政策，尤为苏联与蒙古人民共和国之互助协定"云云。又同日日本同盟社库伦电亦称："蒙古中央执行委员会第二十届会议在三月二十七日晚结束，该会议议决蒙俄同盟及其他内治外交各重要事项，其中有一项，即委员会拥护蒙古政府外交政策，对于俄蒙相互援助条约，表示赞意。"同日哈瓦斯及国民社莫斯科电，均谓俄蒙已订立互助条约。此等消息均未言明该约订于何时。

《苏蒙互助条约》在何时订立？据三月三十一日日本太田大使质问苏联外交人民委员会副主席苏联关心于外蒙之理由时，该副主席斯多莫尼耶哥夫答称："苏蒙二国从一九二一年以来，关系极友善，本年三月十二日苏蒙间更正式签字于互助议定书，苏联有援助外蒙之义务，议定书逐〔遂〕后当公布"云云。此为苏联官方正式宣布《苏蒙互助条约》之先声。

《苏蒙互助条约》之内容如何？据苏联政府四月八日所公布者，如左：

苏联政府与蒙古人民共和国，现因两国友谊，自一九二一年蒙古人民共和国得红军之助，将与侵占苏联领土军队互相联络之白卫军队逐出蒙古领土以来，始终不渝，且因两国俱愿维持远东和平，继续巩固两国现存友好关系，故已决定将一九三四年十一月二十七日即已存在之《绅士协定》，正式改订此项草约，规定以全力互相援助，以避免及防止武装攻击威胁，并于任何第三国攻击苏联或蒙古人民共和国时，彼此援助，为此目的，余等签订此项草约。

第一条　苏联或蒙古人民共和国之领土，如受第三国家或政府之攻击威胁，则苏联及蒙古人民共和国应立即共同考虑发生情形，并采用防卫及保全两国领土所必需之各种方法。

第二条　苏联及蒙古人民共和国政府，承认在缔约国之一国受军事攻击时，相互予以各种援助，包括军事在内。

第三条　苏联及蒙古人民共和国政府，认为缔约国中一国军队根据互助公约，为完成第一条或第二条之义务起见，屯驻另一缔约国内，至无此必要时，应立即退出，有如一九二五年苏联军队之退出蒙古人民共和国领土，此乃不言自明。

第四条　此项草约共有两份，一用俄文，一用蒙古文，两份俱有同等效力。

此项草约将于签字后发生效力，于此后十年内继续有效。

《苏蒙互助条约》之订立经过，则莫斯科《消息报》言之綦详，虽其间多拥护其政府立场之言，但亦可供参考，兹特录之。

三月十二日签订于库伦之互助草约，为坚定不移争取和平之一显例，亦为苏联在完全平等及互惠基础上，扶助和平及友好人民，英勇争取其生存与独立权利之一显例。

苏联及蒙古人民共和国人民，十五年来以密切不懈之友谊互相联系，此种友谊，产生于一九二一年共御外敌之际。彼时苏联政府接受蒙古人民共和国之请求，遣红军入外蒙，与蒙古人民革命军联合击溃日本干涉者之佣兵劫掠队伍，彼欲奴役蒙古人民，并使外蒙变为日本之殖民地，及日本帝国主义继续进攻苏联之根据地。在此共同胜利斗争中，诞生并实现苏联政府及蒙古人民共和国政府间之互助协定，即在将来，缔约国之一国再受第三者军事攻击威胁之际，亦仍有效。

由于外蒙政府请求，苏联政府允于同年暂将一部分军队留驻蒙古人民共和国境内，直至蒙古人民共和国受人攻击危险消灭时止，迫远东情势，使苏联驻兵外蒙已不需要之际，苏联政府得蒙古人民共和国政府之同意，于一九二五年初，将全部军队退出外蒙。

余等检视一九二五年二月二十七日，蒙古人民共和国政府说帖，曾称谢苏联政府予蒙古人民之援助如下：

"政府代表蒙古人民共和国全体人民，表示其对红军予蒙古人民共和国人民以不可磨灭友谊之深切满意及感谢。请君以蒙古人民之深切感谢，传达苏联之工人、农民及英勇红军，世界被压迫及被奴役民众之永久保护者，及贵国政府之领导机关。

蒙古人民共和国之劳动人民，及其政府，咸信两国将来必将于共同患难时期，继续其真诚友谊及相互援助，我国人民及政府尤敢深信如竟复见一九二一年之情形，此非吾人所愿，苏联及其红军必将予以援助。"

由此余等可见即在一九二五年《北京条约》签订之际，苏联与外蒙仍保持其深切友好及相互援助关系，此种关系建立于一九二一年，且与中国之利益完全吻合。

毕生从事中国人民解放事业之孙逸仙博士之伟大革命，完全证实苏联援助对于保障外蒙之神圣及完整，使其不致变为进攻苏联及中国之根据地，乃有全部必要。孙逸仙博士于一九二三年一月，与苏联驻华代表联合公报之中，指出："俄国军队之立即退出外蒙，既非急要，亦非中国之真正福利，尤因现今北京政府不能保障在俄军退出以后，反俄白军不再施其阴谋，造成较现今更严重之形势。"

苏联保障外蒙边境安全，不仅对于苏联安全为一首要工作，即对中国亦然。且中国政府负有责任不使外蒙成为攻击苏联之根据地，曾载于《北京条约》之中，该约第五条谓：苏联政府承认外蒙古为中华民国之构成部分，尊重中国在该地之主权。同时该条规定，苏联将其军队退出外蒙之手续，"苏联军队之自外蒙全部撤回，关于撤回军队之期限，及设法保证边境安全，应开会商定"。

此条业已明示，中国政府亦曾承认苏联有权于一定时机采用各种方法，例如派兵入蒙古人民共和国，以保障其边境。撤兵办法，早应根据北京协定召集中苏会议商定甚明，然而此种会议竟未召集，此非苏联之过，乃被中国内战及中国政府之不稳定所阻止。然而苏联政府不待召集中苏会议，竟自动提出，并得蒙古人民共和国政府同意，于驻军蒙古人民共和国境内已非必要时，立即撤其驻军。同时苏联政府固仍负有义务，襄助蒙古人民以维持其领土之完整及尊严，与夫经济文化建设。因此至一九三四年，蒙古人民共和国复受领土侵略威胁之际，蒙古人民共和国内阁总理庚登向苏联政府提出，于蒙古人民共和国受人攻击时要求予以援助。两国重申其在彼等受第三国攻击时，作各种相互援助——包括军事援助——之义务，此固理所当然，此项协定未经正式订约，乃为口头谅解，即所谓《绅士协定》。

当一九三五年日"满"军队开始屡次进攻蒙古人民共和国领土之际，苏联政府屡请日本政府注意其深切关心于维持外蒙尊严。事实上在日"满"军企图攫取外蒙领土之际，苏联决难旁观，然而不顾此等严厉之反覆警告，日"满"军之攻击蒙古人民共和国领土，不仅继续进行，且采取更挑衅、更大胆之性质，因此蒙古人民共和国政府至一九三五年一月，认为必须派遣代表团，至莫斯科要求将原有口头协定正式改订互助公约，允给蒙古人民共和国以援助。今年一月二十五日，蒙古人民共和国"小库拉尔"主席团及内阁会议，再向苏联要求援助，特作书面申请，递交加里宁及莫洛托夫，由"小库拉尔"主席阿穆尔及内阁总理庚登签名。

苏联政府同意蒙古人民共和国政府之要求，于一九三六年三月十二日在库伦签订草约，次乃更明确规定相互援助义务之具体化。此项义务，远在一九二一年即已建立于联合反抗干涉基础之上，此项协定且与一九二四年之《北京协定》完全符合。日本军阀中之最无理由冒险分子，现正努力再谋攫取外蒙。显然，苏联政府如此行动，完全符合彼对蒙古人民共和国之各种义务，且为维持和平，此种自卫行动，绝不致丝毫侵犯中国人民之利益。

在霍华特与苏联人民领袖史丹林会谈之中，史氏曾以率直及明白态度，宣称："如日本竟敢攻击蒙古人民共和国，企图侵犯彼之独立，则余等不得不援助蒙古人民共和国，一如一九二一年所为。"此语曾在苏联及蒙古人民共和国引起狂热，且得全世界全部和平友人最大之同情及了解，中国广大民众，亦自此说明中窥见苏联政府争取和平之坚决表示，并知苏联政府此种立场，亦与中国利益相合。盖中国正在疲于反抗侵略，无力保障蒙古人民共和国之领土安全也。

一九三六年三月十二日之草约，为一和平文件。即苏联最恶敌人，亦不能在草约中于警告侵略他国领土者，及苏联准备于蒙古人民成为侵略牺牲时予以援助外获得一字。

苏蒙订有互助条约，在苏联政府公布以前，哈瓦斯莫斯科通信员评论该约对于国际政局之影响，其辞如左：

苏联业与外蒙古订立互助公约，此于远东局势，苏俄一般政策，甚至国际局势，均将发生影响，自属无疑。莫斯科对于库伦，原本在技术上加以援助，俾克抵抗日本与"满洲国"之压迫，而保护领土。自互助公约成立之后，此项技术援助，已有正式性质，得以增加力量，而在各项问题之中，任何形式之下，尽量行之。惟是公约之名，虽曰互助，实际上乃系苏俄援助外蒙古。苏俄现与外蒙古接壤，又复单独承认外蒙古政府，而在库伦设置外交代表，其在外蒙古经济上，尤其是外交上，已享有优越之势力。兹益以互助公约，则外蒙古向为苏俄之天然屏蔽者，苏俄自能进一步而树立真正之保护制，并夷外蒙古为附庸矣。虽然，外蒙古仍属中国领土完整之一部，前此宣布独立，既未为中国所承认，而中国对于类似事件，即"满洲国"宣布独立，并与日本成立日"满"议定书之所为，亦曾以国联会盟约为根据，而向国联会提出抗议，今兹对于俄蒙互助公约，自必表示异议。至以国际局势而论，数年以来，苏俄对于日本向外发展政策，原以延宕为得计，此际乃与外蒙古成立互助公约，其迎头加以对付之决心，自可概见。苏俄殆自信实力充足，足以应付一切事变，外蒙古虽与莫斯科相距十二日之遥，其境内虽未建筑铁道，但苏俄仍愿接受范围广大之约束，而无所惧。德国对于苏俄，暨与苏俄缔有互助公约，各国虽加以帝国主义的威胁，不难分散苏俄力量，苏俄亦非所惧明矣。

自苏蒙订有互助条约消息传出以后，日本密切注视中国当局之态度，其通讯社甚至谎报中国与苏联订有密约，共同抗日，所以对于苏蒙订立互助条约默认云云。中国政府一面电驻苏大使颜惠庆查询，一面辟谣。嗣得报征〔证〕实苏联确于三月十二日与外蒙订立互助条约，于是四月七日中国外交部向苏联政府提出严重抗议，并声明该互助条约无效，抗议原文如次：

> 为照会事，本月前准贵大使面交一种文件抄本，称系苏联与外蒙签订之议定书。查民国十三年五月三十一日签订之《中俄解决悬案大纲协定》第五条，规定"苏联政府承认外蒙为完全中华民国之一部分，为尊重在该领土内中国之主权"。外蒙系中华民国之一部，任何国家自不能与之缔结任何条约或协定。兹苏联政府不顾其对于中国政府所为之诺言，而擅与外蒙签订上述议定书，此种行为，侵害中国之主权，违反民国十三年《中苏协定》之规定，实无疑义。本部长兹特向贵大使提出严重抗议，并声明苏联政府与外蒙签订议定书，系属违法，中国政府断难承认，并不受其拘束，相应照请贵大使查照，转达贵国政府，予以满意之答覆为荷，须至照会者。

苏联接到抗议后，于九日答覆，略谓《苏蒙互助协定》不违反《中俄协定》，且称《奉俄协定》中国无任何抗议云云。覆照全文如次：

> 本月七日贵代办遵奉贵国政府训令，送交本委员长照会抄件，该照会贵方已于同日面交驻华苏联大使鲍格莫洛夫，该照会理由，因苏联政府与"蒙古人民共和国"于本年三月十二日签订议定书，认为侵害中国主权，并抵触一九二四年五月三十一日《中俄协定》，为此南京政府认为得以提起抗议。兹对于该照会答覆如下：

> 苏维埃政府对于该照会所载，对苏蒙议定书之解释不能同意，且对于中国政府所提抗议，亦不能认为有根据。议定书之签订，与议定书内各条款，均无丝毫损害中国主权之处，该议定书并不容许亦不包含苏联共和国对于中国及"蒙古人民共

和国"有任何领土之要求，议定书之签订，于中国及苏联共和国间，及苏联共和国与"蒙古人民共和国"间至今存在之形式的或实际的关系，绝无变更，苏联签订互助议定书，认为于一九二四年在北京签订之《中苏协定》，并无损害，且仍保持其效力。苏维埃政府兹特重行确证上述协定，就苏联方面言，仍保持其效力，以及于将来。至于形式上是否有权与中华民国自治部分签订协定问题，兹仅须提及苏维埃政府曾与东三省政府，于一九二四年八月二十日在奉天签订协定，此事并未引起中华民国政府之任何抗议，且经其承认。该《奉俄协定》与《北京协定》，有完全同等之效力。同时应予以注意者，苏蒙议定书，并不反对第三国之利益，因其仅于苏联或"蒙古人民共和国"成为侵略者之牺牲，并不得不防卫自己之领土时，始发生效力。基于上述理由，苏维埃政府以为不得不拒绝中国政府之抗议，认为并无根据。同时并表示深信中华民国政府必能确信苏蒙议定书，并不违反《北京协定》，且适合于中国人民及蒙古人民之利益也。相应照请贵代办接受本委员长最诚之敬意。中华民国代办使事（署名）李特维诺夫。

中国外交部以苏联覆文所称各节多事实上之错误，于四月十一日提出第二次抗议。除逐层反驳苏方覆文外，并郑重申明中国方面仍维持第一次去照内所表明之态度，原文如次：

为照会事，关于苏联共和国与外蒙签订互助议定书事，本部长业于四月七日向贵大使递送抗议照会，声明该议定书之签订，侵犯中国主权，违反民国十三年《中苏协定》，中国政府断难承认。本月九日准贵大使递到贵国外交委员长致中华民国驻苏联代办照会钞件一份，答覆本部长上述去照。来照谓"苏维埃政府兹特重行确证上述协定（民国十三年《中苏协定》）就苏联方面言，仍保持其效力，以及于将来"。苏联政府于此重行确认外蒙为完全中华民国之一部分，及尊重在该领土内中国之权，本部长对于苏联政府此项保证，业已阅悉。惟查苏联政府对于此次苏联与外蒙签订议定书之事项解释，本部长认为并无充分理由，所引民国十三年在奉天所订之《奉俄协定》，尤不能作为先例。来照谓《奉俄协定》之签订，并未引起中华民国政府之抗议一节，适与事实相反。查该协定未经该处地方当局呈经中央核准，作为《中苏协定》之附件以前，迭经前北京外交部，于民国十三年八月二十五日、九月十一日，先后向彼时贵国驻华大使提出抗议，并经中国驻莫斯科外交代表，向苏联政府抗议各在案。嗣该协定经中央政府核准，完成法律手续后，始于民国十四年三月间通知苏联政府，作为民国十三年《中苏协定》之附件，此项事件，原为贵方违反国际惯例之不合法行为，经中国政府予以纠正，固不得援引为贵方有权向中国地方政府签订任何协定之先例。此次苏联政府与外蒙签订之议定书，侵及中华民国之主权，与民国十三年《中苏协定》根本抵触，中国政府对于该议定书，不得不重申抗议，并维持上次照会内所表明之态度，相应照请贵大使查照，转达贵国政府为荷。须至照会者。右照会大苏维埃社会主义联邦共和国驻华特命全权大使鲍格莫洛夫。

《东方杂志》（月刊）

上海商务印书馆东方杂志社

1936 年 33 卷 9 号

（朱宪 整理）

外蒙取消自治之交涉及取消
自治前后经过之情形

张忠绂　撰

　　自一九一五年六月七日《中俄蒙协约》签订后，外蒙即已入于自治时期。北京政府乃依约于六月十六日特任陈箓为都护使，充扎驻库伦办事大员。六月二十二日任命陈毅、刘崇惠、张寿增三人为都护副使，分充乌里雅苏台、科布多、恰克图三地佐理员（注一），并于七月十九日后颁布《库伦办事大员公署章程》，与《乌里雅苏台、科布多、恰克图佐理专员公署章程》（注二）。依据《库伦办事大员公署章程》之规定，库伦"办事大员总监视外蒙古自治官府及其属吏之行为，〈使其〉不违犯中国宗主权，及中国暨其人民在外蒙古之各利益"（第二条）。"办事大员直接办事之区域，以前清驻库办事大臣所管辖之境，即图什叶图汗、车臣汗两部落为限"。（第三条）"分驻乌里雅苏台、科布多、恰克图之各佐理专员均归驻扎库伦办事大员直接节制。"（第五条）办事大员"公署卫队二百名，设卫队长一员统辖之。"（第八条）依据《乌里雅苏台、科布多、恰克图佐理专员公署章程》之规定，"佐理专员监视外蒙古属吏之行为，不违犯中国宗主权，及中国暨其人民在外蒙古之各利益"（第三条）。"乌里雅苏台佐理专员直接办事之区域，以前清乌里雅苏台将军所管辖之境为限。"（第四条）"科布多佐理专员直接办事之区域，以前清科布多参赞大臣所管辖之境为限。"（第五条）"恰克图佐理专员直接办事之区域，以前清恰克图理事所管辖之境为限。"（第六条）各佐理专员"公署卫队五十名，设卫队长一员〈统〉管之"（第十条）。库伦办事大员公署内另设一军事参赞处，以统辖乌、科、恰三公署之卫队。

陈箓奉命为都护使，充驻扎库伦办事大员后，于十月四日启行，二十六日到达库伦。十一月三日陈箓正式照会外蒙自治官府，告以北京政府将派专使至蒙办理册封事宜，外蒙自治官府于六日照覆，拒绝中国册封之使节。此事之交涉，直至一九一六年三月三日外蒙始表示，如册封事由都护使办理，北京政府不另派专员，且不苛求礼节，则外蒙自治官府对之可以接受，但册文内之措词，有事先电知外蒙自治官府之必要。陈箓据以转电北京，北京政府概亦允诺，并明令派陈箓为册封专使，印册交佐理员张庆桐赍往库伦。关于册封之各项事宜既已议定，册封之典礼遂得于七月八日（一九一六年）在库伦之大冈登宫内举行，由陈箓将印册亲自赍交，正式册封哲布尊丹巴呼图克图为外蒙古博克多哲布尊丹巴呼图克图汗（注三）。

陈箓于册封典礼举行后，复示意外蒙外长，商请博克多派员至北京报聘，以通中蒙两方情愫。外蒙自治官府亦以此意为然，是以于一九一六年一月十日特派外蒙司法部长车臣汗那旺那林、兵务副长额尔德尼郡王札木彦多尔济等，带同随员多人赴北京报聘①。外蒙报聘使臣于十三日起程，中国于先期派队至乌德迤南迎候，护送至京，并由蒙藏院优与招待。外蒙当清廷盛时，曾有九白之贡，自光绪晚年停贡之后，久无聘使至京。此次至京报聘，虽未依照贡例，但仍不失为空谷足音，对于中蒙两方感情之融洽颇有裨益也（注四）。

---

①　原文如此。所述前后矛盾。——整理者注

在陈箓任职都护使，充驻扎库伦办事大员之期中，中国在外蒙之利益颇有增进。在此期中，陈箓除曾在库伦大员办事公署下设立词讼处，管理汉人民刑案件（注五），与外蒙交涉取销汉人之人头税及房屋税，劝令华商在库伦设立商务总会，与外蒙自治官府协定在唐努乌梁海添设佐理专员一人并驻扎卫队五十名（注六），尚曾因华军追剿蒙匪巴布札布进占外蒙游吉格庙事件，与俄、蒙两方发生交涉（注七），并依据《中俄蒙协约》第十七款之规定，与俄、蒙两方代表签订一中、俄、蒙会订《自治外蒙古电线合同价目》（注八）。

陈箓自任都护使后，未及一年，即屡请辞职。北京政府于一九一六年八月四日准陈箓辞职，同时发表陈文运继任。陈文运继任都护史充驻扎库伦办事大员之令发表后，俄、蒙两方均提出异义，表示反对，驻北京俄使且向中国政府要求，此后中国选派库伦派事大员，须先征得俄方同意。陈文运因是不克到任。一九一七年四月北京政府复发表李开侁任都护使，李因亲老固辞，遂改任陈毅为都护使，充库伦办事大员，时陈箓已先期因病请假，于五月八日即已离库伦返京矣。

陈毅到达库伦之时，俄国革命业已爆发。外蒙市面交易之媒介，自清光绪年间以来，多用俄币。俄国革命爆发后，俄币跌落，外蒙商民咸以为苦。先是外蒙独立之初，曾向俄政府借俄币五百万元，限年还清，并与俄方缔结银行条约，限制中国在外蒙设立银行。前都护使陈箓曾与外蒙官府因是屡次交涉，迄无效果。陈毅到任后，复与外蒙磋商，由外蒙官府向中国政府借银一百万元，收买俄钞，以清俄债。其交换条件则为中国在库伦设立中国银行。此议虽经北京政府允诺，但财部迄未拨款，陈毅不得已，乃改以"外蒙官府所属盟旗及沙毕等地方，所有由前清户部银行以印文押借之旧债，历年利息一概免除"为条件，与外蒙官府签订银行条约，规定"外蒙官府……承认中国银行在库伦开设银行，将来如在外蒙其他地方添设时，须先行商由外蒙自治官府同意"（第一条）。"外蒙官府通饬所属各地方，凡所有官有收入支出，准以中国银圆或银行纸币出纳。"（第二条）（注九）库伦中国银行开办后（一九一八年），中国遂稍得操纵外蒙之金融权矣。陈毅于其任职都护使期中，除曾与外蒙官府签订银行条约外，尚曾努力增进张（张家口）库（库伦）间之交通，赞助华商组织大成张库汽车公司，建议将阿尔泰并入新疆省，改区为道（注一〇）。

依照《中俄蒙协约》而成立之外蒙自治官府，本系俄人煽惑袒护之结果，俄国革命后，外蒙势孤，俄国共产党人且渐侵至恰克图。依据《中俄蒙协约》之规定，中国军队本不能进入外蒙境内，但此时外蒙已感孤立，旧俄驻库伦领事亦无力阻挠，陈毅乃乘机与外蒙外长商定，暂由中国派兵一营进入外蒙，如必要时，尚可由中蒙两方商定，由中国增派军队。惟中国允许于欧洲大战和局成立时势完全平定后，仍将此项军队撤回，以符原约。陈毅与外蒙外长商定后，乃于一九一八年六月电请北京政府派马队两营，改称步兵一营，进入外蒙。北京政府于七月三十日电覆，谓已决定派绥远高在田团长率所部两营径赴库伦（一九一九年三月抵库）。中国虽已派兵进入外蒙，但此时俄乱日亟，俄旧党谢米诺夫（Semenoff）正在赤塔招募军队，与布利雅特（Buriate）、呼伦贝尔（Hulunbuir）及内蒙等处不肖之辈互相勾结，议在海拉尔设立政府，并迭次遣使劝诱外蒙独立（注一一）。北京政府因西北边防日形岌岌，遂于一九一九年六月十三日特派徐树铮为西北筹边使，以管理西北边防事宜（注一二）。六月二十四日（七月十八日）复派徐树铮兼西北边防总司令。嗣复改参战（七月二十日）事务处为边防事务处。

西北筹边使兼西北边防总司令徐树铮尚未到任以前，外蒙情形已日趋复杂。日本自一九一八年后即已出兵西伯利亚，其出兵之目的，在扩展其大陆政策，将日本之势力伸入北满与外蒙，占据西伯利亚之大部，并掌握或指挥中国之陆海军权。关于西伯利亚本土之问题，非本文范围所及，姑略不论。关于中日陆海军共同防敌军事协定与日本侵入东三省北部引起之各项交涉，本文亦不具论。至于外蒙问题，日本之计划实欲笼括海拉尔及外蒙全部，是以日本乘俄国内乱〔日本〕出兵西伯利亚之机会，力助俄旧党谢米诺夫及布里雅特人，并助谢米诺夫及布里雅特人煽诱外蒙，鼓励外蒙独立（注一三）。谢米诺夫及布里雅特人乃借口于中国已违犯《中俄蒙协约》进兵外蒙，于一九一九年九月杪，扬言将由恰克图进攻库伦。时我国在外蒙军队已日有增加，俄国共产党军队又复逼近恰克图境界，谢米诺夫党人无力抵抗，乃东向退逃。中国都护使充库伦办事大员陈毅见有机可乘，乃于一九一九年出兵，逐渐收复乌梁海地方，科布多所属蒙旗亦于是年先后归顺。

先是，外蒙之独立与自治原为俄人一手造成，外蒙自治官府成立后之翌年，外蒙王公即已有取消自治之运动，秘密与中国驻库伦办事大员交涉，请求中国给予活佛以一尊崇之位置，并予活佛及外蒙重要王公以大量之津贴，此议因中国限于财力，未能成为事实（注一四）。俄国革命爆发以后，俄人已无力兼顾外蒙。俄国之外援既不可恃，日本与日本卵翼下之谢米诺夫及布里雅特人，又复于此时屡次派人劝诱外蒙独立，并以武力威胁。加以外蒙自实行自治后，举活佛为首领，因之喇嘛揽权（前清旧制，王公管政治，喇嘛管宗教，界限本极分明。自治以后，喇嘛始得为政府官吏，参预政治），诸事袒护沙毕（喇嘛所辖徒众名曰沙毕），并勒令四盟（图、车、三、札四盟为王公所辖土地）摊派种种用费，王公世袭旧法亦有变更，各王公均有不保宗祀之虞，是以外蒙王公对自治官府极表不满。外蒙王公既对自治官府极表不满，又鉴于外蒙内外之危机，于是思欲重行归附中国，取消自治。

至于中国方面，于俄国革命之后，驻恰克图佐理专员李垣，即曾于一九一八年十二月十五日，电请外部将一九一五年之《中俄蒙协约》提出巴黎会议，请求废止。于一九一九年春间，中国驻库军队团长高在田，亦有废除《中俄蒙协约》恢复外蒙旧制之条陈。但北京政府以事关重大，未便遽行有所表示，且外蒙自治以来，全境安堵，若无端由中央将其自治取消，匪特俄、蒙未必甘心，尤恐有悖于当日民族自决之潮流，有骇各国观听，是以仅于一九一九年正月五日致电驻库大员陈毅，嘱其相机与外蒙另订条款，以之代替《中俄蒙协约》，俾于将来承认俄国新政府时，即以此为交换条件之一。电中有云："新约大意以《俄蒙商务专条》内俄国所得之利益转移于我为基础。此外要点有二：驻兵不加限制……；王公对于政府从前固有礼节，如册封、年班等事，果能完全规复固妙，否则一部分之挽回，亦足以促进中蒙关系。总之，以排除俄力，固结蒙心为要素。"外部对外蒙既决定持如上之态度，是以当驻美公使顾维钧，于一九一八年十二月间，转达美方询问中国对于外蒙问题究竟抱何宗旨之时，外部电覆（一九一九年正月五日）谓："外蒙事，政府为维系蒙情起见，对于自治制度，一时似不宜轻议更动，但愿取消从前《俄蒙协约》……较易促进文化。"

陈毅奉到外部一九一九年正月之电令后，即密与车林磋商，旋以三音诺颜病重，又谢（米诺夫）布（里雅特）煽惑复生，谈判暂停。嗣因库伦各王公、喇嘛开会，议决拒绝谢、布方面之煽惑，遂牵动外蒙内部黑（王公）黄（喇嘛）两派问题，并提起取消外蒙自治，废除《中俄蒙协约》问题。黑、黄两派均一致赞助中国，黑派并愿取消自治，以免黄派把持政权，惟黄派则愿保有自治，以维政权。一九一九年八月车林代表车盟、图盟汗臣、三盟、札盟各王公向陈毅密陈，愿取消自治官府，恢复前清旧制，并请中央以实力援助，对俄种种须中央确实担任，外蒙内部问题，亦请中央一并解决。陈毅当告以取消自治一层，须各王公自出请愿书，表明非由中央迫胁，庶足间执俄口。车林当允照办，惟建议于外蒙取消自治以后，中央于大员外，应添设蒙古帮办大员一人，襄理蒙旗事务；所有中、蒙权限利害关系，中央应以公平心理，妥订明白，不令从前弊政复生；现有五部机关可酌量改组，直隶大员仍如清制，用蒙员办事，参用汉员；外蒙各地方应设自治议会，受大员监督，遇有关于蒙旗利害重要事件，交其讨论，以保障蒙人之利益；外蒙境内兴办实业，蒙人亦可赞成，惟期汉、蒙均有利益，并不损害蒙旗之土地所有权；喇嘛方面，请中央特别优待，妥为安抚。

　　外蒙王公既自愿取消自治，陈毅乃据以八月十五、十六两日（一九一九年）连电中央，并谓：“外蒙诚心内向，机不可失……即宜顺势收回。请即……迅予裁决，密覆；并切商段督办、徐筹边使，迅催东西两路已发未发军队加运〔速〕来蒙，借御外患，兼保治安，俾此事得底于成。再此事俄人及喇嘛方面毫不知悉，稍有泄露，恐生阻梗，请预议诸公，万分保守秘密。”陈毅两电递到北京后，外部之意见认为：“此次该大员来电，外蒙王公竟能以诚意请求中央协助，并自愿取消自治，恢复前清旧制，良为政府始愿所不及。此事与国家前途关系綦重，不能不审慎将事。按近日俄国势力虽已不振，而各国对于此事颇属注意，如英法等使均经来部询及我国出兵之事，又……义国各报对于蒙事……并有疑及中央将以兵力取消外蒙自治之语。……此事……既有对外关系，日后各国难免有所误会。惟外蒙……向中央请求归附……倘此时拒绝，外蒙必致疑及中央无力兼顾，因而启其轻视之心。目下……眈视蒙局，以期继承俄国权利者，大有人在，若乘机而起，外蒙届时或竟为其利用，转而仰其保护，则中国北方边陲，将从此永无宁日，此不能不早为虑及者也。本部意见，外蒙王公既有此项请求，政府为时势所迫，无论如何，自不能不有以副其希望。但事关国际，在我如能于此时多得一分之证据，即于将来公布之时少一分之阻碍。所有前项取消自治办法决定后，应由驻库大员面告车林，先由外蒙王公用全体名义呈请，或秘密电达政府，请求恢复原制，然后政府根据此项请求，再与妥商条件。似此办理，将来政府对外较易措词，不致贻他国口实。……此外，如赴援军队应如何从速调拨，及到蒙后如何分别设防之处，亦应早为筹画，以免临时仓卒。"（注一五）

外部既已提出意见，国务院乃据以电覆陈都护使。陈毅乃复与外蒙王公车林等接洽撤销自治之说，嗣得外蒙内长兼任国务总理之商卓特巴亲王同意，由商卓特巴面陈活佛，得其俞允。活佛既允撤销自治后，外蒙王公乃议定撤销自治条件六十三款，请陈毅派员入京转请北京政府批准，并请北京政府担任保护外蒙之责。先是外蒙王公议定撤销自治之条件六十三款，外蒙喇嘛对之颇多反对，及闻陈毅已派秘书黄成序入京请北京政府核定，喇嘛等乃请活佛派大喇嘛密力根入京争之。

徐树铮自奉命任西北筹边使兼西北边防总司令后，即增调军队赴库（注一六），及闻外蒙有自请撤销自治之议，乃于一九一九年十月杪，以检阅军队为名，驰抵库伦。徐树铮于离京之前，曾与陈毅所派之秘书黄成序晤见，黄成序未将撤销自治之条件告徐。及徐树铮抵库后，陈毅因奉有北京政府内阁总理靳云鹏电，谓筹边使系为阅兵而来，外蒙撤销自治事仍应由都护使办理，是以陈毅复未将条件内容竭诚告徐。因是徐、陈二人间发生意见，徐遂径电北京政府，反对撤销自治之条件，及徐与外蒙总理巴特玛晤见，复主张不必先定条件，可由活佛率众呈请撤销自治。北京政府即据此明令宣布，一切详细办法应俟后另商。此议经外蒙王公同意，但外蒙议院剧烈反对（一九一九年十一月）。虽徐树铮于外蒙活佛接见徐、陈二人之时，盛陈兵力于活佛宫廷之外，而活佛仍不为动，力言外蒙撤销自治，尚非其时。徐树铮见活佛拒绝撤销自治，乃将陈毅与外蒙商定之六十三条修改，将其中优待外蒙之条件一概删除，而代以较严之条件，向外蒙总理提出，限三十六小时内完满答覆，否则中国须将外蒙总理及活佛拘送张家口。徐树铮之条件提出后，外蒙议院对之极表愤慨，但以兵力不敌，终同意屈服。惟呈请取销自治之文件，既未经活佛签字，亦未经外蒙议会表决，仅由外蒙官府各部总次长签盖。外蒙呈请取销自治之文件，系分缮二份，一呈都护使，一呈西北筹边使，时为一九一九年十一月六日（注一七）。

外蒙撤销自治之呈文递达北京后，中国大总统乃于十一月二十二日下令曰：

据都护使、驻扎库伦办事大员陈毅电呈：外蒙官府王公、喇嘛等合词请愿呈文内称，外蒙自前清康熙以来，即隶属于中国……自道光年间，变更旧制，有拂蒙情，遂生嫌怨。迨至前清末年，行政官吏秽污，众心益行怨怒。当斯之时，外人乘隙煽惑，遂肇独立之举。嗣经协定条约，外蒙自治告成。……迄今自治数载，未见完全效果。……近来俄国内乱无秩，乱党侵境，俄人既无统一之政府，自无保护条约之能力，现已不能管辖其属地，而布里雅特等任意勾通土匪，结党纠伙，迭次派人到库，催逼归从，拟行统一全蒙，独立为国。……该布匪等以为我不服从之故，行将出兵侵疆，有恐吓强从之势。且唐努乌梁海向系外蒙所属区域，始则俄之白党强行侵占，拒击我中蒙官军，继而红党复进，以致无法办理。外蒙人民生计向来最称薄弱，财款支绌，无力整顿，枪乏兵弱，极为困难。……现值内政外交处于危险，已达极点。以故本官府窥知现时局况，召集王公、喇嘛等屡开会议，讨论前途利害安危问题，冀期进行。咸谓近来中蒙感情敦笃，日益亲密，嫌怨悉泯，同心同德，计图人民久安之途，均各情愿取消自治，仍复前清旧制。凡于札萨克之权，仍行直接中央，权限划一，所有平治内政，防御外患，均赖中央竭力扶救。当将议决情形转报博克多哲布尊丹巴呼图克图汗时，业经赞成。惟期中国关于外蒙内部权限，均照蒙地情形，持平议定……自与蒙情相合，人民万事庆安，于外蒙有益，即为国家之福。再前订中、俄、蒙三方条约及《俄蒙商务专条》，并《中俄声明文件》，原为外蒙自治而订也，今既自己情愿取消自治，前订条件当然一概无效。其俄人在蒙营商事宜，俟将来俄新政府成立后，应由中央政府负责，另行议订，以笃邦谊而挽利权等语。并据西北筹边使徐树铮呈同前情。核阅来呈，情词恳挚，具见博克多哲布尊巴丹呼图克图汗及王公、喇嘛等，深明五族一家之义，同心爱国，出自至诚，应即俯如所请，以顺蒙情。所有外蒙博克多哲布尊丹巴呼图克图汗应受之尊崇，与四盟沙毕等应享之利益，一如旧制。中央并当优为待遇，俾其享共和幸福，垂于无穷（注一八）。

中国取消外蒙自治命令发表后，驻库伦俄国领事与驻北京旧俄公使均曾向中国提出抗议，谓中国及外蒙古无论取何态度，所有根据条约俄国应享之各利益，于各国承认有完全能力之俄国政府未允取消以前，仍应俱在，断不能丝毫侵碍。中国外部于十二月十日答称："从前外蒙要求自治，实由于外蒙自愿。此次取消自治，亦由于外蒙自愿。前后制度之变更及恢复，均完全因新形势之发生，以外蒙全体之意思为根据。来照会所称国际条约取消之先例，比例不伦，本政府不能认为同意。至于俄国人民在外蒙通商应享之各利益，倘与中国在外蒙之主权，及外蒙古之利益，不相抵触者，中国政府当然许其存在。"（注一九）此时俄国帝制政府早已倾覆，俄使自知无力干涉，遂不复抗议。旋呼伦贝尔亦于一九二〇年正月呈请取消特别区域，所有以后呼伦贝尔一切政治听候中央政府核定治理（注二〇）。再中华民国四年《中俄会订呼伦贝尔条件》原为特别区域而设，今既自愿取消特别区域权分，该约当然无效，应请中央政府主持作废。自此以后，外蒙全土遂复归北京政府统治。

西北筹边使徐树铮于接受外蒙呈文之后，次日即启程返京。返京之前，徐恐陈毅在库破坏其所为，乃留兵监守都护使公署。返京之后，徐复呈请中央政府取消都护使职，另派专员办理外蒙归政善后事宜。北京政府从徐之请，于一九一九年十二月一日，任命西北筹边使徐树铮兼督办外蒙善后一切事宜，改任陈毅为豫威将军。徐奉命督办外蒙善后一切事宜后，复赴库伦，陈毅旋即解职返京。先是，当中国取消外蒙自治命令发表之日，曾同时加封活佛为外蒙古翊善辅化博克多哲布尊丹巴呼图克图汗，并加封女活佛为外蒙古昭敏净觉额尔德呢车臣敦都布剌木。十二月二日北京政府特派徐树铮为册封专使，恩华、李垣为副使。专使及副使抵库后，于一九二〇年正月一日，在库伦佛宫正式举行册封典礼。（注二一）

在徐树铮任西北筹边使兼督办外蒙善后一切事宜之期中，曾规定西北筹边使署官制，设总务、财计、商运、邮传、垦牧、林矿、礼教、兵卫八厅，将外蒙自治官府各衙门分别并入，设立边业银行，定股本总额为一千万元，筹边使署入股七十五万元，总行设于北京，库伦设有分行。该银行一切设备、管理均由筹边使署主持；禁止俄币在外蒙流通；将外蒙官府积欠前清户部银行之旧债一律注销；并派兵三营开驻俄边后营子地方，以防俄国党人窜入。

先是中国曾与日本订立《陆海军共同防敌军事协定》，日本见徐树铮派兵驻防俄边，驻北京日使乃向中国政府诘问，谓中国此举实系助俄国平定内乱，于中日间之军事协定，大有妨碍。北京政府当答以，中国对俄之政策，分境内、境外两种。在中国境外，中国政府决定与协约各国取一致之行动。在中国境内，则中国政府只知严守边境，遵行中立之原则。出兵助俄国平定内乱一层，实无其事。且中日间之军事协定系对德、奥而设，对俄自不生效力。

徐树铮虽任西北筹边使兼督办外蒙善后一切事宜，但徐于接收外蒙官府各衙门后，复返北京，库伦所有事务概由副使李垣代行。时中国内部直、皖两系相争甚烈，北京政府于一九二〇年七月四日应吴佩孚等之请求，命令免徐树铮西北筹边使之职，七月八日复应安福系要人之请求，将曹锟经略使褫职留任，吴佩孚免职查办。皖直之争因此遂表面化，战后皖系失败，徐树铮避入日使馆。徐树铮失败后，边防事务处与徐所率领之边防军均被取消（七月二十八日）。北京政府复于一九二〇年八月十五日起用陈毅，特任陈为西北筹边使。九月十日复改任陈为库乌科唐镇抚使，驻库伦，管理外蒙一切军政、民政等事务（注二二）。

陈毅第一次之任都护使充驻扎库伦办事大员也，对待蒙人，颇能恩威相济，蒙人对陈感情亦佳，是以俄国革命爆发后，蒙人甘愿乘机取消自治，陈毅与蒙人所订取消自治之条件，对蒙人亦颇优待。自徐树铮被任为西北筹边使后，对待蒙人，一主严厉，大失外蒙人心。其敦劝外蒙之取消自治也，且以强迫之手段出之，外蒙虽一时慑于徐之兵威，不得不俯首相从，但外蒙活佛、王公、喇嘛等则多有思待机而动者。及中国内部政变，徐树铮被迫下野，日本及俄国旧党谢米诺夫等又从而煽惑之，虽北京政府曾于八月十五日下令优待蒙人，三十一日下令加封蒙古王公、喇嘛官爵，凡此均不足以收复已失之外蒙人心，于是活佛亲信之王公、喇嘛等复倡议恢复自治，派人与俄国共党及谢米诺夫相勾结，思欲以武力驱逐中国驻外蒙之官兵。于是外蒙王公一方派员至哈尔滨，向驻哈之日本特务局借款六百万元（以外蒙图勒克图山脉一带森林、矿产为抵押），并购备军械，一方勾结俄国旧党谢米诺夫部属恩格（Baron Ungern Von Sternberg）于一九二〇年八月后进兵外蒙，十月攻袭库伦（注二三）。北京政府适于此时起用陈毅为西北筹边使（八月十五日），旋复改任陈为库乌科唐镇抚使（九月十日）。陈毅奉到新命后，即电令驻库之旅长褚其祥为总司令，团长高在田为副司令，并电示防守机宜，一面留京亲与中央接洽军械饷需事宜。旋因蒙事紧急，陈乃单骑赴库，行至滂江，而库围已解，活佛及外蒙主张恢复自治之王公多人已被褚旅软禁。陈毅抵库伦后，知谢部必将反攻，乃扼要设防，为固守计。恩格果于一九二一年二月一日率俄、蒙、藏布兵约五千人大举反攻库伦，我方军队既不敷应用，饷费又复支绌，中央虽已命察哈尔都统张景惠为援库总司令，但援军实未大至，众寡不敌，活佛为其劫去，库伦旋亦陷落（三日晨），褚旅遂退守恰克图。

　　库伦失守后，节节败退，乃入恰克图防守。恰克图紧邻俄境，俄国共产党人乃借词于恰克图与苏俄有密切关系，要求进兵，协同中国军队作战。陈毅恐为所卖，是以托词拒绝，但共党军队仍自行开驻恰克图城南之萨莫尔沟及衣布齐两处驻扎。二月十九日晨，突有蒙匪及俄兵约数百名越俄界来袭，经我军击退，共党军队乃乘机声言，助我军削平乱事，由后营子向恰城猛烈轰击，迫令我军缴械，允其过境。此时驻恰华军四面皆敌，不得已，乃放弃恰城，向东蒙退出，恰克图至是失守。

　　恩格攻陷库伦后，外蒙独立政府（三月二十一日）随即成立，仍奉活佛为首领，而以恩格为最高军事顾问。库伦之华兵、俄籍犹太人以及赤党多被惨杀。外蒙新政府旋派兵收复科布多、乌里雅苏台等地，并南下至距张家口三百英里以内之地方。同年四月活佛遣派代表入京，请求停战，但须以外蒙恢复自治为条件。北京政府对此颇有允意，但张作霖、曹锟、王占元在天津集议后，决意请张作霖任蒙疆经略使之职，负责以兵力回收外蒙。张虽任蒙藏〔疆〕经略使之职，负收回外蒙之责，但张实无意出兵。张此时志在关内，而不在外蒙，是以张欲以华币六十万元运动恩格退兵（注二四）。且张与恩格间原有相当谅解，张自不肯与恩格发生冲突，而危害其入关之幻想（注二五）。中国既未能进兵外蒙，恩格乃得依照驻西伯利亚日本军队司令与谢米诺夫间订立之秘约，出兵袭击苏俄卵翼下之远东共和国。依据上约之规定，黑龙江流域应举兵叛变，谢米诺夫与恩格应同时出兵夹击制〔远〕东共和国（注二六）。恩格因是于一九二一年五月出兵向恰克图北上。恩格虽已出兵，但谢米诺夫及黑龙江流域迄未响应，恩格遂为苏俄与远东共和国之联军大败，嗣为赤军所获，并被判死刑。

苏俄对于外蒙之事变本极关切，赤塔政府曾屡次要求中国政府准许苏俄出兵，帮助中国削平西伯利亚及蒙古之白党，均为中国政府拒绝。当一九二〇年十一月恩格第一次攻袭库伦之时，赤塔即已奉到莫斯科电令出兵，帮助中国削平白党，并谓此举系应中国之要求（注二七）。嗣因恩格败退，苏俄政府乃自动于十一月二十七日声明暂不出兵，但谓倘中国此后请求苏俄援助，则苏俄仍愿尽力，是以赤塔出兵之议遂未果行。赤塔出兵之议虽未果行，但北京政府曾因是于一九二〇年十二月三十一日向苏俄抗议，否认中国曾请求苏俄出兵，并谓中国此后亦无意请求苏俄援助（注二八）。及褚旅自库伦败退恰克图后，苏俄乃借词助我平乱，于二月下旬进占恰城，驱出褚军。及恩格兵败被俘后，苏俄乃煽诱外蒙一部分人民组织革命党，自称临时革命政府，并请求苏俄以兵力援助。一九二一年夏，外蒙革命党人宣布成立蒙古人民革命政府，请求苏俄进兵外蒙，助蒙人铲除恩格之党羽。于是苏俄与西伯利亚之联军战败恩格后，长驱直入库伦（一九二一年七月）。俄国在外蒙之白党至是悉平。恩格扶助成立之外蒙独立政府遂将政权让与临时人民革命政府，而于七月十二日正式宣布（注二九）。临时人民革命政府成立后（七月杪），复托词外蒙危机四伏，苏俄与外蒙之公敌尚未完全除去，请苏俄军队暂勿退出外蒙境内（注三〇）。苏俄除欣然接受上述之请求外（注三一），并与外蒙新政府于一九二一年十一月五日订立一修好条约，规定：苏俄与蒙人革命政府相互承认彼此为俄国及蒙古境内之唯一政府（第一款）；两方同意相互尊重其对方，不得准许在其境内作有害于对方之组织或招募军队之行为，并不得准许有害于对方之军械输送或军事运输通过其境地（第二款）（注三二）。

　　外蒙虽已经过如此重大变化，但中国此时实无力以兵力收复外蒙。外蒙人民革命政府成立后，外蒙外长曾于十月初旬宣言，倘中国不干涉外蒙之内政，外蒙甚愿与中国恢复外交及商务关系（注三三）。嗣因中国无意准许外蒙与中国脱离，是以外蒙乃转请苏俄居间调停（注三四）。但中国此时尚未正式承认苏俄，外蒙问题直至一九二四年《中苏协定》成立后，始获得解决（注三五）。

　　（注一）陈崇祖《外蒙古近世史》，第二篇，页六四。

　　（注二）两项章程原文见同上，第二篇，页六五至六七。

　　（注三）详见同上，第二篇，页六七以下。

　　（注四）同上，第二篇，页八九至九〇。

　　（注五）有关蒙、汉两方人民之民刑案件，如被告为汉人，则外蒙派员会审，如原告为汉人，则我方派员会审。

　　（注六）唐努乌梁海在前清时原归乌里雅苏台将军管辖，为外蒙领地。民国成立以后，唐努乌梁海为俄人强占。一九一五年外蒙曾派员与俄领交涉收回，迄无结果。陈箓任都护使后，乃根据《中俄蒙协约》第七款之规定："如与外蒙古自治官府同意，在外蒙古他处添设佐理专员时，每处卫队不过五十名"，与外蒙自治官府于一九一六年八月商定在唐努乌梁海添设佐理专员一人，并驻扎卫队五十名。北京政府于十二月二十八日覆电照准。但终因俄人反对，所议延未举行。

（注七）详见陈崇祖，第二篇，页七一以下。

（注八）《中俄蒙协约》第十七款规定：凡关于在内外蒙交界设立中、蒙派员管理之转电局，详细办法并递电收费章程及分派进款等问题，另由中国、俄国及自治外蒙古所派代表组织之特别专门委员会商定。中国政府嗣派都护使陈箓兼任会议电线委员长，郭世□、恒宁生为专门委员，会同俄、蒙代表于一九一六年正年（月）二十四日，在库伦议定合同十五款。合同原文见同上，第二篇，页八〇以下。MacMurray，1916/1。

（注九）陈毅与外蒙官府订立之银行条约全文，见陈崇祖，第二篇，页一〇九以下。

（注一〇）阿尔泰在有清之世，向与科布多同一区域。旧设参赞大臣一员，办事大臣一员，同驻科城，受乌里雅苏台定边左副将军之节制。光绪三十二年，因科城隔居山北，越领施治殊欠灵通，且以两大臣同一驻所，事权歧出，乃划疆而治，以参赞大臣驻科，以办事大臣驻阿。鼎革之交，外蒙变起，科垣沦陷，而阿尔泰因分治关系得获保全，屹然特立于《中俄蒙协约》范围之外。陈毅于一九一八年八月、一九一九年正月，两次呈请将阿尔泰改建道区，并入新疆。北京政府于一九一九年六月一日批准如议办理。

（注一一）详见 Weigh，Russo-Chinese，Diplomacy，p. 187–189。

（注一二）西北筹边使官制，于一九一九年七月十八日公布，官制凡七条，见陈崇祖，第二编，页一四〇至一四一。

（注一三）详见同上，第二编，页一四六至一四九。

（注一四）Pasvolsky, "Present Status of Mongolia", in the Baltimore seen, Nov 28, 1921。

（注一五）外交部政务司编《研究俄约关于外蒙古问题议案》。

（注一六）中国驻库之军队，于一九一九年秋，即已达四千人。China Year Book, 1921–1922, p. 576。

（注一七）外蒙呈文见 Millard's Review, Vol. II, p. 12。

（注一八）中国大总统令文，见陈崇祖，第三编，页五至七。Millard's Review, Vol. II, p. 12。

（注一九）见陈崇祖，第三篇，页七至八。China Year Book, 1921–1922, p. 578。

（注二〇）呼伦贝尔各旗土名海拉尔，向为中国领土，隶黑龙江省管辖。民国以来，因受库伦叛变之影响，亦起兵谋叛。嗣由俄国出面调停，中俄两国于一九一五年签订一呼伦贝尔条件，改该地为特别区域，驻有副都统一员，一九二〇年正月二十八日，中国政府以大总统令取消呼伦贝尔之自治。详见 China Year Book, 1921–22, 581。外部政务司编《呼伦贝尔问题》。

（注二一）册文见陈崇祖，第三篇，页一一至一二。

（注二二）恰克图设民政员、副民政员各一人，隶属于镇抚使，陈毅改任为库乌科唐镇抚使后，中国在外蒙之官制复经改革。详见同上，第三编，页二七至二八。China Year Book, 1921–22, Annex 6。

（注二三）此中有日人为之暗助，并供给军械饷需，日本嗣曾自行承认。Conference on the Limitation of Armament, p. 1398。

（注二四）依据 Henry K. Norton, The Far Eastern Republic of Siberia 中所记，恩格索款一百万元，张作霖仅出六十万元，是以交

涉迄无结果。

（注二五）参阅 Weigh，p. 200-204，"Letters Captured from Bo-ron Ungern"，published in pamphlet form by the Special Delegation of the Far Eastern Republic to the United States of America during the Washington Conference，1921-1922。

（注二六）Norton，A Short History of the Far Eastern Republic，p. 32。

（注二七）苏俄外长且曾于一九二〇年十一月十日，致电北京政府，谓苏俄政府现已应库伦中国官吏之请求，下令出兵蒙古，帮助中国扑灭谢党。Tennyson Tan，Political Status of Mongolia，Shanghai，1932，p. 65。

（注二八）Pasvolsky，115，Tan，p. 65-66。

（注二九）Pasvolsky，99. 参阅 Nation Oct26，1921，Vol，CCXIII，p. 486。

（注三〇）Pasvolsky，p. 117. 外蒙请求原文见 Tbid，176-177。

（注三一）Pasvolsky，p. 118-119，Living Age，Aug27，1921，Vol. V，No. 130. 苏俄覆文见 Pasvolsky，p. 177-199。

（注三二）原文见 Treaties and Agreements with and Concerning China，1919-1929，53 ff. 中国曾于一九二二年五月因此事向苏俄代表 M. Pailsea 严电质询。原文见 Peking Daily News，May 6，1922. 苏俄与外蒙尚曾于一九二二年五月三十一日订立一关于财产权之协定。Treaties and Agreements with 〈and Concorning〉 China，1919-1929，p. 102-103.

（注三三）Nation，Nov23，1921，Vol. CCXIII：605。

（注三四）详见 Pasvolsky，p. 135. 参阅 Ibid，180 ff。

（注三五）因一九一七年俄国内部革命而引起之中国对外交涉，除停止旧俄使领待遇，关于中东铁路及其区域，西伯利亚出兵与外蒙取消自治等问题外，尚有关于新疆之各项问题。新疆与

俄国接壤，俄国革命后，俄旧党屡请假道，新督均拒绝不允，只
严守中立法规，保卫境内之一切俄籍侨民。凡俄军之入境者，一
概解除武装。此外伊犁道尹尚曾于一九二〇年九月四日，与俄国
土耳其斯坦政府商订一临时通商条件。该通商条件为中国正式承
认苏俄政府前新疆与俄国通商之根据。关于新疆之各项问题详见
《最近十年中俄之交涉》第二编，第二章，页一八〇以下；外交部
政务司编《研究俄约关于新疆人民国籍问题议案》。

《东方杂志》（月刊）

上海商务印书馆东方杂志社

1936 年 33 卷 13 期

（朱宪　整理）

日俄卵翼下的内外蒙古

作者不详

内外蒙古远处边徼，地瘠民贫，国人多不甚注意，实则此等区域，正二强视线的焦点，亦军事所必争，不但是中国安危所系，亦世界全局所关。欲知中国与世界未来的大势，就内外蒙古推测，亦未尝不可得其梗概。

现在的内蒙，德王被日人监视，行动不能自由，国人欲知内蒙之现状与结局，消息缄秘，难得真象。然如果就苏俄卵翼下的外蒙以观，即可以推知内蒙的趋势，正复相同。

外蒙伪共和国无总统，系采取委员制。一切法令，由小国民会议制定之，再由大国民会议通过，交由小国民会议施行。故大国民会议，系该国最高机关，至于大国民会议，系由国民选出产生之，小国民会议，系由大国民会议选出之，执政机关，由小国民会议所选出之委员所构成，小国民会议休会期间，一切政事，由小国民会议之干部及政府代行之。

以前之大国民会议，大半由王公、僧侣操纵之，此辈王公与僧侣，因与我国有悠久之历史，故其一切行动与思想，均系倾向于亲华，故为苏联所不满，盖此与苏联侵略外蒙之政见根本迥异也。其后，苏联深知欲侵略外蒙，必须另辟谿〔蹊〕径，方克有效，于是，苏联乃另组"青年革命同盟"，以无产阶级出身之青年为主体，在第三国际指导之下，结成团体，最初，仅二十三人结成，至现在，则已有一万五千三百余会员矣。同时，苏联并结成"青年同盟"，最初，会员亦仅三十名，现在则有会员八千名。此辈穷苦青年之会员，既受苏联之栽培，复受苏联之扶持，其亲苏思想自深，为苏联效力自然热烈。

　　日人处置内蒙，虽不必处处抄袭苏联的办法，但所采取的目的，必与苏俄殊途同归。总之内外蒙古完全归日俄掌握之日，就是日俄决斗开始之日，前途胜负，虽不可知，但其足以扰乱和平，则断然无疑。我们对此，熟视无睹，卧榻之旁，任人酣斗，对国家与世界，实在不能不负相当的罪责。

《兴华周刊》

上海华美书局

1936 年 33 卷 25 期

（朱岩　整理）

国人应当认识绥远

王皖我　撰

在绥远匪伪进攻声中，我以为我们每个人对于绥远，至少要有下列各项的认识：

（一）绥远民国三年划为特别区，民十七年九月始改特别区为行省，设省政府于归绥，辖丰镇、兴和、集宁、凉城、陶林、归绥、包头、武川、萨拉齐、托克托、清水河、临河、和林格尔、固阳、东胜、五原等十六县，安北同沃野两地设治局，其余两盟（乌兰察布盟计六旗，伊克昭计七旗）及一总管（归化土默特旗总管）仍归蒙旗治理（现属绥蒙政会）。

（二）绥远的边境与五省交界，东以平绥铁路与察哈尔接连，南凭长城与山西、陕西邻近，西包河套与宁夏并界北临瀚海与外蒙古连接，阴山山脉横卧绥北、绥东一带，以大青山为最高，黄河包有全省西南半壁，后套一带颇饶水利。

（三）绥远全省区面积计三〇四，〇五八平方公里（根据廿五年《申报年鉴》统计），并多未开垦。

（四）绥远全省人口总数计一八〇五，七九九丁口（根据内政部统计）。

（五）绥远的人口除蒙族、回族外均为汉人，许多系从陕西、山西、河北、山东迁去的。

（六）绥远的气候一年中平均最高为摄氏表二五·五三度，最低为〇二·七一度（依王恩著的观测），变化甚大，河套一带变化尤剧，一日之间早晚相差二十度，故土谣有"早穿棉衣午穿纱，抱着火炉吃西瓜"等语，雨量亦甚稀少。

（七）绥远的物产动物以牛、马、羊、骡最多，皮革、毛绒亦为大宗输出品，植物以粮食、药材出产最多，矿产以煤、铁、食盐、曹达出产最多，手工业品以绒毛、皮革制品同绒毯、毛布最著。

（八）绥远交通：（甲）铁路有平绥路，丰镇至归绥段由丰镇起，经新安庄、红沙坝、苏集、平地泉（即集宁）、三岔口、八苏木、上八台、马盖图、卓资山、福生庄、三道营、旗下营、陶卜齐、白塔、归绥等十六站，计长四百三十九华里，归绥至包头段由归绥经台各木、毕克齐、察素齐、陶思浩、麦旦台〔召〕、板神气、公积板、磴口、包头等站，长三百余华里。（乙）公路已完成的：（1）绥百路，自归绥起经武川、召河至百灵庙（一作白灵庙，为蒙军集中地），全长一八六公里，中以蜈蚣坝为最险要，此线同绥新（疆）线衔接。（2）包乌路，自包头起经麻池镇、公庙店（一作公庙子）、五原县、临河县至乌拉河，由此出省境入宁夏，全长三六四公里。（3）陶卓线，由陶林至平绥路卓资山站，全长五二公里。其余不甚重要同未完成的从略。（丙）电政：有线电报、无线电报、长途电话均有，不过不甚发达，无线电台设在归绥、包头、萨拉齐、五原等县，均设有线电报局。（丁）邮政：约有六十余局所。（戊）航空：归绥、包头均有飞机场，欧亚机航线可飞至包头。（己）水运：仅有黄河在水大时有船只来往于包头、宁夏间。

（九）归绥，民国三年我国自行开放为商埠；包头，民国十一年我国自行开放为商埠。

（十）宗教在绥远除佛教、喇嘛教、道教、回回教、基督教外，天主教势力最大，在后套一带地方的居民对于天主教神父非常的推崇、信仰、服从，因为神父们常借给他们金钱，供给他们牛马，替他们见官，替他们医病，替他们拒匪，所以就造出来后套的教民问题来。至于外国人常川在绥的以法国神父最多。

（十一）俗语常说"天下黄河惟富一套"，黄河自中卫而下，沿着贺兰山麓向东北流，为大青山所阻，于是折而东流，既又折而南流，凡黄河三曲所包围的地方，都叫做河套，在绥远境五原、临河、安北等县的黄河二支流中间的原野叫作后套，这些地带土地肥沃，最宜开垦，现下绥区屯垦督办负责办理那一带的垦务。

（十二）绥北乌兰察布盟境内的百灵庙、滂江现在已成了蒙伪匪部的根据地，某国势力在包头、归绥、百灵庙、滂江一带暗地里很活跃。

总之从上面所写的可得以下的结论：

（一）自外蒙与内地隔绝后，绥远的地位越发重要了。

（二）阴山一带，为绥境屏障，万一不守，影响陕、宁、晋、甘等省甚大。

（三）绥远地广人稀，防守不易，故有志健儿应实行到国防前线上去，以卫国土。

（四）某国人正苦于羊毛、皮革不够用，得到了绥远，便尽可如愿以偿。

（五）绥远出产丰富，地域重要，自无怪某国亟欲使其成为将来的"蒙古大元国"的一部了。

《兴华报》（周刊）

上海华美书局

1936 年 33 卷 46 期

（丁冉　整理）

《苏蒙互助议定书》与中国主权

路尔　撰

三月二十八日莫斯科宣布苏蒙政府已于三月十二月〔日〕缔结《苏蒙互助议定书》。其全文亦经发表，计共四条，第一条大意谓苏蒙二国当受第三国攻击时，应立即筹商并采取必要的一切步骤。第二条谓若任何一方受军事攻击时，得相互给与一切援助，包括军事的援助。第三条谓为履行第一、第二两条所规定之义务，任何一方军队得驻扎于另一方之领土内。第四条规定议定书有效期间为十年。从这几条条文看来，《苏蒙互助议定书》实为一种防御的军事同盟协定。而其对象与目标并不在中国则颇为明显。我们可以说远东局势随广田强力内阁的成立而愈趋于紧张，实是这个议定书订结的主要原因。在此议定书内，我们固然不能看出来苏联政府侵占中国领土的野心，但于外蒙为中国领土一部分，从国际法上讲，苏联政府擅予订约，事前中国当局并未与闻，确已侵害了中国的主权，为维护中国主权的独立，政府当局的抗议实是必要的。

中国政府事实上确以议定书有害中国主权的独立，于四月七日已向苏联政府提出严重抗议，并申明该议定出〔书〕为无效了。但中国当前最大的难题，实在不是此种局部主权被人侵害的问题，而是整个国家存亡的问题。我们对于政府诸公努力维护外蒙宗主权这一点，固然表示万分欣喜，但对于并吞整个中国，沦中国于完全殖民而欲个个中国人为其奴隶的所谓"广田三原则"，未见有任何积极的表示，实深觉奇怪。

中国自"九一八"以后，几月以内即失地四省，满洲伪国成立，继之有所谓《塘沽协定》、《何梅协定》。在中国政府处处退让，步步屈服之下，"友邦"更得寸进尺，于促成冀东自治政府以后，又策动了××傀儡政权的成立，而内蒙的侵占更与福建"自治"先后呼应。在外交上则随广由〔田〕内阁的成立而标榜其所谓自主的积极外交，以"三原则"为根据，而"断然决意为之"。当此中国民族已到最后关头之际，我们的政府对于局部的主权问题，当然要赋与非常的注意，而整个国家生死存亡，尤需誓死力争，丝毫不能放松。

中国当前惟一的问题，是整个国家的存亡问题，局部主权的维护还是其次。

《清华周刊》

北平清华大学清华周刊社

1936 年 44 卷 3 期

（朱宪　整理）

绥远局势严重

古顿　撰

据近几日来消息，绥远的军事情况已经由对峙的局面展开为一个全面的战争了。《世界日报》十六日归绥专电称："王英匪部向陶林急进，绥东今日续有激战。某方坦克车、飞机均助战。我军沉着抵抗，匪部终未得逞。傅作义及骑兵师长彭毓斌，亲在前线督师。现绥东伪匪军增至二万，日内将有主力战。"同日中央社电："绥东战事渐烈，某方运毒瓦斯若干到商都。"其他关于绥远的消息尚多，想本刊到达读者面前时，这局面已经又有新的展开了。

绥东的对峙局面是很长的一个时间了，它的意义和背景，也是大家所熟知的事实。但到达今日，在南京的中日交涉正迁延不得结果，冀、察的经济开发进行得十分顺利的时候，敌人的实力侧向了绥远，企图把这一块久在意图中的土地来逞〔乘〕机攫向手中，作为进占整个华北的一个新的胜利，使满蒙打成一片，使中华民族的灭亡又向前推进了一步。对于这种新事态所应当采取的对策或行动，无论政府或民众，无疑的应该是实力的阻止，是一个英勇的抗战，而且我们的军士也正在执行着这一英勇的抗战。

然而仅只抗战是不够的，我们抗战不是为的失败，而是为了胜利，拿抗战来掩护失败是并不比不抗战好一些的，我们不但要有抗战，而且要有抗战胜利的保证。怎么样能保证我们抗战的终极胜利呢，很明显的，就是赶快把这个局部的抗战转化为一个全民族的总抗战。

我们说绥远抗战是中华民族解放战争的第一炮，这种估价是基于客观上转化的可能性和我们主观的希求上，是否真的能够做到这样，还有待于全国民众对它所加的推动力量的决定。如果我们现在对绥远的抗战采取了一种任其自然生长的无视态度，则这"第一炮"以后很可能地会变为没有声响了，接着来的是绥远的沦亡，华北的全部丧失。

我们现在对绥远长官的英勇抗战是敬佩的，对山西将领的决定守土是赞仰的，但须注意，这些是抗敌胜利的条件，但并不就是抗敌胜利的保证。就不用说晋绥当局抗敌态度的坚决上还有待于民众的鼓励和督促，就假设晋绥将领真有决心牺牲到底的话，仅只这一部分力量也是不够的。

这里我们并不是忽视了绥远现在进行着的抗战的意义，现在虽仅只是一个局部抗战，但它与淞沪战争、长城战争的仅只限于局部抗战的情势是不同的，在现在中华民族的存亡关头和举国一致的抗敌情绪之下，它很可能由此转化为一个全民族的总抗战，而且我们相信中华民族的总抗战也只有由局部抗战的导火线才能很快地开展出来。但须注意，这仅只是一种可能，而并不是一种存在，把这种可能转化为现实是须尽极大的推动力量的，这就是每个人在这一时期应做的中心任务。

举例说：《世界日报》十一月十七日归绥电："主力战爆发在即，飞机时至我阵地上投弹，集宁现为军事重心，傅作义在集宁指挥。我方缺飞机及防毒面具，亟待各方予以援助。"这说明了两方军事的大致情形，晋绥军缺少飞机，而飞机在近代战争中是占有极重要的地位，这都是人所共知的事实。但我们知道中央并不缺少飞机，而且就前些天人民献给了蒋院长的说，也并不是一个很小的数目，如果这些不能用于抗战，则绥远当然会遭到失败。其他各种人力、物力都是如此，抗敌的胜利是只有全民族总动员才会有保证的。

现在进攻的主力部队还是匪伪军，虽然有某方新式的飞机、大炮等军事武器和军官的直接指挥，晋绥军还可勉强支持一时。但这马上就会变成一个中×间的直接战争，会和敌人的武装主力部队直接遭遇，要使那时候也不会失败，必须现在马上就给以一个全面的总的支持。这是当前最重要而必须马上做的一件事实。

这里当然首先是应该要求中央政府给以有力的军事和财力上的支持，对于国内其他各将领和各党派当然也应该要求他们一致行动，我们现在认为我们这一要求在目前不但是必要，而且在现在的情势下是有充分的可能，最重要的迫切任务就是把这可能来转化为事实。

站在民众的立场现在所要做和所能做的，就是应该以一切已有的救国组织来有一个坚决的表示，这表示的方式要视客观情势而定，但最重要的意义还是着重在要求和督促中央政府全力保卫绥远和武装守土上，因为这对于政府是一种坚决的民意表示，对于民众也可以使其觉悟到现在的当前形势和急迫的任务。

《清华周刊》

北平清华大学清华周刊社

1936 年 45 卷 4 期

（朱宪　整理）

绥远"人"的问题——扩大纪念周讲话

傅作义　讲话

　　一个地方的好或坏，完全是人的问题，如果一个地方的人肯努力，同时会努力，而那个地方一定能发展，能进步，至于地理上的问题，如土地不良，物产不丰等等，决不能加以限制。人人都晓得，有些不产丝的地方，而人能去做人造丝，其例证不一而足。这就是说，只要人能努力，便可事事成功。现在就绥远本省说，关于人的问题，特别重要，绥远在人的方面，不客气说，实在不如人，不但不如外国人，而且不及他省人，这是事实，无可讳言。记得去年我对学生讲过，不要自认落后，自觉不成，要知人之好坏，成与不成，全在立志，立定志愿，我一定要行，就能行，否则自觉不行，那就不行。我们是不承认自己文化落后，不承认自己不行，而是要立定志气，自己觉得自己能行。以往我曾说过，人能努力，就能学会一切本领，科学也是如此，只要学，就能成，五年功夫，便作行家，十年功夫，可成专家。这样说来，人之行与不行，第一，在于志愿，志愿立定，任何阻碍，不能加以限制，如自甘落后，便永不会进步。在目前绥远，建设万端，但任何建设，比不上人的建设之重要，我们的人若行，一切才能前进，我希望绥远人要特别重视这一点。由今年起，改变观念，不承认自己后落〔落后〕，但是要知道自己不如人，所以必须努力向前跑。第二，我要说绥远人何以不能前进的原因，就是绥远人，在过去作事，不以事为前题，而以人为前题。意思是说，绥远人内部形成若干小组织，某人加入某团体，他立刻就有办法，某人不加入某团体，他便会找不到事作，这是实在关于设建〔建设〕人的方面的大障碍。如果这样继续下去，绥远的事业，即不能发展，绥远的人也不能进步，恐将永远落后到底，不会长进。此外较好者，也有不结团体，但是只在人的方面用功夫，专门去巴结一个长官或首领，便以为地位已经稳固，不再在事上去努力。我们要知道，人的聪明有限，用于此便不能用于彼，要注意人，不注意事，把精力才智完全耗于无谓的应酬，这实在是一个大损失，我们应该多对事努力。比如造一把椅子，要求此椅作成后，如何合式，如何适用，这才是对工作注意的正当态度。所以不要去求人之喜悦，不要去营小组织，单在工作上努力上就够了。第三，是要学，目前中国一切，正在开创，正在革命，这时候我们要努力维新，要开辟新道路，就是一面学，一面作，学而后思，思而后学，省府要在这一方面多负责任。曾经有人问过我，不靠人便没机会作事，我回答他，本年我们要厉行考核办法，半年一小考核，一年大考核，成绩好者升擢，不好的减汰，在人的方面能建设起来，事业才有发展。人如不行，事业将永不成功。政府由本年起，要为那些有作事能力者找出路，绥省虽地处偏僻，文化落后，但吾人只要有二三年的努力，就可作出很好成绩，给人一个榜样。总结一句，即吾人在此绥远，不论为公抑系为个人均应向前努力，在事上求进步，这样，我们才算是一个健全的人。

《乡村工作》（半月刊）

绥远省政府乡村工作建设委员会训练处

1937 年 1 期

（朱宪　整理）

阎主任在绥远的感想

阎锡山　讲演

此次在绥远出席挺战阵亡军民追悼大会，觉得有几点感想，分述如下：

第一，各方代表甚多，尤其是各种救国团体及新闻界、电影界，均有极热烈的动作，这是表示民族意识的发达，也就是民族战线的加强。

第二，蒙汉感情甚为融洽，经此次战事之后，添了双方的觉悟，感觉到同一地居，同一利害，种族实无区别之必要。

第三，绥远的民众训练，收效颇大。每村有一个担任训练的人，兼办政治与教育，每人每月二十元薪水，故能将全省的民众均施以普遍的训练。普遍训练之外，更有少数集中四个月的军事训练。我检阅他们一个半月受训的成绩，即有了作战的力量。四个月完毕后，连同在村子里受的教育，足顶半年的训练，以之御侮，确有相当的力量。加之绥远天气寒冷，人民的身体特别强健，而民性亦甚勇敢，这件训练民众的事，如长久下去，国防上一定能得有力的帮助。

第四，中等教育尚发达，按人口说，比较晋省并不差池。小学教育比较差些，尚待发展。

第五，绥省地广而肥，加以黄河水利，煤矿亦甚丰富，将来大可发达。惟资本缺乏，是发达的障碍。靠外资开发，希望不大，非本身筹有办法，难图开展。

《乡村工作》（半月刊）

绥远省政府乡村工作建设委员会训练处

1937 年 1 期

（朱宪　整理）

绥远的农村问题

崇智　撰

一　前言

　　自从西安事变和平统一以来，全国人的视线，完全集中在力图抗敌救亡和从事国家建设。但是救亡的方法很多，因了篇幅的限制，所以此地专谈建设一方面的问题。中国是个农业国家，全国百分之八十以上的人口是农民，只要农村有办法，一切问题大致都可解决；所以目前中国的建设问题，首先着重在农村。尤其是失去东北，将待开发的西北农村，更急于开发的是国防前线的绥远农村。在此开发西北，高唱入云的时候，我愿意把我所知道的农村实情，赤裸裸的供给开发绥远农村的人士们，做个简单的参考。不过作者既非专家，难免错误丛生，或者根本一无可取，所以希望社会人士，不客气的来批评、指正。

二　中国农村的普遍现象及绥远农村的特殊性质

　　近年来中国农村"经济凋敝"、"十室九空"、"灾荒遍野"，几乎触目皆是。在所谓丰收的大有之年，而终岁不得一饱的农民，大有人在，不幸一遇荒年，树皮、草根、观音土，就当做他们食可充肠的滋养料了，至于成千成百的饿死鬼，那更是常事。四川在中国是天富独厚的一省，可是今年的灾民竟达到一千三百四十多万人，即此一例，就该叫我们惊心动魄了！尤其可怕的是农业国家，而农产品还仰给舶来。这只要我们到粮食店里去看看，首先就是西贡、仰光等米呀！某某外国牌面呀！倘若海口稍有事故，米粮就大行涨价，这种问题，虽不尽是农村所造成，但足见本国农产品的不良，和供不应求了。而我们国防前线的绥远，除具有以上的不景气现象以外，更添了"不特无可抽之饷，亦且无可用之兵"的鸦片问题，和一向所谓"地处边疆，文化落后"的知识饥荒问题，这二种不良现象，实为开发绥远的当前大敌。

三　中国农村破产的原因

前边说过中国农村破产，已经到了极点，但是破产的原因，究在何处？有的人说，中国农村破产，完全由于生产落后和人口过剩所致。生产落后，我们相信它有一部分的真理，但人口过剩，我们是绝对不敢承认的，因为中国有四万万人口的统计，乃是根据于清代，现在虽有人主张已由四万万增至四万万七千万，还有的说不足四万万人。但在帝制苛虐，人民负担严重的时候，这四万万人，尚可苟延残喘，而在边疆日益开发，农田较前进步的现在，倒维持不了这四万万七千万人的生活了。所以人口过剩的理论，实在不真确的很！作者以为中国农村破产的原因，大略如下：（一）连年的内战；（二）帝国主义的侵略——帝国主义积极的用武力来夺取我们土地、财产，消极的用经济、文化等侵略，销灭我们永久的生存，所以抗敌救亡，是中国目前惟一的生存方针；（三）阔人更阔——海禁未开以前，一般阔人，虽消耗甚大，可是究竟肉烂还在锅里，自门户开放以后，他们为所欲为，坐汽车、住洋楼、吃大餐、跳舞……等等，一费万金，简直是常事，哪知金钱日益外溢，送给了洋大人，冯玉祥先生常说："中国人的生产，还是二千年以前的生产方式，而生活是十足的现代化了，不穷奈何？"这话实在是至理名言；（四）农民智识落后——要想改进农村问题，必须农民知识提高，才有原动力，反过来说，农民知识缺乏，根本谈不到改进，所以农民的知识落后，实在是农村破产的一大主因；（五）赋税的繁重——一般的农民，年来因负担的加重，已经就无法生存，至于改造环境那就根本谈不上了；（六）高利贷——许多佃户或自耕农，整年的工作不足维持他们的生活和一切的剥削，势必借债抵偿，或实行"二月卖新丝，五月粜新谷"的"剜肉医疮"的治标办法。交还期限，每在秋收以后，所以一经秋收之后，不顾贵贱，出售他们的食粮，因而造成谷贱伤农的弊端。总之，农村破产的原因很多，不过以上为其主因罢了。至于绥远的鸦片问题，固然是人民发财迷梦太深，不易禁止，然而亦是它负担加重的表现，其次因了开发历史的短促，人民的贫困，土匪的骚扰，和年来学潮的蜂起，她的文化也就随之落后了。

四　改善绥远农村的办法

我们知道农村破产的现象，和此现象发生的原因，当然更进一步的谈改善办法，我们的改进办法，是针对着现象和原因，绝不是盲目的，不顾实际的。大致的办法是这样：

（一）已经改善的地方，仍望继续努力——（a）赶走敌人，傅主席已经在去年作了多次的英勇抗敌，现在仍兢兢业业的训练军政人员，加强全省民众的武装力量，来预备作收复失地的先锋，来维持人类永久的和平，这是我们无限钦佩的一点，同时也是奠定民族生存基础的办法，我们更望傅主席再加努力；（b）减轻人民负担——过去的赋税，已经取销了不少，不过因为人民的困苦，在可能范围内，还是希望再减轻些。

（二）刻不容缓的改进办法——（a）生产的改进，如生产品种籽、栽培的方法、病虫的防治、肥料的选择、收获的方法、运输、农村副业的提倡各方面的改良，每种都应聘专家来研究，来实施，以期大量的生产，和生产品的较前优良，达到自给自足的境地；（b）水利的改进，一切河道、渠道的经营，应由政府公办，因为一条河，或一道渠，往往经过数村或数县，若归私人办，亦多纠纷，且没有通盘的计划，旱天应如何灌溉，雨天应如何防备水灾，种种问题都要顾及到；（c）土地政策的实施，绥远的土地，较诸内地，实在辽阔，而地价亦很便宜，所以亦易集中，几百、几千顷的地主，不乏其人，为了避免土地集中起见，望政府赶快实行阎主任的土地政策，或地政局的议决案：（1）耕者有其田，政府开垦荒地，收买地主的土地，创自耕农场；（2）商定土地的水准价格，完成我总理平均地权的政策，以期耕者有其田；（d）禁止鸦片，鸦片的禁止，实为绥省当前的要务，人人知道，鸦片为害很深，既耗精神，又损钱财，于国于民均感不利，望政府急速设法，以杜绝此毒物，而苏民命，虽然政府年来屡有禁令，但希令出必行，以免上下因循敷衍，以收真正禁烟的效果；（e）农村教育的改进，农村教育的伟大，人所共知，不必再来叙述，惟在如何推行。农村教育，应分为社会教育和学龄儿童教育二种，社会教育的改进——加强义教、改善教材、放送教育波〔播〕音，利用农暇，举办各种训练，奖励优良……（f）学龄儿童教育的改进——（1）提高师资；（2）改善乡师待遇；（3）儿童在入学年时期，多方设法，勿令失学；（4）乡村多设完全小学，小学毕业后，可直接去城里投考中等学校，一者省钱，儿童还可得到求学机会，再者不易染都市奢侈之风气；（5）设幼稚实业班，小学毕业后一有才能，有求学愿望的同学，可更进一步去升学，养成国家的高等人材，否则借幼稚班的训练，让他们得些公民常识、实业常识，培养成开发农村的干部人材。

总之，开发绥远农村的要务很多，择其更要者为生产的改善、水利的畅兴、鸦片的禁止和文化水准的提高。

最后，这样巨大的工作，不是一个人可以负担的，也不是一部分人可以能负担的，必须上下努力，同心共济，才可以打破一切的困难，而达到光明的境地。尤其是生在乡土，长在乡土，服务乡土的老前辈们，你们的责任大的很！希望你们不必闹小意见啦，我们并非反对斗争，我们是反对"兄弟阋墙"的内争，而要从事抗敌的外争。希望你们把着眼点要放在民族的生存和国家的利益上，可不要讲门户之见了！醒醒吧！全省二百零七万人都在引领而望着你们呢！

二六，七，八日于古庙中

《新绥远》（不定期）

北平大学法商学院新绥远社

1937 年 1 期

（朱宪　整理）

论绥远人的团结

维中　撰

前些日我在《固阳学刊》上，关于绥远人的问题写过一篇文章，其中有对地方人士的几点希望：

一、化除私见，将小组织结成一个坚强而有力的大团体，争取绥远的光明。

二、看轻私人利益，放大眼光，为国家、为民族，为整个绥远的利益努力。

三、积极协助傅主席，早日完成所计划的诸种建设，实现新绥远。

这几点，归根结底，无非是愿我绥远人士，在谋取绥远的利益之下，舍去过去的嫌怨，一致的团结起来。但是，为什么急于提出这一口号呢？这并不是一九三七年，中国是团结年，我们也热闹热闹；也不是团结这个名词，被人们喊的太时髦了，我们也来一个。而是，在客观的事实上，与本身的需要上，有其最迫切、最必要的原因在。首先不必提到别的，就看一下傅主席的讲话：

> 我要说绥远人何以不能前进的原因，就是绥远人，在过去作事，不以事为前提，而以人为前提，意思是说，绥远人内部形成若干小组织，某人加入某团体，他就立刻有办法，某人不加入某团体，他便会找不到事作，这是实在关于设建

人的方面的大障碍，如果这样继续下去，绥远的事业，即不能发展，绥远的人也不能进步，恐将永落后到底，不会长进。此外较好者，也有不结团体，但是只在人的方面用功夫，专门去巴结一个长官或首领，便以为地位已经稳固，不再在事上去努力……

这段话，是一个多么明白的说明，并且多么令人惊惕？假使我们闭住眼睛，深深的想象，绝对有一个可怕的情态在脑海中演出来，绝对心惊胆跳地大声疾呼出来：——绥远人赶快团结——只要他知觉还有，良心尚存的话。

绥远，论教育、论建设、论人才以及无论任何一方面，都是非常的可怜，比之他省，简直说不上是现代国家的一分子。这固然因开化迟，及过去政府未加注意与设建过，但是我们绥远人能辞其咎吗？远者不说，就以近十年来言：我们在地方上做了些什么？恐怕这个问题，是任何人不会答覆出来的，只有丧气、惭愧、痛心而已。如果有人硬要追寻过去的事迹，最可能的找一些臭屎，绝对发现不了一点可供诸掌上观的东西。这很清楚地，绥远人过去不但自己不努力地方事业，相反的，做着许多阻碍绥远发展的工作，直顶到现在还是这样。所以，今日之绥远，危机四伏，随时有毁灭的可能性。

过去及现在，绥远人的内部，派别纷歧，私见丛生，以及人事的纷争，早为有识之士所厌弃，早为血性的青年喊出来。但是，不幸这种呼声太脆弱，而我们的地方人士沉醉的又太深，所以，一点响应也没有，一点同情也没得到，有时竟惹得不耐烦地发了火，大加叱咤，以为青年人太痴愚，团结简直是笑话。因此，一天继一天地，仍然派别、私见、人事、乌烟瘴气的在干着，做着互相磨擦的工作，而抵消了绥远人的力量。甚至有部分喊团结的人，见志愿不能达，饭又不能不吃，于是一横心也走入派别的圈内，一股脑儿的拿起门户主义的旗子来干，而且干的技巧及方法，比过去进步的多。所以，绥远人内部的派别，越来越多，越斗争越剧烈，甚至发生凶杀事件。这种悲惨的事实，永远是绥远的致命伤，永远给绥远的前途上投下了暗影，尤其由地方人的分派传染到学生群的分派，由老者们的斗争，弄到青年人们的斗争，这种可怕的现象，实在使绥远没有一日能够走上光明的路，实在使绥远堕到万劫不复的境域。我们能忍心吗？我们能就这样的再看这种悲惨的剧演下去吗？

现在国内的情势，已急剧的向好的方面展开，和平统一的基础已告奠定，各方精诚团结的事实，亦早具体的在行动上表现出来，如政党的弃嫌修好，重行合作，各地政权的中央化，地方军队的改编和国军化。这些历史上空前的事迹，与划时代的转变，完全露骨的在说明：处此民族危机与大难当前的时候，全国上下，唯有一致团结，才有一条光明的出路，唯有同心协力的趋于一个共同的目标之下，才能挽狂澜于既倒。那么，我们绥远人内部的分裂局面，还有什么不可消除的地方？在主义不同的党，政见不同的人，以及过去各种不相容的势力，现在竟能放弃过去的主张，在救国的大原则下，一致的团结起来，而我们绥远人的派别，既不为主义，又不为政见，只不过是一点私人利益，这还能执迷不悟，仍干那些自杀的事，而把地方的利益，三百万人民的幸福，一直摧残下去吗？更能丧心病狂的不顾及国家的安危，与民族的存亡吗？

大而从国家的前途，与民族的利益上说：几年来历史上的事迹，告诉给我们什么？还不是这条唯一的团结路吗？而且很明白的指示出来，抗敌御侮，复兴国家，民族得到自由解放，唯看中国四万万五千万人，能否一齐走上团结的路？团结是自救，也就是中国的出路。所以，在今日事实上，这条路已为每个不愿做亡国奴的人前进着。再小而从绥远的本身上说：

第一，现在贫乏的绥远，一切都需要开辟，人民生活的改良，社会诸种建设的创造，无一不是最迫切的事项，无一不是我们绥远人当前的任务，但是，欲完成此种任务，并非少数人能够的，而是整个所有的绥远人，亦即，只有在团结之下，才能达到所负的任务，不然，结果仍是不可思议的。

第二，开发西北，早为国人所注目，我们生于西北，长于西北，反而把广大的田野，丰富的产物，任意放弃，不加丝毫注意，而做粪牛之斗，这是多么可笑？多么可耻？能不从此觉误，一致团结的共同致力于开发我们的家乡吗？

第三，东北四省失掉，冀、察特殊化，绥远已危如垒卵。去年伪匪在敌人指挥之下屡次进犯，至今仍蠢蠢欲动，我们处此严重与危急的情况下，能不惊心急起，作保守家乡的工作吗？况且，绥远之得失，关系整个国家的存亡，我们为保守家乡计，为卫护祖国计，只有一致的团结，跟敌人去拼命。

总之，绥远所处的环境，与所遭遇的事件，以及国防上的重要性，使我们不能不恐惶，感到所负的使命太重大，而且，这个重大的使命，我们绥远人又不能不积极的担负起来。换句话说：我们为挽救绥远前途的沉落，与争取中华民族的解放，不得不走向团结的路上，不得不在团结的前提下共同去奋斗。这是绥远三百万人所焚香祝祷者，亦是全国同胞所殷望者。

既然，团结为目前必走的一条路，那么，我们毫无理由地不能不去走，但是，如何真能走向这条路，这似乎又是一大问题，不能不顾虑到。不过，话又说回来，如能一针穿透，这又似乎是不成问题的问题，因为我上面已经从事实上透彻地说明，绥远人处此时候，所需要的是无条件的团结，无条件的团结，才是真的团结，才是有力的团结，所以能否真的团结，并非要讲什么条件，而是要看绥远人能否真的觉误，能否以国家、民族、绥远前途为念吧！

一九三七，七，六日平大

《新绥远》（不定期）

北平大学法商学院新绥远社

1937 年 1 期

（朱宪　整理）

苏蒙与中日

靳仲鱼　撰

外蒙古之文化与经济，本无自立之能力与意志，因为中国自有清末叶，连年祸结，自救犹感无暇，对此远大边疆，更难题〔顾〕及，以致外蒙古渐受苏俄之鼓动与援助，而于一九二四年成立了人民共和国，发表宣言，声明独立；虽然自立为国，但是政治与军事完全受苏俄之处理与统制，实际上外蒙已成苏俄联邦之一部。并且史丹林也曾公开宣布苏蒙已订立互助协定，中国虽然提出抗议，终未发生效力。若谓苏俄尊重中国之宗主权或领土权，已无从解释。

外蒙民族的生活，只赖牧畜，终年游移，逐水草而居，天寒荒，富源不多；民国以来，设局立署，滥圈牧地，擅立垦区，苛捐重税，剥夺蒙人之生产，因而蒙民生活日感穷困。况且蒙古文化、风俗、宗教，又与中国迥不相同，中国深入蒙地之官吏，对于各盟各旗之特点，全不熟习，每遇发生事件，便有许多误会，官吏借势欺压，蒙民冤痛万分，故汉蒙两大民族之间，隔膜日深，感情日坏，遂使蒙古人民，怨恨发生，激起背叛中国另寻途经〔径〕之心，而北投苏俄，失此版图，其咎在中国也！今中国虽稍觉边区之重要，但木已成舟，挽回旧谊，殊非易事！

俄国自苏维埃政府成立之后，首先援助外蒙国民党，推翻白俄所树立之政权，成立外蒙临时政府，挟持活佛哲布尊丹巴，以号令全蒙。一九二一年，外蒙左翼青年党得势之后，更与苏俄密切合作，青年党凭籍〔借〕苏俄之势力，监视国民党，励行清党运动，将封建势力的王公及宗教势力的喇嘛，铲除殆尽，实现亲俄的"赤化"政策。遂于一九二四年成立人民共和国，施行新经济主义运动，生产之分配，完全仿照苏俄的制度。并且苏俄自一九二四年以来，竟超出共产主义的范围，步入新资本主义的阵线，将外蒙输出、输入全部把持，使外蒙形成苏俄的消费市场及原料取给地，陷外蒙之生命于彼掌握之中，而视同苏俄之殖民地了。

苏俄之极力的经营外蒙，实在对于中日两国及世界有重大的关系。在军事防守上说，外蒙古是西伯利亚的右翼，贯通欧苏的西伯利亚铁路，有一千多英里长接近外蒙，所以苏俄之急迫的占据外蒙，就是为保护西伯利亚，而防备日本出兵截断他中间的危险，所以他积极的建设外蒙；在攻略上说，他可以东取满洲，出兵黄海，南可以吞并内蒙，包晋围绥，进窥陕、甘，与"共匪"联成一片，而作为"赤化"中国的根据地。即使苏俄因为外交的关系，不能进兵中国，也可以乘中日邦交紧张的时候，接济中国的"共匪"，以抗日为名，乘虚而入；苏俄则以兵力位置东蒙，坐待时机。假使中日两国宣战，中国失败，则苏俄以逸待劳，向日挑衅，日本既与中国为疑〔激〕烈之战争，尚未经整理与休养，再继而对俄用武，恐亦难操必胜之券，或胜或负，终于本国不利，胜则元气有亏，败则更不待言。假使中日宣战，中国战胜，则苏俄早已趁中国军队与日本作战或调遣之际，已尽驱陕、甘各省之"共匪"，"窜入"豫、鄂，"骚扰"中原了。总而言之，中日如果发生战事，结果两败俱伤，徒使苏俄坐收渔人之利。所以就现在世界大势来看，"共匪"已抱定"赤化"亚洲之野心，中日两国，为亚洲之兄弟，唇齿相依，自应共同合作，互助防共，两国的外交，须迅速的真诚妥协亲善是要，和衷共济，万勿以恐惧与疑虑相待；

中日两国的提携，不能以侵略的胁迫而促成，当先从文化与经济上着手，而以整个的军事力量来防备敌人，消灭"共匪"，保护亚洲的和平，这许是中日两国国民所共同祝祷盼望的吧！

《每月评论》（月刊）

北平亚洲文化促进会出版部

1937 年 5 期

（朱宪　整理）

绥远的禁烟决心

——扩大纪念周讲演

傅作义　讲演

我们绥远现在有一种决心，要给大家报告一下。什么决心呢？就是决心禁烟。关于禁烟的事情，本来禁烟总监的命令，规定在二十九年底一律禁绝，但我们现在决心在中央限期以前，完全禁绝。这是我们曾经过很多的考虑，多次的研讨，才决定的。我们试拿过去的禁烟历史看看，发现了许多流弊：第一，过去禁烟不但得不到禁烟的结果，反受了一切代用品如吗啡、海洛英等的毒害，鸦片烟虽不能吸，可是都吸上吗啡、海洛英和白面、金丹了，这些毒品比鸦片还厉害。第二，过去禁烟的结果，给警察、保卫团及管理地方的公务员中的少数不良分子造了机会，政府一有命令，他们就到乡间去敲诈剥削人民的钱财，于是烟没有禁了，人民反受了大害。第三，过去禁烟只知道烟毒为害，主观的区域倡禁，未能顾及客观环境的是否成熟，结果不但烟民未见减少，大量的代用毒品反倒乘机输入，因为烟、毒双害具至，遂使金钱外流，形成民穷财尽地方破产的现象，这是过去没有把握到禁烟的现实环境，只要留心一下过去的禁烟历史，就可以得到不少的证明。绥远近几年来，对于禁烟持相对态度，就因为我们早已想到了这种流弊，不愿意为虚名，使人民受实害的缘故。

现在我们要决心禁烟，改易相对态度为绝对态度，是因为机会到了，第一，自从政府统一以后，对于全国各地禁烟，都有整个的计划，我们绥远自当遵照办理。第二，禁烟是救亡图存的先决条件，因为要救亡图存，必须有强健的民族，烟既可以摧毁国民精神，妨害民族发展，若不禁绝，如何能以救亡图存？第三，从前我们四围的环境都不禁烟，而我们绥远自己禁烟，就是只顾虚名的工作，现在我相信四围的环境一定能在中央整个计划限期以内禁绝，四围既都禁了，我们的禁烟才不是白费。可以说从前禁烟是给代用品海洛英、白面等开辟销路，而且各种毒品是某国制服我们不战而胜毒辣政策，想不费一兵一卒，把中国置之死地，现在因受了国际的指摘，已有决心停止这种政策的趋势，我们站在为救亡图存，为国家为民族的立场，一定要把鸦片禁绝。我们现在决心在二十八年底前一律禁绝，至于禁吸，在明年底（即二十七年底）前用种种劝戒方法，留下机会让人民自己去戒除，不罚不打，同时还要给他们介绍种种戒烟的药品，设立戒烟医院，不断的劝他自动戒除。到后年要严厉执行，我们也不怕挨骂，不怕不人道，要不顾一切的，无论运、种、吸、售的在二十八年底前都一齐禁绝，希望大家尽量宣传，使全省上下完全知道。

现在我们要拿钱悬赏征求最有效的禁烟方案，必须不违背本省实际情形，不再犯过去的禁烟流弊，能很顺利的推行下去，并征求戒烟药品，必须最有效，最省钱，不很感觉痛苦的药品，拿来我们试验一下，哪家的最好，就采用哪家的。从现在起成〔我〕们就用这方案和药品实行。明年的劝戒，是极人道极客气的办法，到后年就是极不客气极不人道的勒戒办法。我想大家一定很清楚现在的环境，我们现在的环境就是非走这条路子不可。几年以来白面、金丹没有进到绥远来，这一点我觉得很可以对得起绥远的民众，虽然过去报章杂志都骂我们，说我们鸦片遍地毒害人民，但是我们不能管这些。我们这几年来，第一白面没有进到绥远来，第二人民没有受到禁烟的弊害，第三经济没受多大损失，并且还利用这烟款办了许多事业，现在省府已经准备把几年烟款收支的情形印成小册子向社会明白报告，虽然，我们算是饮鸩止渴，可是我们办了许多事业，没有妄费一文，这是我们很对得起人民的。但这是就普通一般人民戒烟说的，至于公务员方面，是绝对不准吃的，并且都已经依法具结，当然不能再吃，若间有一二吃的，要立即戒绝，不然，就要严重惩办。绥远禁烟事业决定本着这方向走，希服〔望〕大家明白，并宣告全省民众一律明白政府禁烟的决心。

《乡村工作》（半月刊）

归绥绥远省政府乡村工作建设委员会训练处

1937 年 5 期

（李红权　整理）

绥远乡建工作中几个难题的解决

王肇武　撰

自从"乡建运动"发轫全国后，因各地的环境不同，背景亦异。所以在未做工作以前，必须先得侦察主观需要和客观条件，然后按诸实际，严密组织，使机构灵活，上达下通，则自能收"事半功倍"之效。今就全国各地乡建工作中的几个难题，在绥远是怎样解决的说一说。

一、乡长问题　绥远过去的乡镇，无所谓乡长、镇长，只是几家大户，轮流充当会首，专负起收社款、迎神赛会等责任而已。至后渐有所谓村政，然亦系包办性质。迨乡导员下乡后，才编村为乡，设有乡长副等，并筹建乡镇公所及小学地址。凡充当乡长副的人，大致分为两种（好的当然在外）：一种是过去曾在外面做过事，现已回乡，如小皇帝似的坐起宝座来，包揽一切，跋扈异常。一种是地痞之流，纯系被大户雇佣之人，为的是拒抗政令，该等狐假虎威，肆意横行，纵有所失，他们的后台老板也能替他作主。基于以上两种原因，所以自乡导员下乡后，因与其利害冲突，不免明阻暗塞，力图破坏。当局为除却上项弊端起见，现拟计划将全省候补乡长集省训练，施以适当教育，回去充任乡副。至乡长一职，由乡导员专任，可以统治一切。

二、村民问题　村民的迷信心理与恶劣习惯，固非短时期所能打破，但自从本省各乡镇建设委员会成立后，各组（政务、文化、经济、卫生）队员活动开，这些已不同往昔，最显著的，如女子放足，男子剪辫子等。

三、制度问题　要想有健全的工作，非得有严密的组织机构不可。所以过去山西等地办理村政最大的失败原因，就是组织机构不健全。绥远的乡村建设组织机构，除省县另文详述外，兹就乡镇的一般制度，略志如下：

A乡镇公所　由乡镇长副、闾邻长、司账服务队等组成，总揽全乡镇事务。

B乡镇建设委员会　由乡镇长兼任委员长，委员由乡村工作指导员、乡镇副、小学校长、教员、当地有资望阅历并热心公益的人充任，并设秘书一人，由乡导员兼任，商同委员长处理日常会务，委员长之下，分设政治、经济、文化、卫生四股，各设主任一人，干事若干人，代替执行乡镇一切事宜。

C监察委员会　设监察委员三人至五人，由委员中互推一人为委员长。监察乡镇款项收支、用途公布等。

D调解委员会　设调解委员三人至五人，由委员中互推一人为委员长，调解人民纠纷等。

因有以上四种组织机构，并设乡村工作指导员担任指导督促，所以凡省县政令，随到随行，不致视为具文。

四、钱的问题　绥远乡镇，无论举办任何事项，皆采人民服役办法。即有非用钱不可之处，如普通小学等，也在整理村财政或公产项下开支，并不增加民众负担。况且取之于民，还是用之于民的。

五、事的问题　究竟乡村工作是做些什么呢？按照现实绥远的需要，分为政治、经济、文化、自卫四类，其重要项目，约略于左：

A政治　执行乡镇公约，奉行省县委办事项，公布乡款收支，整理村财政，取缔乞丐游民。

B 经济　合作、开渠、凿井、造林、修路、农牧改良。

C 文化　儿童、青年、成人、妇女等教育，礼俗改良、体育、娱乐、戒烟、放足、剪发、防疫、清洁等。

D 自卫　保甲之组织与训练，防匪训练，筑堡。

以上四项，只举其大纲，至详细辨〔办〕法，限于篇幅，不能一一列出。

六、筹款方法问题　在第四问题内已经说明，完全采用人民服役办法，遇必要时，按上、中、下（分水地、旱地、山地、坡地、凹地）地亩平均摊派，因有乡导员监督，绝不至发生苦乐不均之弊。

七、对公职薪给问题　乡长由乡导员兼任后，当然不能另给薪金，至乡副、服务队（裁撤乡警后的组织），纯系义务职。他们并不因此裹足不前，同时对于工作非常努力。在绥远这种习惯是已经养成了，司账一人每月薪金仅六元—七元。

关于以上七个难题，绥远就是这样解决的。自从二十四年推行以来，各项工作，多能限期完成，已有显著成绩，只要如此继续下去，绥远的局面，是可焕然一新了。

二十六，七，十六日

《乡村工作》（半月刊）

绥远省政府乡村工作建设委员会训练处

1937 年 6 期

（丁冉　整理）

县干事工作日记选录（六月份上旬）

——清水河县张其政

张其政　撰

六月二日

视导乡镇：柳梢墕乡，乡导员岳潜庵，乡长刘三和。

经过情形：

1. 短小与乡公所设立一处，系新购民宅一所，现已重修，有教室一大间，设备布置，均属完整。本日实到学生三十六名，训导采用大队组织，观其精神之活泼，及礼貌之周到，颇能引起一般人之好感，足见该员教导有方，故义校成绩甚佳。

2. 该乡男子蓄发，尚不易见，惟女子缠足十有八九，该乡导员每日督促服务队，办理升降旗，劝导女子放足。壮丁戒烟，各项新生活之推行，颇为认真，故成绩亦佳。

3. 纪念林系本年春新造，植有杨柳树七百二十株，林地系副乡长秦玉泉施赠，对于林地之保管，甚属注意，四周筑有三尺高之土围，并有专负责者看管。惟该乡地瘠干燥，林栽缺乏，对植造风景排林等，多感困难，已面嘱该员竭力设法提倡，务使一般乡民能自动栽植为准。

4. 乡公所门前有壁报一处，书载很通俗适意，并有艺术壁报一幅，颇能引起一般人之阅看兴趣。

6〔5〕. 乡建设委员会，现已成立，惟各股工作人员，多漠不关心，等于虚设，已面饬该乡长，督促各股切实负责，并规定办公时间。

批评：乡导员岳潜庵勤慎耐劳，工作实在，乡长、副对于乡工亦颇热心，凡一切公益事业，无不竭力办理，故该乡乡工，均有相当成绩，尤以办理义校，成绩卓著。

三日

视导乡镇：喇嘛湾乡，导员李寿仙，乡长白天才。

经过情形：

1. 义校设于属村榆树湾村，距乡公所十余里，系借用民房，有教室两间，璧〔壁〕上挂有总理遗像，党国旗、标语、挂图等，颇完备整齐。学生三十余人，利用自我管理，采取大队组织，训导上似有系统。该员对教学颇能热心尽责，故义校成绩尚佳，唯地址距乡公所似觉过远，现已在喇嘛湾村开始动工，与乡公所同时一处建筑矣。

2. 该乡男子多蓄短发，虽经再三劝导，及强制施剪，然亦难期普遍。据云，因该乡人民多操船业，对留蓄短发，含有特别用意，当嘱该乡导员、乡长特别注意除此恶习。至女于〔子〕放足、禁止吸烟等工作，督促颇严，然因恶习太深，收效亦微。

3. 造林情形——该乡民众多操船业，向即重视林业，以作造船之用，故除纪念林地上一亩植造千二百余株外，本年人民植造者已达七千余株，诚本县推行林业之模范乡也。

4. 该乡大多以船业谋生，故春夏两季，壮丁多不在乡，不能在乡担任一切乡建工作，即指派到乡公所服务者，亦未能遵期轮流。

四日

视导乡镇：阚家山乡，导员杨世祥，乡长杨三小。

1. 义校与乡公所设于一处，租用民房两间，教室与办公室同在一处，窄狭不堪。仅有学生九人，设备欠善。当即饬该乡导员自即日起，勒令学龄儿童入学，实行强迫教育。如富家子弟借故推诿，可送县惩办，其他民众学校、阅报处、问字处，亦须迅速成立，并派服务队召集各闾、邻长，饬负责督促学龄儿童入学，否则必受连带处罚。

2. 该乡乡公所虽经几次督促，迄今仍未兴工建筑，一则因乡民争执，然该乡导员亦未免敷衍了事，以致义校不能积极整顿，其他乡工亦大受影响，当饬该员凡事认真，绝不可苟且、敷衍，致碍乡工推进。

3. 该乡对于新生活之推行尚属注意，并雇有女稽查赴各闾邻视察，成效尚可。

4. 全乡扩大造林时，植有杨柳树一千五百余株，纪念林地二亩，植树六百余株，惟对保护法欠妥，时有被牲畜踏坏咬伤者，即饬该员当派专人负责保护，以重林政。

感想：做一件事成功与否，固以当事人能力学识为标准，然不脚踏实地去做，其能力学识亦等于无。所以有人说不在"能干不能干"，是在"干不干"。

五日

视导乡镇：大双墩乡，导员郭添兴，乡长田拴苟。

经过情形：

1. 短小与乡公所设于一处，现虽系借用民房三间，但已兴工建筑，设备上大致尚称完善，学生三十四人，采用大队组织。问及各种功课，多能对答如流。惟对清洁方面欠注意，当饬该员嗣后对教室及办公室应督促服务队随时打扫，尤其对各学生卫生方面，须特别注意，最低限度每天要洗脸一次，以养成其尚清洁良好习惯。

2. 该员对新生活之推行，责成闾、邻长对男子剪发，切实稽查，对女子放足雇有女稽查，随时查禁，每日尚能按时升降国旗，作精神讲话。

3. 查该乡纪念林地四亩，植树一千二百余株，管理亦称得法，未见有牲畜踏坏咬伤情事。

批评——该员性情忠实，作事老练，与该乡一般人民相处颇为融洽，故一切工作尚能逐步推动。

六日

视导乡镇：台子梁乡，导员李禄，乡长侯四。

经过情形：

1. 短小与乡公所设于一处，共三间，似觉不敷应用，已兴〔与〕乡民商妥用人民服役办法续建。学生三十六人。教室一切设备，颇称完善，如标语、挂图、总理遗像等，布置亦较整齐，小学生礼貌方面，尤堪欣慕。问及各种功课，多数能答，足征该员之教授法，热心从事，故办理义校成绩甚佳。

2. 在乡公所之前，设有壁报一处，并涂较有意义之画图，颇能引起一般人阅看兴趣。

3. 该员对新生活之推行，极为注意，每日必按时升降国旗，并对剪发、戒烟、放足等工作，查禁甚严，故成绩颇佳。

4. 该乡纪念林地三亩许，去岁植树七百余株，成活者已在七八成以上。本年新植二百四十余株，保护尚能注意。

批评——该员勤慎忠实，作事皆能足踏实地，一般乡民对之颇生敬仰，故一切工作较有成绩。

《乡村工作》（半月刊）

绥远省政府乡村工作建设委员会训练处

1937 年 6 期

（李红菊 整理）

绥远乡村自卫工作述要

朱文运　撰

绥远的乡村工作，因为担当了时代的使命，所以颇受一般人的重视；同样的，绥远乡村工作的实况，国人也一定很愿意明白。作者本此原则，愿意给诸位一个很忠实的关于乡村自卫工作的简单报告。

二十四年冬天，共产党徒"窜入"山西，后经国军追击，绥远实有被冲入的最大可能，当时虽有政府的严密防范，但是，在绥远的各处，情形的确较比往常复杂；尤其在错错落落的各个乡间，时时会遇到面生人或道人模样的在流浪。那时候，正是绥远乡村工作开始的时候，各个乡村工作指导员（简称乡导员）都本着政府意旨，利用农暇，在加紧地作着壮丁训练工作；各村的壮丁，在乡导员领导之下，大半都是热心服务，勇于负责的。他们受了乡导员的指导命令，对那些面生的过往者毫不客气的加以防范；白天是盘问检查、出探、联防、会哨；夜晚是巡更、下夜、查街、查店、守堡。这样一来，在各个县政府的看守所里，便增加了大量的各乡送来的嫌疑犯。从此以后，各乡过往的外路人也一天比一天的少起来，我们只要一翻绥远的旧报纸便会知道的。这样一个严重的关头，经各部各级的公务员实干的结果，便很安然地渡过去了。但是，其时绥远的乡村工作，仅仅不过做了三个多月，而自卫工作一项已经表现出相当的成绩了！

　　二十五年冬，我们壮丁训练工作更使人满意：一方面是量的增加，一方面是质的充实，同时在他们的思想上也有了很大的改进，由小我转向到大我，由利禄转向到是非，由消极转向到积极，由仁柔姑息转向到大勇无畏……当绥东、绥北抗战的当儿，大军在后方着实得到他们的不少便利。如刺探消息，传递公文，输送给养……同时他们磨拳擦掌地都有上前线和敌人拼命的决心。这一点，或者有人会认为夸大其词，其实不然，这倒可以给诸位举出证据来。如果诸君不会健忘的话，一定还可以记起不为利诱变敌的张子清吧？关于张君的详细经过，非本文所记叙的范围；不过，这里应当说明的，张君子清就是乡导员领导下的一个壮丁。

　　总之，绥远各乡的壮丁，自乡导员亲身训练以后，民族意识、国家观念已在他们的脑筋里留下一个很深的痕迹；就普通常识讲，他们现在知道我们的国家叫什么，我们的领袖是谁，我们的敌人是谁，并会唱党歌、防共歌、救亡进行曲等歌曲，见了长者还会有礼貌……在他们的技术上讲，简单的自卫动作做的能使人相当的满意。在他们的体格上讲，是比以前粗壮结实。同时对乡间的黑暗或不平事件也会揭发检举，对地方上的莠民无赖也会不客气的割除……以上种种，都是我们起初工作时意想不到的收获。

　　民族救亡运动的阵线展开了，蕴藏在我们家乡的力量，难道不用去开拓吗？愿大家继续努力！

《乡村工作》（半月刊）

绥远省政府乡村工作建设委员会训练处

1937 年 6 期

（朱宪　整理）

俄侵外蒙三十年史

唐宁盦　撰

一　引言

外蒙横亘中国西北，广袤东西五千里，南北三千里，自清圣祖数次亲征，遂收归版籍，誓盟婚姻，永为藩服。其地计分喀尔喀四部：（一）土谢图汗部；（二）三音诺颜部；（三）车臣汗部；（四）扎萨克图汗部。清时属之库伦办事大臣，其西为乌里雅苏台、科布多、唐努乌梁海，设定边左副将军，驻乌里雅苏台管理之。人民无城郭居室，逐水草迁徙，以畜牧为耕稼，惟北与俄邻，自俄人西比利亚铁路告成，遂汲汲谋我。俄之乌丁斯克，与外蒙之恰克图，俗所谓"买卖城"者近接。三十年前，即着手侵略，初借扩展商务为名，次第设领驻兵，浸假煽动王公、劫持活佛独立，至一千九百二十年，苏维埃政府成立，更借驱逐白党为名，直入库伦，变易其旗帜，改变青年思想，操持其军政、外交大权，实际上几成为苏维埃联邦之一。由是知俄之侵蒙，其结果为扰乱东亚和平，前途危险重大，令人不寒而栗。兹为此篇，自前清光绪季年起，至袁项城当国为一时期，段（祺瑞）、曹（锟）、张（作霖）更迭执政为一时期，自兹以降，为苏俄加紧侵略全蒙时期。特述其经过与现情，而详论其得失之故，世之览者，当有感于斯文。

二 清末及袁政府时代

外蒙人迷信黄教，尊崇活佛有若帝天，其活佛蒙名"哲布尊丹巴"，居于库伦，威权无上，清廷历代亦特加尊宠以矜异之，以故得以羁縻。清光绪三十三年，西藏变乱，清廷以达赖有异图，革去其名号，消息传至库伦，蒙人惶惧，以为如达赖之尊严，朝廷去之，如一匹雏，且行将及我也。先是，俄人屡欲离间中蒙感情，而未得间，至是乃极力构煽，饴以甘言，并资以快枪多杆。驻库办事大臣延祉侦知之，将执以奏闻，活佛惶惧乞免，然愈益怀恨。宣统二年，三多继任库伦办事大臣，更以高压手段临之，而其时清廷举办新政，照例行文库伦，促即举办。于是机关林立，如商务、学校、垦务、卫生、交通等局所，至二十余处之多。其开办费及经常费，大都取给于当地。苛捐繁兴，蒙人嗟怨，而尤以设立兵备处，令所有台站、卡伦，悉归管理，令蒙人人心惶惶，不可终日。俄人得此机会，极力加以抚慰，活佛及各王公亲俄之志益坚。宣统三年六月，以俄人怂恿，由亲王杭达多尔济、盟长都尔扎布，召集四盟王公密议独立，全体署名，杭等更秘密同赴俄京求援。七月外务部探知其事，急电三多。三多急向哲布尊丹巴（以下简称哲佛）切商，晓以利害。哲佛要求须先停办各项新政，始允电俄阻止出兵。三多虽允行，而八月中俄人马步队八百余名，已入蒙境。三多责以失信，哲佛言，俄兵已到，亟难撤退，惟允阻其续派，而俄兵仍源源而来，莫能止也。九月中，武昌起义消息传达库伦，群情汹汹。兵备处总办叶某，惧祸先逃。三多虽百端抚慰，至十月初，外四盟王公、喇嘛，竟公然连名牒告三多，声言闻革命党已派兵出张家口图蒙，我蒙人已调集兵马五千对敌，即日启行，限三小时内答覆照准。三多正筹思答覆，哲佛已派人来告，前文想难邀允，我蒙人已定宗旨，自行保护蒙土，立为"大蒙古帝国"，以余为大皇帝，希速出境。三多尚欲支吾，蒙政府已下驱逐之令，俄、蒙兵并闯入公署，勒缴枪械，而驻库俄总领事，反遣通译回告三多，略云："库伦独立，本总领事劝阻无效，蒙情叵测。贵大臣安全可虑，盼移居敝署，愿担任保护出境。"三多无奈，即移居俄领署，由俄领派兵十余名，送出恰克图，取道西伯利亚回国。是役显系俄人指示操纵，而最后俄领反言阻止无效，阳若遗憾者然，其阴贼险狠如此可见，而其玩弄华方大员，如狎小儿，识者知隐忧之方兴未艾也。

外蒙既独立，值中原偰扰，无暇北顾。项城正位，始致电库伦哲佛，劝其取消独立，文略云：

> （上略）各洲独立之国，必其人民、财赋、兵力、政治，皆足自存，乃可成一国，而不为外人所吞噬。蒙古土地虽广，人数过少，蒙民生计窘迫，日求一饱尚不可得，今乃责以出设官、养兵、购械诸费，不背叛，则填沟壑，何所取给？（中略）各蒙与汉族，唇齿相依，合则双美，离则两伤。今以全国力量，足以化外蒙贫弱为富强，置于安全之域，旧日秕政，当此新基创始，自必大为扫除。此外若有要求，但能取消独立，皆可商酌。贵喇嘛见识通达，必能熟权祸福，切勿惑于邪说，贻外蒙无穷之祸。竭诚奉告，并希见覆。

书达库伦，哲佛当覆一电，文略云：

> 顷承电示，谆谆告诫，感愧莫名。客岁外蒙以时局阽危，宣布独立，共推本哲布尊丹巴呼土克图为蒙古君主，不得已，允其所请，良用歉然。此次起义，本为保种保教，保全领土起见，并非别有希冀，亦非惑于邪说，实困于虐政耳。所谓外蒙人数过少，贫弱已极，并不知兵，难期立国，均属实情，足征

大总统策划至详，秦镜高悬，无微不烛。至祸福利害，惟仰贵大总统曲体苦衷，倘荷玉成，俾资勤修内政，敦睦邦交，妥筹边防，巩固国基，则不惟外蒙得以保全，即中国亦无北顾之忧矣。（中略）本哲布尊丹巴舍独立犹弃敝屣，但独立自立，系在清帝辞政之前，业经布告中外，起灭何能自由，必欲如此，则请商之邻邦，杜绝异议。方今外蒙之存亡，在公之操纵，操之过激，不免为丛驱爵。尚祈大发佛心，广施汲引，玉成此举，以免群生涂炭之苦，即造万世无疆之福，何幸如之。

袁得书，以哲佛覆书，词旨尚不骄亢，取消独立非无望，乃拟遣使就商，并致第二书，略云：

电悉，贵呼土克图，兹以爱群生维持大局之苦衷，昭然若揭，并辱奖誉，殊深感愧。近年边吏不职，虐待蒙民，以致众怨沸腾，激成独立。此等情状，内地皆同，贵呼土克图之歉忱，固为国人所共谅。刻下团体确定，汉蒙一家，必须合力以图，新基方能巩固。来电操纵一节，深知归重中央，不欲恋无谓之虚名，加汉蒙以实祸，致人收其利，天地圣佛，实鉴此心。今联合五族，组成民国，本大总统与贵呼土克图，在一身则如手足，在一室则如弟昆，利害休戚，皆所与共，但使竭诚相待，无不可以商榷，何必劳人干涉，自弃主权。前此各省怨苦虐政，相率独立，自共和宣布，先后相继取消，盖有不忍人民涂炭之心，而无争城夺地之念。来电词旨，大惬鄙怀，务望大扩慈心，熟观时局，刻日取消独立，仍与内地联为一体，则危机可免，邦本可固。（中略）所有应行商确各节，电内未能详达者，已派专员前往库伦，面商一切，到时务望赐晤为祷。

外蒙得电后，复以哲佛名义覆袁总统第二电，文云：

（上略）贵大总统量涵大海，联合五族，共创共和新基，大为中外钦仰。惟我蒙旗处此危险境地，一切究与他族迥不相同，其中委曲，不待细陈，谅在洞鉴。劳人干涉，有碍主权，略知梗概，只以时势所迫，不得不然。再四思维，与其派员来库，徒劳跋涉，莫若介绍邻使，商榷一切之为愈也。

袁政府自得此电，知外蒙已受俄人挟持，不能自主，凡第一电所云"请商邻邦，免生异议"，此电所云"莫若介绍邻使，商榷一切"，皆已明白表示。时袁氏以国基初定，未遑远略，知就商于俄，索价必高，遂暂搁置不问。其时俄人虽怂恿外蒙独立，但外蒙政府未得列国承认，所有于蒙政府取得诸种权利，在法律上终嫌无据，不若自动与中国协商，由中国取得之为愈，因于民国二年冬初，训令其驻使库朋斯基，向中国政府提议，愿居间劝库伦取消独立，由中、俄、蒙三方另订条件。袁政府亦遂迁就，令外交总长孙宝琦与俄使往返磋商，结果订定《声明文件》五条、《另件》四条，其第二条明载"凡关于外蒙古政府土地交涉事宜，中国政府允与俄国政府协商，外蒙亦得参与"云云。民国四年遂据此声明，成立《恰克图中俄蒙条约》廿二款。此条约除明白承认外蒙自治外，其第七、第八条载明中国驻库大员，与俄国驻库总领事，均得携带卫队，故约文内，虽有"外蒙古为中国领土之一部，承认中国宗主权"之规定，实际上不啻两国共同保护。又该约自民国二年冬间，根据《声明文件》开始协商，以俄人百般延宕，往返磋议，几及两年，至四年六月始行定议，而俄人以交通便利之故，于此时间，军人政客，出入外蒙者络绎不绝，日以甘言媚词笼络活佛、王公，以故事事得制机先，塞上风云，倏忽万变，基于此矣。

三　段（祺瑞）曹（锟）
张（作霖）更迭执政时代

《中俄蒙恰克图条约》，订立于民国四年夏间。中国政府根据此约，派陈箓为驻库大员。越一年，项城殂谢，段祺瑞继起当国。又越二年，俄革命军兴，全国纷扰，无暇东顾，段之幕僚萧山徐树铮建议，趁此收复外蒙。段用其策，派树铮为筹边使，兼西北边防军总司令。徐受事，着手练兵，成立边防军五旅，组筹边使公署，令褚其祥率兵一旅先发，时民国八年十月也。其祥既至库伦，布防略备，树铮继至，牒告外蒙政府，取消自治，完全恢复中国主权。蒙古议会怂恿哲佛持消极态度，以资抵抗。树铮遂下令限三十六小时内，取消一切独立组织，若不如命，将捕活佛与执政王公送京献俘，治以抗命之罪。十一月中旬，蒙政府要人表示服从，于是外蒙内政、外交、兵权、财权悉归筹边公署处理。树铮欲威敌示惠，请于政府，加哲布尊丹巴呼土克图封号。于九年春间，任树铮为册封使。树铮奉册至库，于大会堂行册封礼。徐御上将制服，盛设仪仗兵卫，召哲佛至，跪拜受封，王公陪赞，咸为股栗。中国人宣威绝域，有史以来，一人而已。会九年七月，直皖战起，皖军战败，直系军入京，夺树铮职，撤消边署及总司令部，树铮于是逃避异地，度其亡命生活，而蒙事日就败坏，乃不可为矣。计树铮治蒙为时仅七阅月，成绩最著者，为整理张库汽车路，设边业银行。张、库相距辽远，车行经月始达。自树铮整理公路，行驶长途汽车，边庭万里，三日即至，便利行政、商务关系至巨，边业银行发行纸币，金融资以活泼，兼以抵制俄国卢布之行使。此外兴商、屯垦、设学、征兵，均在规画进行之中。说者谓假以岁时，外蒙开发，不难与内地齐观，惜乎执政者以私见不洽，害及公事，致功败垂成。树铮一人不足惜，从此外蒙遂为俄赤白两党角逐之场，浸假全部"赤化"，危及东亚安宁，是可惜也。

蒙事自树铮去后，鄂人陈毅复任镇抚使，以九年八月杪抵任。十月俄白党首领文格恩自俄境败退，率残部千余人，由恰克图大道直逼库伦，沿途俄人及中、蒙人加入者约二千余人，共三四千人，号称万人，于十年二月攻下库伦。陈毅部下斩杀过半，残兵逃往恰克图，流入俄境，文格恩乃利用哲佛，回复君主名义，仍组织"大蒙古国"。文格恩隐操大权，蒙政府特为之傀儡而已。文为人野心极大，既统摄外蒙四部，复西收乌里雅苏台、科布多而有之，又转锋向内蒙，陷乌得、滂江，距张家口仅四百里，边境震动。其于蒙人，亦取高压手段。先是，蒙人苦于徐树铮之专擅，于文氏之来，颇欢迎之，至是文格恩之顗制严酷，十倍于徐氏，蒙人苦之。哲布尊丹巴及诸王公阴遣使北京政府乞援，愿取消独立，恢复自治。时张作霖任西北经略使，政府委其责于张。张方腐心于内争，又怵于外交棘手，莫之应也。文格恩踞库伦五阅月，赤军自俄境攻入败亡，蒙人以不慊于文之暴虐，阴祖赤军。文格恩知大势已去，遂仓皇遁走。十年七月，库伦遂入赤军之手，同时四部相继占领，外蒙"赤化"，遂于兹开始矣。

文格恩既败走，外蒙遂成立人民革命政府于库伦，以苏俄所信之蒙人包达为内阁总理，兼外交总长。十年十一月，订立《俄蒙条约》及新协定，一切政权皆为苏俄所支配（详具下章）。中国于十一、十二、十三三年间，内讧不已，无暇顾及蒙事，而苏联自劳农政府成立后，屡为列强所扼，至封锁其国境，不与往来。苏俄处此情况之下，不得不另谋出路，乃派优林驻扎北京，与中政府人谋亲善，声言愿与中政府开诚商洽，解决各种悬案。中政府则以外蒙问题不决，难言其他，俄人亟思见好，遂派加拉罕与王正廷、顾维钧议约，于十三年五月订立《中俄悬案解决大纲协定》，全文共十五条，其关于外蒙者，如第五条载明"苏俄政府承认外蒙古为中华民国领土之一部，并尊重其主权"，又附属声明书，声明前次缔结之《俄蒙新协约》为无效云云。就表面观之，似外交上颇形得手。当时王正廷、顾维钧，咸各争为己功，两派党人，亦互相煊染，浸至互相诋諆。而苏俄以此一纸空文，取得中俄复交后，在外蒙仍照常进行，至次年复阴怂恿外蒙树立新政府（民国十四年，即一九二五年），着手加紧"赤化"，中国政府，亦无能过问。至张作霖大元帅时，以"防赤"搜查俄使馆，再度绝交。俄人更怀隙，对外蒙唯所欲为，一方派鲍罗廷、加伦，与南部党人联合，资助北伐，冀达其"赤化"全中国之目的。所谓《中俄解决悬案协定大纲协定》云者，已无形抛弃，独王、顾及其党人，仍自诩外交上曾一度胜利，侈言不惭，亦可丑矣。

四　苏俄"赤化"外蒙之经过

民国十年（即一九二一年），外蒙人民革命政府既成立，一面正式请求苏俄驻兵保护，一面双方互商，订立俄蒙新条约，于是年十一月五日签定，文云：

> 劳农俄罗斯政府，以前帝俄政府与蒙古政府所缔结一切条约及协约，今因新关系之开始，而失其效力。蒙古人民政府，与劳农政府两邻国间，修好睦谊，依正当之努力，而开始交涉，双方任命全权缔结协定，条文如下：
>
> 第一条　劳农政府承认外蒙政府为唯一蒙古政府。（著者据〔按〕：此条文已将内蒙包括在内，其谬妄如此！）
>
> 第二条　蒙古政府承认劳农政府为俄罗斯唯一政府。
>
> 第三条　两联盟国互负左列之义务：
>
> 一、在两本国领土内，不许对缔约国作战，或企图覆灭两国政府或同盟国之政治团体、结社与个人组织之存在，并不许对于同盟国一方之敌军，行其国民，或其他国民总动员，或作基于自由意思之募集。
>
> 二、不拘直接或间接，对于同盟国一方作战，或在其领土

内，或其同盟国领土内，对此种战争所利用之任何组织，输入武器，或通过武器，一概设法禁止之。

第四条　劳农政府得派全权代表于蒙古国首都，并派驻领事于科布多、乌里雅苏台及恰克图等都市，其他各地依与蒙古政府协定办理之。

第五条　蒙古政府得派驻全权代表于劳农共和国首都，且依与劳农政府协定，得派驻领于各地。

第六条　俄蒙国界，先由俄蒙两国政府从速缔结协定，再依协定组织特别委员会决定之。

第七条　在缔约国一方之领土内居住之对方缔约国人民，应依最惠国待遇，享同等权利，负同等义务。

第八条　两缔约国司法权，无论刑事及民事，皆于侨居该国侨民适用之，且禁止审判机关，或其他机关，予以肉体痛苦，及有伤人道之任何非法处置。

两缔结国承认任何一方，若予第三国侨民以刑事处分、裁判手续及判决执行之特别待遇时，应即自动给予缔约国侨民以同样特权。

第九条　两缔约国人民，在缔约国一方领土内，输入无论任何商品，皆应依该国法规纳税，但不得高于最惠国待遇人民之税额。

第十条　劳农政府为援助蒙古国劳动阶级之文化发展，将俄国在蒙古之电报局房屋及全部电报机，赠与蒙古国民。

第十一条　以确保两缔约国之文化关系及经济关系联络为目的，俄蒙邮电及经由蒙古之电报，至为重要，故两国政府同意缔结特别协定。

第十二条　蒙古政府，对俄国侨民在蒙所有之土地及建筑物，与以土地所有权，或租借权，及耕作权，其租税及征收法，应予最惠待遇。

第十三条　本条约用俄、蒙文各写两份，由其签字日起，发生效力。

西历一九二一年十一月互订于莫斯科

俄方署名　赛伊、道邻夫司基、巴希、盖滋

蒙方署名　达散、滋亥、巴陶尔、其莱恩、道尔希、达木送音

此条约订立，将中国宗主权一笔勾消，而第十二条规定，俄人对蒙，更取得居住自由权，旋派阿瓦希利耶夫为全权公使，驻扎库伦。十三年春间，哲布尊丹巴逝世，俄人益无忌惮，盖蒙人信仰哲佛至甚，哲佛一言，恒足左右政局，转移人民动向，俄人久视为障碍，哲佛死，俄人益得放手做去，莫予违矣。

是年七月八日，为外蒙受赤军援助，驱逐文格恩三周纪念，外蒙政府及外蒙国民党，定此日为大纪念日。是日发表实施共和政体之宣言，库伦及全蒙各地重要都市，遍悬赤帜，人民自清晨即向举行祝典之广场集中，多数军队，均揭军旗参加，外蒙国民党及蒙古青年同盟会等团体，黏贴无数标语，执持无数有标语之旗帜，游行街市。兹录某杂志详载当时盛况如次：

盛典开始，先行阅兵式，外蒙国务总理采林道尔基、总司令达散，及各部落要人、苏联代表、在库各机关人员，齐集在广场，检阅军队毕，次检阅各团体行列，由总理及国民党中央执行委员长致纪念会开会词。总理采林演说建立共和民主国意义，盛称苏俄援助其脱出文格恩之桎梏。其次段说明之极关重要者，大致谓：人民革命政府，往者形式上似受活佛权力之支配，以其在民间有极大信仰，故不得不然耳。今活佛已死，政府誓承认蒙古人民为蒙古之真主人，共和制度下，大权集于国民大会，故无设置总统之必要云云。演说既毕，总理复以党的名义宣布共和制度，声明除会议召集期外，外蒙国主权，属于

人民政府。最后宣布罪犯大赦令，全场高呼万岁，此作为傀儡式的宣布共和盛典，于是告终。

哲布尊丹巴之死，在民国十三年（一九二四）三月，至六月始行发丧。外传哲佛之死，有斧声烛影之疑，俄代表实主其谋，虽确否难以断定，而至今外蒙人士尤言之凿凿。而于死后，经三阅月始行发丧，于此长时间布置，预防反动，足见哲佛在蒙潜势力之伟大。又闻俄、蒙自一九二一年订立条约后，取得往来、居住、集会、结社自由权，本此条约上听〔所〕予权力，俄党人在外蒙各地活动甚力，而往往为活佛势力所阻，不能如志，其蓄谋致死哲佛，理亦宜然，非全出于揣测也。试观哲佛死后，即急急开会宣布共和制度，急急开国民大会，通过宪法（宪法全文详下章），大权属于大小"非尔丹"。"非尔丹"译言会议之意，"大非尔丹"犹之国民代表大会，"小非尔丹"犹之中央执行委员会会议。其旧日王公、喇嘛，曾居高位操实权者，悉被认为榨取阶级，全数剥夺其选举权、被选举权，及其他一切政治参与权，根本推翻，高下易位，使哲佛犹在，进行当不若是之顺利也。

民国十三年（即一九三〔二〕四年）十一月底，颁布宪法，易蒙古国旗为赤帜，废阴历，行阳历，定库伦为首都，定名"乌兰布托尔哈特"，译言"赤色英雄之都"。依宪治〔法〕改委员制，第一任行政首领人民委员会委员长采林道尔基，副会长①兼商务委员阿毛尔，国民革命军总司令官卡伊巴尔，参谋长利其基夫，皆曾留学俄京，受过赤色教育者，以至人民委员会各委员为兼管部委员，及各部重要员司为蒙古共产党员，而教育一职，则由俄人掌之，改定教科〈书〉，添课〔设〕俄语，谋赤色教育之普及。苏俄人对于外蒙，经数年之努力，至是乃完全成功。故当外蒙政

---

① 似应为"副委员长"。——整理者注

府成立之日，第三国际电贺，认为"东方民族革命运动收莫大成果"，而苏联人民委员会，亦致训令于西伯利亚革命委员会，谓"蒙古共和国是服从苏俄人民委员会所决定法律的共和国"，公然认蒙古共和国为苏俄联邦之一，其得意忘形，乐可知也。

五　外蒙之现情

外蒙古颁布宪法，其第一章，规定劳动国民权利关系，全文十三条如左：

第一条　蒙古为完全独立共和国。

第二条　蒙古共和国之目的，从根本上铲除封建神权制度，以巩固共和民主基础。

第三条　蒙古共和国，国内土地、矿产、森林、湖川，及一切天然富源，完全为公共所有，严禁此等物产之私有权。

第四条　蒙古共和政府，在一九二一年以前，与外国缔结国际条约，及义务条约，并有强制之外国关系等等，凡有害主权者，一律宣告废弃。

第五条　蒙古政府为保持政权，编制蒙古国民革命军，以实行武装国民政策，并对于蒙古青年施行必要之军事教育。

第六条　蒙古共和国不再与宗教发生关系，但承认人民有信教自由权。

第七条　蒙古共和国，为尊重人民言论自由权，而组织出版事业，以开发人民智育。

第八条　蒙古共和国为尊重人民集会自治权，而开放适当场所，以备各种人民团体为会议场。

第九条　蒙古共和国，承认人民结社自由权，并勤劳之国民，于〔予〕以积极援助。

　　第十条　蒙古共和国为使贫困子弟及国民易求智识，而设免费教育。

　　第十一条　蒙古共和国，不问民族、宗教、性别，凡居住蒙古境内者，皆享有平等权利。

　　第十二条　旧日王公贵族等阶级称号，宣告一律取消，并将哲布尊丹巴及汗号（土谢图、札萨克、三音诺颜、车臣等四汗）所有权利，一律同时废除。

　　第十三条　世界各国劳动民族，均思推翻资本主义，而向共产主义之途迈进。蒙古共和国鉴于此种趋势，对外政策，务必联合被压迫弱小民族，及世界劳动民族，采取一致行动，以达共同目的。

自宪法颁布，十余年间，依据宪法，由人民大会产生政府，政府行政大权，由国务院执掌。其任职诸人，凡为一机关首领，皆得更番赴莫斯科受训练，各机关公务员，非党员不能任职。其统制经济，则有国民合同公司；伺察反动，诛锄异己，则有内防处及国家保安部。合同公司资本，开办时为一百万元，后加至三百万元，以开发产业、交易俄货为宗旨，设总公司于库伦，科布多、乌里雅苏台、恰克图、唐努乌梁海、桑贝尔及其他各要地，均设有分公司十余处，掌握外蒙全境之商业交通。凡羊毛、皮革等类之输出，杂货、被服、材料、食粮品之输入，均归公司经营，故业务颇为发达。内防处，直隶于陆军总司令部，为防止内乱发生之唯一机关，以监察侦伺，旅行过客，出入蒙古境内，凡认为形迹可疑，即加逮捕，以军法秘密处刑。对于居民之行动，亦加以严密之注意，故旅行外蒙者，咸惴惴焉。国家保安部，名虽保安，但该部上自部长，下至探役，什九为布利雅特人种（按布利雅为蒙古种，乃车吉汗外邻近一部落，康熙中订《尼布楚条约》，划归俄属，遂臣于俄），此等人为赤俄养成之侦探专家，富有陷害及勾取秘密之智识与经验，当一九二五年至一九三零年，数年之间，专就旧日之王公、札萨克、台吉等之富有动产者，次第加以反动罪名，捕杀屠戮，抄没财产，几无虚日。至近数年封建阀阅既去，无可搜捕，乃转而及于平民，凡略有资产者，即加以罪名，借端抄没。此与中国南部"共匪"行动，如出一辙。蒙民于此，翻悔引虎自卫之非计，然已晚矣。

宪法第二章为规定军事关系，共五条，其扼要语，在定军事指挥权为单一制，全国军队，统一于一总司令之下，总司令由苏俄最高党部推定，近且公然受红军远东军总司令节制调遣，故谓外蒙为苏俄联邦之一，无宁谓为苏俄属国之为愈也。

外蒙赤色国防军之外，有所谓蒙古赤卫军，受各级党部之支配，上承第三国际之命令，其队士为集合无产阶级者所组织。其所属有妇女队、青年队、少年先锋队（简称少先队）、青年同盟等，均由政府担任多数经费养育之。此辈青年，衣俄国式之衣，以俄文唱《国际歌》，游行街市，昂首奋兴，无形中奴于异族而不觉，凡曾游库伦及其他重要都市者，均能睹此怪现象。不意当代雄武成吉斯汗，其后裔乃堕落一至如此，吁可慨已。

《民治月刊》

天津民治月刊社

1937 年 14 期

（李红权　整理）

陈波儿赴绥始末记

辛　撰

　　提起陈波儿小姐的前名——陈舜华，南国人们大都很熟识，因为她生于潮州，读于潮州中学，而且即在该中学演出"为热爱而脱离家庭"的人生悲剧！从此，陈小姐自造新生命，把伤心的旧名字也革掉，以陈波儿之名加入上海艺术剧社，而开始其新的生命，因为此社是一般前进戏剧人才所创办以提倡民众剧戏艺术的。及艺术剧社解体，即南下香港，作小学教员历三四年之久，嗣后厌弃教员生涯，乃重回上海，经创造社著名文学家郑伯奇、苏怡二人介绍，入明星电影公司主演《青春线》一剧，后又介绍入电通公司主演《桃李劫》一剧，从此她便开始镜头上生活了。她的性格、作风，一贯是在为追求真理与现实而奋斗，《桃李劫》一片，可说是她代表作。旋又回港入全球影片公司，主演《回首当年》，继后返沪入电通欲作女导演，因电通困于经济停止营业，陈小姐乃转入明星。"一二八"之后，加入上海艺术界救国会。这回绥战发动，后方越是冷静，越叫有心人神往前方的热血沸腾。陈小姐便是这样。四个月前，有人看见她跑到相熟的报馆去打听前线消息，而且曾对人家说："我想绥远的空气，定和这里大为两样，从前淞沪抗战，因为物质条件优美，还减去不少伤兵的悲哀成分，而今绥远我一想起，好像就联想到《李陵答苏武书》及《古战场》文中的背景，因之对这仅靠生命热力来抵抗自然，抵御枪炮的人性最伟大的表现，倒想看看个亲切。这几年来和这人性相反的怯弱、卑懦空气，委实太闷人了。"这话自然是推动陈小姐向冰天雪地里跃马的潜力，她进行时，还碰到许多并非偶然的阻挡：像老成者的明哲保身的劝阻，自私者料其无成的冷讽……等，但她终仗她的奋斗经验，和勇敢意志，踏上征途。

陈波儿、冯若兰、林亚平在绥远前线留影

图为陈波儿、孟可权（上海《新闻报》记者）、林亚平（国府林主席公子，现充绥远省府秘书）、冯若兰（沪《大美晚报》记者）在绥远战壕中留影（左至右）

到北平，她们除演剧外，还征集了许多慰劳品，自然啰，每天来看望她、恭维她，甚至把物品来应征的许多人当中，有不少的意在看看明星，或交交名媛的哥儿、小姐们！

古城中，破庙里，单臂独脚的战士群，终于很热烈的围居起来，让悲壮的歌声，和民族抗争的烈焰，紧紧的拥抱着，调和着，很自然地引起热泪交流了！

傅作义、赵承绶两将军，亲向陈小姐致谢，确是值得致谢，因为她把战士的生命热力接续起来。

回到北平，她们一行人遇到很客气地一种问话，从很体面的官吏口中传出："华北地带特殊，某方不满这剧情……"呜呼！特殊——何来特殊？连微弱的、仅有的，我们自己对自己同胞的诉说呻吟，都不允许，华北还说是中华国土，吾真不信！闻陈等已赴津首途南归矣。

《天文台》（三日刊）

上海天文台出版社

1937 年 28 期

（李红权　整理）